暨南大学『211工程』三期建设项目——华侨华人与中外关系项目资助

U0124342

朱|杰|勤|文|集

史学理论

SHI XUE LI LUN

GUANGXI NORMAL UNIVERSITY PRESS

广西师范大学出版社

·桂林·

图书在版编目（CIP）数据

史学理论 / 朱杰勤著 . —桂林：广西师范大学
出版社，2011.1（2011.7 重印）
（朱杰勤文集）
ISBN 978-7-5495-0231-8

Ⅰ．史… Ⅱ．朱… Ⅲ．史学理论—文集
Ⅳ．K0-53

中国版本图书馆 CIP 数据核字（2010）第 234436 号

广西师范大学出版社出版发行

（广西桂林市中华路 22 号　邮政编码：541001　）
（网址：http://www.bbtpress.com　　　　　　　　）

出版人：何林夏
全国新华书店经销
广西民族语文印刷厂印刷
（广西南宁市望州路 251 号　邮政编码：530001)
开本：787 mm×1 092 mm　1/16
印张：25.25　　字数：436 千字
2011 年 1 月第 1 版　　2011 年 7 月第 3 次印刷
定价：65.00 元

如发现印装质量问题，影响阅读，请与印刷厂联系调换。

目 录

中国古代史学史

目　次

第一章 导 言

中国史学史的研究对象，是中国自有成文历史以来史学的发生和发展过程，特别是马克思主义史学在中国的产生和发展情况。我们知道历史学家的任务是针对各民族、国家的历史，按照年代顺序，对各个不同时期的历史情况、社会制度等加以具体解释，通过讲解各阶级、政治党派和历史人物的活动去说明社会发展过程，并通过综合分析和研究的结果，来阐明社会发展的规律。因此，史学史不得不研究历史学家的阶级立场、观点和方法，评价他的作品在历史学史中的作用和地位，同时也就不能不研究其著作产生的时代背景及其指导思想，明了作者的目的和要求。历史学是上层建筑的产物，它不能不为经济基础服务；人不能脱离阶级和政治，历史学家也就不能不替自己的阶级、政治服务。唐代文学家柳宗元说过："思报国恩，惟有文章。"他要求自己的文章替封建统治阶级服务。宋代司马光主编的《资治通鉴》，更是史家企图用历史来帮助统治阶级的一个最明显的例子。我们研究中国古代史学史的人，不能因为古代史家出身于封建地主阶级并且替封建统治阶级服务，而全盘否定他们。而只能用一分为二"取其精华，去其糟粕"的方法，来看待他们及他们的作品。

史学史既然是研究史学的发生和发展，就应该注意到史学家所处时代的学术主流，因为史学不过是当代学术的一个门类，与其他学术门类大有关系，而一个史学家又往往擅长多种学科，如果我们不明了当代文化的全貌或学术的主流，我们就很难正确地评价这些史学家及其作品在整个学术领域中所处的地位。一本史学名著必有它的学术传统。章学诚（实斋）说得好："书之未成，必有所取裁，如迁史之资于《世本》、《国策》；固书之资于冯商、刘歆是也。书之既成，必有其传述，如杨恽之布迁书，马融之受汉史是也。书既成家，必有其攻习，如徐广、崔骃之注马；服虔、应劭之释班是也。"①我们找出历史学家和学派的作品的承先启后,因袭和独创的地方,便可以阐明史学本身发展的源流。

史学家的观点、立场、方法都表现在他的作品中,我们研究史学史必须注意史学家的思想和方法。可是我国过去研究史学史的人,往往注意史学方法,特别是体例,而阐明史学思想的少。史学方法是由史学观点所指导,如果作者没有正确的世界观,就不可能掌握正确的史学方法。不少古代的伟大的史学作品流传至今,由于作者的阶级出身和历史条件的限制,尽管作者的才力发挥尽致,但在今天看来,仍有很多可议的地方。我们研究古代史学史的人,应该历史地来看待史学作品,从实际出发来评价它的作用和地位,并且批判地继承它。关于现代史学,我们主要研究马克思主义史学在中国的传播及其与非马克思主义史学作斗争,并从斗争中成长和壮大起来的事实和过程,要对资产阶级史学进行具体批判。因此,我们必须以马克思列宁主义、毛泽东思想作为我们的指导思想来批判和继承我国的史学遗产,批判资产阶级史学作品,并探讨史学的发展规律,作出科学的结论,扩大史学的领域,丰富史学的知识。把史学史提高到一个新的比较高的水平。

史学史虽然述及史学家的生平,但不同于史学家的传记,因为它还研究作品的具体内容。史学史也胪列了许多作品的名称,但它不同于目录学或史料学,因为它除举出若干作品名称外,还讨论作品的思想内容与史学方法,以及作者的生平事迹。史学史也谈到著史体例,但又不同于历史编纂学或西人所谓著史术,因为它涉及每一具体作品的思想性与原则性和史学本身的源流正变,以及作者的世界观和人生观,甚至史家的时代背景。

史学史是社会科学中的一个独立的部门,与其他有关的学科部门互为影响。它的范围之广,应该与史学相当。比如说,《隋书·经籍志》史部,就包括地理②。清代《四库全书》乙部(史部)也把地理类书放入其中③。史地二门,有时很难划分得太清楚。我们研究中国史学史,往往必须论及某些历史地理书籍。

中国史学史在今日看来,还是社会科学中的一个薄弱门类。解放前,似乎只出过一种较好的专书,即金毓黻的《中国史学史》。此书材料相当丰富,条理颇为分明,行世已久,但在今日看来,仍使人有不满足之感。目前,史学界正大力开展史学史的研究。逆料不久必有比较完善的中国史学史出版,"企余望之"。

---

① 章学诚:《文史通义》卷七《永清县志列传序例》,第43页。
② 《隋书·经籍志》分史部为十三类,第十一类地理记(《山海经》、《水经》以下诸地理志一百三十九部属之)。
③ 清代修《四库全书》史部分十五类,地理归入第十一类。

第二章　中国史学的兴起

第一节　文字和史

有文字而后有成文的历史，原始社会有文字的创造，而没有史学的发生。文字是劳动人民在劳动过程中创造出来的，但文字的创造，不是一朝一夕就能实现的，而是要经过一个漫长的过程，这个过程大约可分为两个阶段，即结绳和绘画。

所谓结绳记事，是记录事件的一种尝试。本来用以记数而打的结，在许多民族中间，成为记录事件和传递消息的手段。在中国古书上也多次提到古代"结绳"的事。如《周易·系辞下传》说："上古结绳而治。"庄子《胠箧篇》也提到上古容成氏等12个时代"民结绳而用之"。许慎《说文》叙说："神农氏结绳为治。"从这些记载中，可以推测中国上古时代是有过结绳记事一说的。但究竟怎样结法，我们没法知道。《周易正义》引郑玄注倒提到了一点，说是："事大，大结其绳；事小，小结其绳。"不过这话实在模糊得很。在古代秘鲁也有结绳记事的方法，叫做魁普（Quippus），即用不同长短不同颜色的一些细绳，相隔不同的距离，打着不同形式的结，而这些细绳又都拴在一条主绳上。它的用途，从经济核算，人口调查，直到作为大事发生年代的大事记等，并不相同。我们的祖先也可能有和他们大同小异的做法[1]。

绘画亦称图画文字，发明在结绳记事之后。它的发明是由于劳动合作的需要，并且是群众知识增广的结果。它比结绳实用，应用得更广泛。例如，原始人打猎，打倒了一头牛，他想把这件事告诉别人，用结绳的办法是不成的，于是照着野牛的模

---

① 参看柯斯文著《原始文化史纲》（人民出版社）第199页及丁易著《中国文字与中国社会》（中外出版社）第5—6页。

样画下来，人一看便明白了。如果他要把猎取野牛的经过告诉别人，又可以多画几个相关的图画，就可以把自己复杂的意思传达给别人了。这种做法，效果远远超出结绳之上。而且结绳记事很不方便，因为有绳才能结起，如果没有绳或忘记带绳，就没有办法了。以图画代结绳，自可随时随地刻画起来，或用白土，或用黄泥，或用石头，地上、壁上或树皮上都可以成画，而且工具俯拾即是，避免了携带绳索的麻烦，这是文化上的一大进步。这种图画是象形文字的先驱，例如马，以后在甲骨文，甚至篆书中也是作马形的。

文字从图画发展而来，也是劳动人民集体智慧的结晶。但出现比较定型的文字，已经是原始社会向阶级社会过渡的时代了。有文字而后有成文的历史。文字的数量逐渐加多，可以记载简单的事情，而后才有文献史料。阶级社会，一般来说，民众被划分为两个敌对阶级，即自由民和奴隶。从此而后，正如马克思恩格斯的《共产党宣言》所说的，"到目前为止的一切社会的历史都是阶级斗争的历史"。

社会性质起了变化，文字也跟着起了变化，从简单到复杂了。原来创造文字的自由劳动人民，现在已沦为奴隶，而统治阶级奴隶主却从劳动人民那里将文字掠夺过来，作为统治奴隶的工具。《易·大传》说："上古结绳而治，后世圣人易之以书契。"所谓圣人，就是统治阶级中的某些知识分子，即帮助奴隶主来剥削和压迫奴隶的人。这批具有特权地位的人被称为"巫"和"史"。

第二节 "巫"和"史"

巫在原始社会已经存在了。最初他们还是参加劳动的。原始人类对于自然界许多现象不了解，黑夜的浓重，火山的爆发，日月星辰的转移，暴风雷雨的袭击，动植物的繁殖和生长，都使他们感到奇怪和威胁，但他们又无力克服。于是误以为一切自然物都由神灵主宰。这种万象有灵的信仰，稍后便发展为自然崇拜，再后又发展为祖先崇拜。对于这些信仰、崇拜，原始人是有一些仪式的。这些仪式开头是咒术，稍后就是祭祀、祈祷、筮卜等。举行这种仪式的时候，必要假手比较有智慧和经验的人，而这种人干得多了，就把这种求神问卜的勾当作为自己的职业。人们就称他们为巫，后来又叫做"史"。

上古的巫是受人尊重的。第一，因为别人要求神助的时候，主要依靠他们作为媒介，而巫亦以"通于神明"自命，抬高自己的身价，甚至能够假做神语，指挥他人，使他人唯命是听。第二，由于职业关系，巫与自然界事物接触比较多，对于自然观察得比较认真，也逐渐总结出一些自然规律来。例如观察到潮汐的涨落上应星宿的变化，就可以领悟出一些粗糙的天文学知识。他们逐渐掌握季节的变化，知道播种和收获的适当日期。又由于巫知书识算，劳动人民也要依靠他们解决田地经界问题和收获物的分配问题。这样他们就赢得了群众的敬畏。不过，在原始社会里，巫所做的祈祷、卜占等事，基本是为着整个氏族的福利，他们还算是为人民服务的。

社会生产力不断发展，当生产力达到一定的阶段，分配的不平等达到一定的程度后，社会就出现了奴隶制，统治阶级和被统治阶级产生。统治阶级利用暴力来保证他们的富裕生活和崇高地位，并且压迫和剥削被统治阶级。这种统治阶级可以说是暴力集团，但他们又必须与知识分子结合起来，使这些知识分子为统治阶级利益服务，达到一方面用智，一方面用力来统治人民的目的。这个时期，巫师多数是统治者的亲信。他们假做神语，由武力集团执行，用以蛊惑百姓。《国语》所举"厉王虐，国人谤王。……王怒，得卫巫，使监谤者"正是一个例子。

"国家大事，在祀与戎。"(《左传》)不论军事还是祭祀照例要经过"人谋、鬼谋"。人谋即集议于众以定办法，鬼谋即通过卜筮以考吉凶。巫师为祭祀必不可少的人，他们与军事领袖在国内的政治生活中有几乎同等的重要性。那么，巫师必定要参与国家大事的裁决。由于社会的进步和民智的逐渐提高，巫师的威信直到春秋战国才逐渐降低下来。例如，春秋时代，在一次两国交战中，其中一方的主帅要采取攻势，巫师就提议由卜筮来决定。主帅断然拒绝说："卜以决疑，不疑何卜?"说完毫不动摇地出兵进攻。又如有个巫师梓慎，夜观天象，宣布七日内将有风火之灾。果然七日内，宋、卫、陈、郑皆火。他又预言说，数日内又再发生火灾。郑国巫师裨灶对执政者子产说：宋、卫、陈、郑将同日火，如果给我瓘斝玉瓒来祭天，郑必不火。子产不给他。裨灶又说：不采用我说的话，郑必遭受第二次火灾。郑国的人民也请求子产。子产认为不可以给，并解释说：天道远，人道近，二者不相及。意思是我们怎样知道天会降灾呢? 裨灶又怎样会知道呢? 并且子产斥责裨灶是造谣惑众，加以拒绝。结果也没有火灾发生①。到春秋末期，孔子就不相信鬼神了。子曰："子不语怪力乱神"，"敬鬼神而远之"。孔子患病，别人请他祈祷。他就用"我早已知道了"这一句话来搪塞人家的劝告(见《论语》)。随着时代的发展，巫的地位一落千丈。

---

① 这段文字是《左传》用来解释《春秋》"十有八年夏五月壬午宋、卫、陈、郑灾"一条文字而补充的事实。赖有《左传》这样的补充，否则我们对于《春秋》寥寥十多个字的经文就会感到莫名其妙了。《公羊传》就没有结合史实，乱发议论说："何以书? 记异也。何异尔? 异其同日而俱灾也。"像这样解释就没有什么启发意义了。

巫做官之后,又获得了一个尊号,那就叫做"史",即史官。史最初是由巫兼任的,因为巫是最有文化的了,如果要选拔文官的话,非从巫师当中选任不可。在中国古书里,巫、史并称的很多,如《周易·巽卦》说:"用史巫纷若。"《国语·楚语》:"家为巫史。"等等。而甲骨文中,也有史字。大约在殷商时代,巫、史已经合流了。

自1888、1889年起,在殷墟发现的甲骨文字,就是殷代卜时命龟之辞(钻孔,以火烧之,视其裂痕,所问之事书于版上,如祭祀,征伐,渔猎,晴雨等),这些都是巫师所写,刊于龟甲及牛骨上[①],同时也是商代的史料,对研究商代史提供了非常宝贵的资料。从这些甲骨文中可以看出巫史二者的职务是相通的。

第三节 史官的种类及其职务

根据记载,四五千年前黄帝时就有史官苍颉。许慎《说文》自序:"黄帝之史苍颉。"又《汉书》的古今人表,于黄帝之下列苍颉,注为黄帝之史。《太平御览》引宋衷《世本》:"沮诵、苍颉,黄帝之史官。"《鹖冠子·王铁篇》:"士史苍颉作书。"《吕氏春秋》:"史皇作图",高诱注:"史皇即苍颉"。把创作文字图画的功绩推在苍颉身上。我们知道,许多古帝王的名字都可以被理解为氏族或民族英雄的名称,他们的事迹都是古代劳动人民中英雄的事迹和强大创造力的体现。黄帝,作为当时的一位君主,可能是黄河流域部落联盟的盟长,为人民所爱戴。今日我们还记得他,认为他是中华民族的始祖。又,图画文字的发明,是集体的智慧,决不是一个人的功绩,但这是值得歌颂的事情,于是人们只得找出一位代表作为纪念和表扬的对象。至于黄帝时代有无史官是值得商榷的问题。我认为苍颉可能是一个巫。不过文字已经创造出来了,记载有所凭借了,自然也会产生文字的记载,史籍的萌芽。

夏商之际,史官的数目应该不会少,我们在中国古书中就可以找出五六个人,据我看来,他们都是巫史或一般文官之类,但我们找不到他们的具体作品(甲骨文没有作者的名字),因此不列举了。

周代史官制度已经确立了。史官的名目大约有下列各种。

(一)大史 大史的地位颇为崇高。新王登级,大史参加策命的典礼。国王有事会问于大史。《晋语》载胥臣曰:"文王访于辛、尹。"(注:辛甲、尹佚皆周大史)大史还

---

① 引用王国维《最近二、三十年中国新发现之学问》(《学衡》月刊第45期)。关于甲骨文的著录和研究不属于本编研究范围,故不详述。

可以带头对国王的言行提出批评。《左传》襄公四年载:魏绛曰:"昔周辛甲之为大史也,命百官箴王阙。"此外,大史记述各国及本国大事,编成国史或地方史,还担任整理或发明文字工作、保存档案的工作、祭祀的工作等等。大史各国都有。

(二)内史 从《周礼》看来,内史地位之高与大史同,级别在冢宰之下。他除掌管朝廷内部文书档案之外,有时还奉国王之命出使别国。如周内史兴聘于宋(见《左传》僖公十六年)。又王命内史叔兴父策命晋侯为侯伯(见《左传》僖公二十八年)。由于内史担任最高级的秘书工作,所以钟鼎铭文中往往有他们的名字。虽自古传说:"内史记言,大史记行。"但我认为言行恐怕很难分得清楚。对大史、内史工作的规定绝没有这样的呆板,有时可以一人而二任,有时可以互相调换工作的。我还认为商周之际,巫史的势力仍有残存,大史、内史的记言记事,实起了监督国王的作用。国王有些惧怕他们,但又不敢废止他们,因为这是自古相传的制度。《尚书·酒诰》所说:"矧大史友,矧内史友。"国王称臣为友,不敢对他们不礼貌的。

(三)外史 《周礼》:"外史掌三皇五帝之书。"可见外史掌管过去和当代的史料,即档案史料,并且负责搜集史料和书籍,献给朝廷。不仅周朝,列国亦有外史一职,鲁外史便是。

(四)御史 设置于战国时代。《战国策》一书有无名御史。初时专以记事为职责,在国内及国际重大会议的时候,往往当记录官。如《史记·蔺相如列传》:"赵王鼓瑟,秦御史前书曰:某年月日,秦王与赵王会,令赵王鼓瑟。"

其他史官:小史(姓名无考),掌邦国之志;柱下史,掌图书档案,如今日图书馆及档案馆长之类;女史,掌王后之礼书内令;州史和闾史,皆地方史官,职位最卑,记录地方事迹及登记出生、死亡人口;侍史,是贵族巨室的私人秘书。

从广义来看,周代大多数文官都可以称为史。他们的工作并不限于编史。祭祀、卜筮、天文、历法、地理、医术等都属于他们的业务范围①。

秦汉以后,史官地位日益衰落,名称屡改,制度不严,不再辟专章叙述。

---

① 关于史官设置,读者可参看刘知幾《史通》卷十一《史官设置》一章。关于史官职权,可以参考朱杰勤的《史诠》一文(见《读书通讯》138期)。

第三章　先秦史籍评述

第一节　《尚书》

　　夏、商、周三代的政治和学术是一致的。文化事业为官府把持，所有知识分子都要为政治服务，他们执行统治者的意图，用文字来记录典章和命令以及种种掌故。无怪先秦古籍所记的都是统治阶级的事迹和朝廷法令制度。清代学者龚定盦说："周之世官，大者史。史之外无有语言焉；史之外无有文字焉；史之外无人伦品目焉。"①这是符合当时实况的。

　　既然一切文字工作都是史官包办的，没有私家著作。一切著作编辑工作都出于史官，因此，我们可以说，六经都是史官所编辑的。清代有一派提出"六经皆史"的主张。章学诚说："六经皆史也，古人不著书，古人未尝离事而言理。六经皆先王之政典也。"②龚定盦也说："夫六经者，周史之宗子也。易也者，卜筮之史也；书也者，记言之史也；春秋也者，记动之史也；风也者，史所采于民，而编之竹帛，付之司乐者也；颂也者，史所采于士大夫也；礼也者，一代之律令，史职藏之故府，而时以诏王者也；小学也者，外史达之四方，瞽史谕之宾客之所为也。今夫宗伯虽掌礼，礼不可以口舌存，儒者得之史，非得之司乐。故曰：五经者皆周史之大宗也。"③

　　据我的体会，从广义来说，六经同出于史官，都被看作史，未尝没有一些理由，但从狭义来看，只有《尚书》和《春秋》算得上是史籍，其他各经不过是辅助我们认识历

---

①　《龚自珍全集》第一辑《古史钩沉论二》——第 21 页（中华书局版）。
②　《文史通义》卷一《易教上》。
③　《古史钩沉论二》。

史的作品,或史料而已。例如,《周易》是从历史事实或人生经验中总结出的若干条对人对事的法则,一部分谈自然法则,另一部分谈人事,也就是说涉及自然发展规律和社会发展规律。编者具有机械唯物论的思想,却没能阐明社会发展规律。《周易》基本上是哲理性质的书,虽然是巫(史)所搜集编成的语录,我们只能说它是一本历史哲学方面的书,它本身不是史籍,特别在学科分类比较精细的今天。《周易》可以说是研究历史的重要参考资料。韩宣子聘鲁,观书于大史氏,得见《易象》《春秋》,曰:"周礼尽在鲁矣。"(《左传》昭公二年),据此,《易象》是鲁大史所藏,而韩宣子以周礼看待,是因为它包含有政教典章,切合日用。

《周礼》一书把社会制度记载下来,被当作人们日常行为规范,目的在巩固以周王为中心的奴隶制国家的地位。对于我们研究周代的礼制的沿革,有很大的参考价值,但它究竟不是史书,而是政治和法律方面的书。

《诗》反映民间的风俗习惯和社会活动,也反映出一些政治情况,可供研究史学的进行参考。不过我们只能把它作为史料,而不能把它作为历史,因为它是有韵之文——诗歌的集子,合于文学的体裁,而不是史学的体裁,而且民歌的作者也绝不会有作史的企图。

先谈《尚书》。《尚书》以上(尚)古之书而得名。《三坟》《五典》传说是三皇五帝之书,但后世无从得见,只有《尚书》留存,《尚书》是一本最古的史籍。《尚书》的流传经过是这样的:据说孔子观书于周室,得虞、夏、商、周四代的典故,加以删订,始于唐虞,终于秦穆公时代。秦代严禁书籍在民间传播,伏生为秦博士,当时把它藏在壁中。汉兴,局势安定后,伏生归求其书,而简策散乱,只得二十九篇,教授于齐鲁之间,流行的本子是用当时的字体——隶书抄写的,所以称为今文《尚书》。晁错曾经从伏生学习过,又有欧阳博士及大、小夏侯三家传授伏生之学。多数学者经考证后,认为今文《尚书》是真的。

后不久古文《尚书》出现。当汉武帝(刘彻)统治的末期,鲁共王拆坏孔子旧宅,来扩大他的宫殿范围,发现古文《尚书》数十篇,皆古字。孔安国把这本书和过去所发现的今文《尚书》二十九篇比较,发现多出了十六篇,当时因不立学官,非官书,无人传授。东晋元帝(司马睿)立国于江左,梅赜奏上古文《尚书》及尚书孔氏传。朝廷批准把古文《尚书》立于学官,家传户诵。至唐贞观五年,命修撰群经正义,孔颖达作《五经正义》,大体信从梅赜所上的本子,并用孔氏传。至宋元二代,许多学者怀疑它是伪书。吴棫说:"增多之书皆文从字顺,不若伏生之书诘曲聱牙。"朱熹说:"书凡易读者皆古文,岂有数百年壁中之物不讹损一字者。……伏生所传者皆难读,如何伏生偏记其所难,而易者全不能记也。……尚书孔氏传是魏晋间人作,托安国为名耳。孔传并序皆不类西京文字气象,与《孔丛子》同是一本伪书,其言多相表里,而训诂亦多出于《小尔雅》。"元代吴草庐更进一步指出:"伏氏书虽难尽通,然辞义古奥,其为上古之书无疑。梅赜所增二十五篇,体制如出一手,采辑补缀,无一字无所本。而平复卑弱,不类先汉以前文字,夫千年古书最晚乃出,而字画略无脱误,文势略无龃龉,不亦大可疑乎?"①因此有人怀疑东晋梅氏所上之书可能是王肃、束皙、皇甫谧所搜编或拟作的。但是我们也不必把它完全摈弃。它们不完全是捏造的,可能根据古文之残篇剩简,如《隋志》所载《尚书》逸篇之类,亦有精彩的语言,不能全部黜废,我们将其作为古史片段参考便是。

《尚书》对后世史学的影响也有可称道的。《汉书·艺文志》说:"古史记言,言为《尚书》。"以《尚书》为单纯记言的书,完全是片面的说法。因为因事而有言,有言必有事,互相牵连,不可划分。《尚书》诸篇如《金縢》《顾命》之类,记事又兼记言,合乎史体。章学诚论《书教》说:"后来纪事本末一体,实出于《尚书》,《尚书》之中,如《金縢》、《顾命》,皆具一人一事之本末,实为古史之具体而微者。"可谓恰当。刘知幾《史通》标为六家之一体。司马迁《史记》于春秋以前之事多采用《尚书》,自称:"述唐陶以来,至于麟止。"认为研究上古史事,除《尚书》外,别无更详细、更可靠的材料了。

后代史家亦有效《尚书》的体裁而写作的。例如晋孔衍撰《汉尚书》十卷,《后汉尚书》六卷,《魏尚书》十四卷。隋王劭所撰的《隋书》,效《尚书》记言之例,多录口敕,搜罗迂怪流俗之言,以类相从,为其题目。不过《尚书》的体例,既不编年,又无纪传,有类语录,不能适应社会发展由简单到复杂等多方面的要求,因此它的流传也不广远②。

第二节 《春秋》

《春秋》本来是鲁史记的名字。列国都有它的本国史,楚谓之梼杌,晋谓之乘,大

---

① 伏生的二十九篇:尧典 皋陶谟 禹贡 甘誓 汤誓 盘庚 高宗肜日 西伯戡黎 微子 太誓 牧誓 洪范 金縢 大诰 康诰 酒诰 梓材 召诰 雒诰 多士 无逸 君奭 多方 立政 顾命 粊誓 吕刑 文侯之命 秦誓(《今文尚书》)。孔安国所谓多出的十六篇:舜典 汩作 九共 大禹谟 弃稷 五子之歌 允征 汤诰 咸有一德 典宝 伊训 肆命 原命 武成 旅獒 冏命(《古文尚书》)。梅赜伪古文二十五篇:大禹谟 五子之歌 嗣征 仲虺之诰 汤诰 伊训 太甲上 太甲中 太甲下 咸有一德 说命上 说命中 说命下 泰誓上 泰誓中 泰誓下 武成 旅獒 微子之命 蔡仲之命 周官 君陈 毕命 君牙 冏命。

② 请参看刘知幾撰《史通》内篇《六家》及章学诚撰《文史通义》卷一《书教》三篇。

事写在策上,小事写在简牍上。五霸迭兴,周室的政权日益衰落,史官有职无权,不能按照规矩记载本朝及诸侯活动的事迹和制度。孔子因参考鲁史及其他各国史籍修成《春秋》一书,旧史可用的就仍旧沿用,例如自惠公以上的记载就无所修改,所谓"述而不作"。隐公以下的记载,孔子就参考各史,取其精华,用自己的观点来编成。因为包含有孔子个人的主观见解,后世有些人称孔子为《春秋》的作者。司马迁所谓:"孔子惧,作《春秋》。"又说:"笔则笔,削则削,游夏不能赞一词。"孔子也自称:"知我者其为《春秋》乎,罪我者其为《春秋》乎!"如果孔子把鲁史记原文照抄,一字不改,自己没有加入丝毫的个人主张,又何必担责任呢?

"春秋"为古史记的通称,并非鲁国独有。《国语·晋语》:司马侯曰:"羊舌肸习于春秋。"《楚语》:申叔时曰:"教之春秋。"时代都在孔子之前。墨子《明鬼篇》:"有周之春秋,燕之春秋,宋之春秋,齐之春秋。"又说:"吾见百国春秋。"而孔子所根据的主要是鲁国春秋。

所以名为"春秋",不过逐年记事,以春包夏,以秋兼冬,总而言之,即包括一年四季的大事。杜预《春秋左氏传序》说:"记事者以事系日,以日系月,以时系年,所以纪远近,别同异也。故史之所记必表年以首事,年有四时,故错举以为所记之名也。"亦即是这个意思。

关于孔子修《春秋》的目的及其作用,司马迁对《春秋》的评价代表了一些人的看法:

乃因史记作《春秋》,上至隐公,下迄哀公十四年,十二公,据鲁,亲周,故殷运之三代,约其文辞而指博。故吴楚之君自称王,而《春秋》贬之曰子;践土之会实召周天子,而《春秋》讳之曰:天王狩于河阳。推此类以绳当世贬损之义,后有王者举而开之,《春秋》之义行,则天下乱臣贼子惧焉。[①]

观此可知,《春秋》以鲁史为根据,尊周室的地位,又贯串夏殷周之事,以明王道的一贯性,用简单的文辞,严格的标准,来正名分,寓褒贬,示劝惩。司马迁进一步又说:

夫《春秋》上明三王之道,下辨人事之纪,别嫌疑,明是非,定犹豫,善善,恶恶,贤

---

① 司马迁:《史记》卷四七《孔子世家》。

贤,贱不肖,存亡国,继绝世,补弊起废,王道之大者也。……《春秋》以道义,拨乱世反之正,莫近于《春秋》。《春秋》文成数万,其指数千,万物之聚散,皆在《春秋》。《春秋》之中,弑君三十六,亡国五十二,诸侯奔走,不得保其社稷者不可胜数。察其所以,皆失其本已。故《易》曰:'失之毫厘,差以千里'。故曰:臣弑君,子弑父,非一朝一夕之故也,其渐久矣。故有国者不可以不知《春秋》,前有谗而弗见,后有贼而不知;为人臣者不可以不知《春秋》,守经事而不知其宜,遭变事而不知其权。为人君父,而不通于《春秋》之义者,必蒙首恶之名,为人臣子而不通于《春秋》之义者,必陷篡弑之诛,死罪之名。……①

　　《春秋》一书仅一万八千字,没有提出成书的宗旨,我们很难弄明白"其指数千"表现在什么地方。大概是儒家所谓"义法"吧。《春秋》记事中的种种提法,自然包含义法在内,如果没有义法,一本《春秋》只是如王安石所称的断烂朝报或者如今日所谓大事记之类而已。

　　《春秋》是一本教训人的书。教人怎样去做人和处世,在平时应该根据原则来办事,在形势变化的时候,又不可死守教条,要采取变通的办法。孔子力图从自己的观点出发,总结前人的经验来说服别人,因此就采用了史的方式。《春秋》究竟有无像司马迁所说的那么大的作用,仍然值得商榷。据我看来,《春秋》只是从周礼的基本精神出发。

　　孔子是一贯维护周礼的。他自己说:"吾从周。"对于制礼作乐的周公,敬仰备至,甚至形于梦寐。他的思想是保守的。杜预的《春秋左氏传序》指出:"仲尼因鲁史笔成文,考其真伪,而志其典礼,上以宗周公之遗制,下以明将来之法。其教之所存,文之所害,则刊而正之,(疏:此说仲尼改旧史之意。教之所存,谓名教善恶,义存于此事;若文无褒贬,无以惩劝,则是文之害教)以示劝戒。其余则皆即用旧史,史有文质,辞有详略,不必改也。故传曰:其善志。又曰:非圣人孰能修之。盖周公之志,仲尼从而明之。"②因此,我们可以说,《春秋》一书的修订是以周礼的精神作为基本的指导原则。司马迁也说"《春秋》者礼义之大宗也",可为佐证。

　　我们知道,周代实行的是以周王室为中心的宗法统治,在宗法统治下,周天子为天下的"大宗",其余各国诸侯、卿大夫都是周室的亲戚故旧,周天子"封建亲戚,以藩屏周"(《左传》僖公二十四年)。例如孔子的故邦鲁国,就是伯禽的封地,也就是

---

① 《史记》一三〇卷《太史公自序》。
② 杜预:《春秋左氏传序》及孔颖达疏(引十三经注疏本)。

周公之后。周朝统治者以"亲亲"的手段来巩固周王室的统治,这是很自然的事情。周礼也是要维持这种关系。孔子在春秋的时代,眼看"周之子孙日失其序",而且"汉阳诸姬,楚实尽之"。他对于弑君灭国的事情是看不惯的,但面对这些已成的事实还有什么办法呢?他只能够通过史文来表达他的主张。

孔子是代表奴隶主阶级的利益的,但他不赞成统治者的无限专制的权力和措施,他有一套自己的政治主张。他提倡"克己复礼",要求上下都要克制自己,尽量遵守礼的标准;正名分,别尊卑,对于君臣父子,都提出一定的道德标准。孔子不赞成只用政刑的高压手段,而提倡用道德来教化人民。"道之以政,齐之以刑,民免而无耻;道之以德,齐之以礼,有耻且格。"又主张泛爱众而亲仁(民),以人为本。此外,还主张如打破资格限制和亲戚关系而唯才是举,推行平民教育,有教无类等。这些都是企图缓和阶级矛盾,挽救以周室为中心的奴隶主集团统治的做法。由于历史巨轮向前推进,当时未能实行他的主张。后世封建统治者变本加厉地利用孔子的别尊卑、定名分、禁止犯上作乱的说法来帮助加强封建统治。中国封建制度特别顽固,社会发展极其缓慢,与孔子不无关系。

孔子晚年成为一个在野的学者。修史是官府的事情,但当时周室衰弱,史官制度不振,诸国史籍散乱,没有凡例,又藏于政府,国邦亡则史籍散失,孔子不得不把文献存亡继绝的责任承担起来,并且利用春秋的史事来表达他自己的主张。这点司马迁也指出来了:"余闻之董生曰:周道衰废,孔子为司寇,诸侯害之,大夫壅之。孔子知言之不用,道之不行也。是非二百四十年之中,以为天下仪表,贬天下,退诸侯,讨大夫,以达王事而已矣。子曰:我欲载之空言,不如见诸行事之深切著明也。"(《史记·太史公自序》)孔子希望《春秋》的修订能收到文字宣传之功。可是他的真正意图,可能由于明哲保身的关系而不肯坦白说出来,"微婉其说,志一作'隐',晦其文"(《史通·六家》)。使时人及后人不得不加以解释,而且解释得又很不一致,研究和批判都很困难。

孔子有功于我国史学。列国的史籍日益散亡,如果他不及时编纂,后世就无从知道春秋时代的史事了。他保全了上古的文献,是值得我们称道的。

后代学者有以春秋之名名其作品的。如《晏子春秋》,《虞氏春秋》,吕不韦主编的《吕氏春秋》,陆贾的《楚汉春秋》,都违背了《春秋》的编年纪事体,不合《春秋》的名称。宋代朱熹的《资治通鉴纲目》还算是学《春秋》的体例。司马迁《史记》以掌握过政权的王侯列入本纪,也可能是受到了《春秋》尊王体例的启发。

第三节 《左传》与《国语》

《左传》 解释《春秋》的传有三家——左丘明、公羊高、谷梁赤——后世多数学者承认三者中以《左传》为最好。第一,左丘明有家学渊源,世为楚国史官,亲见官书,对于楚国之事,知道得较为详细。第二,左丘明与孔子同时。孔子将修《春秋》,与左丘明驾车到周,在周史官那里阅览图书,归来修《春秋》。当时二人谅必对于编修体例有所商榷。《春秋》的体例,左丘明知道得比较清楚。第三,孔子与左丘明的观点有许多相同的地方。孔子说:"左丘明耻之,丘亦耻之。"(《论语》)所以刘歆说:"左丘明亲见夫子,好恶与圣人同。"由于所见略同,左丘明解释《春秋》是具有很好的条件的。第四,左丘明也自信能够把握孔子的宗旨,明了事实的真相。司马迁说:"孔子西观周室,论史记旧闻,兴于鲁而次《春秋》。……七十二子之徒口授其传指,为有所刺讥褒讳挹损之文辞,不可以书见也。鲁君子左丘明惧弟子人人异端,各失其真,因孔子史记具论其语,成左氏春秋。"[1]苏东坡与友人论《春秋》说:"此书自有妙用,学者罕能理会。若求之绳约中,乃近法家者流,苟细缴绕,竟亦何用?惟丘明识其妙用,然不肯尽谈,微见端兆,欲使学者自见之,故仆以为难。"(《答张嘉父书》)观此,苏东坡也承认只有左丘明才能够识《春秋》的妙处。第五,《春秋》是一本史书,但记载过于简略,不得不靠左丘明来补充事实。史家不能凭空立论,要根据丰富的材料才能进行理论分析而得出结论。公羊、谷梁二传征实少而务虚多,偏重议论,忽略史料,惟《左传》能够补《春秋》事实的不足。事迹昭彰,读者亦可以自行领会。又公羊、谷梁为孔子的再传弟子,且过都越境,传闻异词,不似左丘明身为鲁史,又与孔子共同进行调查研究,所述自然可靠些。第六,史必借文采而传。孔子说:"言之无文,行而不远。"以文章华赡而论,《左传》远胜于其他二传。韩昌黎《进学解》有"左氏浮夸"之语,只是就左氏文章的波澜壮阔,气象万千而言,并非说他浮夸。朱熹说《左传》之文自有纵横意思,亦即如韩愈的提法,指左氏文笔横肆。可见"浮夸"二字并非贬辞。浮夸是对上句谨严而言,谓《春秋》的书法谨严,《左传》的文辞浮夸。而昌黎自己有时学《春秋》笔法之谨严,有时学《左传》文辞之浮夸,不拘一格,亦即杜甫诗所谓"转益多师是我师"。清代学者郑权有《左氏浮夸辨》一文说:"至于铺张扬厉,自古史官莫不皆然。孟子曰:吾于武成取二三策而已,况乎周末文胜,其体如此。观臧僖伯之谏矢鱼,臧哀伯之谏立鼎,富辰之谏王,季札之观乐,剡子之述官,季孙之称元

---

① 《史记》卷十四《十二诸侯年表》。

恺，子革之诵祁招。其文典，其事博。他如吕相绝秦，子产谢晋，辞令之妙，不可殚述。邱明毕登篇牍，亦犹后世史书录载文笔诗赋也。"①刘知幾对于左氏文字之妙，叙事之工，极为赞叹，说："左氏之叙事也……申盟誓则慷慨有余，称谲诈则欺诬可见，谈恩惠则煦如春日，纪严切则凛若秋霜，叙兴邦则滋味无量，陈亡国则凄凉可悯。或腴辞润简牍，或美句入咏歌，跌宕而不群，纵横而自得。若斯才者，殆将工侔造化，思涉鬼神，著述罕闻，古今卓绝。"②或有怀疑左丘明有夸大事实之嫌，恐亦未必。左丘明纪事，不过根据各方面的报告和档案照书于简策。有其事而不据实直笔，何以称为信史。《左传》中虽有"新鬼大，故鬼小"的话，固然是怪诞无稽，但当时有这种传说出现，左氏不妨记载下来，所谓"疑以存疑"，由后人自行评判，并不是鼓励他人迷信。且当时也不可能有无神论的主张。可是左氏仍然坚持着人的威严，屡次强调人定胜天的思想。例如载"申繻曰：'妖由人兴'，叔向曰：'吉凶由人'"之言，左氏流露出以人为中心的进步思想。公羊、谷梁二传以解释《春秋》的义法为主，多凭《春秋》原文来发议论。《左传》以载述事实为主，史与论相互为用。公羊、谷梁二传只是史论一派，而《左传》确是一本史学著作，可以离开《春秋》而别成一史。故《左传》一家可以成为编年史家之祖。后汉荀悦的《汉纪》就是依照《左传》编年体例的。《左传》每于叙述一段史实后，附加断语，例如"君子曰"云云，开后世史籍论赞的先河。司马迁的《史记》各传后往往有"太史公曰"等等，即效法《左传》。

　　《左传》亦有缺点，例如左氏往往以一时的失败论人，缺乏远见。比如说："君子知秦之不复东征也。"预言秦国日后之不振，不知恰恰相反，秦穆公以后至孝公及始皇而并吞六国，统一四海。又如论述周郑交质，吕成公《左氏续说》认为左氏不明君臣之义，视周室如列国，和孔子及他自己尊周室的宗旨不合。在编写方法上也不够谨严，例如对于列国君臣的名字称呼不一的，多达四五处③。当然还有其他缺点，因本编不是研究《左传》的专书，故不具论。

　　左氏学派略述如下：

　　　　左丘明作传以授曾申，申传卫人吴起（魏大侯相），起传其子期，期传楚人铎椒（楚太傅），椒传赵人虞卿（赵相），卿传同郡荀卿名况，况传武威张苍（汉丞相，北平

　　①　《菊坡精舍集》卷五。
　　②　《史通》卷十六《杂说上》。
　　③　其详可参看赵翼《陔余丛考》卷二《左传》叙事氏名错杂条。

侯)。①

《汉书·儒林传》:"汉兴,北平侯张苍及梁太傅贾谊,京兆尹张敞,大中大夫刘公子皆修《春秋左氏传》。始刘歆从尹咸及翟方进受左氏。由是言左氏者本之贾护刘歆。"

初刘歆校秘书,见古文《春秋左氏传》,大为爱好。当时丞相尹咸亦善于学习左氏,与歆共校经传,歆从他和翟方进探求大义。《左传》本多古字、古语,学者但求照字解释。刘歆研究《左传》,进一步引传文来解经,转相发明,由此章句义理却比较易懂。刘歆传于贾徽,徽传于其子逵,逵受诏列出公羊、谷梁不如左氏四十事,名曰《左氏长义》奏上,被采纳,又作《左氏训诂》。陈元作《左氏同异》,郑众作《左氏条例章句》,马融为三家同异之说。左氏、公羊、谷梁三派相争不止,由于郑康成的支持,左氏由是大盛。平帝初,立左氏于学官,后受公羊、谷梁二学派的排挤而废止。和帝元兴十一年,左氏仍立于学官,迄今遂盛行,其他二传渐微弱。左氏今用晋杜预的注解。

《国语》 左丘明除《左传》外,还外传一书,即《国语》。韦昭《国语》序:"昔孔子修旧史以垂法,左丘明因圣言以摅意,可谓博物善作者也。其雅思未尽,复采录前世穆王以来,下迄鲁悼,智伯之诛,以为《国语》,其文不止于经,故曰外传。"刘知幾也说:"左丘明既为《春秋》内传(《左传》),又搜其逸文,纂其别说,分周、鲁、齐、晋、郑、楚、吴、越八国事,起自周穆王,终于鲁悼公,别为《春秋》外传——《国语》,合为二十一篇。其文以方内传,或重出而小异,然自古名儒贾逵、王肃、虞翻、韦曜之徒,并申以注释,治其章句。此亦六经之流,三传之亚也。"②韦昭和刘知幾都以《国语》为左丘明作。

司马迁亦谓:"左丘失明,厥有《国语》。"本指左丘明是《国语》的作者。但后人(如宋人叶梦得)反因此怀疑古有左氏及左丘二氏,《春秋》传的作者为左氏,而《国语》的作者为左丘氏。清代学者纪昀认为左丘是复姓,他说:"司马迁称左丘失明,厥有国语,则左丘为复姓无疑。其何以单称左氏,史无明文。朱彝尊《经义考》,谓孔门弟子因避师讳而然,究为臆说。至其分为左丘二姓,惟见应劭《风俗道义》,而未著其何以分。"③如果纪昀所考为实,则《左传》和《国语》的作者实为一人。

---

① 陆德明录《春秋三传注解传述人》(十三经注疏本)有更详细的介绍,此处不过节录一段而已。
② 《史通》卷一《六家》。
③ 《纪晓岚诗文集》卷一《礼部议奏山东巡抚疏请增设左丘明世袭五经博士折子》。

至于二书记载的事实有时互相出入，也不足为奇。我以为《国语》的底本是左丘明最初分国家搜集的材料，未经严格整理的，当他写内传的时候，引用了其中一部分，留下的材料，未经修改，可能与曾经过提炼和鉴别的《左传》里的事实不尽相同。左丘明双目失明后，更无法把它勒成专书。后人把他的旧稿刊行，称为《国语》，别为外编。

公羊、谷梁所知的史事不及左氏的完备。公羊传虽有记事，但太少，而又有不确实的。谷梁叙事更少，全传述事者只有二十七条。二人都是子夏弟子，学术渊源相同，思想作风亦相近似。他们只按春秋本文企图阐发它的义理义法。例如郑伯克段于鄢，公羊把克字解释为杀字，事实上是错误的，因为段没有被杀。《左传》解释说："如二君，故曰克。"就比较合乎情理了。因此，清代学者吴惠(士奇)著有《春秋说》一书，把左氏、公羊、谷梁三传的说明加以比较研究，并指出："学者合而观之，惟《左传》纪事为可信。凡史无文，左氏皆无传。益无征不信，故不敢以异说乱经。或以为左氏纪事诞妄不足信，始自赵匡，南北宋诸儒从而和之。于是学者胸驰臆断，异说并兴，《左传》虽存而实废矣。吾恐《左传》废而《春秋》亦随之而亡也。独抱遗经，力排异说，非吾徒之责而谁责欤。"[1]我们同意以上引文所说，以左氏记事为可信。

从史学史的角度来看，研究《春秋》的参考书，应以《左传》为主，公羊、谷梁二传为辅。《左传》中的义理虽然间有谬误的地方，但史实具备，我们可以自行分析，作出科学的论断。

黄楚望说得好："凡《左传》于义理时有错谬，而其事皆实，若据其事实，而虚心求义理至当之归，则经旨自明。然则学《春秋》者，姑置虚辞(所谓虚辞者谓如尊君卑臣，贵王贱霸，尊周室，抑诸侯之类)，存而勿论，而推据《左传》之事以求圣经。此最为切实，庶几可得圣人之旨矣。"[2]这种根据事实来推理的治学方法是值得我们参考的。

第四节　其他史籍举要

其他先秦史籍比较著名且流行今世的，有《战国策》、《竹书纪年》、《世本》等。兹分别略述如下。

《战国策》　刘向在中书校书的时候，发现有关于诸国的记载，非常错乱，乃按时

---

① 《皇清经解》卷二三八《惠学士春秋说》。
② 赵东山:《春秋师说》卷中，陈澧:《东塾读书记》卷十转引。

期删并重复,排比成秩,共得三十三篇,"又称曰书本号,或曰国策,或曰国事,或曰短长,或曰事语,或曰长书,或曰修书"。刘向认为战国时游士策谋,宜为战国策。继春秋以后,讫楚汉之起,凡二百四十五年间事。篇名如下:西周一篇,秦五篇,齐六篇,楚、赵、魏各四篇,韩、燕各三篇,宋卫合为一篇,中山一篇。此书有汉高诱注,宋鲍彪注本,元吴师道校注本,共二十一卷,记事完整,命意深刻,命辞廉悍,不仅是一本好的历史书籍,而且是一本好的古典文学作品。司马迁撰《史记》时曾参考了《战国策》。

《竹书纪年》 所纪的事与鲁春秋同。《晋书·束皙传》载:"初太康三年(282),汲郡人不准盗发魏襄王墓,或言安釐王冢,得竹书数十车。其纪年十三篇,纪夏以来,至周幽王为犬戎所灭,以事接之,三家分,仍述魏事,至魏安釐王之二十年。盖魏国之史书,大略与春秋皆多相应。……漆书皆科斗字。初发冢者,烧策照取宝物,及官收之,多烬简断札,文既残缺,不复诠次。武帝以其书付秘书,校缀次第,寻考指归,而以今文写之。皙在著作,得观竹书,随疑分释,皆有义证。"

按当时担任考释竹书的不止一人,还有卫恒、王接、荀勖等,《晋书·王接传》说:"时秘书丞卫恒考正汲冢书未迄而遭难,佐著作郎束皙述而成之,事多证异义。时东莱太守陈留王庭坚难之,亦有证据。皙又释难,而庭坚已亡。散骑侍郎潘滔谓接曰:'卿才学理义足解二子之分,可试论之'接遂详其得失。挚虞、谢衡皆博学多闻,咸以为允当。"

可见竹书发现后,曾经引起一场学术上的争鸣,而王接出而参加讨论,大概认为竹书是真的有参考价值。又《晋书·荀勖传》说:"及得汲郡竹书,诏荀勖撰次之,以为中经,列在秘书。荀又尝叙穆传曰:古文《穆天子传》者,太康二年汲县民不准盗发古冢所得书也,皆竹简丝编,以臣勖前所考定古尺度其简,长二尺四寸,以墨书,一简四十字。"汲者战国时魏地也。案所得纪年,盖魏惠成王子令王之冢也。于《世本》盖襄王也。案《史记·六国年表》,自令王二十一年至秦始皇三十四年燔书之岁,八十六年,及至太康二年初得此书,凡五百七十九年。

竹书经过晋代几位学者整理后,"由是世称实录,不复言非,其书渐行,物无异议"①。杜预注《左传》,郭璞注《穆天子传》,郦道元注《水经》都参考过竹书。关于竹书所包括的时期及其体例,《隋书·经籍志》有述,可补上文。

---

① 刘知幾:《史通》卷十四《申左》。

至晋太康元年,汲郡人发魏襄王冢得古竹简书,字皆科斗。发冢者不以为意,往往散乱。帝命中书监荀勖、令和峤撰次为十五部,八十七卷,多杂碎怪妄,不可训知。唯《周易》、纪年,最为分了。其《周易》上下编,与今正同。纪年皆用夏正建寅之月为岁首,起自夏殷周三代王事。无诸侯国别,唯特记晋国,起自殇叔,次文侯昭侯,以至曲沃庄伯,尽晋国灭,独记魏事,下至魏哀王,谓之今王,盖魏国之史记也。其著书皆编年相次,文义大似《春秋》经,诸所纪事,多与春秋左氏符同。

隋志古史一目著录纪年十二卷,谓为汲冢书,题沈约注,是为古本。但今本内容,与汲冢原书有所出入。今本有些记载或提法,古本所无,而《水经注》引竹书七十六条,有许多条今本没有,其他年月亦多不同。《四库全书总目》卷四十七史部关于《竹书纪年》的考证,已举出很多证据,繁不备引。因此有人怀疑今本是明人钞合诸书为之的。清朱右曾始取各古书所引竹书古本的文字辑为《汲冢纪年存真》一书,近代王国维因之而成《古本竹书纪年辑校》,又撰《今本纪年疏证》,以补朱书征引与考证之不足,并指出今本伪造的地方。

《逸周书》 十卷,旧本题为汲冢周书。《隋书·经籍志》也认为得自汲冢中。但根据前人考订,它与汲冢没有关系。第一,汲冢发现竹书七十五篇,无所谓周书。杜预《春秋集解》后序载汲冢诸书,亦不列周书之目。第二,《汉书·艺文志》先有周书七十一篇,今本《逸周书》有七十篇,陈振孙《书录解题》称凡七十篇,有序一篇散入各篇中,合计仍然是七十一篇,与汉志符合,可见汉代早已著录。第三,司马迁作《史记》,马融注《论语》,郑玄注《周礼》,许慎作《说文》皆有引用,并在晋代之前。可见周书汉代已经流行。第四,晋代以前各古书引用周书的文字,反而往往在今本中找寻不到。可见今本有一部分是后人加入的。不过,加入的文字也是根据古书逸文而来,还有一定的参考价值。

《世本》 不知作者为谁,汉代已有流传的本子。司马迁著《史记》也采用了它。《后汉书·班彪传》说:“又有记录黄帝以来至春秋时帝王公侯卿大夫,号曰《世本》,一十五篇。其子固本之,遂著录于《汉书·艺文志》。”其书散佚于宋代,今本乃清儒从古书搜集辑成的,有九种辑本,可供参考。

《穆天子传》 出于汲冢,晋郭璞为它作注。记穆王西巡的事迹,皆有月日可寻,可供研究中西交通史的参考。至于《山海经》,托名大禹伯益所著,是古代地理之书。有晋郭璞注本,清毕沅有校正本。按古代目录学,地理之书都入史部,史地二门不可划分得太清楚。《尚书》有禹贡编,《汉书》亦有地理志。因此,《山海经》不失为研究中国古代史的重要参考书。

第五节　先秦史学综论

中国史学发达,冠于世界,表现在史官制度建立之早与史籍之多。史学有优良之传统。史家大抵能够反映比较真实的情况,对于不合理现象和违法乱纪的事情能够据实直书,以示后世,甚至在统治者压迫之下,仍不改变态度。董狐和南史就是古代史官的良好榜样。董狐书法不隐,孔子称为古之良史,南史更为耿直。"齐崔杼弑公以说于晋。太史书曰:'崔杼弑其君'。崔子杀之,其弟嗣书,而死者二人,其弟又书,乃舍之。南史氏闻太史尽死,执简以往,闻既书矣,乃还。"(《左传》襄公二十五年)。他们虽然为着维护礼教挺身而出,但忠于职守的牺牲精神是值得称道的。

当时的统治制度就是礼,古代史家处理历史问题也是以礼为基本原则。他们以礼为尺度来衡量人物。他们的史学见解也不出礼的范围。我们打开《左传》一看,往往见到左氏论人、论事,有所谓"知礼矣"和"非礼也"等词句。甚至《春秋》也用一定的字样来表示褒贬,即后人所谓"义法"或"书法",固然是过于拘执,也很难找得出共同的规律,三传对《春秋》书法的解释各有不同。不过《春秋》的修订者显然是有这样的用意的。

上古的史官的职务主要是记录事迹,搜集史料,不一定要著史,也没有人出题目要求他们写作。章实斋说:"三代以上,记注有成法,而撰述无定名。"(《文史通义》卷一《书教上》)可是他们的记注是有一定的法则的。第一,如实地把时事记录下来,无论事之大小。刘知幾加以批评说:"凡书异国,皆取来告,苟有所告,虽小必书,如无其告,虽大亦阙。故宋飞六鹢,小事也,而书之;晋灭三邦(耿、魏、霍),大事也,以无告而阙之,用使巨细不均,繁省失中。"刘知幾指出的缺点,只在于作史者取材缺少分析。史官按规矩办事,可以不管事之大小,而有闻必录。分析批判及采用与否,史官不必过问。第二,周代史官对档案工作做得颇为完备,因为每种文件都有几种副本。章实斋指出:"周官三百六十具天下之纤析矣。然法具于官,而官守其书,观于六卿联事之义,而知古人之于典籍不惮繁复周悉,以为记注之备也。即如六典之文,委繁如是,大宰掌之,小宰副之,司会、司书,太史又为各掌其贰,则六典之文,盖五倍其副贰而存之于掌故焉。其他篇籍,亦当称是。是则一官失其守,一典出于水火之不虞,他司皆得借征于副策。斯非记注之成法详于后世欤?"①据此,对于保存档案或史料,周代已经建立了一种良好的制度,对后世有很大影响,否则孔子和左丘明著书立说,就没有凭借了。

当时一切学术都由王官把持。民间没有收藏任何成文史料,也没有私人写作历史的事情。因此,当周室衰弱,列国发生大事不来报告,史料来源日渐减少。战国之际,时局纷乱,更没有交换消息、集中资料的地方,虽有良史也很难发挥作用。

先秦史籍在史学方法上对后世史学也有深刻的影响。例如《春秋》和《左传》开编年史的体裁,《国语》《国策》为国别史的先导,《尚书》载《禹贡》专篇,为后世正史中的地理志所仿效,为今日历史地理一科的发展准备了一些史料。

---

① 章学诚:《文史通义》卷一《书教上》

第四章　秦汉时代的史学

第一节　秦代史籍考略

公元前 221 年,秦始皇政统一了中国后,建立了一个中央集权的封建帝国。为着巩固中央集权制度,厉行思想统治,秦始皇接受丞相李斯的提议,废止私学,把文化事业集中于政府,政教合一,以吏为师。下令"史官所藏的,凡不是秦的史书,完全烧了,不是博士官所执掌的,私家所藏的诗、书、百家之言,全部送地方官处烧了,有敢聚众讲诗书的,处死刑。有敢引用古事来反对今制的,全家处死刑。官吏如果知道不举发,处同样的刑罚。令下了三十天还不烧的,髡了去筑长城。所存留的,是医药、卜筮、种树的书,想学法令的就到官吏那边去学习"①。

秦始皇这些措施,是据当时形势而采取的。第一,秦灭六国后,六国的贵族虽然停止了武装的抵抗,但思想上的抗争,特别承继自战国处士的横议的,仍旧存在。当时一定有很多人援引古书,诋毁秦朝的制度,引起了秦朝统治者的不满,于是统治者对这些"是古非今"的人加以镇压,从而巩固自己的政权。朱彝尊说:"从人之徒,素以摈秦为快,不曰嫚(嫚同慢,倨傲也)秦,则曰暴秦,不曰虎狼秦,则曰无道秦,所以诟詈之者靡不至。六国既灭,秦方以为伤心之怨,隐忍未发,而诸儒复以事不师古,交讪其非。祸机一动,李斯上言,百家之说燔,而诗书亦与之俱烬矣。"②第二,周代学在官府,政教合一。以吏为师,就是恢复周代的制度。秦始皇采用战国以前的

---

① 原文见司马迁《史记·秦始皇本纪》。这里借用顾颉刚先生著《秦汉的方士与儒生》一书中的译文。

② 朱彝尊:《曝书亭集》卷五九《论·秦始皇论》。

制度,来反击诽谤他"不师古"的反对者。不过,这种复古的行为显然阻碍了历史的发展,打破了百家争鸣的局面;禁止偶语诗书,是古来就没有的专制的做法。后世许多人把摧残文化的罪名归于秦始皇,我们也难以替他辩护。

可是,我们也应该指出,秦始皇焚书坑儒,只焚了一部分的书,只坑了四百六十个儒生。许多知识分子仍然存活了下来,不少的图籍没有遭到焚毁。即以史籍而论,秦代史籍曾经对后世产生过影响。所以在中国史学史上也应该提出一谈,虽然我根据的材料未算充分。

秦始皇自己说:"吾前收天下书。"可见秦统一后,曾经把四方之书集于咸阳。相国吕不韦为编《吕氏春秋》,搜罗了许多图书,集聚不少作家。《吕氏春秋》书成后,有十二纪,八览,六论,共二十余万言。如果没有足够多的参考图籍,恐怕不容易写成二十余万言的巨著。秦代还有藏书室,设柱下史去管理。张苍好书律历,秦时为柱下史,明习天下图书计籍①。又考《汉书》百官公卿表:"御史大夫、秦官,一曰中丞,在殿中兰台,掌图籍秘书。"

秦朝还设有七十个博士,博士的职责是"通古今",当然他们中绝大多数是历史学家。例如济南伏生藏《尚书》,且精通《尚书》。秦焚书但没有殃及博士的藏书,更没有殃及秦国的历史。史书和著书的人大多留存了下来。前章提到的《战国策》,就是由秦人整理保存的。刘知几还说:"秦兼天下,而著《战国策》。"但它的作者是佚名的。秦本国史——秦纪,也保存了下来,直至汉代。司马迁说:"吾读秦纪。"可见秦纪是司马迁《史记》的重要参考书之一。章学诚说:"史迁之书,盖于秦纪之后,存录秦史原文。"(《文史通义》卷一《书教中》)可见秦纪之文已大部分保存于《史记》中了。司马迁《史记》有本纪,可能受秦纪的影响。董说有言:"列国纪闻,秦史曰纪。司马迁本纪之名,盖因秦文。"②我们推测,司马迁即使不是根据秦纪,也可能是根据《吕氏春秋》的十二纪。固然,有人认为本纪体裁可能出于《禹本纪》。但《禹本纪》后世无从得见,而司马迁本人也似不大相信它,不一定会采用它的体裁。因为司马迁说:"至《禹本纪》、《山海经》所有怪物,余不敢言之也。"③何况《禹本纪》似属于《山海经》一类,是古地理书,与《史记》本纪的内容和宗旨不同。

秦代史学家也有可述的。例如前面所举的张苍就是《春秋左传》的专家。《史记·十二诸侯年表》叙《春秋》之学,左氏而后,并及于苍。张苍自己又作过十六篇文

---

① 关于张苍的生平,可参看《史记》卷九六《张苍传》。
② 董说:《七国考》卷十四《秦纪》。
③ 《史记》卷一二三《大宛列传》。

章。张苍是荀卿的弟子,传《左传》之学。秦亡后,张苍还把他保存的《左传》献于汉朝(见许慎《说文序》)。秦人对于史书的撰述、保存、流通及其对后世的影响,是值得我们注意的。

秦代图籍,尚有很多种可考[①]。但因不是史籍,不述于此。

秦代焚书,固然是古书的厄运,但官府所藏的一部分图书,仍在保全之列。及至楚项羽入关,放火烧咸阳,一连三月,对图书的摧残更大。汉萧何入咸阳,掠收了律令图书。收集以后又不好好保存,以致秦代留下的书籍,都成了剩简零篇,其中有些已化为乌有。司马迁看过的秦纪,之后就不知去向了。

汉初仍然没有废除禁止私人藏书的制度,阻碍了文化事业的发展。同时统治者采取种种手段来扫除秦代对新朝思想上的影响。所以秦代的学术,特别是政治性很强的史学,受到了压制。

第二节　司马迁的史学

司马迁是我国历史上最优秀的史家之一,他的代表作——《史记》,是史学中的不朽著作。孟子说:"诵其诗,读其书,不知其人可乎?是以论其世也。"在未对《史记》一书深入研究之前,我们最好回顾一下司马迁的生平事迹。

司马迁的生平资料,主要出于《史记》的太史公自序和《汉书》的《司马迁传》两篇。我们根据上述材料及其他零碎材料,将他的生平事迹概括如下。

司马迁,字子长,公元前145年(汉景帝中元五年)生于陕西龙门山附近韩城县南的芝川镇,他的父亲司马谈为太史令。谈未任太史令之前,就从事自然科学和人文科学的研究,"学天官于唐都(唐都是汉代有名的观测星象的专家),受《易》于杨何(杨何,菑川人,即今山东寿光县人),习道论于黄子(即好黄老之术的黄生)"。学优则仕,司马谈于汉武帝建元年间(公元前140—前135),开始任史官。他的儿子司马迁跟随他读书,年十岁就能够诵读古文(籀文)写的书,如古文《尚书》、《左传》、《国语》、《世本》等。司马迁立志继承父亲的事业,遍游祖国的名山大川,调查各地的史迹,准备写作通史。"二十而南游江淮,上会稽(今浙江绍兴县东南),探禹穴,窥九疑(今湖南宁远县境内有九疑山,相传帝舜南巡,死葬于此),浮于沅(沅江)湘(湘江),北涉汶(汶水)泗(泗水),讲业齐鲁之都,观孔子之遗风,乡射邹峄(在邹县峄山与诸

---

① 可参看孙德谦《秦记图籍考》(《学衡》杂志第30期)。

儒学习了饮酒射箭的礼节)，厄(厄)困鄱(山东滕县，汉为蕃县)、薛(在滕县东南)、彭城(今江苏铜山县)，过梁楚以归。于是迁仕为郎中，奉使西征巴蜀以南，南略邛筰(今四川茂县)、昆明，还报命。"值元封元年(公元前110)汉武帝打算到山东泰山举行封禅古礼，太史谈因病不能从行。司马迁回到洛阳见他的父亲。司马谈临死前把著史的工作交给了他。谈死后三年，司马迁继任太史令，"于是论次其文，七年而太史公遭李陵之祸(天汉三年，公元前98年，因李陵与匈奴战失败，司马迁替他辩护，武帝怒加之罪)，幽于缧绁"，发愤写成一百三十篇的巨著《史记》。书成后，由他的外孙杨恽传播于世。司马迁约卒于公元前87年。

司马迁著《史记》的主要原因有三。

(一)继承《春秋》的微旨

太史公曰："先人有言，自周公卒，五百岁而有孔子，孔子卒后至于今五百岁，有能绍明世，正易传继春秋，本诗书礼乐之际，意在斯乎！意在斯乎！小子何敢让焉。"①太史公既然以孔子的传人自居，他的《史记》自然是继自《春秋》而作。

(二)赞颂汉室，评价当代人物，反映社会情况

太史公曰："余闻之先人曰：伏羲至纯厚，作易八卦，尧舜之盛，《尚书》载之，礼乐作焉，汤武之隆，诗人歌之。《春秋》采善贬恶，推三代之德，褒周室，非独刺讥而已也。汉兴以来，至明天子，获符瑞，建封禅，改正朔，易服色，受命于穆清，泽流罔极，海外殊俗，重译款塞，请来献见者不可胜道。臣下百官，力诵圣德，犹不能宣尽其意。且士贤能而不用，有国者之耻；主上明圣而德不布闻，有司之过也。且余尝掌其官，废明圣盛德不载，灭功臣世家贤大夫之业不述，堕先人所言，罪莫大焉。余所谓述故事，整齐其世传，非所谓作也。"②

(三)继承先人的学术传统，完成太史谈未竟的事业

太史谈临卒前执迁手而泣曰："余先周室之太史也，自上世常显功名于虞夏，典天官事。后世中衰，绝于予乎！汝复为太史，则续吾祖矣。今天子接千岁之统，封泰山而余不得从行，是命也夫！命也夫！余死，汝必为太史。为太史，无忘吾所欲论著矣。……夫天下称颂周公，言其能论歌文武之德，宣周召之风，达太王王季之思虑，爰及公刘，以尊后稷也。幽厉之后，王道缺，礼乐衰。孔子修旧起废，论诗书，作《春秋》，则学者至今则之。自获麟以来，四百有余岁，而诸侯相兼，史记放绝。今汉兴，海内一统。明主，贤君，忠臣，死义之士，余为太史，而弗论载，废天下之史文，余甚惧

---

① 《史记》卷一三〇《太史公自序》。
② 《史记》卷一三〇《太史公自序》

焉,汝其念哉! 迁俯首流涕曰:小子不敏,请悉论先人所次旧闻,弗敢阙。"①

在古代史官心目中,封禅实为一件大典,因为古代的君主得"天下"之后,没有一个不去泰山封禅的。当时的人眼界不广,以为泰山是世界上最高的山,而人间最高的帝王应当到最高的山上去祭天上最高的上帝,以示受命于天而报答天的恩赐。汉高帝得天下,四方未定,没有工夫来做这件事情,文、景二帝崇尚清静无为,也不想做这种浮夸的事,直等到六七十年后武帝即位,武帝好大喜功,就要举行泰山封禅,司马谈因病不能参加,引为极大的憾事,"发愤且卒"。可是终于没有成行。司马谈那样看重封禅之事,因此司马迁特别作一篇封禅书来记它,列为《史记》八书之一②。

自战国以来,没有一本像样的记载天下大事的史书,也没有人把汉代史迹加以论述,恐怕一代史事亡佚,司马谈以及司马迁认为大有整理和写作史实的必要,而承先启后正是太史公的责任。

司马迁七年尚未完成《史记》,又因李陵之祸,遭受腐刑,"受辱最下,腐刑极矣"。"家贫财赂不足以自赎,交游莫救,左右亲近不为一言,身非木石,独与法吏为伍,深幽图圄之中,谁可告愬者。"士可杀,不可辱。司马迁是一个有气节的人,很可能会自杀。可是司马迁不这样做,反而本着大无畏的精神,不顾他人对他的误会,为学术奋斗到底,把自己的著作公之于世。他曾对友人任安说:"所以隐忍苟活,函粪土之中而不辞者,恨私心有所不尽,鄙没世而文采不表于后也。古者富贵而名摩灭,不可胜纪,唯倜傥非常之人称焉。盖西伯拘而演《周易》;仲尼戹(厄)而作《春秋》;屈原放逐乃赋《离骚》;左丘失明,阙有《国语》;孙子膑脚,兵法修列;不韦迁蜀,世传《吕览》;韩非囚秦,《说难》《孤愤》;《诗》三百篇,大抵贤圣发愤之所为作也。此人皆意有所郁结,不得通其道。故述往事,思来者。及如左丘无目,孙子断足,终不可用,退论书策,以舒其愤,思垂空文以自见。仆窃不逊,近自托于无能之辞,网罗天下放失旧闻,考之行事,稽其成败兴坏之理,凡百三十篇,亦欲以究天人之际,通古今之变,成一家之言。草创未就,适会此祸,惜其不成,是以就极刑而无愠色。仆诚已著此书,藏之名山,传之其人,通邑大都,则仆偿前辱之责,虽万被戮,岂有悔哉。然此可为智者道,难为俗人言也。"③

据此,我们相信司马迁于受刑之后,更为发愤以促《史记》之成。当他答任安书的时候,《史记》已经接近或基本上完成了。所谓"藏之名山",并不是孤芳自赏,伤知

---

① 《史记》卷一三〇《太史公自序》。

② 关于封禅,可参看顾颉刚著《秦汉的方士与儒生》第二章。

③ 班固:《汉书》卷六二《司马迁传》。

己之难逢,而是郑重其事,传之其人,通过他们而流播于通都大邑。又按《史记·太史公自序》,有"副在京师"的话,就显然不止是"藏之名山",而是便于四方学者寻求汉代事迹,到京师来抄录副本。龚定盦论之曰:"后之人必有如京师以观吾书者焉,则太史公之志也。若夫高骞远引,抱道以逝,矢孤往于名山,含薄怼于卿士,身隐矣,焉用文之?介之推之所笑,师瞽适河海者之所蹈,淮南宾客,所以向山中而招王孙者也,则太史公之所不为。"[①]亦谓太史公的心血结晶并非不轻示于人。

对于《史记》的撰述司马迁在主观上已发挥了最大的努力,如上述。客观上亦有一些好的条件,例如研究资料比较充足。武帝统治时期,局势安定得多。他提倡儒术,重视藏书。宫廷里的藏书处有天禄阁、延阁、广内、秘室。宫廷外设有太史和博士的官署,还设置了写书的官,抄了很多书。正如司马迁所说,"汉兴,萧何次律令,韩信申军法,张苍为章程,叔孙通定礼仪,则文学彬彬稍进,诗书往往间出矣,自曹参荐盖公言黄老,而贾生晁错明申商,公孙弘以儒显,百年之间,天下遗文古事靡不毕集太史公"[②]。

司马迁有这样的条件,因此能够"网罗天下放失旧闻",成《史记》一书。《史记》叙述开始于黄帝,终于汉武帝太初(公元前104—前101)年间,计有三千年历史,是一本空前伟大的通史。全书有十二本纪、八书、十表、三十世家、七十列传,凡百三十篇,五十二万六千五百字。

《史记》的名称和体例　史记之称不始于司马迁。在司马迁之前,许多史籍都称为史记。例如《史记·太史公自序》:"史记放绝。"《六国年表序》:"秦既得意,烧天下诗书,诸侯史记尤甚,为其有所刺讥也。"《天官书》云:"余观史记,考行事。"以上所述史记,当是周秦之人所著,泛称为史记的。司马迁所撰的书,初时亦不名史记。按太史公自序:"凡百三十篇,五十二万六千五百字为太史公书。"刘向《七略》亦称太史公百三十篇。《汉书·艺文志》:春秋家有太史公一百三十篇。是汉时未曾以史记称太史公书。《后汉书》始提及司马迁著《史记》,到《隋书·经籍志》始著录《史记》一百三十卷,司马迁撰。可见《史记》之名及卷数皆后人所加。

《史记》凡百三十篇,而十篇缺,有录无书。张晏注云:"迁没之后,亡景纪、武纪、礼书、乐书、兵书、汉兴以来将相年表、日者列传、三王世家、龟策列传、傅靳列传。元成之间,褚先生补缺,作武帝纪、三王世家、龟策、日者传。言辞鄙陋,非迁本意也。"

褚少孙所补非常简陋,学者深为不满。唐司马贞的《史记索隐》说:"案景纪取班

①　《龚自珍全集》第一辑第82页《尊史三》(中华书局版)。
②　《史记》卷一三〇《太史公自序》。班固《汉书》卷六二《司马迁传》亦有转述。

书补之，武纪专取封禅书，礼书取荀卿礼论，乐书取礼乐记，兵书亡不补，略述律而言兵，遂分历述以次之，三王世家空取其策文以续此篇，何率略且重，非当也。日者不能记诸国之同异，而论司马季主。龟策直太卜所得占龟兆杂说，而无笔削功，何芜鄙也。"(《史记·太文公自序》注)

张晏谓司马迁死后，《史记》中有十篇亡失，实为失考。唐刘知幾《史通》以为十篇未成，有录无书，已驳张晏之说。清王鸣盛更进一步驳斥说：

今考景纪见存，是迁元文，不知张晏何以言迁没后亡？且此纪文及赞，皆与汉书景纪绝不同，又不知索隐何为言以班书补之？其武纪则是褚少孙所补。礼书、乐书虽是取荀卿、礼记，其实亦子长笔，非后人所补，不知张晏何以云亡？兵书即是律书，观自序自明。师古谓本无兵书，以驳张晏，诚误。但今律书见存，即是兵书不亡，而张晏何以云亡？索隐亦误会也。汉兴以来将相年表，惟太始以后后人所补，其前仍是子长笔，何以云亡？日者、龟策二篇，惟末段各另附褚先生言，其元文仍出子长笔。索隐以日者传司马季主事为褚补，非也，不知张晏何以云亡？而褚龟策传末则云：太史公作龟策列传。臣往来长安中求龟策传不能得，故之太卜官，问掌故文学长老习事者，写取龟策卜事，编于下方。然则今所有龟策元文出子长者，褚所未见，又不知以何时出而得行也。三王世家直列三王封策书而不赞一词。其赞云：王者封立子弟，以褒亲亲，自古至今，由来久矣，非有异，故弗论著也。然封立三王文辞，烂然可观，是以附之世家，此亦是子长笔，据文虽未定之笔，亦不可云亡，而张晏何以云亡？其后则有褚先生曰：臣好观太史公传，传中称三王世家，文辞可观。求其世家，终不能得，窃从长老好故事者，取其封策书编列而传之。据赞则取封策以当世家者亦子长所为，而褚乃以为其所编列。是皆不可解（索隐据褚之言，以为褚所补）。傅靳传俱是子长元文，并无续补，又不知张晏何以云亡？然则《汉书》所谓十篇有录无书者，今惟武纪灼然全亡，三王世家、日者、龟策传为未成之笔，但可云阙，不可云亡，其余皆不见所亡何文。[1]

据此，褚先生所补的只是武纪一篇，但内容全取封禅书，已嫌重复，其他各条皆鄙琐无味，或冗复混目，甚至所纪之事超出《史记》的断限，只旧文抄入而已。《后汉书》班彪传："司马迁著《史记》，自太初以后，阙而不录，后好事者颇或缀集时事，然多

---

[1] 参看王鸣盛撰《十七史商榷》卷一"十篇有录无书"、"褚先生补史记"及卷二"武纪妄补"各条。

鄙俗,不足以踵继其书。"所谓好事者,褚少孙是其中之一人。既无补于原文,后世嫌其多此一举。区别已经清楚,究竟无伤于日月之明。

前面已经谈过,《史记》是以十二本纪、十表、八书、三十世家、七十列传组织而成。这五种体例,都是有来历的,但是从形式到内容都有很多独创的地方。现分别论述如下。

本纪 《尚书》序疏说:"《史记·五帝本纪》出于《世本》。"《世本》是司马迁《史记》的主要参考书之一,但不止《世本》一种,还有夏、殷、周、秦、汉代帝王的本纪,司马迁应该是从《春秋》《尚书》《左传》《战国策》《楚汉春秋》以及其他当代的记载中取材的。按照一般的说法,本纪是纪天子之事,裴松之(世期)的史目说:"天子称本纪,诸侯称世家。系其本系,故曰本。纪者理也,统理众事,系之年月,名之曰纪。"刘知幾因而曰:"系日月以成四时,书君上以显国统。"[①]认为史记的本纪是依《春秋》尊王。但司马迁《史记》创立本纪并非如此拘泥。例如,他为项羽作本纪。如用尊王之义,项羽未曾立国,而且与汉高祖(刘邦)为敌,何以又设项羽本纪?刘知幾计较名分,以为只有天子才有列入本纪的资格,因此大惊小怪,加以指责说:"项羽僭盗,而死未得成君,求之于古,则齐无知、卫州吁之类也。安得讳其名字,呼之曰王者乎?《春秋》吴楚僭拟,书如列国,假使羽窃帝名,正可抑同群盗。况其名曰西楚,号止霸王者乎?霸王者即当时诸侯,诸侯而称本纪,求名责实,再三乖谬。"但司马迁创立本纪还另有标准,即凡夺取了政权,以他的名义,进退诸侯,号令天下的最高统治者就可以列入本纪。当秦楚之际,项羽推翻了秦的统治,雄长诸侯,掌握一代政权,甚至分封诸侯。在这一段时期,我们不能不承认项羽是最高统治者。以后汉高祖立国,实际上承继楚的政权。不过汉初的统治阶级分子自称汉绍周统,秦为闰位,有意贬抑秦楚的地位,这完全是抹煞历史事实。司马迁特别为项羽立本纪,正是史家应有的态度,也是一种大胆的创作。同时司马迁又为吕后立本纪,吕后(雉)临朝称制,统治全国,与汉帝同,所以次于汉高祖而入本纪。这种特例起于《史记》,司马迁虽有封建观点,但没有男尊女卑这样浅薄顽固的思想。

年表 年表起源于周谱。太史公序"三代世表"说"余读谍记"(谍音牒,牒者,记系谱之书也)。又序《十二诸侯年表》说"太史公读春秋历谱谍"。汉代桓谭《新论》也指出:"太史公三代世表,旁行斜上,并效周谱。"《汉书·艺文志》有古帝王谱,大抵所谓周谱。可见太史公做《史记》,其中年表的体裁是有所参照的。

---

① 刘知幾:《史通》卷二《本纪》。

《史记》十表。第一,"三代世表",记黄帝以来讫共和为世表。所谓共和,即指厉王奔彘,周召二公共相王室,故曰共和。这个世表包括黄帝及夏、殷、周的世系及统治帝王的称号。第二,"十二诸侯年表",即司马迁参考《春秋》《国语》等书制成,起于共和元年(公元前841),迄于敬王四十三年(公元前519),凡三百二十二年,共和在春秋前一百一十九年。以周室统治时期为纲,分别列出鲁、齐、晋、秦、楚、宋、卫、陈、蔡、曹、郑、燕十二国诸侯相传的世系及所发生的大事。记述各诸侯的事迹,以见周室中央集权制度的崩弛,地方权势的横恣。第三,"六国年表",因秦纪踵春秋之后,起周元王(仁)元年(公元前476)迄二世(公元前209),凡二百七十年。司马迁于六国表序中说明他自己重视秦代统一事业在历史上的重要地位的原因,批评后人漠视秦代的伟大成就的看法。他说:"秦取天下多暴,然世异变,成功大。传曰:'法后王',何也? 以其近已而俗变相类,议卑而易行也。学者牵于所闻,见秦在帝位日浅,不察其终始。因举而笑之。不敢道,此与以耳食无异,悲夫!"他对于秦代在历史上的功绩,特别是适应时代的需要而更改旧的法制,创立新的法制一点,给以相当正确的评价,也可以说明司马迁史识的卓越。第四,"秦楚之际月表",记述农民大起义,各国响应以及汉统一的各王国,包括秦、楚、项、赵、齐、汉、燕、魏、韩各国的大事。第五,"汉兴以来诸侯年表",系列举汉兴分封同姓或有功的异姓为王的始末,名虽为王,与古之侯国相当,因称为诸侯,以都邑分并不常见,非年表不足以表达清楚。太史公特别指出:"高祖末年,非刘氏而王者,若无功上所不置(一云:非有功上所不置)而侯者,天下共诛之。"认为是强本干,弱枝叶之势,也即是巩固中央集权的一种措施。第六,"高祖功臣侯年表",及第七,"惠景间侯者年表",又以国为经,以年为纬。大抵首著国名,次述侯功,然后按年代标明汉朝各帝统治期间的各侯国或封或废的情况。第八,"建元以来侯者年表",也是首列国名,次述侯功,按年号(由元光至太初以后)来表列各侯国的兴废。第九,"建元以来王子侯者年表",也是首标国名,次陈王子号,记述由元光至太初各侯的兴废。第十,"汉兴以来将相名臣年表",亦年经事纬,首大事记,次相位,次将位,又次御史大夫位,把相、将、御史大夫的姓名、任职和免职以及任内大事记录在有关的栏内。

司马迁立表是,为辅助本纪、世家、列传。从它的作用来说,表中的人物和大事,本来交错出于上列三种体例之中,但表的设立,以最简单的文字,记录一定时期发生的大事,从分散而到集中,实便于参考。从它的功绩来说,司马迁以前的各种年表,如周谱之类不可得而见,只有《史记》各种年表可供后人参考,历代史籍附有年表的做法想必是受了它的影响,甚至现代所编的大事记及名人录之类亦是,不过方法较为周密而已。

但《史记》十表仍有若干缺点，例如《十二诸侯年表》与世家有所不符，与《左传》亦有所不符。《六国年表》亦有与世家不符的地方。《汉兴以来将相名臣年表》中，将与相往往位置错乱，可能是传写的错误，也可能此为司马迁未定之稿。

《史记》十表对我们今日学习史学来说，还是有启发意义的，因为历史大事的发生不可能离开时间、地点和条件。后人编纂各种历史年表，也不能不参考《史记》。

八书　八书是《史记》中的专门史。《礼书》述礼意和礼仪。《乐书》述音乐及其作用，并载汉乐的梗概。《律书》言六律与军事的关系，后人认为即是兵书。《历书》言历法。《天官书》是研究天文的书。《封禅书》揭露统治阶级利用神道来为它的政治服务的种种措施。《河渠书》记载陆路和水道交通的开辟以及水利工程。《平准书》是谈生产和分配，收入和支出等问题，并提供一些汉代的经济政策和措施，可以说是太史公独创的体例，也是中国经济史的一部分，后世正史因而作食货志。

世家　世家一体记述诸侯的世系。正如刘知幾所说"司马迁之记诸国也，其编次之体，与本纪不殊，盖欲抑彼诸侯，异乎天子，故假以他称，名为世家。案世家之为谊也，岂不以开国承家，世代相续"①。这已经说得很清楚了。但刘氏以太史公列陈涉于世家为不适当，似又不知太史公通变之意。按陈涉起义称王，六月而死，虽然没有世系可寻，子孙可嗣，但当时陈涉的势力范围，跨州连郡，比于诸侯，地位更为重要。堂堂起义之师，刘知幾说他"起自群盗"，很不恰当。把陈涉立为世家和把项羽列入本纪都是司马迁的创例。他又把孔子列入世家，并不是不知道孔子没有侯位的封号。但汉武帝提倡儒学，罢黜百家，抬高了孔子的地位，使孔子成为当时统治思想的中心人物，世守其学，人各名家，孔子自有资格列于世家。《史记》的世家共有三十，这里就不一一列举了。

列传　司马迁《史记》以人物为中心，所以列传有七十之多。其中除了"东越"、"朝鲜"、"西南夷"、"匈奴"、"大宛"等叙述西域、南海各民族事迹外，绝大部分都是历史人物的传记，包括的范围很广，有贵族、官僚、政治家、经济家、军事家、哲学家、文学家、经学家、策士、隐士、说客、刺客、游侠、医士、商人、占卜者、俳优等各阶层。因此《史记》一书不光是记录王侯将相的史书，而且也记录了人民群众进行生产斗争和阶级斗争的实况；同时不仅是一本汉族发展史，而且是一本与汉族有关系的其他各民族的发展史。

---

① 《史通》卷二《世家》。

自序　孔安国说："叙者所以叙作者之意也。"太史公自序本于左氏之发凡，叙述家世生平，又仿效屈原的《离骚》及司马相如的自叙。但司马迁自序的目的主要在于说明述作的宗旨，提出去取的标准，以见作者的苦心孤诣，使读者能够循名责实，有所匡正。后人著述，例有叙言，可见太史公自序影响深远。

司马迁的史学思想和史学方法　司马迁《报任安书》："仆窃不逊，自托于无能之辞，网罗天下放失旧闻，略考其行事，总其终始，稽其成败兴坏之纪，上计轩辕，下至于兹，为十表、本纪十二、书八章、世家三十、列传七十，凡百三十篇，亦欲究天人之际，通古今之变，成一家之言。"(《汉书·司马迁传》)司马迁作《史记》的目的和方法尽在于此。我们现在考察一下《史记》一书是否能够达到作者的要求，同时也一并研究司马迁的史学观点和方法。

司马迁著《史记》，尽可能搜集有关的参考材料，正如他自己所说，"网罗天下放失旧闻"。凡属过去的文献，都在司马迁搜罗之列，而且经过长期的积累，搜罗一定很丰富。可是郑樵还说："当迁之时，挟书之律初除，得书之路未广，亘三千年之史籍，而跼蹐于七、八种书，所可为迁恨者，博不足也。"[①]认为司马迁不够广博，是不符合实际的。司马迁《史记》材料的来源可以说是多方面的。首先是文字记载的材料。司马迁"年十岁则诵古文"，可以说他早已接触到古代的史料，及至当了太史令之后，"细史记石室金匮之书"，政府的藏书和档案任由他观览。时值汉武帝所谓汉家全盛时代，而且统治者又重视文化，因此，"百年之间，天下遗文古事，靡不毕集太史公。太史公乃父子相续纂其职"(《太史公自序》)。经他们父子二人长期搜集，史料一定不止七八种书，而且古籍遗留到汉代的也不止七八种。司马谈写作《论六家要指》，也必然把主要著作看过，才下得批评。司马迁的《史记》包括范围更广，岂有"跼蹐于七、八种书"的道理。司马贞述司马迁撰《史记》的过程说："又其属稿，先据左氏，《国语》、《世本》、《战国策》、《楚汉春秋》及诸子百家之书，而后贯穿经传，驰骋古今，错综隐括，各使成一国一家之事。"[②]可见司马迁参考过的书籍，光是六经及各传已不止七八种了，当时的著作和有关的档案材料更不知道有多少。除文字写成的材料外，司马迁还进行了多次的实地调查研究。他几乎周游全国，特别是与历史有关的地方。例如他在《淮阴侯韩信传》中说："吾如淮阴，淮阴人为余言：韩信虽为布衣时，其志与众异，其母死，贫无以葬，然乃行营高敞地，令其旁可置万家。余视其母冢良

① 郑樵：《通志叙》。

② 司马贞：《史记索隐序》。

然。"①又如在《信陵君传》中提到大梁夷门监者侯嬴，就说："吾过大梁之圩，求问其所谓夷门，夷门者城之东门也。"②夷门是一个小地方，但司马迁仍不肯轻易放过，其他比较重要的就可想而知了。司马迁既占有文字上的材料，又亲自进行实地调查，核对文字上的材料，所以更能够结合实际，反映史实。顾炎武说："秦楚之际，兵所出入之涂，曲折变化，唯太史公序之如指掌。以山川郡国不易明，故曰东、曰西、曰南、曰北，一言之下，而形势了然。……盖自古史书兵事地形之详，未有过此者。太史公胸中固有一天下大势，非后代书生之所能及也。"③他指出司马迁曾经身历其境，对于山川形势，了如指掌，非全靠纸上谈兵的书生可及。此外，司马迁还利用一些考古学上的资料，如《秦始皇本纪》所载的之罘刻石就是。他还利用口头上的材料，例如《曹相国世家》引用民歌："萧何为法，顜若划一，曹参代之，守而勿失，载其清净，民以宁一。"总之，司马迁通过各种途径接触了大量非常复杂的资料。

必须全面地批判分析和深刻地予以解释，评价史料的重要性及其价值，才能有效地利用这些材料。司马迁也很注意史料的考证工作。他说："夫学者载籍极博，犹考信于六艺，诗书虽缺，然虞夏之文可知也。"④这就是说，学者应该博览群书，但取材须以六艺为标准，即经传和百家杂语中，自然以经为第一手材料。诗书虽有缺亡，但《尚书》仍有《尧典》、《舜典》、《大禹谟》言虞夏之事，这些都是原始材料，可以作为依据，尽管它是孔子删订过的书。同时司马迁对于所谓第一手材料仍加以全面地分析研究才利用。例如对于古代地名的记载，他就比较相信《尚书》的《禹贡》。他说："言九州山川，《尚书》近之矣。"并且大部分地方，是他亲自到过的。但他不太相信《禹本纪》和《山海经》，因为这两本书比较晚出，而且其中许多国名地名，甚至在今天还没有办法考证出来。这是司马迁处理材料的审慎态度。

司马迁在处理黄帝的史料问题的反复研究的态度，对我们有启发的作用。太史公曰："学者多称五帝尚（上）矣。然《尚书》独载尧以来，而百家言黄帝，其文不雅驯，荐绅先生难言之。孔子所传，宰予问《五帝德》及《帝系姓》，儒者或不传。余尝西至空峒，北过涿鹿，东渐于海，南浮江淮矣，至长老皆各往往称黄帝、尧、舜之处，风教固殊焉，总之，不离古文者近是。余观《春秋》、《国语》，其发明《五帝德》、《帝系姓》章矣。顾第弗深考。其所表见皆不虚。书缺有间矣，其轶乃时时见于他说，非好学深

---

① 《史记》卷九二《淮阴侯列传第三十二》。
② 《史记》卷七七《信陵君列传第十七》。
③ 顾炎武：《日知录》"史记通鉴兵事条"。
④ 《史记》卷六一《伯夷传》。

思,心知其意,固难为浅见寡闻者道也。余并论次,择其言尤雅者,故著为本纪书首。"

根据上文,我们可以看到太史公分析材料的过程,即首先说明材料的来源,进一步分析资料和综合资料,最后确定它的用途。比如说,黄帝的材料,《尚书》没有记载,百家之语亦不足为训。《大戴礼》及《孔子家语》中《五帝德》及《帝系姓》二篇,汉时学者以为非圣人之言,而不相传习。司马迁又不能肯定它的可靠性。可是他曾经西行到过空峒山(相传黄帝问道于广成子之处),北过涿鹿(黄帝、尧、舜之都),东渐于海,南浮江淮,到处访查黄帝、尧、舜的遗迹,听取老人的传说,核对书本上的材料后,觉得《五帝德》及《帝系姓》二书比较接近真相。同时太史公又以《春秋》、《国语》古书博加考查,来发明上述二说,更见二书所表示的内容并不虚假。《尚书》有所残缺,黄帝的事迹往往散见其他各书,如《五帝德》及《帝系姓》。由此可见,必须博览,全面地深刻地加以分析,同时要选择特别有根据的材料以供参考写作之用才行。

班彪批评司马迁史学方法的缺点时说:"至于采经摭传,分散百家之事,甚多疏略,不如其本,务以多阅广载为功,论议浅而不笃。"①郑樵认为司马迁不够博雅,这些都是主观片面的看法。

班彪还批评司马迁说:"其论术学,则崇黄老而薄五经,序货殖则轻仁义而羞贫穷;道游侠则贱守节而贵俗功,此其大敝伤道,所以遇极刑之咎也。"班固又根据他父亲的意见而加以发挥说:"又其是非颇谬于圣人,论大道,则先黄老而后六经,序游侠则退处士而进奸雄,述货殖则崇势利而羞贫贱,此其所以蔽也。"②扬雄亦认为司马迁不与圣人同是非,颇谬于经③。

上面三人对司马迁的最严重的批评就是说司马迁"是非颇谬于圣人",或"不与圣人同是非"。因为他们说得太简单,我们不知有什么理由根据,不过,他们可能指司马迁崇黄老、叙游侠、述货殖等。在今日看来,他们的理由是很不充分的,而且观点是错误的。因为是非因时代变迁而各有不同,因社会性质而各有不同,又因个人的阶级观点而各有不同。孔子的所谓是非是孔子在他的时代和他的社会环境中根据他阶级立场观点来发表他对于事物的见解,不能强求一致。无怪李贽驳他们说:"观班氏父子讥迁之言,谓真足以讥迁矣,不知适以彰迁之不朽耳。夫所谓作者谓其兴于有感,而志不容已,或情有所激,而词不可缓之谓也。若必其是非尽合于圣

---

① 范晔:《后汉书》卷七〇《班彪传》。
② 《汉书》卷六二《司马迁传赞》。
③ 《汉书》卷八七《扬雄传》扬雄自序。

人,则圣人既已有是非矣,尚何待于吾也。夫案圣人以为是非,则其所言乃圣人之言,非吾心独得之言也。言不出于由衷,情性由于所激,则无味矣。有言者不必有德,又何贵于言也!"①李贽又在另一个地方发挥上述的见解说:"夫天生一人,自有一人之用;不待取给于孔子而后足也。若必待取足于孔子,则千古以前无孔子,终不得为人乎?"②论述更为有力。孟子称:"是非之心,人皆有之。"圣人有是非,而非圣人亦有是非,不必强求其同。故司马迁的是非,固不妨谬于圣人。班氏父子及扬雄之言是要他人不可发表自己的独立见解,可谓武断了。

至于批评司马迁"崇黄老而薄五经",或"先黄老而后六经",认为他离经叛道,也是不符合事实的。案司马谈《论六家要指》,把儒列为六家之一,只是说"儒者博而寡要,劳而少功,是以其事难尽从,然其序君臣父子之礼,列夫妇长幼之别,不可易也"。他倾向于道家,认为"道家使人精神专一,动合无名,赡足万物。其为术也,因阴阳之大顺,采儒墨之善,提名法之要,与时迁移,应物变化,立俗施事,无所不宜,约指而易操,事少而功多"。观上所言,谈大有崇黄老之意。司马谈学天官于唐都,受易于杨何,习道论于黄子,在学术渊源上早受黄老及道家的影响,何况汉初统治者一度提倡黄老之学,也取得了一些安定社会的效果,所以他推重黄老或道家,是可以理解的。但到司马迁就不同了,司马迁对于儒,特别是孔子还是比较敬重的,实在不能够把他说成是"崇黄老而后六经"的人。司马迁少年时代即讲业齐鲁之都,观孔子之遗风,并在邹县学乡射之礼。司马谈亦谓孔子修旧起废,论诗书、作《春秋》,则学者至今则之。并且对其子司马迁说:"自周公卒后,五百岁而有孔子,孔子卒后至今五百岁,有能绍明世、正易传、继《春秋》本诗书礼乐之际,意在斯乎,意在斯乎。"父子二人居然以孔子的继承者自勉。又《太史公自序》:"《易》著天地阴阳、四时、五行,故长于变;《礼》经纪人伦,故长于行;《书》记先王之事,故长于政;《诗》记山川溪谷,禽兽草木,牝牡雌雄,故长于风;《乐》,乐所以立,故长于和;《春秋》辨是非,故长于治人。是故礼以节人,乐以发和,书以道事,诗以达意,易以道化,春秋以道义,拨乱世,反之正,莫近于《春秋》。"观此可知,司马迁毫无"后六经"或"薄六艺"之意。同时司马迁提倡"考信于六艺",即以六艺为标准来衡量诸子百家之书。《史记》既把孔子列为世家,又替仲尼弟子作列传,可见太史公对孔子极为敬重。班氏父子的批评可谓无的放矢了。

班氏父子谓司马迁"序贷殖则轻仁义而羞贫穷",或"述货殖则崇势利而羞贫

---

① 李贽:《藏书·司马迁》。
② 李贽:《温陵集》卷二《答耿中丞》。

贱",也是片面的看法。司马迁的货殖传可以说是经济史或经济地理方面的,也可以称为国富论。他首先肯定人们为着追求更美好的生活而奋斗是合乎自然发展规律和社会发展规律的。他说:"夫神农以前,吾不知矣。至若诗书所述,虞夏以来,耳目欲极声色之好,口欲穷刍豢之味,身安逸乐,而心夸矜势能之荣,使俗之渐民久矣。虽户说以妙论,终不能化,故善者因之,其次利道之,其次教诲之,其次整齐之,最下者与之争。"①他主张开发天然的资源,设法提高各地的生产,特别是增加当地的土特产产量,因地制宜,因势利导,各尽所能,互相调剂。他把当时统治阶级士大夫所不重视的农、工、商给予重要的地位,认为农工商是广大人民衣食之源。"农不出则乏其食,工不出则乏其事,商不出则三宝绝,虞不出则财匮少,财匮少而山泽不辟矣。此四者民所衣食之原也。原大则饶,原少则鲜。上则富国,下则富家,贫富之道,莫之夺予。而巧者有余,拙者不足。"②他又认为首先要解决衣食问题,打好物质的基础,才能谈所谓礼节。他的观念"故曰:仓廪实而知礼节,衣食足而后知荣辱。礼生于有,而废于无。"由孟子所谓:"民救死惟恐不赡,奚暇治礼义哉?"一句话而来,事实上确是这样。但班氏父子对《史记》断章取义,因太史公说过"无岩处奇士之行,而长贫贱,好语仁义,亦足羞也",而指其"轻仁义而羞贫穷",实在忽略了司马迁的原意。本来这几句上边还有一段:"是以无财作力,少有斗智,既饶争时,此其大经也。今治生不待危身,取给则贤人勉焉。是故本富为上,末富次之,奸富最下。无岩处奇士之行,而长贫贱,好语仁义,亦足羞也。"③司马迁认为无财可以力作得财,财少可以斗智巧而求胜,钱财饶足,可以逐时争利。都是为着治生自给,是正当的行为,至于以卑鄙的手段来致富的是"奸富",应列为最下。但当时社会有一种人,既不是隐士、奇士或侠士,不肯自食其力,因人成事,仰给农、工、商等阶级,长期贫困,但又好高谈仁义,这种脱离劳动和脱离社会实际的空谈家是可耻的。司马迁绝没有轻视劳动阶级的意思,因为"好谈仁义"的人,非封建知识分子莫属。

汉武帝统治时期,商业发达,商人抬头。所谓:"若至力农畜,工虞商贾,为权利以成富,大者倾郡,中者倾县,下者倾乡里者不可胜数。"统治者重农抑商的政策并没有产生预期的效果。司马迁的货殖传也不过反映了社会的实际情况,提出善者因之,其次利导之等办法,其最终目的,还在"上则富国",并非"崇势利而轻贫贱"。

司马迁的货殖传,除提出富国富民的主张外,丝毫没有鼓励人家不顾廉耻,唯

---

① 《史记》卷一二九《货殖列传》。
② 《史记》卷一二九《货殖列传》。
③ 《史记》卷一二九《货殖列传》。

利是图的意思。因为他认为："富者人之性情,所不学而俱欲也。"又说:"此宁有政教发征期会哉?人各任其能,竭其力以得所欲。"在"天下熙熙,皆为利来,天下攘攘,皆为利往"的情况下,怎样能够希望司马迁个人来反对那么多的求富之人呢?

司马迁触怒汉武帝,"深幽囹圄之守","家贫财赂不足以自赎"的时候,对于有财势的人,只有愤恨,岂有崇势利之理。我们从货殖传中,也看不出司马迁趋炎附势的倾向。司马迁著货殖传的目的:"布衣匹夫之人,不害于政,不妨百姓,取与以时,而息财富,智者有采焉。作《货殖列传》。"我们必须指出,凡发财致富的人,对他人不能不有所剥削,但司马迁为历史条件及阶级出身所限,自然很难看出剥削的本质和过程。

至于班氏父子说司马迁"道游侠,则贱守节而贵俗功",或"序游侠则退处士而进奸雄",这些话都是拥护儒家的封建秩序,防止人民"犯上作乱",为统治阶级利益服务以司马迁为箭靶而发的。司马迁的意见和他们完全相反,学士和达官贵人都被他人颂扬了,独行君子的隐士,也获得后人的纪念,独有被当世统治阶级所排挤和迫害、儒墨二家皆排摈不载的游侠,不被世人理解,他认为非表扬不可。

"今游侠其行虽不轨于正义,然其言必信,其行必果,已诺必诚,不爱其躯,赴士之厄困,既已存亡生死矣,而不矜其能,羞伐其德,盖亦有足多者焉。"[1]又说:"以余所闻,汉兴有朱家、田仲、王公、剧孟、郭解之徒,虽时扞当世之文网,然其私义廉洁退让有足称者。名不虚立,士不虚附。至如朋党宗疆,比周设财役贫,豪暴侵凌孤弱,恣欲自快,游侠亦丑之。余悲世俗不察其意,而猥以朱家、郭解等,令与暴豪之徒,同类而共笑之也。"[2]如朱家、郭解之流,我们不能把他们列为奸雄。他们是为受压迫的穷苦人民出力的,甚至为别人牺牲的。一个有正义感的史家对这些正义的人怎么能够不特别表彰呢?司马迁仗义为李陵辩护,因而下狱后,"家贫财赂不足以自赎,交游莫救,左右亲近不为一言,身非木石,独与法吏为伍,深幽囹圄之中,谁可告愬者"[3]。当此之时,怎么会不渴望有一个"专趋人之急,甚己之私"的人如朱家出现而加一援手呢?在今天看来,司马迁作的《游侠列传》,是替汉朝受压迫的广大人民鸣不平,也是《史记》中最有现实意义的篇什之一。

班氏父子对司马迁的批评多不中肯,如上所述。班彪更吹毛索瘢,张大其辞说:"此其大敝伤道,所以遇极刑之咎也。"认为司马迁受腐刑的原因,仅是司马迁各种

---

① 《史记》卷一二四《游侠列传》。
② 《史记》卷一二四《游侠列传》。
③ 《汉书》卷六二《司马迁传》。

"不正确"的观点,而不是"李陵之祸"。这种因果报应的说法,我们是不敢苟同的。

如果有人认为司马迁《史记》是谤书,就把司马迁作《史记》的目的和作用评价得太低了。第一,司马迁志在千秋不朽的事业,而不在发泄一时的、个人的愤慨,司马迁作《史记》是"亦欲究天人之际,通古今之变,成一家之言",非有意诽谤当朝统治者。第二,一个良史的最基本的条件,就是如实反映情况。司马迁叙事,"不虚美,不隐恶",把封建制度的黑暗面揭露无遗,无怪统治阶级认为《史记》是对他们的诽谤。第三,司马迁虽然是一个官吏,但不过是一个"四百石"到"六百石"的下级官吏。"文史星历,近乎卜祝之间",他除能够动动笔杆外,是无权过问政事的,他替李陵大胆讲几句话,就被汉武帝处以腐刑,还有什么话敢讲呢?他绝对不会和贪官污吏、骄将奸相等同流合污。举一个例子来说,他对当权的丞相公孙弘的淫威就是不妥协的。由于时代和阶级的局限,他不可能反对封建主义制度,但他对于封建制度的残酷压迫深为不满,《史记》在某些方面往往表现出对人民的同情。同时,他是太史令,经常陪侍在皇帝左右,对于统治者的虚伪以及统治阶级的内部矛盾看得比较清楚。第四,司马迁是一个有正义感的人,虽然他的人生观和世界观仍然带有封建地主阶级色彩,可是对于不合理的事情,他总是看不惯的,会以自己的观点来分辨是非,在叙述中略寓《春秋》褒贬之意。例如,田横与汉高祖处于对立的地位,高祖取得政权后,田横与其徒属五百余人入居海岛中,"高帝闻之,以为田横兄弟本定齐,齐人贤者多附焉。今在海中不收,后恐为乱,乃使使赦田横罪而召之"。田横不为势屈,不为利诱,遂自杀,其客五百人亦皆自杀。司马迁对于这些义士的行为大为感动,为他们作传,为之赞叹不止。他说:"田横之高节,宾客慕义而从横死,岂非至贤,余因而列焉,无不善画者,莫能图,何哉?"他颂扬田横的高节即显示高祖之不能容人。又如司马迁特别做酷吏列传与循吏列传,使两种不同人物对比而显示其功过。循吏传中五人,汉代却一个都没有,相反,酷吏列传中完全是汉代的人物。汉武帝本来是一个好大喜功的君主,先朝积攒的六七十年的财富,他在位五十年中,郊祀、求仙、巡狩、封禅及四方征伐,花费净尽,只能对人民加深剥削来维持他及宫廷的奢侈生活,导致人民怨声载道,纷纷起来反抗。汉武帝就进行法律制裁和军事镇压,因此这个时期的刽子手——酷吏特别多,酷吏都是按照武帝的意旨来行事的,他们使百姓不安其生。例如酷吏张汤,因汉武帝提倡经学,于是请博士弟子治《尚书》《春秋》,补廷尉,以经义来断狱,实际上是迎合武帝的意旨,附会经义。张汤甚至不凭什么证据就可以置人于死地,他因大农令颜异对新造白鹿皮币有意见不敢直说而"微反唇",以为"不入言而腹诽",处死颜异。又如王温舒为河内(今河南武陟县西南)太守,捕郡中

"豪猾"，相连坐千余家，大者至族，小者乃死，家尽没入偿臧，至流血十余里。由于春天照例不杀人，"会春，温舒顿足叹曰：嗟乎，令冬月益展一月，足吾事矣。其好杀伐行威，不爱人如此。天子闻之以为能"①。可见温舒于杀戮，是汉武帝所鼓励的。又如酷吏杜周，"其治大仿张汤而善候伺。……上所欲释者，久系待问而微见其冤状。客有让周曰：'君为天子决平，不循三尺法，专以人主意指为狱，狱者固如是乎？'周曰：'三尺安出哉，前主所是者著为律，后主所是者疏为令，当时为是，何古之法乎？'至周为廷尉，诏狱亦益多矣。……诏狱逮至六七万人，吏所增加十余万人"。酷吏如杜周，"天子以为尽力无私"②。司马迁叙酷吏的残忍枉法，间接揭露汉帝对人民的高压政策。后人认为司马迁叙事"不隐恶"，并非虚语。

关于司马迁思想的局限性。有人说，司马迁冲破了封建统治阶级层层的思想桎梏。恐怕不是事实。汉武帝为了祀天永命，表示天命有归而举行封禅，并改制度，定服色，服色尚黄，数尚五，以汉为土德而尚黄，目的是麻醉和欺骗人民，但司马迁父子是拥护的，对于定历法，司马迁还有一份功劳。《史记》中的《日者列传》和《龟策列传》没有写成，司马迁在他的自序所附的目录已经标示出来了，但从科学的眼光看，大可以不作。

《史记》一书在方法上的优点是一时独步的。"自刘向、扬雄博极群书，皆称迁有良史之才，服其善序事理，辨而不华，质而不俚，其文直，其事核，不虚美，不隐恶，故谓之实录。"③有这些优点，《史记》于是为历代史家所效法。至于司马迁《史记》在方法上的缺点，如叙事舛误，矛盾，附会，应载而不载，不应载而载，如赵翼《廿二史札记》、《陔余丛考》等书所述的，大概由于脱稿之后，未及校勘。洋洋五十多万言的巨著，错误和疏漏自然难免，所谓"小疵不足以掩其大醇"，无关大体，兹不具论。

《史记》，作为一本中国史籍来看，正如鲁迅先生所说，是"史家之绝唱"。作为传记文学作品来看，是"无韵之《离骚》"。中国历代文人都在不同程度上受过《史记》的影响。亦不赘述。

第三节　班固及其《汉书》

司马迁《史记》写至汉武帝太初年间，后事阙而不录。其后有许多学者如褚少

---

① 《史记》卷一二二《酷吏传》。
② 《史记》卷一二二《酷吏传》。
③ 《汉书》卷六二《司马迁传赞》。

孙、刘向、刘歆、扬雄、冯商、卫衡、史岑、梁审、肆仁、晋冯、颜驷、殷肃、金丹、冯衍、韦融、萧奋、刘恂等，都继《史记》而有所撰述。至光武、建武年间，扶风司徒掾班彪（叔皮）继采前史遗事，旁贯异闻，作后传六十五篇。自称后编"慎核其事，齐整其文，不为世家，惟纪传而已"①。子固根据其父的作品而撰《汉书》。其经过如下：

固字孟坚（公元 32—92），年九岁能属文，诵诗赋，及长遂博贯载籍，九流百家之言，无不穷究。所学无常师，不为章句，举大义而已。性宽和容众，不以才能高人。诸儒以此慕之。……父彪卒，归乡里。固以彪所续前史未详，乃潜精研思，欲就其业，既而有人上书显宗，告固私改国史者。有诏下郡收固，系京兆狱，尽取其家书。先是扶风人苏朗伪言图谶事，下狱死。固弟超恐固为郡所核考，不能自明。乃驰诣阙上书，得召见，具言固所著述意，而郡亦上其书。显宗（刘庄）甚奇之，召诣校书部，除兰台令史，与前睢阳令陈宗，长陵令尹敏，司棣从事孟异，共成世祖本纪，迁为郎，典校秘书。固又撰功臣、平林、新市、公孙述事，作列传载记二十八篇，奏之，帝乃复使终成前所著书。固以为汉绍尧运，以建帝业，至于六代，史臣乃追述功德，私作本纪，编于百王之末，厕于秦项之列，太初以后，阙而不录。故探撰前纪，缀集所闻，以为《汉书》，起元高祖，终于孝平王莽之诛，十有二世，二百三十年，综其行事，傍贯五经，上下洽通。为春秋考纪表志传凡百篇。固自永平中始受诏，潜精积思，二十余年，至建初中乃成。当世甚重其书，学者莫不讽诵焉。②

班固撰述《汉书》，是积三四十年努力的结果，他又具有非常有利的客观条件，远非司马迁所及。而成就之大又逊于司马迁。兹略论如左。

司马迁承继司马谈的事业，后者未见成书，也未有体裁传示其子，司马迁的《史记》几乎全为一手创作，特别是有关于汉代的部分。班固之父彪于太初以后，已撰成后传六十五篇，班固根据父亲的旧稿加以修改补充而成《汉书》。并且他对于父亲的旧文内容，没有作很大的修改。我们把《后汉书·班彪传》载彪批评《史记》的一大段话和班固《汉书·司马迁传赞》的一段话作一比较，就可以看出班固对于班彪的文字改动很少。由此观之，班固虽然不至于窃据父书，但他以父书为蓝本而加以修改，或补上一两条赞论而成书，是班固撰《汉书》的有利条件之一。

班固《汉书》中武帝以前的纪传表多用《史记》原文，班固自己撰述者不过昭、宣、

① 《后汉书》卷七〇上《班彪传》及《史通》卷十二"正史"。
② 《后汉书》卷七〇上《班固传》。

元、成、哀、平、王莽七朝君臣事迹，而且有司马迁创例于前，更为有利。吸收前人的经验，加以总结和利用，这又是班固的有利条件之一。

司马迁死后，继《史记》而作的有刘向、刘歆、冯商、扬雄等十余人，刘歆的撰述尤为丰富，班固不患无所取材。赵瓯北说"葛洪云：家有刘子骏汉书百余卷。歆欲撰汉书，编录汉事，未得成而亡，故书无宗本，但杂记而已。试以考校班固所作，殆是全取刘书，其所不取者二万余言而已。"[①]如果这是事实，又是班固的有利条件之一。

按《后汉书》班固本传说："与前睢阳令陈宗，长陵令尹敏，司隶从事孟异，共成世祖本纪。"世祖(光武帝刘秀)本纪虽然没有在前汉书内，如果有人协助的话，也就是"众手修书"，而不是个人创作了。《汉书》各帝本纪有无合作之人，还值得商榷。

《汉书》中有六种志，取法于《史记》的八种书，变书为志而已。如《汉书》的郊祀志因于《史记》的《封禅书》，《食货志》则因于《平准书》，《律历志》因于《律书》《历书》，《礼乐志》因于《礼书》《乐书》，《天文志》因于《天官书》，《沟恤志》因于《河渠书》。可是班固死的时候，《汉书》的八表及天文志尚未完成。和帝又诏其妹昭就东观藏书阁踵成之，班固一生未完成的《汉书》，其妹替他完成了。班昭未完成的工作，又诏马融之兄马续继续完成。因此赵瓯北指出："百篇之书，得之于史迁者已居其半，其半又经四人之手而成。其后张衡又条上《汉书》与典籍不合者十余事。卢植、马日磾、杨彪、蔡邕、韩说等校书东观，又补续汉记，则是书亦尚有未尽善者，益信著书之难也。"[②]

综上以观，班固发挥了集体力量，经过了三四十年的努力，《汉书》始得基本上完成。以才力言，远逊于司马迁，以成就言，更不及后者远甚。

但班固《汉书》自有它的优点。例如材料比较丰富，叙事比较详细。但文词有时流于冗长，毫无神采，大概班固的才情不及子长之故。虽然采自旧文，但《汉书》比《史记》少了一些叙事重复的地方。还有一点，《汉书》在列传中，不厌其详地把有关系的人的代表作品胪载，例如贾谊传中就载有他的赋和策，这些都可以供后人参考。而且登载好的文章，《汉书》因此生色不少。又班固作汉文帝纪，可书之事迹无多，但尽量列其诏书，诏书亦可以代表君主的思想，这种做法是合理的。但班固在理论方面，实在平凡得很，论赞中毫无特见，随波逐流。范晔自以为《后汉书》与《汉书》相比，"博赡或不及之，整理未必愧也"。

宋代郑樵则盛讥班固，而推崇司马迁，他说："自《春秋》之后，惟《史记》擅制作之

① 赵翼：《陔余丛考》卷五《班书颜注皆有所本》，第24页。
② 赵翼：《廿二史札记》卷一"班固作史年岁"。

规模,不幸固非其人,遂失会通之旨。"(《通志序》)主张通古今史事为一书,如司马迁的《史记》;而不赞成断代为史,如班固的《汉书》之类。不过会通古今,勒成一书的史学家实不容易找到,所以我国史学界推司马迁为独步。如果每个史学家都要从头做通史,必致互相重复,浪费精神。郑樵以通史来要求班固,亦似太苛。班固以一生精力,写一本《汉书》,还写不完,我们又何必要求他通古今之变呢?所以我们决不能以会通之旨来判定一本史书的优劣。

《汉书》对后世史学的影响很大。刘知幾指出"如《汉书》者,究西都之首末,穷刘氏之废兴,包举一代,撰成一书,言皆精练,事甚该密。故学者寻讨,易为其功,自尔迄今,无改斯道"[①]。因为断代史比较容易研究和编撰。我们知道,汉以后历代正史都是断代史,史官或史家参考《汉书》也是很自然的。班固撰《汉书》是奉明帝之命的,因此《汉书》属于官书,书成后又得汉朝统治者的推行,后汉学者荀悦、服虔、应劭先后加以注释。至唐颜师古(籀)又总合先儒的注解凡二十多家,删繁补略,裁以己说,为《汉书》做注释,被称为《汉书》的功臣。

第四节 汉代其他史家及史籍

汉代初期的史官称为太史令(或太史令丞),司马谈及司马迁父子二人相继担任这个职务,太史令以著述为主,兼管国家天文历数。司马迁《报任安书》所谓:"文史星历近乎卜祝之间,主上所戏弄,倡优畜之,流俗之所轻也。"可见太史令远不及周代太史的地位。太史令有时还负责文官考试的工作。汉法规定:"太史试学童能讽书九千字以上,乃得史。可以六体(古文,奇字,篆书,隶书,缪篆,虫书)试之,课最者,以为尚书御史、史书令史。"[②]在汉武帝时期,太史令的主要任务还在于掌天时星历,新的历法是司马迁和几位天文学家合订的。《史记》的《天官书》确是他专门研究的成果。后汉的天文数学家张衡也是任太史令之职。

王莽时期,"居摄元年,置柱下五史,秩如御史,听政事,侍旁记疏言行"(《汉书·王莽传》)。盖效"动则左史书之,言则右史书之"的古义。后汉改为兰台令史,六人,秩百石,掌书劾奏(本注:掌奏及印工文书)。案《续汉志》兰台令史秩六百石。班固曾任此职,兼著作之事。此外,一般文官,都可用史的官衔,却不一定与史学有关。

① 《史通》卷一《六家》篇。
② 《汉书》卷三〇《艺文志》。

吏即史的后起字。《汉书》"不习为吏",贾谊《新书》作"不习为史"。《汉书》称能讽书九千字以上乃得为"史",许慎《说文自序》作乃得为"吏"。因此汉代文官中有史书令史、尚书御史、记室令史、阁下令史、门令史等称。这与周代史官包办一切文字工作相同,不过地位更低,因为已失去原始社会巫史集团的势力了。

汉代史家除上述司马谈父子及班彪父子之外,还有不少有成就的史家和作品,兹略述如下。

刘向与刘歆　刘向(公元前77—前6),字子政,汉元帝时为宗正卿,成帝时为光禄大夫,著有《新序》《说苑》等书。其子刘歆(子骏)(公元前53—公元13),历任黄门侍郎、右曹太中大夫及国师等职。据《汉书·刘歆传》:"河平中受诏与父向领校秘书,讲六艺传记诸子诗赋数术方技,无所不究。向死后,歆复为中垒校尉。哀帝初即位,大司马王莽举歆宗室有才行,为侍中大夫,迁骑都尉,奉车光禄大夫,贵幸,复领五经,卒父前业。歆乃集六艺群书种别为《七略》。按《隋书·经籍志》史部簿录篇有《七略别录》二十卷,署刘向撰,又有《七略》七卷,刘歆撰,是《别录》先成属向,《七略》后撰属歆。由于《七略》包括史部(传记),对于后世研究史部目录学极有帮助。同时正如前章所指,刘向及刘歆都是研究《春秋》的专家,前者好公羊和穀梁二传,后者好《左传》,由于歆的努力提倡,《左传》才能立于学官,他对于《左传》的整理和解释下过不少工夫。

蔡邕　蔡邕(公元133—192),字伯喈,熟悉汉代掌故,撰有《东观汉记》(与人合作)等书。据《后汉书》本传:"邕前在东观与卢植、韩说等撰补《后汉记》。会遭事流离,不及得成,因上书自陈,奏其所著十意,犹前书十志之例。"志者意也。蔡邕所著各意为:律历意第一,礼意第二,乐意第三,郊祀意第四,天文意第五,车服意第六,朝会意第七。今可考见的只有七种,如果把《东观汉记》中的地理志加上也只有八种。其余大概散佚了。蔡邕补诸列传四十二篇,作灵帝本纪一篇,因李傕之乱多不存。关于《东观汉记》撰述的经过,《四库全书提要》说:"案范书班固传云:明帝始诏班固与睢阳令陈宗、长陵令尹敏,司隶从事孟异共成世祖本纪。固又撰功臣平林新市公孙述事,作列传载记二十八篇,此汉记之初创也。刘知幾《史通·古今正史》篇云:安帝诏史官谒者仆射刘珍,谏议大夫李尤,杂作纪、表、名臣、节士、儒林、外戚诸传,起建武,迄永初。范书刘珍传亦称邓太后诏珍与刘騊駼作建武以来名臣传,此《汉记》之初续也。《史通》又云:珍尤继卒,复命侍中伏无忌与谏议大夫黄景作诸王、王子、功臣恩泽侯表,南单于、西羌传、地理志。元嘉元年复令大中大夫边韶,大军营司马崔实、议郎朱穆、曹寿杂作孝穆宗二皇及顺烈皇后传,又增外戚传入安思等后,儒林传入崔篆诸人。实、寿又与议郎延笃杂作百官表，顺帝功臣孙程、郭愿、郑众、蔡伦等传凡百十有四篇，号曰《汉纪》。范书伏湛传亦云：元嘉中，桓帝诏伏无忌与黄景、崔实等共撰《汉纪》。延笃传亦称：笃与朱穆、边韶共著作东观，此《汉纪》之再续也。盖至是而史体粗备，乃肇有《汉纪》之名。《史通》又云：熹平中，光禄大夫马日磾，议郎蔡邕、杨彪、卢植著作东观，接续纪传之可成者，而邕别有朝会、车服二志，后坐事徙朔方，上书求还，续成十志。董卓作乱，旧文散逸，及在许都，杨彪颇存注纪。案范书蔡邕传，邕在东观与卢植、韩说等撰补后汉记，所作灵纪及十志，又补诸列传四十二篇，因李傕之乱，多不存。卢植传亦称，熹平中，植与邕说并在东观补续汉记。又刘昭补注司马书引袁嵩书云：刘洪与蔡邕共述律历纪，又引谢沈书云：胡广博综旧仪，蔡邕因以为志，又引谢沈书云：蔡邕引中兴以来所修者为祭祀志。章怀太子范书注称邕上书云：臣科条诸志，所欲删定者一，所当接续者四，前志所无，臣欲著者五。此《汉记》之三续也。"①

上述《汉记》写作的经过，分为三个阶段，创始在明帝，迄于东汉末年灵帝。作者不一。我们于上面文字中，可以略约窥见东汉史家的一部分活动和成就。蔡邕承诸家之后，自是集大成的人，为同辈所推重。马日磾说"伯喈旷世逸才，多识汉事，当续成后史，为一代大典"，并无溢美。

荀悦　荀悦（公元148—209），字仲豫，颖川颖阴人。《史通·古今正史篇》说："初汉献帝以固书文烦难省，乃诏侍中荀悦，依左氏传体，删为《汉纪》三十篇，命秘书给纸笔，经五年乃就，其言简要，亦与纪传并行。"王鸣盛对于《汉纪》有如下的评语："荀悦《汉纪》自序云：凡《汉纪》十二世，十一帝，通王莽二百四十二年。建安元年，上巡省许昌，以镇万国，外命元辅，征讨不庭，内齐七政，允亮圣业，综练典籍，兼览传记。其三年，诏给事中秘书监荀悦钞撰《汉书》，略举其要。悦于是为集旧书，通比其事，凡在《汉书》者，大略粗举，而求志势有所不能繁重之语，凡所行之事，删略其文，为三十卷。无妨本书，有便于用。会悦迁为侍中，其五年书成，乃奏记云：四百有一十六载（本传无一十两字，据高祖元年数至献帝庚辰，恰四百有六载，一十两字，后人误加之）。谓书奏之岁，岁在庚辰。观其书，盖专取班书别加诠次论断之，而班书外未尝有所增益，观自序可见。而其间或与班书有小小立异者，在悦似当各有所据，若班书传刻脱误处，借此校改者，亦间有之，然已仅矣。"②《汉纪》今尚流行。荀悦自言著书的目的，言立典有五：达道义，章法式，通古今，著功勋，表贤能。书中议论，亦多

---

① 《四库全书总目》卷五〇史部六别史类《东观汉纪》卷二四。
② 王鸣盛：《十七史商榷》卷二八《汉书·二十二》。

醇正。是汉代编年史的代表。

其余史籍有：杨终删太史公书为十余万言，则《史记》节本之类；马严、留仁、寿闳与校书郎杜抚、班固合撰之《建武注记》；伏侯之《古今注》（伏无忌采集古今事迹号伏侯注，章怀说，其书上自黄帝，下尽汉质帝，凡八卷）；周长生之《洞历》十篇（王充称其书上自黄帝下至汉朝，锋芒毛发之事，莫不记载，与太史公表纪相类似也。上通下达，故曰《洞历》）；侯瑾（子瑜）之《皇德传》三十篇（撰中兴以来行事，隋志云：起光武至冲帝），卫飒（于产）之《史要》十卷（约《史记》要言，以类相从）；应奉《汉书后序》及《汉事》十七卷（奉字叔世，删《史记》汉事及《汉纪》三百六十余年自汉兴至其时，名曰汉事），荀爽《汉语》（集汉事成败可为鉴戒者），曹大家《列女传注》十五卷（大家名昭，字惠姬，班彪之女，扶风曹寿之妻。和帝数召入宫，令皇后贵人师事之，号曰大家）①。

---

① 关于后汉史籍，其详可参看钱大昭《补续汉书艺文志》（广雅丛书）。

第五章　三国两晋南北朝的史学

第一节　三国时期史学发展迟缓

东汉后期,阶级矛盾日趋尖锐,最后全国性的农民大起义——黄巾大起义爆发了。这次伟大的起义虽然失败,但终于动摇了东汉封建帝国的统治基础,促使当时的社会在阶级关系上起了分化。地主阶级在镇压农民的战争中,扩充了他们的武装力量。农民的生活更加痛苦,在政治上、经济上受地主阶级的种种束缚。在这种混战时期,统治者漠视文化事业,也不许广大人民获得教育,许多知识分子也抱着"苟全性命于乱世"的念头,不肯发挥他们应有的作用。

董卓及其军队颠覆东汉政权退出洛阳时,焚掠屠杀之惨,灭绝人寰,毁坏典籍极其严重。《后汉书·儒林传序》有记:"及董卓移都之际,吏民扰乱,自辟雍、东观、兰台、石室、宣明、鸿都诸藏,典策文章,竞共剖散。其缣帛图书,大则连为帷盖,小乃制为滕囊。及王允所收而西者,载七十余乘,道路艰远,复弃其半矣。后长安之乱,一时焚荡,莫不泯尽焉!"

洛阳是当时图书集中的地方,被一扫而空后,文人学者也早已散而之四方,纵使留而不去,也没有做学问的条件了。

曹操"挟天子以令诸侯",196 年迫汉献帝迁都到许昌之后,实行屯田制,增加生产,收缉流亡,占领区内社会秩序虽然渐趋稳定,但经济还未恢复,更没有做学问的条件。因为当时"跨州连郡者不可胜数",曹操正要忙于和他们作争夺政权的斗争。他虽然在 214、217 年一再颁布用人唯才的诏令,但所选拔的对象主要是政治和军事方面的人材,文士中也吸收了一些能够参与草拟檄文的人,如陈琳之流。曹操及其子曹丕、曹植都是喜欢文章的,当时的所谓"建安七子"即孔融、陈琳、王粲、徐幹、阮瑀、应玚、刘帧都是文士,他们为文以词藻华丽、梗概而多气见长。可是他们中没有伟大的史学家,因为研究过去的历史,需要很多参考资料,兵荒马乱的时候,没有办法搜罗,而记录当时史迹,大家都有很多顾虑。比较著名的史家,只有鱼豢一人,他作的《魏略》五十卷,多佚,以后裴松之注《三国志》间有引用。

公元 221 年,刘备在四川称帝,国号汉,史称蜀,都成都,与北部的曹魏,及江南的孙吴鼎峙。由于长期卷入战争,偏处一隅,学术人材不多,史官制度又不健全。在蜀汉,史官掌管星历,东观令和东观郎修史,亦徒有其名。除王崇参与编纂的《华阳国志》,略述西蜀的事迹外,没有一本稍为完备的国史出现。末期还有一位老臣谯周(允南)作《古史考》二十五卷搜集了许多远古的传说,但此书杂乱无章,没有什么参考价值,而且又不属于著作。

孙吴设有国史,有左右国史及东观令之职。《册府元龟》国史部总序注:"吴有左国史薛莹、右国史华核、太史令丁孚、韦曜等参撰国书。但没有善本流传。"

三国局面,从形成到结束不过短短七十年(公元 219—280 年)。在这个时期内,经济大受打击,文化建设更无从谈起,史学发展的迟缓自有它的客观原因。

第二节　两晋史学的重振

公元 265 年,司马炎代魏建立晋这个封建王朝(265—316),都洛阳,史称西晋。十余年后,爆发了"八王之乱",接着西、北各族侵入中原地区,晋政权被迫南迁。公元 318 年司马睿即皇帝位,都建康(建业改名,今称南京),史称东晋(317—420)。从这时起,又经历宋、齐、梁、陈四代二百七十三年的统治,而北部中国相继为五胡十六国、北魏、北齐、北周、隋所统治,南北形成对立的局面,史称南北朝。中国文化的中心在南部。

西晋统一,有利于南北物资和技术的交流与加强人民的团结和合作。由于占田制的实施,大部分农民多少总得到一些土地,所以初期生产有过一些发展,封建文化也跟着有一定的提高。史学方面也获得了相当的成就。

魏晋之际,玄学很是流行,这是时代的特点。因为在东汉覆没以至魏、蜀、吴三国纷争的时期,人民遭受兵祸的惨状确是目不忍睹。王粲诗说:"出门无所见,白骨蔽平原。"曹操自己说:"旧土人民,死丧略尽,国中终日行,不见所识,使吾凄怆伤怀。"[①]在这种情况下,人们生活朝不保夕,知识分子也感觉到没有出路,产生了消极的思想,设法逃避现实,在专制的政体下,有明哲保身之想,于是玄学和佛学流行起来。统治阶级也提倡玄学,以儒家的名教混合道家的自然学说——教人对当时政治任其自然,不加干涉,但须服从最高的领导,因为凡事总要一个人带头——来统治民众。当时玄学大师王弼已经说得很清楚了:"夫众不能治众,治众者至寡者也。"(《老子》注)这就是说,群众不能自治,而要受一个人的统治,他认为君臣上下尊卑的名分早就确定了,而且本来就合乎自然之理。因此玄学的基本内容仍然符合统治阶级利益。作为统治思想的玄学对于史学是有一定影响的。

魏晋之间,研究经学之风已由盛到衰。流行于东汉的今文经学,由于包含着极复杂的谶纬迷信的成分,逐渐不能自圆其说,取信于人。同时又极端繁琐。正如班固所说:"一经之说,至百余万言。""说五字之文,至于二、三万言。"[②]像这样荒诞无稽和繁琐固执的议论考据,自然不能通经致用了。当它逐渐失去其统治人民思想的作用时,地主阶级的知识分子不得不另寻更有效的思想武器。经学的不振,玄学的盛行,使一些有功利主义倾向的知识分子倾心于史学,特别注重对历史人物的评价。

两晋的史学工作可以分为两类,一是旧史的续修,一是新史的编纂。以后历代史学工作都是如此。

后汉史除汉刘珍等合撰的《东观汉记》及吴谢承的《后汉书》外,晋人撰述有九家之多,即薛莹的《后汉记》,司马彪的《续汉书》,刘义庆的《后汉书》,华峤的《后汉书》,谢沈的《后汉书》,张莹的《后汉南纪》,袁山松的《后汉书》,袁宏的《后汉纪》,张璠的《后汉纪》。以上九种,仅袁宏的《后汉纪》三十卷尚存。其余谢承、薛莹、张璠、华峤、谢沈、袁山松各书大体散佚,仅有的零篇,由后人汇辑成书。清代姚之骃、章宗源、黄奭、黄思伦及汪文台都曾经做过此种补佚的工作。

袁宏的《后汉纪》获得后世的称许,被认为是编年体断代史名著之一。

袁宏(公元329—376),字彦伯,陈郡人,出身于官僚地主家庭,历任参军、记室及东阳郡守,卒于任内,年四十七。撰有《后汉纪》三十卷。其著书的目的具载于自序中。

---

① 见《魏志·武帝纪》,又《太平御览》六三七。此处引自严可均校辑的《全上古三代秦汉三国六朝文》全三国文卷二。
② 参看《汉书》卷三〇《儒林传》及卷八八《艺文志》。

余尝读《后汉书》，烦秽杂乱，睡而不能竟也。聊以暇日撰集为《后汉纪》。其所掇会汉纪、谢承书、司马彪书，华峤书、谢沈（即谢沈）书、汉山阳公记、汉灵献起居注、汉名臣奏，旁及诸郡耆旧先贤传，凡数百卷。前史阙略，多不次叙，错谬同异，谁使正之？经营八年，疲而不能定，颇有传者，始见张璠所撰书，其言汉末之事差详，故复探而益之。

据此，可见袁宏所采用的参考书，有《东观汉记》及司马、华、二谢的四种书外，还有其他作品及许多档案资料，同时又不断加以补充，如张璠的书出版后，又立刻被采用。袁宏搜罗材料可谓不遗余力。

袁宏对于荀悦的《前汉纪》表示佩服，并仿照其著作体例。自序称"荀悦经纶，足为嘉史。今因前代遗事，略举义教所归，末吏区区注疏而已"。

袁宏有捷才，工诗能赋，《后汉纪》能留传后世，文字之工也有关系。他不隐没他人的长处，并且不像有些史家高自位置，由此可见其虚心和公平的态度了。

袁宏及其他作者继《东观汉记》之后，都有著述，自成一家之说，可惜除袁宏的书外，诸书失传，无从比较研究。梁代刘勰于诸家中独推司马彪与华峤，他说："后汉纪传，发源东观，袁、张所制，偏驳不伦，薛、谢之作，疏谬少信。若司马彪之详实，华峤之准当，则其冠也。"[1]唐刘知幾于晋各家中，亦只举司马彪及华峤二家，并推华氏之书为最佳。他说："泰始中，秘书丞司马彪始讨论众书，缀其所闻，起于光武，终于孝献，录世十二，编年二百，通综上下，旁引庶事，为纪、志、传凡八十篇，号曰《续汉书》。又散骑常侍华峤，删定东观记为《汉后书》，帝纪十二，皇后纪二，典十，列传七十，谱三，总九十七篇，其十典竟不成而卒。自斯以往，作者相继，为编年者四族，创纪传者五家，推其所长，华氏居最，而遭晋室东徙，三惟一存。"[2]当峤书初成后奏上，上"诏朝臣会议，咸以峤有实录之风，藏之秘府"。按司马彪的书至隋还存八十三卷。现只存三十卷，附范晔之书以行，别有辑本。而华峤的书，至隋存有九十七卷，至唐有三十一卷。现在只有辑本而已。

至宋代范晔的《后汉书》一出，而诸家之书尽废，兹特将范书论述如下。

---

① 刘勰：《文心雕龙》卷四《史传篇》。
② 刘知幾：《史通》卷十二《正史》。

第三节　范晔与《后汉书》

范晔,字蔚宗(公元398—445年),顺阳(今河南淅川)人,父泰(车骑将军),以出继从伯弘之,袭封武兴县五等侯。少好学,博涉经史,善为文章,能隶书,晓音律,出仕入宋武帝刘裕之子义康部下,历任参军、尚书外兵郎、荆州别驾从事史等职,后迁尚书吏部郎,因生活细节触怒义康,左迁为宣城太守。《后汉书》就是自这个时候开始创作的,当时范晔仅27岁。

公元420年,刘裕在豪门大族的支持下,建立宋王朝的时候,统治和被统治的阶级矛盾依然继续深化,政权本来不十分稳固。刘裕死(422)后,宋王朝统治阶级内部的矛盾与斗争就随之而爆发。徐羡之等废宋少帝(刘义符),迎立宋文帝(刘义隆,424),三年后宋文帝杀徐羡之,任王弘为司徒录尚书事,掌国政,时义康为荆州刺史,镇守江陵。范泰劝王弘设法调义康入朝共参朝政,王弘果然设法请求把义康内调,以后还让他独揽兵权。范泰死后,范晔做过文官和武官,最后升至左卫将军、太子詹事。

义康掌兵权后,威权日重,与宋文帝发生矛盾,兄弟各不相容,文帝解义康之职,改授都督江、广、交三州军事,出镇豫章。以后义康的记室参军谢综(范晔的外甥)与孔熙先等同谋拟拥立义康为帝,千方百计煽动范晔参加,范晔置之不理。但他们事情败露后,范晔仍被牵连在内,范晔以知情而不揭发,无以自白,遂被杀,时年四十八。

案范晔被杀,宋书称其因"谋反"。文帝本纪:"元嘉二十二年(445)十二月乙未,太子詹事范蔚宗谋反及党羽皆伏诛。"(《南史》同)在封建时代,谋反被认为是罪大恶极的,且关系到范晔个人道德问题,因此封建地主阶级知识分子有认为他是谋反,而加以指斥的,也有认为别人冤枉他,而替他伸雪。例如清王鸣盛撰文数千言,力言蔚宗不反①。陈澧(兰甫)引而申之,作《申范》一篇,长约二万言,认为"三代以下,学术风俗莫如后汉,赖有范书以传之,袁彦伯《后汉纪》不及也。其书大有益于世,而著书之人负千古之冤,安得不申之以告世之读其书者哉。故是编者所以申范蔚宗也,即所以尊《后汉书》也"②。这二人都是从封建伦理观点出发,立意替范晔平反。

---

① 参看王鸣盛著《十七史商榷》卷六一"范蔚宗以谋反伏诛一条"。
② 陈澧撰《东塾集》附录《申范》。

其实范晔只是当时统治阶级矛盾斗争的牺牲品,死非其罪的。本来刘裕的帝位就是用暴力从晋恭帝那里夺取来的,跟着诸王子为争夺帝位互相残杀,而宫廷流血,历代俱有。例如文帝刘义隆就是在徐羡之等的支持下杀了他自己的弟弟少帝刘义符,而文帝之子刘劭又杀父自立,但不久又被他的弟刘骏所杀,并取而代之。因此,我们可以说,即使范晔有拥护义康即位的企图,也不足为奇。唐太宗李世民不是在一批后世所谓名臣的支持下,因争储位,把兄弟建成、元吉杀了吗?在今天看来,范晔是否谋反,是不必深辩的。不过,事情总希望弄得明白,我也不妨提出我的见解。我认为范蔚宗没有参加"谋反"的集团,终于被案勾连,又被其他同僚陷害而致死。第一,范晔的父亲泰是支持义康的,可是范晔不一定受他父亲影响。范晔一度触怒义康,被贬为宣城太守。以后又向文帝揭发义康有争位的野心,说:"臣历观前史、二汉故事,诸蕃王政以诅诅幸灾,便正大逆之罚。况义康奸心衅迹,彰著遐迹,而至今无恙,臣窃惑焉,且大梗常存,将重阶乱,骨肉之际,人所难言。臣受恩深重,故冒犯披露。"文帝不接受他的观点,如果接受的话,义康早就会被杀。可见蔚宗不是义康的党羽。谢综和熙先煽动他,蔚宗不答应,并把义康的野心揭露于文帝之前;不把谢综及熙先一并提出,因为义康是构衅的对象,义康去,而谢综等遂失其所主,阴谋自然粉碎。同时料综等年少无谋,不足以成大事,"轻其小儿,不以经意"。认为不必特别揭发,何况一度揭发义康,不蒙采纳,再次提出,而"逆谋未著",恐怕文帝亦不会接受。而且蔚宗可能认为已经提醒文帝注意便足,朝廷自会处理,不必反复说。不料事情败露后,综等千方百计把蔚宗牵连在内,诬以为首,企图使罪刑得到末减。而同僚中如何尚之等又千方百计陷害他,遂不免于一死。蔚宗恃才傲物,憎恶他的人很多。所以他在狱中与诸甥侄书说:"吾狂衅复灭,岂复可言!汝等皆当认罪人弃之,然平生行已在怀,犹应可寻。"也承认以疏狂而招祸,但平生行事,大家都是可以看见的。可见必无阴谋之事。至于自我标榜,有文人相轻的恶习,正是蔚宗的缺点。所以谢综及熙先至死也把蔚宗牵连在案内,是出私憾。而蔚宗温情用事,知情不举,"受责方觉为罪",亦可悲悯。

　　有些人认为范晔的谋立义康,是企图拨乱反正,稳定政局的一次政变,在当时是有进步意义的,我亦不敢同意。因为义康是否比义隆胜得多,史无明文,很难得出结论,二人的地位虽有所不同,但反动的本质初无二致。谁敢保证义康得位后就能成为一个爱民之君。况且义康执政从元嘉六年到十七年,时间不可谓不长,当时政治腐败得很,义康不能辞其咎。义康本人既没有任何进步的表现,谋立义康之举怎样能够被称为有进步意义呢?

孔子说过："君子不以人废言。"范晔的著作对学术上有贡献,我们可以不苛求他是否忠君,而独论他的作品的影响。范晔临死的时候,所作自序,拳拳于自己毕生心血凝结之《后汉书》,大有司马迁受极刑而无愠色之慨。因为他自信已经为学术尽了最大的努力了。

范晔论文,以意为主。"尝耻为文士文,患其事尽于形,情急于藻,义牵其旨,韵移其意,虽时有能者,大较多不免此累,正可类工巧图绘,竟无得也。常谓情志所托,故当以意为主,以文传意。以意为主,则其旨必见,以文传意,则其词不流,然后抽其芬芳,振其金石耳。此中情性旨趣,千条百品,屈曲有成理,自谓颇识其数,尝为人言,多不能赏,意或异故也。性别宫商,识清浊,斯自然也。观古今文人多全不了此处,纵有会此者,不必从根本中来。……吾思乃无定方,特能济难,适轻重所禀之分,犹当未尽,但多公家之言,少于事外远致,从此为恨,亦由无意于文名故也。"范蔚宗作史,也以用意为主,不以辞害意。在当日以浮华相竞的风气里,可谓得其根本,非一般文士所及。

关于《后汉书》的写作方法,自序又说"本末关史书,正恒觉其不可解耳,既造《后汉》,转得统绪。详观古今著述及评论,殆少可意者。班氏最有高名,既任情无例,不可甲、乙辩;后赞于理,近无所得,唯志可推耳。博瞻或不及之,整理未必愧也。

"吾杂传论,皆有精意深旨,既有裁味,故约其词句。至于循吏以下,及六夷诸序论,笔势纵放,往往不减于《过秦论》,尝共比方班氏所作,非但不愧之而已。欲遍作诸志,前汉所有者悉令备,虽事不必多,且使见文得尽,又欲因事就卷内发论,以正一代得失,意复未果。赞,自是吾文之杰思,殆无一字空设,奇变不穷,同含异体,乃自不知所以称之[①],此书行故应有赏音者,纪传例为举其大略耳。

"诸细意甚多,自古体大而思精,未有此也,恐世人不能尽之,多贵古贱今,所以称情狂言耳。吾书《后汉书》虽小小有意,笔势不快,余竟不成就,每愧此名。"

从蔚宗自序看来,他给自己的作品以很高的评价。正因为他所作的是《后汉书》,就往往要和前汉书较一日之短长。例如说班书无一定的体例,论赞又不及其有识。自称能以简约的文辞,阐发精深的意旨,所作序论,是"天下之奇作",最佳的可与贾谊的《过秦论》相比,并且超过班固所作。他把诸赞说成是"吾文之杰思,殆无一

---

① 《四库全书总目》史部卷四五正史类:"隋唐志均别有蔚宗《后汉书》论赞五卷,宋志始不著录,疑唐以前论赞与本书别行,亦宋人散入书内。然《史通·论赞篇》曰:马迁自序传后,历写诸节各叙其意,既而班固变为诗体号之曰述;蔚宗改彼旧名,呼之以赞。固之总述,合在一篇,使其条贯有序。蔚宗后书,乃各附本事,书于卷末,篇目相离,断绝失序。夫每卷立论,其烦已多,而嗣论以赞,为黩弥甚,亦犹文士制碑,序终而续以铭曰:释氏演法,义尽而宣以偈言,云云。则唐代范书论赞已缀卷末矣。"

字空设"，连自己也找不到称美它的适宜词句。最后总括全书，认为自古体大而思精，未有此也。"称情狂言"，确是一个狂士。

蔚宗原定《后汉书》的写作计划，有十纪、十志、八十列传，合为百篇[1]，并有序例[2]。范晔生时，只成十纪、八十列传，序例未定稿，十志亦未成。后以司马彪志三十卷及刘昭注附入。案《宋书·谢俨传》说，十志托俨搜撰，晔败，悉蜡以覆车，《容斋四笔》亦有提及。不过蔚宗自序，欲遍作诸志，恐怕不会使人代作。而且他死时只四十八，已经把《后汉书》基本完成，自料大有时间撰述，何必诿之于人。托撰一说似不可信。

《后汉书》与马、班二书同是纪传体，故范晔说："《春秋》者，文既总略，好失事形，今之拟作，所以为短；纪传者史班之所变也，网罗一代，事义周悉，适之后学，此焉为优，故继而作之。"[3]其实范晔所继承的不止班固。作后汉史的人不少，有谢承、薛莹、司马彪、刘义庆、华峤、谢沈、袁山松等，又有刘珍等所撰的《东观汉纪》在其前，材料相当丰富，容易选择。并且可以吸收各家的经验教训，斟酌至当。蔚宗具有这些有利条件，所以其书一出，而各家都被其所掩。

《后汉书》有些体例是参考了《史记》和《汉书》的。例如《后汉书》中，有不拘时代，而各就其人之平生，以类相从，分别归入各种列传的。如王充是汉初人，王符及仲长统是汉末人，同归入列传第三十九，因为他们都是淡于名利，针对时弊，著书立说的人。正像《史记》把老子与韩非同传，屈原与贾谊同传一样[4]。又《后汉书》有因前人的体例而加以改进的，如边韶、崔实、朱穆、曹寿奉命作皇后外戚传，范晔改外戚传为皇后纪，而以外戚之事附入，更为明确。《后汉书》又增文苑、方术、列女、逸民、宦者诸传，皆前史所未及设，而又应该创立的。

范晔自己表示不愿意做一个文人，但他仍给予文艺极高的地位，特辟文苑列传一项，来给后汉的文学家做传，与儒林传互相补充，反映一个时期的文学成绩。如果欠缺文学一门，我们就不容易看出这一个时期的文化水平，和百家争鸣、百花齐放的局面。《列女传》是表扬一个时期各方面的优秀妇女，不区区限于贞节，在历史学

---

① 参看刘知几《史通》卷十二正史。考旧唐志又载章怀太子注《后汉书》一百卷，今本九十卷，中分子卷者凡十，是章怀作注之时，始并为九十卷，以就成数，唐志析其子卷数之，故云一百。（《四库全书总目》卷四十五史部正史类）。现在《后汉书》通行本为一百二十卷，即原来的九十卷另加上志三十卷。

② 范晔《后汉书》本有序例，今散佚。如《后汉书·光武帝纪》，李贤注：例曰：多所诛杀曰屠。又注：臣贤案：范晔序例云：帝纪略依《春秋》，惟字彗日食地震书，余俱悉备于志。其余尚有一些序例散见于各书，不备列举。

③ 《隋书·魏澹传》引。

④ 参看赵翼《廿二史札记》卷四《后汉书》。

上给予他们适当的地位,是有必要的。范晔立宦官、逸民、独行各传,如实反映东汉的时代风气及各阶层的活动情况。他说:"汉自中世以下,阉竖擅恣,故俗遂以遁身矫絜放言为高。士有不谈此者,则芸夫牧竖已叫呼之矣。故时政弥惛,而其风愈往。"①宦官的专横,激起一部分地主阶级的知识分子反对,造成党锢之祸。其中有些人既不敢参加政治运动,批评政治,反而逃避现实,明哲保身,自命清高,甚至纯盗虚声,以退为进,取容于当局,希望被当局选举出来做官。这些人是不被蔚宗同情的,但他们以离俗为高,成为一时风气,蔚宗就不得不立专传,特别描写。所以宦官、党锢、逸民、独行等列传的设立,正是因时制宜的体例。王鸣盛说:"范书贵德义,抑势利,进处士,黜奸雄,论儒学则深美康成,褒党锢则推崇李杜,宰相无多述,而特表逸民,公卿不见采,而特尊独行。"②认为可以补班固忽略之处,同时,这也可以说明范晔是以气节自励的人。

孝子列传之作,是为封建地主阶级服务的。在封建分子看来,忠孝是有联系的。孔子说:"事父母能竭其力,事君能致其身。"《孝经》一书往往把孝亲归结到忠君上去。封建王朝的统治者都提倡孝,所谓以孝治天下,魏晋以来特别如此。鲁迅先生说得好:"魏晋是以孝治天下的……为什么要以孝治天下呢? 因为天位从禅让,即巧取豪夺而来。若主张以忠治天下,他们(指曹操、司马懿之流——引者)的立脚点便不稳,办事便棘手,立论也难了。所以一定要以孝治天下。"③我们知道,宋王朝的创始人刘裕也是迫晋恭帝让位的,所以宋朝也提倡以孝治天下。这些对于范晔的学术思想不无影响。

范晔的史学方法,一般说来,还是周密的,叙事很少重复的地方,文字也力求简练,对于历史人物的评价,也很注意。例如纪传之后,有论有赞,夹叙夹议。由于他以文笔自负,用四言有韵之文,写成赞语,这种形式限制其思想的自由发挥,但他反自称此书行必有赏音,亦未得当。

范晔受王充的影响,"常谓死者神灭,欲著无鬼论",本来具有进步思想。但《后汉书》中,仍有许多处提到阴阳、符瑞、风水、气数等种种迷信思想,可见由于作者识力不足,此书难于接近真理。至于叙事错误和疏漏的地方,时亦难免。曹植说过,"世人之著作,不能无病"。蔚宗以个人的精力成此巨著,而且短命而死,不及修改,我们亦不应苛求。

---

① 范晔:《后汉书》卷五二《陈寔传》。
② 王鸣盛:《十七史商榷》卷六一《南史合宋齐梁陈书》。
③ 鲁迅:《而已集·魏晋风度及文章与药及酒的关系》。

第四节 三国史的撰著

魏的史职隶属于中书省。撰史没有一定专职的人,由朝廷指派而已。黄初太和中(220—232年),命尚书卫颢及御史大夫缪袭撰作纪传,累年不成。卫颢熟悉当代史料,成《魏官仪》一书。"又命侍中韦诞,应璩,秘书监王沈,大将军从事中郎阮籍,司徒右长史孙该,司隶校尉傅元等共撰定。其后王沈独就其业,勒成《魏书》四十四卷。其书多为时讳,殊非实录。"①王沈的《魏书》隋志著录尚有其名,今已亡佚。

《吴书》撰述的经过,亦有可言。孙权建国后,及其末年,命丁孚、项峻撰吴书。孚、峻俱非史才,其所操作,不足记录。至少帝孙亮统治时期,更差韦曜、周昭、薛莹、梁广及华覈五人访求往事,所共撰立,备有本末。在撰述过程中,周昭、梁广先亡,韦曜及薛莹因触怒末帝孙皓,而下狱。华覈上疏请求赦免薛莹及韦曜,俾得继续完成吴书,以后薛莹得出,而韦曜被杀②。

据华覈称:"薛莹涉学既博,文章尤妙,同僚之中,莹为冠首。"但《吴书》的主编实为韦曜(弘嗣)。孙亮即位,诸葛恪辅政,表曜为太史令,撰《吴书》,华覈、薛莹等皆与参同。孙皓即位,常领左国史。皓欲为父和作纪,曜执以和不登帝位,宜名为传,如是者非一,渐见责怒,孙皓终因前嫌,收曜下狱。华覈连上疏救曜,请求赦他,俾这位七十多岁的老学者能够完成《吴书》,因为当时吴书已有头角,叙赞未述而已。孙皓不从,把曜杀了③。

案韦曜撰的《吴书》五十五卷,著录于隋志,今已亡佚,不能定其优劣。不过韦曜屡次拒绝孙皓为其父孙和作纪,坚持到底,风骨凛然,不愧为一位公正的良史,在专制君主的淫威统治下这点是特别值得表扬的。

蜀汉无专职史官。王崇的《蜀书》,是入晋后才撰的,但已亡佚,亦非官修之书。郤正为秘书郎,广求地方文献,"文辞粲烂,有张(张衡)、蔡(蔡邕)之风"。但据本传,"凡所著述,诗、论、赋之属垂百篇,不闻有史籍的撰作。"谯周的《古史考》是厚古薄今的,也未闻有写过当代史。只有杨戏(文然)所著的《季汉辅臣赞》,仍属于蜀汉的史料,赖陈寿转载于《蜀志》之后。大概由于蜀汉立国时间太短,史官制度没有建立起来,失国后,史料可能有所散失,其中可采者尽为陈寿采用了。陈寿《三国志》一出,

---

① 刘知幾:《史通》卷十二《正史》。
② 参看陈寿《三国志·吴志》卷八《薛莹传》。
③ 《三国志·吴志》卷二十《韦曜传》。

魏、蜀、吴三国的旧史,除魏鱼豢所著之《魏略》有一部分存在外,其他各家尽废了。

第五节 陈寿与《三国志》

《三国志》的作者陈寿(公元 233—297 年),字承祚,巴西郡安汉县(四川南充)人,少受学于同郡古史学家谯周,谯周预料他必以才学成名。陈寿写《古国志》五十篇(不存),大概受了谯周《古史考》的影响。

陈寿出仕为蜀汉的观阁令史,入晋后,历任佐著作郎、著作郎、平阳侯相等职。到四十八岁的时候,写成魏、蜀、吴《三国志》共六十五篇。当时人对这部书评价很高,认为他善于叙事,有良史之才。同时夏侯湛正在撰写魏书,见到陈寿的《三国志》,便把自己的草稿撕毁了。以博物著名的张华,也极为推崇,说晋书应该由陈寿来写。

陈寿性情耿介率真,在西晋的腐朽政权下,受了不少挫折,学问越来越有进步,但地位也越来越不稳定。到六十五岁时,一病而死。

陈寿,除作《三国志》外,尚辑有《诸葛亮集》二十四篇,《古国志》五十篇,《益部耆旧传》十篇,都不存于后世。陈寿死后,元康七年(297)梁州大中正尚书郎范頵等上表说:"臣等按故治书侍御史陈寿作《三国志》,辞多劝诫,明乎得失,有益风化,虽文艳不若相如,而质直过之,愿垂采录。"于是朝廷命令河南尹、洛阳令派人到陈寿家中抄写了这部书,藏于官府。于是《三国志》就由私家的著述,变为政府承认的史书。

《三国志》一书的优点,略有可言。(一)立言有识,取材谨慎,凡事涉祥瑞、气数种种迷信之事,力求少载或不载。对于统治者的批评,并不宽假。例如评曹丕(文帝)说:"文帝天资文藻,下笔成章,博闻疆识,才艺兼该。若加之旷大之度,励以公平之诚,迈志存道,克广德心,则古之贤主,何远之有哉。"寥寥数十言,除肯定他的长处外,也指出他不足的地方。与《魏略》中的诔辞比较之下,可见陈寿的公正态度。(二)文笔质直,叙事简明。当时文体,崇尚骈骊,由于形式上的束缚,思想的自由发挥受到极大的限制。陈寿行文质直,气韵流畅,文字简洁而不枯燥。所以梁代伟大的文学批评家刘勰说:"及魏代三雄,记传互出。'阳秋'(孙盛《晋阳秋》)《魏略》之风,'江表'(虞溥《江表传》)《吴录》(张勃《吴录》)之类,或激抗难征,或疏阔寡要,唯陈寿《三国志》,文质辩洽,荀(勖)张(华)比之迁、固,非妄誉也。"[①]

————————————

① 刘勰:《文心雕龙·史传篇》。

但《晋书》为陈寿立传，讥议陈寿修史失公正态度，说："或云：丁仪、丁廙有盛名于魏。寿谓其子曰：'可觅千斛米见与，当为尊公作佳传。'丁不与之，竟不为立传。寿父为马谡参军，谡为诸葛亮所诛，寿父亦坐被髡，诸葛瞻又轻寿，寿为亮立传，谓亮将略非长，无应敌之才，言瞻惟工书，名过其实，议者以此少之。"

这些说法，是《晋书》作者根据当时无稽的游谈与妒忌者的捏造和附会而作的。以文字作为索米的工具，与陈寿平生淡于名利的行径是不相容的。至于说他因报怨而贬低诸葛亮，也同样是没有根据的。因此清代朱彝尊首先加以驳斥说："街亭之败，寿直书马谡违亮节度，举动失宜，为张郃所破，初未尝以父参谡军被罪，借私隙咎亮。至谓亮应变将略非其所长，则张俨、袁准之论皆然，非寿一人之私言也。寿于魏文士惟为王粲、卫觊五人等立传，粲取其兴造制度，觊取其多识典故，若徐幹、陈琳、阮瑀、应玚、刘桢、仅于粲传附书，彼丁仪、丁廙何独当立传乎？造此谤者亦未明寿作史之大凡矣。"①

王鸣盛除同意朱彝尊的说法，又结合杭世骏的意见，进一步加以补充，为陈寿辩诬。如说："陈寿入晋后，撰次《诸葛亮集》，作表奏上之，推许甚至。本传待附其目录并上书表，创史家未有之例，尊亮极矣。评中反复盛称其刑赏之当，则必不以父坐罪为嫌。廖立、李平为亮废黜，尚能感泣无怨，明达如寿，顾立、平之不若耶？"此外又引王沈的《魏书》和鱼豢的《魏略》共举丁仪、丁廙的虚伪和奸邪的行为，证明这二人是巧佞之尤，不应该替他们立佳传。赵翼《廿二史札记》卷六"陈寿论诸葛亮"条，从陈寿书中举出许多例证，说明陈寿对诸葛亮折服之深，力驳对陈寿种种污蔑之辞。以上各人的辩诬都是有充分证据的，而且具有很大的说服力。可见《晋书·陈寿传》所记的两件事是向壁虚做的。

《三国志》是以魏为正统的，例如把曹操、曹丕、曹睿列入武帝、文帝、明帝诸纪，而对于蜀、吴的君主，如刘备、孙权等则入诸传。在《魏书》中不书吴、蜀方面称帝之事，而于蜀书及吴书中，于君主即位，必书明魏的年号，以见正统属魏。陈寿以魏为正统事，后人也有不同意的。所谓"晋史自帝魏，后贤盍更张"。东晋习凿齿作《汉晋春秋》，以汉蜀为正统。《晋书·习凿齿传》："桓温觊觎非望，凿齿著《汉晋春秋》以裁正之，起汉光武，终于晋愍，于三国之时，以宗室为正，魏虽受汉禅，晋尚为篡逆。至文帝平蜀，乃为汉亡而晋始兴焉。"其后南宋朱熹作《通鉴纲目》，同意习氏的提法。究竟谁是谁非，有些人认为应该从时代环境来考察。陈寿身为晋武之臣，而晋武承

① 朱彝尊：《曝书亭集》卷五九《陈寿论》。

魏之统,他不得不以魏为正统。习凿齿生于晋室南渡以后,与蜀汉之偏安相类,有必要为偏安力争正统。南宋偏安之日,史家亦纷纷起来帝蜀。可见正统之说,本无一定的是非标准,以对当时封建统治阶级有利与否来定。这是封建阶级政治宣传的一种武器,在今天看来,是没有科学意义的。

可是另一方面,陈寿虽然以正统与魏,但亦未曾十分尊魏。因为他在《三国志》中,以魏书、蜀书、吴书同时并载,表示三分鼎足之势。大有"地丑德齐,莫能相尚"的意思。甚至也有人说,陈寿意中,隐以正统予蜀的,理由是:"此书于曹操始称太祖,及汉帝迁许,以操为大将军则改称公,益天子三公,称公也。既进爵为王,则改称王,即曹丕未篡之先,亦称王而已,明其为汉王公也,为汉王公而卒乃帝,其为篡也章矣。陈寿仕晋,而晋继魏,故微其辞,以寓其旨。若孙权,则虽篡后,犹权之耳。惟先主始终皆称先主无易辞。"①这种"皮里阳秋"的说法,亦聊备一格而已。

至于陈寿《三国志》有些为晋朝统治者回护的地方,如赵翼《廿二史札记》所指出的,是陈寿取容于当道,史德有亏的表现。但我们不要忘记,他是受阶级的束缚的,同时他是晋臣,对于晋朝统治者的批评,难免有所顾忌。

陈寿《三国志》似为未及完成的作品。其中只有纪传而没有志书,大约由于学识不够广博的缘故。同时也没有序例,无从窥见著书的宗旨,也是一个缺憾。

《三国志》今本共六十五卷,有裴松之注。

裴松之(372—451年),字世期。宋初,奉文帝命作《三国志》注。松之鸠集传记,增广异闻,既成奏上。文帝认为不朽之作,表称:"寿书铨叙可观,事多审正,诚游览之苑囿,近世之佳史,然失在于略,时有所脱漏。臣奉旨寻详,务在周悉,上搜旧闻,旁摭遗逸。按三国虽历年不远,而事关汉晋,首尾所涉,出入百载,注记分错,每多舛互。其寿所不载,事宜存录者,则罔不毕取,以补其缺;或同说一事,而辞有乖杂。或出事本异,疑不能判,并皆抄纳,以备异闻。若乃纰谬显然,言不附理,则随违矫正,以惩其妄;其时事当否,及寿之小失,颇以愚意,有所论辩。"②

《四库全书提要》介绍裴松之注的体例,说:"综其大致,约有六端:一曰引诸家之论,以辨是非;一曰参诸书之说以核伪异;一曰传所有之事,详其委曲;一曰传所无之事,补其缺佚;一曰传所有之人,详其生平;一曰传所无之人,附以同类。"并指出它的缺点:"往往嗜奇爱博,颇伤芜杂。"它的优点是"网罗繁富,凡六朝旧籍,今所不传者,尚一一见其厓略,又多首尾完具,不似郦道元《水经注》、李善《文选注》皆剪裁割裂之

---

① 《三国志·魏志》卷一考证——清植案语(五洲同文局版)。
② 关于裴松之的生平,可参看《宋书》六四卷《裴松之传》。松之上三国志注表见《三国志》卷端。

文,故考证之家,取材不竭,转相引据者,反多于陈寿本书焉。"①

裴松之《三国志注》引用的参考书籍(包括单篇文章)凡一百四十余种,主要是补陈寿的遗逸,可以当作《三国志》的补编来读。他所引用的材料,绝大部分今已散佚,专赖松之保存下来,对我们研究三国时代的历史是有很大帮助的。

第六节 晋史与十六国史

晋书的撰述前后共有二十多家。现在把它的源流略述如下。晋朝自司马炎代魏称帝(武帝)后,为着粉饰太平和司马氏的专制,开始着意于晋史的编撰。诏自泰始以来,大事皆撰录,秘书写副后,有事即依类缀辑。可是当时碰到的一个断限问题,即划分时期问题,引起了一场争论。中书监荀勖说应以魏正始(齐王曹芳年号——公元 240 年)起年,著作郎王瓒欲引嘉平(灭曹爽之年——249 年)以下朝臣尽入晋史。他们是主张越魏继汉之说,因为当时实权在司马氏之手,曹氏只统治了四十六年(220—265),司马懿当时已掌握大权,可以继汉的正统,不过没有作出任何决定。公元 290 年,司马衷(惠帝)即位,又把这问题提出讨论。当时秘书监贾谧掌国史,提议从泰始(265 年、即司马炎代魏称帝之年)开始。王戎、张华、王衍、乐广、嵇绍、谢衡等同意了贾谧的建议,从晋武帝开始。

之后华峤草《魏晋纪》,与张载同在史官。永嘉之乱后,《晋书》存者五十余卷。干宝著《晋纪》,自宣帝迄愍帝凡二十卷,称良史。谢忱著《晋书》三十余卷;傅畅作《晋诸公叙赞》二十二卷,又为《公卿故事》九卷;荀绰作《晋后书》十五篇;束皙作《晋书帝纪十志》。孙盛作《晋阳秋》,词直理正,桓温见之,怒谓盛子曰:"枋头(河南浚县)诚为失利(指桓温第三次北伐前燕挫败),何至如尊公所说,若此书遂行,关君门户事。时盛年老还家,诸子号泣请改,盛怒不许,其子惧祸,乃私改之,而盛所著已有二本,以其一寄慕容隽。后孝武广求异闻,始于辽东得之,以相考校,多有不同。王铨私录晋事,其子隐遂谙悉西晋旧事,后为著作郎,罢官后,依征西将军庾亮于武昌,亮给其纸笔,乃成书。或传隐文鄙拙,其文之可观者乃其父所撰,不可解者是隐的手笔。虞预著有《晋书》四十余卷,据说虞预生长东南,不知中期故事,曾借用王隐的稿本参考引用。习凿齿著《汉晋春秋》,起汉光武,终晋愍帝,认为三国以蜀为正统,魏武虽承汉禅,而其时孙刘鼎立,未能一统,尚为篡逆,至司马昭平蜀,乃为汉亡,而晋

---

① 《四库全书总目》卷四五《史部·总叙》。

始兴，晋继汉而不继魏。书凡五十四卷。何法盛著《晋中兴书》，但《南史》三十三卷记载，说他是窃取郗绍的原稿。晋以后作者，有宋徐广撰《晋纪》四十六卷，谢灵运亦奉敕撰晋书，粗立条例，书竟未成。王韶之私撰《晋安帝春秋》既成，人谓宜居史职，即除著作郎，使续成后事，讫义熙九年，后称《晋纪》，但亦早亡。张缅著《晋钞》三十卷，梁萧子云著《晋书》一百一十卷。其他关于晋朝史事的作品，尚有陆机的《晋帝纪》，刘协注《晋纪》，朱凤的《晋书》，刘谦《晋纪》，曹嘉《晋纪》，邓粲《元明纪》（《晋纪》）十篇，檀道鸾《晋春秋》，萧景畅《晋史草》，郭季产《晋续纪》、《晋录》之类。"①

还有两部比较庞大且有名的著作，就是齐臧荣绪的《晋书》一百一十卷及梁沈约的《晋书》一百一十卷。臧荣绪事迹见《南齐书》高逸传及《南史》隐逸，其人是一个安贫乐道的学者，所撰晋史，包括东西晋事迹及纪录志传。王鸣盛对这本书评价很高，因为其作品比较以前关于晋史的其他作品，卷帙多出一倍至三倍，并且涵盖的时代是最长的，各种体裁也都具备。譬如说："王隐、虞预、谢忱，似只有西晋无东晋。干宝、习凿齿更不待言。孙盛虽记东晋事，然就其本传考之，则盛之卒，似桓温尚在，温死于孝武帝宁康元年，则孙盛三书，大约不过至海西公或简文而止矣，其后所缺者尚多。邓粲只有元帝明帝两朝，徐广只有简文帝、孝武帝、安帝三朝，尤不得为晋史全书，然则欲求晋史全书，但当以荣绪为正。"又说："沈约在臧荣绪之后，数卷又同，不过润色臧书，亡佚犹未足深惜。"②

以上各家晋书有很多种，唐时犹存。惟沈约的《晋书》未见隋书著录。唐贞观十八年，房玄龄与褚遂良奉诏重撰《晋书》，参加者有以令狐德棻为首的十八人，号为太宗御撰。《新晋书》撰成后，言晋书者皆弃旧本，竞从新撰。当时号为《新晋书》，因为臧荣绪的《晋书》仍在，就以新旧二名来分别。以后各家晋史逐渐被淘汰、失传，甚至臧荣绪的书，至安史乱后，也不复见于世。关于唐修晋史之事，我们于下章来讨论。

十六国史。公元317年晋政权南迁后，北中国被西、北各族所分割占据，先后建立了十几个国家，历史上称为"五胡十六国"，互相攻击，此起彼伏。建国的时期，久的不过数十年，短的只有十多年。各族混战的局面大约延续了135年（304—439）。其间北方各国自有大事可纪，同时亦有对国史的撰述。唐初撰《隋书·经籍志》，始标霸史之目，序曰："自晋永嘉之乱，皇纲失驭，九州君长据有中原者甚众，或推奉正朔，或假名窃号，然其君臣忠义之节，经国字（爱抚也——引者）民之务，盖亦勤矣。而当时臣子，亦各纪录，后魏克平诸国，据有嵩华，始命司徒崔浩，博采旧闻缀述国

---

① 参引王鸣盛《十七史商榷》卷四三《晋书一》及赵翼《廿二史札记》卷七《晋书》。
② 王鸣盛：《十七史商榷》卷四三《晋书一》。

史,诸国记注,尽集秘阁,尔朱之乱(528年尔朱荣进入洛阳,举行政变),并皆散亡,今举其现在,谓之霸史。"

当时霸史之见于隋唐经籍志者有:常璩《汉之书》十卷(《旧唐书》作《蜀李书》九卷),田融《赵书》十卷(《旧唐书》作《赵石记》二十卷),王度《二石传》二卷(《旧唐书》作《二石记》二十卷,不著名),又《二石伪事》二卷(王度是晋人,故伪之,《旧唐书》作六卷),范亨《燕书》二十卷,张铨《南燕录》五卷,王景晖《南燕录》六卷,游览先生《南燕书》七卷,高闾《燕志》十卷,何冲熙《秦书》八卷,席惠明《秦记》十一卷,姚和都《秦纪》十卷,张谘《凉记》八卷(《旧唐书》作十卷),刘景《凉书》十卷,史喻归《西河记》二卷(《旧唐书》作段龟龙误),段龟龙《凉记》十卷,高道让《凉书》十卷,沮渠《国史凉书》十卷,无名氏《拓跋凉录》十卷,刘景《敦煌实录》十卷,和苞《赵记》十卷、《吐谷浑记》二卷、《翟辽书》二卷、《诸国略记》二卷、《永嘉后纂年纪》二卷、《段业传》一卷。

上列这些史籍,南宋时已逐渐散失。刘知幾《史通·正史篇》中,叙述十六国史的撰述经过较详,补《隋书·经籍志》所举之不足,可以参考。

至于综合各国史迹,勒为一书,有名于世的,只有崔鸿的《十六国春秋》。关于崔鸿写作的目的及其过程,《魏书》卷六十七《崔光传》有附载:

子鸿,字彦鸾,少好读书,博综经史。……弱冠,便有著述之志。见晋魏前史,皆成一家,无所措意,以刘渊、石勒、慕容隽、苻健、慕容垂、姚苌、慕容德、赫连屈丐、张轨、李雄、吕光、乞伏国仁、秃发乌孤、李暠、沮渠蒙逊、冯跋等,并因世故,跨僭一方,各有国书,未有统一,鸿乃撰为《十六国春秋》,勒成百卷,因其旧记,时即增损褒贬焉。鸿二世仕江左,故不录僭晋刘萧之书,又恐识者责之,未敢出行于外。世宗闻其撰录,遣散骑常侍赵邕诏鸿曰:闻卿撰定诸史,甚有条贯,便可随成者送呈,朕当于机事之暇览之。鸿以其书与国初相涉,言多失体,且既未讫,迄不奏闻。鸿后典起居,乃妄载其表曰:"……自晋永宁以后,虽所在称兵,竞自尊树,而能建邦命氏,成为战国者十有六家,善恶兴灭之形,用兵乘会之势,亦足垂之将来,昭明劝戒。但诸史残缺,体例不全,编录纷谬,繁略失所,宜审正不同,定为一书。……始自景明之初,搜集诸国旧史,属迁京甫尔,率多分散,求之公私,驱驰数岁。又臣家贫禄薄,唯任孤力,至于纸尽,书写所资,每不周接。暨正始元年,写乃向备,谨于吏按之暇,草构此书,区分时事,各系本录,破彼异同,凡为一体,约损烦文,补其不足。三豕五门之类,一事异年之流,皆稽以长历,考诸旧志,删正差谬,定为实录,商校大略,著春秋百篇,至三年之末,草成九十五卷。唯常璩所撰李雄父子据蜀时书,寻访不获,所以未及缀成，辍笔私求，七载于今。此书本江南撰录，恐中国所无，非臣私力所能终得。其起兵僭号，事之始末，乃亦颇有，但不得此书，惧简略不成，久思陈奏，乞敕边求采。……臣又别作序例一卷，年表一卷，仰表皇朝统括大义，俯明愚臣著录微体，徒窃慕古人立言美意，文致疏鄙，无一可观，简御之日，伏深惭悸。"

后永安中，其子子元奏上其父书曰："臣亡考鸿……正始之末，任属记言，撰辑余暇，乃刊著赵、燕、秦、夏、凉、蜀等遗载，为之赞序，褒贬评论。先朝之日，草构悉了。唯有李雄蜀书，搜索未获，阙兹一国，迟留未成。去正光三年，购访始得，讨论适讫，而先臣弃世。凡十六国，名为春秋，一百二卷，近代之事，最为备悉，未曾奏上，弗敢宣流。今缮写一本，敢以仰呈，倘或浅陋，不曰睿赏，乞藏秘阁，以广异家。"

刘知幾《史通》对此书颇为推重，说它宣布之后，大行于时。崔鸿之书，流通了十多年，以晋为主，易其国书为录，主纪臣传，又有表、赞、序例，体裁比较完备，足以包举各家。唐修《晋书》，多引《十六国春秋》。可惜此书自北宋以后，逐渐散佚。宋初《太平御览》及诸舆地图经，其他唐宋类书，颇行辑录。至明代屠乔孙又以《晋书》中有关十六国史事及唐宋类书所引《十六国春秋》佚文，一一抄出缀成一编，仍号为《十六国春秋补遗辑佚》，用意本佳，但由于疏于考证，就往往把非崔氏的原文，强加于崔氏的名下，使人真假难分，不敢引用。洪亮吉所作《十六国疆域志》也说："明人所辑崔鸿《十六国春秋》大字本，恐不足据依，概置不录焉。"屠氏虽然没有盗窃他人名誉之心，但已经是厚诬前人，且被人视为赝书，费精神于无补之地了。

崔鸿的《十六国春秋》还有汤球的辑本，即以汉魏丛书之简本《十六国春秋》为蓝本，加以补正，名为《十六国春秋纂录》。

第七节　南北朝史简述

南朝史包括宋、齐、梁、陈四个王朝；北史包括北魏、北齐和北周。每一个王朝于新建立的时候，都鼓励一些担任著述的文官从事本朝史的撰作和前代史的续修，总的目的是要通过史书来作政治的宣传，为自己的政权服务。现在把各朝史的撰述简括介绍于下。

宋史　宋王朝不过59年（420—479），但一代的兴亡仍可以给后人提供不少的经验教训。宋初著作郎何承天（370—447）始撰《宋书》，由纪传写起，写到武帝（刘裕）的功臣为止，篇幅不多。所撰志只有天文、律历二志，自此以外，完全委托奉朝请山谦之继续撰述，朝廷亦同意由谦之担任。谦之不久病死，又命裴松之续成国史。松之死后，史佐孙冲之上表请求自行撰作，为一家之说。孝建初年，孝武帝刘骏仍使南台侍御史苏宝生续造诸传，元嘉名臣，皆其所撰。宝生被诛（因知高闇反而不奏闻），大明中，又命著作郎徐爰踵成前作。徐爰因何、苏所述，勒为一史，起自义熙之初，讫于大明之末，至于臧质、鲁爽、王僧达诸传，又皆刘骏所造。自永光以来，至于为齐所代的十五年事迹未详，有待完成一代之史。至齐著作郎沈约更补缀旧作，成为新史，始自义熙肇号(405)，终于升明三年(479)。沈约自称本纪纪传合志七十卷，还有诸志须成续上。唐刘知幾谓此书为纪十、志三十、列传六十、合百卷，不言其有表，可能至唐时表已遗佚。① 清王鸣盛认为沈约上书表中，表志二字乃衍文，因为书纪十卷，传六十卷，已合七十卷之数②。

沈约撰述《宋书》比较容易，因为他大量利用前人的成果，所以为时一年，便已告成。王鸣盛说："沈约自序，称于齐武帝永明五年春被敕撰宋书，至六年二月纪传毕功，表上之。约卒于天监十二年，年七十三。永明五年，年四十七，自言百日数旬，革带移孔，精神素非强健，四十七、八，已值衰暮，其书一年便就，何速如此？盖《宋书》自何承天、山谦之、苏宝生、徐爰递加撰述，起义熙，讫大明，已自成书。约仅续成永光至禅让十余事，删去桓元、谯纵、卢循、马鲁、吴隐、谢混、郗僧施、刘毅、何无忌、魏咏之、檀凭之、孟昶、诸葛长民十三传而已。玩约上书表自见，本极径省，故易集事③。赵翼也补充说：'余向疑约修《宋书》，凡宋齐革易之际，宜为齐讳，晋宋革易之际，不必为宋讳，乃为宋讳者反甚于为齐讳。然后知为宋讳者徐爰旧本也，为齐讳者约所补辑也。人但知《宋书》为沈约作，而不知大半乃徐爰作也。观《宋书》者当于此而推之。'"④

沈约《宋书》对于统治者诸多回护，成为后世论史者的口实。赵翼指出："《宋书》书法全多回护忌讳而少直笔。按沈约尝历事宋、齐、梁三朝，其撰《宋书》在齐武帝永明中，故于宋齐易代之际，自不敢直笔。即单记宋事，亦有不能不稍存回护者。约尝疑立袁粲传，武帝曰：粲自是宋室忠臣。约又多载明帝诸鄙渎事。帝曰：我昔经事明帝，卿可思讳恶之义，于是多所省除。事见齐书王智深传。"此外，赵翼又举出《宋书》

---

① 关于宋史各家的撰述经过，参看《宋书》卷一〇〇沈约自传中的上书表及刘知幾《史通》卷三"正史篇"。
② 《十七史商榷》卷五三《南史合宋齐梁陈书》。
③ 《十七史商榷》卷五三《南史合宋齐梁陈书》。
④ 赵翼：《廿二史札记》卷九《宋书·多徐爰旧本》。

中回护忌讳之例多条[①]。沈约由宋入齐后，修史极力把宋代君臣贬低，以媚新朝，不料被齐主加以纠正。

沈约《宋书》本来大部分根据徐爰的旧文，前面已经说过。但沈约不仅绝不承认，反而在上书表上，极力贬低徐爰的作品，抬高自己的身价。譬如批评徐爰的书说："一代典文，始末未举，且事属当时，多非实录；又立传之方，取舍乖衷，进由时旨，退傍世情，垂之方来，难以取信"，而自己"谨更创立，制成新史。"[②]企图用几句话来抹煞他因人成事的痕迹，而且自鸣公平，其实他的史笔毫无直道可言。难怪万承苍加以斥驳说："约以贪荣嗜利之心，逞其浮靡之习，岁月未久，遽成此书，大抵因何徐旧本而稍更益之，永光以后，不免迁就，以合时君之旨。虽自谓创立新史，取舍是非，未必皆当，又况其喜造奇说，以诬前代，如王邵之所讥者耶！"[③]

沈约自谓："修史之难，无出于志。"他以《宋书》八志为得意之作。八志曰律历、曰礼、曰乐、曰天文、曰五行、曰符瑞、曰州郡、曰百官。但沈约诸志，俱本之何承天，亦多即用旧文，不加删润，如律历志便是，礼志亦然。清代郝懿行说："礼志详博淹赡，胜于《史记》礼书、《汉书》礼志多矣。案何承天传：先是礼论有八百卷，承天删减并合，以类相从，凡为三百卷，此则礼志之篇，当即承天所删，沈休文钞录其书尔。"[④]有人认为礼志合郊祀祭祀朝会舆服总为一门以省支节，乐志详述八音众器及鼓吹铙歌诸乐章以存义训，如铎舞曲，圣人制礼，乐篇有声而词不可解者，每一句为一断，以存其节奏，义例尤善[⑤]。惟祥瑞志实为多余，只足暴露作者缺乏动植物的常识，满脑子迷信观念而已。

《宋书》虽然有它的缺点，但仍是可传之作。第一，文章尚属流畅，可以一读。郝懿行批评《宋书》纪传说："沈约文士，其为《宋书》，虽甚淹赡，亦多浮杂，往往喜谈嵬琐，攟摭隐怪，时同小说家言，殊失国史之体，然叙致华妍，韵情朗畅，自一代史才也。"[⑥]第二，宋代史事，特别是自晋义熙至升明七十四年事迹，正赖《宋书》以传，对我们研究历史的人是有很多参考的地方。

沈约《宋书》既行后，宋裴子野更删为《宋略》二十卷，是编年体。据说沈约看见后，叹曰："吾所不逮也。"这样的口气，不像沈约平日的行为。可能沈约见自己的书

---

① 赵翼：《陔余丛考》卷六《宋书·书法条》。

② 《宋书》卷一〇〇《沈约自序》。

③ 万承苍校刊《宋书》跋语（殿本廿四史）。

④ 郝懿行：《晋宋书考》"宋书礼志条"。

⑤ 《四库全书总目》史部卷四五《史部一·正史类》。

⑥ 《晋宋书考》"宋书传"。

已经赢得社会地位,不妨表示自己的虚心大量吧。裴子野的《宋略》二十卷,王智深的《宋书》三十卷,鲍衡卿、王琰的《宋春秋》各二十卷,皆已失传,无从比较其优劣了。

《南齐书》 《南齐书》梁萧子显著。子显(489—537),字景阳,好学工属文,尝采众家关于后汉的记载,考正异同,为《后汉书》百卷(亡佚),又启撰《齐史》六十卷,书成表奏之,诏付秘阁。此书今存五十九卷,大约佚其叙传一卷。旧称《南齐书》有八纪、十一志、四十列传。其实十一志是分为十一卷,并非十一种。今核实只有八种,即礼志、乐志、天文、州郡、百官、舆服、祥瑞、五行,共八志。子显学问并不淹通,志是专门史之一种,如果不是有专门的研究,是不能操笔的。子显诸志根据前辈所撰的各志(如江淹所撰的齐史十志),前人所无的,自己不敢另立。八志中,天文但记灾祥,州郡不著户口,祥瑞多载图谶。虽然自己表白,天文事秘,户口不知,不敢私载,但亦可以看出他的孤陋寡闻,避难就易了。其他比较重要而且有成例可援的志,如食货、刑法、艺文之类都无撰作,亦可见他疏于史裁,缺乏经世的实学了。

子显为人恃才傲物,以贾谊自命。自称:“每有制作,特寡思功,须其自来,不以力构。”一方面暗示他有天才,可是另一方面又不自觉地暴露出他的不学无术。子显自己也以文人自居,欲以文章显达。自称:“追寻平生,颇好辞藻。”[①]但他的文章,从《南齐书》看来,是不大高明的。曾巩批评说:“子显之于斯文,喜自驰骋,其更改破析刻雕藻绩之变尤多,而其文益下。”[②]

但《南齐书》也有一些可取之处,例如列传虽伤于冗杂,而良政、高逸、孝义、幸臣诸传都有序文,以见作者之意。又在某些列传中,只有叙述个人行事,不着褒贬之辞,使人读来,仍可窥见作者言外之意。

撰述南齐史的,除萧子显外,在齐则有熊襄《齐典》一卷,在梁则有刘陟《齐纪》十卷,沈约《齐纪》二十卷,江淹《齐史》十三卷,吴均《齐春秋》三十卷,但都先后亡佚,因此萧子显的《南齐史》就成为网罗一代事迹,比较完备的主要参考书。

梁史及陈史 梁史在武帝时期,由沈约、周兴嗣、鲍行卿、谢昊相继撰述,已有百篇,因战祸而烧毁。何之元及刘璠共据见闻,合撰《梁典》三十篇,但没有纪传。姚察兼修国史,有志完成梁史,但直至陈亡,仍未完工。陈史初有顾野王及傅縡的《陈书》,文武二帝纪即二人所修。又有陆琼继续修撰本朝史,篇幅比较多,但体例也比较乱。姚察在原有作品的基础上加以修改。581年隋朝建立后,姚察转入新朝,仍以修史自任。隋文帝杨坚向姚察索取梁陈史稿,以观二代兴亡之迹。姚察每成一

---

① 关于萧子显的生平,可参看《梁书》卷三五《列传第二十九》。
② 《南齐书》序。

篇,即以呈上,到死的时候,还未完成二代全史,至唐才由他的儿子思廉续成。其经过当于下章再述。

后魏史 公元 386 年拓跋珪即位,称魏王并改称元氏,因此史称元魏。开国时,令著作郎邓渊(彦海)撰《国记》。渊造成十余卷,惟次年月起居行事,而未有体例。到 449 年世祖拓跋焘诏集诸文人撰录国书,崔浩及浩弟览、高谠、邓颖、晁继、范耳、黄辅等共参著作,叙成《国书》三十卷。又特命浩总监史任,务从实录。复以中书郎高允,散骑侍郎张伟,并参著作,续成全书,叙述国事,无所隐恶。著作令史闵湛,郗标素敬事浩,乃请立石铭刊载《国书》,树立于大路上。程浩同意。后被人告发其有失国体。浩坐此罪诛夷三族,同死者一百二十八人。自是始废史官。至公元 460 年,始复史官之职,而以高允典著作,修《国记》。允年已九十,手目俱衰。时有校书郎刘模,长于编辑工作,乃由高允口授,刘模笔记,如是五六年,完成不少篇幅。《国记》自邓渊以来都作编年体,至公元 488 年,秘书丞李彪、著作郎崔光始作纪传。不久邢峦奉命追撰孝文(元宏)起居注。既而崔光、王遵业补续下讫孝明之世,温子升复修孝庄纪,王晖业撰宗室录三十卷(纪魏藩王家世的)。魏史公私所撰,不过如此。

齐天保二年(五五一年)文宣帝高洋诏撰魏史,使魏收(伯起,506—572)专任修史,虽有房延祐、辛元植、刁柔、裴昂之、高孝幹、睦元让等相助,但他们都不是史才,主要还是魏收执笔。于是辨定名称,随条甄举,又搜采亡遗,缀续后事,备一代史籍,勒成《魏书》一百三十卷(按魏收的前上十志启说:谨成十志二十卷,请续于传末,并前例目合一百三十一卷),内分帝纪十四卷,列传九十六卷,志二十卷。以后隋魏澹更撰《后魏书》九十二卷,唐张太素《后魏书》一百卷,今者不传,魏史惟以魏收书为主。

魏收《魏书》初成后,众口沸腾,说此书书法不公,诋为秽史。文宣帝诏令魏史且勿施行,孝昭帝以魏史未行,诏收更加研审,收奉诏颇有改正,及诏行魏史,收以为直置秘阁,外人无由得见,于是命送一本付并省,一本付邺下,任人写之。其后群臣多言魏史不实,武成帝(高湛)又敕收更审,更有回换,遂为卢同立传,先特为崔绰立传,至是绰反改入附传,而杨愔又增"有魏以来,一家而已"八字。魏收传还说:"既缘史笔多憾于人,齐亡之岁,收冢被发,弃其骨于外。"[①]

魏收的《魏书》被称为秽史一件事,唐刘知幾也相信魏收是咎由自取的,并且对魏收也大加斥责,后世许多人也随声附和。只有《四库全书提要》为它辩护说:

---

① 关于魏史的撰述过程以及魏收因撰史而被谤的事迹,参看《北齐书》卷三七《魏收传》与刘知幾《史通》卷十二《正史篇》。

收以是书为世所诟厉，号为秽史。今以收传考之，如云：收受尔朱荣子金，故减其恶。其实荣之凶悖，收未尝不书于册。至论中所云：若修德义之风，则韩、彭、伊、霍，夫何足数？反言见意，正史家之微词，指以虚褒，似未达其文义。又云：杨愔、高德正势倾朝野，收遂为其家作传。其预修国史，得阳休之之助，因为休之父作佳传。案愔之先世为杨椿、杨津。德正之先世为高允、高佑。椿、津之孝友亮节，允之名德，佑之好学，实为魏代闻人，宁能以其门祚方昌，遂引嫌不录。况《北史》阳固传称：因以讥切聚敛为王显所嫉，因奏固剩请米麦，免固官。从征硖石，李平奇固勇敢，军中大事，悉与谋之。不云固以贪虐，先为李平所弹也。李延寿书作于唐代，岂亦媚阳休之乎。又云：卢同位至仪同，功业显著，不为立传；崔绰位止功曹，本无事迹，乃为首传。夫卢同希元义之旨，多所诛戮，后以义党罢官，不得云功业显著。绰以卑秩见重于高允，称其道德，固当为传独行者所不遗。观卢文诉辞，徒以文位仪同，绰仅功曹，较量官秩之崇卑，争专传附传之荣辱（《魏书》初定本卢同附见卢元传。崔绰自有传，后奉敕更审，同立专传，绰改入附传），是亦未足服收也。盖收恃才轻薄，有惊蛱蝶之称。其德望本不足以服众。又魏齐世近，著名史籍者并有子孙，孰不欲显荣其祖父，既不能一一如志，遂哗然群起而攻。平心而论，人非南董，岂信其一字无私。但互考诸书，证其所著，亦未甚远于是非。秽史之说，无乃已甚之词乎？李延寿修《北史》，多见馆中坠简，参核异同，每以收书为据。其为收传论云："勒成魏籍，婉而有章，繁而不芜，志存实录。"其必有所见矣。今魏澹等之书俱佚，而收书终列于正史，殆亦恩怨并尽，而后是非乃明欤！①

观上所述，可谓持平之论。毫无疑问，魏收的书是魏史中的唯一代表作。

至于《北齐书》《后周书》《隋书》存于今日的都是唐代的作品，我们将在下章讨论。

① 《四库全书总目》卷四五《史部》。

第六章　隋唐的史学

第一节　隋代史学的一瞥

　　隋朝建立后,南北统一,生产逐渐恢复和发展,初时在较前安定的社会环境里,文物制度逐渐趋于完备,史学作为一种为政治服务的利器,仍然受到统治阶级的注意。开皇十三年(593)五月癸亥,隋文帝"诏人间有撰集国史,臧否人物者,皆令禁绝"(《隋书·文帝本纪》)。为了巩固新王朝的统治,遂把文化事业集中于政府来管理。刘知幾《史通》说:至隋以吏部散官及校书正字娴于述注者修起居注,纳言监领其事。炀帝以为古有内史、外史,今既有著作(即著作郎,是外史),宜立起居(即起居注,是内史),遂置起居注舍人二员,职隶中书省,如庾自直、崔祖濬、虞世南、蔡允恭等咸居其职,时谓得人。("史官")《册府元龟》国史部总叙"隋复置著作郎一人,佐郎八人,隶秘书省,掌国史兼著起居"。

　　隋代史官是专任的,对于前代史籍的续修也作过一番努力。当时人们认为魏收所撰的《魏书》有不少缺点。隋文帝命著作郎魏澹与颜之推、辛德源更撰《魏书》,纠正魏收之失。魏澹另撰义例,与收不同,以西魏(535—551年)为正,东魏(534—550年)为伪,凡邻国之帝不书名,太子则书字,平文、昭成、献明三帝称谥,余不称谥,太武、献文被弑皆直书其事不存隐讳,纪传后不具论赞,总九十二篇。到隋炀帝的时候,上又以魏澹的书不够完善,命左仆射杨素另撰一种,派学士潘徽与太常博士褚亮、欧阳询等协助,因杨素死而停止。

　　关于齐史,隋代亦有著述。刘知幾《史通》说:"隋秘书监王劭、内史令李德林,并少仕邺中,多识故事,王乃凭述起居,广以异闻,造编年书,号曰《齐志》十有六卷(序云二十卷,唐代只存十六卷)。李在齐预修国史,创纪传书二十七卷。至开皇初又奉诏续撰,增多齐史三十八篇,以上送官,藏之秘府。"("正史篇")

关于周史,隋开皇中,秘书监牛宏追撰《周史》十八卷,仍为未成的作品,见《隋书·经籍志》。

关于本朝的历史,开皇、仁寿间,王劭辑录诏敕等为书八十卷,分门别类,定其篇目,实为记言体之一种,有类《尚书》。至于编年及纪传体的史都没有人写。到炀帝的时候,只有王胄等所修的《大业起居注》,但到唐代已经散失。

隋朝统治了三十七年便覆亡了,在史学方面没有伟大作品,只能给唐代史学界提供一些材料,使唐代续修前史易于进行。

第二节 唐代官修的史籍

唐武德初年(618)史官制度仍依旧制,史官隶秘书省著作局,置郎二人,佐郎四人。太宗贞观初(627),省去起居舍人,改置起居郎二人,隶门下省(起居郎执简记录帝与大臣参议政事),三年,别置史馆于禁中,专研国史,以他官兼领,官卑而有才的可以选拔入馆,命宰相监修,史官隶属门下省,著作局始罢领史职,是年又于中书置秘书内省以修五代史。高宗显庆二年(657),置起居舍人二员,隶中书省,分掌左右。龙朔二年(662)改郎为左史,舍人为内史,咸亨元年(670)复旧。以后史官的名称和人数以及史馆的隶属等因需要而有所变动。高宗的时候,下令虽有史职而无史才的不得参加修撰,因此修史的不一定是史官,外面的文官可以兼任修史,同时可以在外面甚至在家写作。景龙元年(707)又禁止史官在家著述。

至唐代集体修史已经成为定制。前代虽然有过众手修书的先例,但是不经常,人数很少,成绩不大,分工又不明确,最后还是一个人出名,不能与唐代修晋隋二书相比。兹将唐代改撰的前代史略述如下。

《晋书》 贞观十八年,太宗以何法盛等十八家晋史的作品,虽多而未善,于是命史官房玄龄、褚遂良、许敬宗等一十八人,乃据臧荣绪本为主而兼考诸家成之,由敬播等四人考正体例。西晋四帝五十四年,东晋十一帝一百二年,又胡、羯、氐、羌、鲜卑割据中原为五凉、四燕、三秦、二赵、夏、蜀十六国,成帝纪十、志二十、列传七十、载记三十。其中惟宣、武二纪,陆机、王羲之两传,其论皆称"制曰",乃出于唐太宗的手笔,故称为御撰。

当时因这部《晋书》是新撰,不同于旧作,因此有新晋书之称。不过新晋书敬播所撰的叙例久已不传,无从窥其纠正旧晋史之失。

《晋书》的优点，据后人所评，有下列各点。第一，利用作者个人的专长而分配工作。例如李淳风是天文学家，就委他担任天文、律历、五行志，所作诸志有精核之称。第二，文笔比较简练。正如《廿二史札记》所指出的，"史官如令狐德棻等皆老于文学，其纪传叙事皆爽洁老劲，迥非魏、宋二书可比，而诸僭伪载记，尤简而不漏，详而不芜，视《十六国春秋》不可同日语也"。第三，纪传中往往载有批评当时政治或纠正社会陋习的文章，使我们可以窥见作者的思想及其对时代的反作用。

《晋书》的缺点，就是好采用稗官小说，诡异之说以入史，贻笑通人。《廿二史札记》中指出的例子已经不少。《晋书》卷七十二《郭璞传》称璞好经术，博学有高才，辞赋为中兴之冠。其所撰作数十万言，皆传于世。但传中内容十九是关于郭璞占验及魔术的灵验，而对于郭璞的学术思想及其成就完全不谈。可见撰史的人，态度极不严肃，而且常识又过于贫乏。刘知幾《史通》特别提出："晋世杂书……若《语林》、《世说》、《幽明录》、《搜神记》……皇朝新撰《晋史》多采以为书。夫以干(宝)邓(粲)之所粪除，王(隐)虞(预)之所糠秕，持为逸史，用补前传，虽取悦于小人，终见嗤于君子矣。"(《采撰》)

《晋书》中荒谬无知的话，几乎每卷都有，今随手掇拾几个例子为证。《成恭杜皇后传》："后少有姿色，然长犹无齿，有来求婚者辄中止，及帝纳采之日，一夜齿尽生。"(《晋书》卷三十二)《石崇传》："初崇家稻米饭在地，经宿皆化为螺，时人以为族灭之应。"(卷三十三)《杜预传》："预初在荆州，因宴集，醉卧斋中，外人闻呕吐声，窃窥于户，止见一大蛇，垂头而吐，闻者异之。"(卷三十四)其他所记怪诞的事还很多，不列举。

《晋书》对于某些人物的评价，也有出乎情理之外的。例如《殷浩传》："父羡，字洪乔，为豫章太守，都下人士因其致书者百余函，行次石头，皆投之水中，曰：沉者自沉，浮者自浮，殷洪乔不为致书邮。其资性介立如此。"(卷七十七)殷洪乔既然不愿替人致书，初时自可不接受这项委托，一旦接受下来，就不应中途加以毁坏，他这种做法，不独失信，而且负人。可谓丧心病狂，态度极端恶劣，而《晋书》作者反而赞他"其资性介立如此"。可见对于人物评价完全任性妄为了。像这样不近人情的描写还有不少。

又《晋书》作者行文，因好奇炫古，往往运用一些形容过甚的词句，反而削减了文字的说服力。例如王逊传："(逊)怒囚群帅，执(姚)崇鞭之，怒甚，发上冲冠，冠为之裂。"(卷八十一)。本来"发上冲冠"已经不符合生理上的变化，而"冠为之裂"，更是荒唐，作者本来力求描写形象化，结果弄得啼笑皆非了。

唐修《晋书》，动员了一批当时所谓名流学者，而且皇帝亲自下诏并参与了撰述工作，结果仍然距离要求还相当远。《四库全书总目》说："正史之中，惟此书及《宋史》后人纷纷改撰，其亦有由矣。特以十八家之书并亡，考晋事者舍此无由，故历代存之不废耳。"于此可见，《晋书》在正史中的地位了。

《梁书》及《陈书》　《梁书》五十六卷及《陈书》三十六卷都是姚思廉所撰。初时思廉的父亲姚察在陈尝修梁陈二史，施工未完，委属思廉续成。思廉入隋后，把他父亲的遗嘱报告朝廷，朝廷有诏命他续修。至唐又奉诏与魏徵等修梁陈二书。思廉乃因其父的旧稿，并参考谢昊、顾野王诸书来续成。如《梁书》之王茂、曹景宗、萧颖达、张宏策、韦睿等传皆载察的旧论。《陈书》武帝纪论，文帝纪论，也是姚察的原文，甚至编排卷数亦察所定。

梁陈二书共数十卷，经姚氏父子前后数十年编撰的工夫，始告成功，可见作史之难。思廉最后勒成，也费了九年，用力最多，魏徵不过参与编撰论赞而已。

后世学者认为《梁书》持论比较公正，叙事比较谨严，《陈书》编纂得宜，皆有史法。二书姚氏都用散体文写成，力纠六朝好用骈语入史的陋习，即此一点已超过《晋书》了。

《北齐书》　《北齐书》五十卷是唐李百药(重规)奉敕撰。百药之父德林在隋代已编成纪传三十八篇。唐贞观元年，太宗命百药续修，十年始就。大致仿《后汉书》的体例，卷后各系论赞。但其书自北宋以后，逐渐散佚，亡失数卷，后人取《北史》来补足。此书在史裁和文章方面，都不足取。但在没有其他较完备的同类书的情况下，不能不把它作为一朝的史记来参考。

《周书》　《周书》五十卷，唐令狐德棻奉敕撰，本纪八、列传四十二。贞观中，由德棻提议修梁、陈、周、齐、隋五史，有诏令德棻专领《周书》，与岑文本、崔仁师、陈叔达、唐俭同修，但德棻始终其事。此书于南宋时略有残缺，多取《北史》补入。此书取舍史料虽有失宜，但条理分明，文笔简劲，亦有可观。

《隋书》　在隋开皇、仁寿年间，王劭编过八十卷，"多录口敕，又采诞怪不经之语及委巷之言，以类相从，为其题目，辞义繁杂，无足称者"①。唐武德五年(622)起居舍人令狐德棻奏请修《五代史》，十二月诏中书令封德彝、舍人颜师古修《隋史》，历数年而未有结果。贞观三年(629)又诏秘书监魏徵修《隋史》。左仆射房乔总监。徵又奏于中书省置秘书内省，令前中书侍郎颜师古、给事中孔颖达、著作郎许敬宗参撰

---

①　见《隋书》卷六九《王劭传》。

《隋史》。魏徵总揽其成，多所损益，务存简正，序论皆徵所作，凡成帝纪五、列传五十。十年正月壬子，徵等诣阙奏上。十五年，又诏左仆射于志宁，太史令李淳风，著作郎韦安仁、符玺郎李延寿同修《五代史志》，凡勒成十志三十卷。显庆元年(652)五月由太尉长孙无忌等奏上，诏藏秘阁。因为它是包括五代的志，初时别行于世，称为《五代史志》。但因五史之中，《隋书》居最后，以后又编入《隋书》，又专称为《隋志》。《隋书》是集体编写，至宋代因题撰述人的名字不能划一，至天圣年间重刊，始以领修者为主，分题魏徵及长孙无忌为作者①。

《隋书》文笔比较简练，胜于《晋书》，因为述前朝的事，没有忌讳的必要，一般能够据实直书。不过，取舍间有失当的地方。例如卷五十八陆爽列传的侯白附传，通篇只录侯白一句诽谐之语，实无列入国史的价值。大约因唐代修史的人对于材料不善剪裁吧。

《隋书》十志几乎占一半的篇幅，是全书很重要的部分。其中《经籍志》虽有一些考证舛误的地方，但对于汉以后的学术源流提供了一条明确的线索，特别对于研究目录学有很大的帮助。其次，《地理志》详载州郡的沿革及户口，可供我们参考。《音乐志》也是很详细的，特别是关于外国音乐传入中国的经过这部分，可供研究中外文化交通史的学者参考。

此外，《隋书》的东夷、南蛮、西域诸列传提供了许多新的材料，可以和《隋书》卷六十七所载裴矩(《西域图记》的作者)传参照来读，借此明了隋代对外交通的情况。

《南史》和《北史》 《南史》八十卷和《北史》一百卷都是唐李延寿一手所撰，以十多年的时间续成其父大师未完成的工作。延寿自序说："大师少有著述之志，常以宋、齐、梁、陈、魏、齐、周、隋，南北分隔，南书谓北为'索虏'，北书指南为'岛夷'。又各以其本国周悉，书别国并不能备，亦往往失实。常欲改正，将拟《吴越春秋》，编年以备南北。……宋、齐、梁、魏四代有书，自余竟无所得。……家本多书，因编辑前所修书。贞观二年五月终……既所撰未毕，以为没齿之恨焉。"子延寿，"既家有旧本，思欲追终先志，其齐、梁、陈五代旧事所未见，因于编辑之暇，昼夜抄录之。至五年……以所得者编次之。然尚多所缺，未得及终。十五年……令狐德棻又启延寿修《晋》，因兹复得勘究宋、齐、魏三代之事所未得者。十七年，……褚遂良……奉敕修《隋书》十志，复准敕召延寿撰录，因此遍得披寻。时五代史既未出，延寿不敢使人抄录，家素贫罄，又不办雇人书写。至于魏、齐、周、隋、宋、齐、梁、陈正史，并手自写。

---

① 参看《隋书》宋本原跋（殿本《隋书》附录）

本纪依司马迁体,以次连缀之。又从此八代正史外,更勘杂史,于正史所无者一千余卷,皆以编入。其烦冗者即削去之。始末修撰凡十六载。始宋,凡八代,为《北史》、《南史》二书,合一百八十卷。其《南史》先写讫,以呈监国史、国子祭酒令狐德棻,始末蒙读了,乖失者亦为改正,许令闻奏。次以《北史》咨知,亦为详正。"李延寿于是表上南北二史,更申述其编述经过。

从贞观以来,屡叨史局,不揆愚固,私为修撰,起魏登国元年(386)尽隋义宁二年(618)凡三代二百四十四年,兼自东魏天平元年(519)尽齐隆化二年(576)又四十四年行事,总编为本纪十二卷,列传八十八卷,谓之《北史》。又起宋永初元年(420)尽陈祯明三年(589)四代一百七十年,为本纪十卷,列传七十卷,谓之《南史》,凡八代,合为二书,一百八十卷,以拟司马迁《史记》。就此八代,而梁、陈、齐、周、隋五书是贞观中敕撰,以十志未奏,本犹未出。然其书及志始末是臣所修,臣既凤怀慕尚,又备得寻闻,私为抄录一十六年,凡所猎略,千有余卷,连缀改定,止资一手,故淹时序,迄今方就。唯鸠聚遗逸,以广异闻,编次别代,共为部秩。除其冗长,捃其精华。若文之所安,则因而不改,不敢苟以下愚,自申管见。虽则疏野,远惭先哲,于披求所得,窃谓详尽。[①]

从上看来,延寿所编二史,以他的父亲大师的旧稿为根据,正如姚思廉续姚察之书,比较容易进行。而且延寿本人,曾经参加梁、陈、齐、周、隋五史及志的修撰工作,吸收了不少先进经验,并看过千有余卷的材料,又有足够的时间(16年)来从事写作,并经过史局同人的审阅,所以二书的质量是相当高的。以个人之力写出一百八十卷的大书,亦可谓有志之士。

南北二史虽同出一手,但用力各有不同。《南史》大约根据旧本而把无关紧要的繁琐文字斟酌删去,所以简洁胜于原书。《北史》虽然也因旧史删订,但体例创作方面较多注意。赵翼指出:"南北史大概就各朝正史量为删减,《魏书》《宋书》所删较多,然《魏书》尚不过删十之二三,《宋书》则删十之五、六。盖《宋书》本过于繁冗,凡诏诰符檄章表悉载全文,一字不遗,故不觉卷帙之多也。"(《廿二史札记》)又说:"《北史》于《魏书》大概删者多而增者少,以《魏书》本芜杂故也。于周、齐诸书则增者甚多。""《北史》于后周事大概全据《周书》。"(《陔余丛考》)"于隋则全用《隋书》,略为删

---

① 引《北史》卷一○○《序传第八十八》。

节。"(《廿二史札记》)

经过一度的删订,内容和文字都比原书有很大的改进。所以司马光编《资治通鉴》的时候,参考八书和南北史,加以审校,认为延寿之书,乃近世之佳史,"虽于禨祥小事无所不载,然叙事简净,比之南北正史,无繁冗芜秽之辞,陈寿之后,唯延寿可以亚之。"因此,自南北史行,而八书俱微,诵习者甚少,故愈久而愈缺佚。《北齐书》和《周书》的缺佚地方,后人用南北史来补充。

延寿造史,以司马迁为榜样,其次也效法班固、范蔚宗和陈寿,他把南之宋、齐、梁、陈,及北之魏、齐、周、隋八国的历史发展,从头到尾作纵的叙述,成为通史的一段,深谙司马迁《史记》的遗规。又把分立的南北各国分别叙述,但又互相照应,极纵横离合之妙,符合陈寿《三国志》的体裁,合国别史和通史为一门。以后宋薛居正的《旧五代史》及欧阳修的《新五代史》都采用南北史的方法。

《四库全书提要》认为《北史》胜于《南史》:"延寿既与修《隋书》十志,又世居北土,见闻较近,参核同异,于《北史》用力独深。故叙事详密,首尾典赡,如载元韶之奸利,彭乐之勇敢,郭琛、沓龙超之节义,皆具见特笔,出郦道元于酷吏,附陆法和于艺术,离合编次,亦深有别裁,视《南史》之多仍旧本,迥如两手。"

论者以为南北史最大的缺点,就是抹煞隋杨曾经统一南北的事实,把隋朝和其他七朝并列。唐代隋位,而延寿之史没有给隋以适当的历史地位,虽曰尊唐,但违公论。

第三节　唐代一些史家及其著述

唐代史学家不乏其人,兹根据新旧唐书择要列出,以供参考,并以见唐代史学的发达。

徐坚　徐坚少好学,遍览经史,精于三礼之学。曾与徐彦伯、刘知幾、张说等同修《三教珠英》,由张昌宗及李峤总领其事,广引文词之士,日夕谈论,赋诗聚会,历年未能下笔。坚独与张说构意撰录,以文思博要为本,更加姓氏亲族二部,渐有条汇,诸人依坚等规制,俄而书成。武则天又令坚删改唐史,值则天逊位而止。后坚为集贤院学士,特加光禄大夫。坚多识典故,前后修撰国史,凡七入书府,卒年七十余。

元行冲　博学多通,尤善音律及诂训之书,举进士。行冲以本族出于后魏(为后魏常山王索连之后),而未有编年之史,乃撰《魏典》三十卷,事详文简,为学者所称。又主编古今书目,名为《群书四录》,对于史部目录学大有裨补。

吴兢　吴兢励志勤学,博通经史,尝居史馆,修国史,与韦承庆、崔融、刘子玄撰《则天实录》。任修文馆学士,出外任职,以史稿自随,行文简要,而史法颇疏。兢尝以梁、陈、齐、周、隋五代史繁杂,乃别撰梁、齐、周史各十卷,陈史五卷,隋史二十卷,又伤疏略。年八十余卒,其子进兢所撰《唐史》八十余卷,多纰谬,不及壮年云。

韦述　韦述少聪敏,笃志文学,家有书两千卷,述为儿时,记览皆遍。举进士时年纪很小。宋之问问曰:"韦学士童年有何事业?述对曰:"性好著书,述撰有《唐春秋》三十卷,恨未终篇。至如词策,仰待明试。"之问曰:"本求异才,果得迁固。"开元五年与元行冲、王珣等二十六人同于秘阁详录四部书,五年而成总目二百卷。述好谱学,在秘阁中,见柳冲先撰姓族系录二百卷,手自抄录,暮则怀归,如是周岁,写录完毕,对于百氏源流更为熟悉。乃于柳录之中,别撰成《开元谱》二十卷。后为集贤学士,参史馆事。在书府四十年,居史职二十年,嗜学著书,手不释卷。国史自令狐德棻至于吴兢,虽累修撰,竟未成一家之言,至述始定类例,补遗续缺,勒成国史一百一十二卷,并史例一卷,事简而记详,有良史之才,兰陵萧颖士以为谯周、陈寿之流。此外,述所撰还有《唐职仪》三十卷,《高宗实录》三十卷,《御史台记》十卷,《两京新记》五卷,凡著书二百余卷皆行于代。

敬播　敬播于贞观初,奉命佐颜师古、孔颖达修《隋史》,书成,迁著作郎,兼修国史,与许敬宗撰《高祖太宗实录》,自创业至于贞观十四年,凡四十卷。时梁国公房玄龄深称播有良史之才,为"陈寿之流也"。房玄龄以颜师古所注《汉书》,文繁难省,令播撮具机要,撰成四十卷传于代。以后屡任要职,仍兼修国史,与许敬宗等撰《西域图》,又独撰《太宗实录》,从贞观十五年至二十三年为二十卷,并撰《隋略》二十卷。

秦景通　秦景通与弟暐尤精《汉书》,当时习《汉书》者皆宗师之。常称景通为大秦君,暐为小秦君,若不经其兄弟指授,则谓之不经师匠,无足采也。

刘伯庄　刘伯庄贞观时历任弘文馆学士及国子博士,与许敬宗等合修《文思博要》及《文馆辞林》等书。独撰《史记音义》、《史记地名》、《汉书音义》各二十卷行于当代。其子之宏亦传父业,修国史。同时研究《史记》的还有司马贞,作《史记索隐》行世。

徐文远　徐文远博览五经,尤精《春秋左氏传》,被称为一时之最。文远所讲释,多立新义,先儒异论,皆定其是非,然后诘驳诸家,又出己意,博而且辩,听者忘倦。卒年七十四,撰《左传音》三卷,《义疏》六十卷。

第七章　刘知幾的史学

第一节　刘知幾的著作生涯

　　刘知幾(661—721),字子玄,徐州彭城人,生于唐高宗龙朔元年,卒于玄宗开元九年。十二岁时,父藏器授以《春秋左氏传》,一年读完,已经了解书中大意。以后又继续读《史记》、《汉书》、《三国志》以及唐朝实录,凡有关历代社会沿革的主要史籍都在博览之列。于是渐涉词章,以求仕进。二十岁就举进士,授获嘉主簿。一有余暇,即读史籍,凡各家的著作,包括杂记小书,无不钻研,加以批判。证圣年(695)诏九品以上文武官员各言时政得失,知幾上表陈四事,要求朝廷对于群臣应该考核功过,以明赏罚,措词切直。是时官爵僭滥,而法网严密,士类竞为趋进,而多陷刑戮。知幾乃《慎思赋》以讥议时政,并表明自己的政治倾向。苏味道、李峤见而叹曰:"陆机豪士赋所不及也。"可见知幾淡于名利,文辞优美动人,对于不合理的现状会作不妥协的斗争。

　　长安二年(702),以著作郎兼修国史,寻迁左史,撰起居注。三年,与朱敬则、徐坚、吴兢等增修《唐史》八十卷成。值张昌宗诬魏元忠反,廷辩不决。昌宗引诱凤阁舍人张说,使证元忠反状。知幾诚以"无污青史",使张说终能秉公直陈,粉碎奸佞的阴谋。知幾凡事从公正出发,无忝史职。

　　知幾虽历任中书舍人、著作郎、太子率更令等职,但主要工作仍是修史。由于秉性耿直,为权贵嫉妒,累岁不迁,居于卑职。他自叙:"孝和皇帝时,韦、武弄权,母媪预政。士有附丽之者,超众而纡朱紫。余以无所傅会,取摈当时。"(《忤时》)知幾对于利禄毫无依恋,惟专心著述。神龙二年(706),中宗由东都洛阳还京,知幾乞留东都私自著述者三年。或言:子玄身为史臣而私著述,乃召至京,仍领史事。时杨再思、韦巨源、宗楚客、萧至忠皆邪佞之流,不学无术,遇事干涉,无所适从。萧至忠屡次诘责知幾不按照上级规定撰述,知幾就上书辞职,并陈"五不可"之论。至忠惜其才,不许解任。宗楚客讥其正直,谓诸史官曰:"此人作书如是,欲置我何地!"知幾又著《史通》二十卷,备论著史的理论和实践,合史学史及史学评论为一书。徐坚深重其书,叹曰:"居史职者宜置此书于座右。"

知幾于开元九年(720)因事贬安州都督府别驾,不久卒于安州,年六十一。

知幾自少及壮,著述不倦,凡朝廷有著述工作,必有参加。他预修的有:(一)《三教珠英》并目一千三百一十三卷。(二)《唐史》八十卷。(三)《则天实录》三十卷,《姓氏系录》二百卷。(四)《睿宗实录》二十卷。(五)《中宗实录》二十卷。(六)《文馆词林》。知幾独著的有:(一)《刘氏家史》十五卷,《谱考》三卷。(二)《史通》四十九篇。(三)《孝经非郑玄注议》、《黜老子河上公注议》及《衣冠乘马议》等篇,文集三十卷。[1]

第二节 《史通》创作的过程

刘知幾的代表作实为《史通》。知幾自少观书,喜谈名理,对于各史的优劣得失,自以为独具见解,欲刊正其缺失。

尝欲自班、马以降,讫于姚、李、令狐、颜、孔诸书,莫不因其旧义,普加厘革。但以无夫子之名,而辄行夫子之事,将恐致惊末俗,取咎时人,徒有其劳,而莫之见赏。所以每握管叹息,迟回者久之。非欲之而不能,实能之而不敢也。既朝廷有知意者,遂以载笔见推。由是三为史臣,再入东观。……凡所著述,尝欲行其旧议。而当时同作诸士及监修贵臣,每与其言凿枘相违,龃龉难入。故其有所载削,皆与俗浮沉。虽自谓依违苟从,然犹大为史官所嫉。嗟乎!虽任当其职,而吾道不行,见用于时,而美志不遂。郁怏孤愤,无以寄怀。必寝而不言,嘿而无述,又恐没世之后,谁知余者,故退而私撰《史通》,以见其志。[2]

《新唐书》本传亦云:"始子玄修《武后实录》有所改正,而武三思等不听,自以为见用于世,而志不遂,乃著《史通》内外四十九篇,讥评古今。"

---

① 参看《史通·自叙》;《旧唐书》卷一〇二《刘子元传》及《新唐书》本传;王溥《唐会要》卷三六及卷六三。

② 《史通·自叙》。

知幾修史以直书为贵。《史通·直书》篇对于古代史家直笔而牺牲的极为赞叹，说："盖烈士狥名，壮夫重气，宁为兰摧玉折，不作瓦砾长存。若南董之仗气直书，不避强御，韦（韦昭）崔（崔浩）之肆情奋笔，无所阿容，虽周身之防，有所不足，而遗芳余烈，人到于今称之。"因此，我们知道，知幾与其他史官及监修贵臣之间的矛盾，是非曲直之争，而不只是史学方法的问题，在史体上知幾与他们也有分歧。例如有一次，监修者擅改知幾的史稿，知幾说："时修国史，余被配纂李义琰传。琰家于魏州昌乐已经三代，因云：'义琰，魏州昌乐人也。'监修者大笑，以为深乖史体，遂依李氏旧望，改为陇西成纪人。"①不知正如知幾所说："州郡则废置无恒，名目则古今各异，而作者为人立传，每云：某所人也，其地皆取旧号，施之于今（原注——近代史为王氏传云：瑯琊临沂人，为李氏传曰：陇西成纪人之类是也。非惟王李二族久离本居，亦自当时无此郡县，皆是晋魏以前旧名号），欲求实录，不亦难乎？"这小小史例，而监修者与知幾的意见仍有分歧，其他原则性的问题上的分歧，更可想见。

知幾在史馆虽然担任不少工作，但"常恨时无同好可与言者"，认为知己者不过徐坚、朱敬则、刘允济、薛谦光、元行冲、吴兢、裴怀古几人而已。他的抱负和他的史学见解在实际工作中，不能施展，而且在写作进行中又遭遇不少阻力，因此他因工作进行得慢被监修萧至忠严重批评后，就立刻辞职。他的辞职书中举出的五点原因，直指当时修史的弊端。

（仆）自策名仕伍，待罪朝列，三为史臣，再入东观，竟不能勒成国典，贻彼后来者，何哉？静言思之：其不可有五故也。何者？古之国史皆出自一家，如鲁、汉之丘明、子长；晋、齐之董狐、南史，咸能立言不朽，藏诸名山。未闻藉以众功，方云绝笔。唯后汉东观，大集群儒，著述无主，条章靡立，由是伯度讥其不实，公理以为可焚，张、蔡二子，纠之于当代，傅、范两家，嗤之于后叶。今者史司取士，有倍于东京。人自以为荀、袁，家自称为政、骏，每欲记一事，载一言，皆阁笔相视，含毫不断；故头白可期，而汗青无日，其不可一也。前汉郡国计书，先上太史，副上丞相。后汉公卿所撰，始集公府，乃上兰台。由是史官所修，载事为博。爰自近古，此道不行，史官编录，唯自询采；而左右二史，阙注起居，衣冠百家，罕通行状；求风俗于州郡，视听不该；讨沿革于台阁，薄籍难见。虽使尼父再出，犹且成于管窥，况仆限以中才，安能遂其博物，其不可者二也。昔董狐之书法也，以示于朝；南史之书弑也，执简以往。而近代史局皆

① 《史通·邑里》篇原注。

通籍禁门，深居九重，欲入不见，寻其义者，盖由杜彼颜面，防诸请谒故也。然今馆中作者，多士如林，皆愿长咮，无闻讟舌。倘有五始初成，一字加贬，言未绝口，而朝野俱知，笔未栖毫，而搢绅咸诵。夫孙盛实录，取嫉权门；王劭直书，见雠贵族，人之情也，能无畏夫？其不可三也。古者刊定一史，纂成一家，体统各殊，指归咸别。……顷史官注记，多取禀监修。杨令公（杨再思）则云：'必须直词'，宗尚书（宗楚客）则云：'宜多隐恶'。十羊九牧，其令难行，一国三公，适从何在，其不可四也。窃以史置监修，虽古无式，寻其名号，可得而言。夫言监者盖总领之义耳。如创纪编年，则年有断限，草传叙事，则事有丰约；或可略而不略，或应书而不书，此刊削之务也。属词比事，劳逸宜均，挥铅奋墨，勤惰须等。某帙某篇，付之此职，某传某志，归之彼官，此铨配之理也。斯并宜明立科条，审定区域。倘人思自勉，则书可立成。今监之者既不指授，修之者又无遵奉。用使争学苟且，务相推避，坐变炎凉，徒延岁月，其不可五也。……所以比者布怀知已，历抵群公，屡辞载笔之官，愿罢记言之职者，正为此耳。①

知幾这封书虽然是解释工作困难的原因，其实主要是反对设馆修史的制度揭露监修的种种弊端。第一，他认为众手修史，易于滥竽充数，责任难明，难以收效，不如一家著述之专精。宋代郑樵也认为众手修书，好像道旁筑室，征求路人意见，三年不成。可见集体力量，如无正确的领导，也不容易发挥。唐代史官之滥，领导之劣，确如知幾所指。第二，他认为史馆材料缺乏，档案难凭，调查研究，限于耳目，巧妇亦难为无米之炊。修史条件不具备，也是制度不健全的地方。第三，唐代史权不重，史官不敢得罪权贵，或有曲笔。如有据实直书的人，往往受到迫害，或者所编著的书被修改。"初韩愈撰《顺宗实录》，说禁中事颇切直。内官恶之，往往于上前言其不实，累朝有诏改修。及随（路随）进《宪宗实录》，后文宗复令改正永贞时事。"②举这一个例，就可以知道史官不能不有所顾忌了。第四，史官必须执行监修者的意见，而同时监修的又不止一人，意见分歧，使史官有左右为难之慨。第五，监修之人多数不知史学。"凡居斯职者，必恩幸贵臣，凡庸贱品，饱食安步，坐啸画诺而已。"③如杨再思，宗楚客，崔湜，郑愔之流便是。这些人怎么能够具体领导修史的工作？

知幾心怀不满，而欲自著一书，叙其平生所学，实不得已。关于《史通》之写作目

---

① 并见《史通·自叙》及《旧唐书》卷一〇二《刘子元本传》。

② 引《旧唐书》卷一五九《路随传》。

③ 《史通·辨职》篇。

的,刘知幾自称:"盖伤当时载笔之士,其义不纯,思欲辨其旨归,殚其体统。夫其书虽以史为主,而余波所及,上穷王道,下掞人伦,总括万殊,包吞千有。……夫其为义也,有与夺焉,有褒贬焉,有鉴诫焉,有讽刺焉。其为贯穿者深矣,其为网罗者密矣,其所商略者远矣,其所发明者多矣。盖谈经者恶闻服、杜之嗤;论史者憎言马、班之失,而此书多讥往哲,喜述前非,获罪于时,固其宜矣。犹冀知音君子时有取焉。"[①]

综上所述,《史通》的主要内容,以论史为主,而旁及其他文哲等社会科学,论述都出于自己的见解,目的是进行史学的改造和建设,并不像一些人所说,"讥评古今"或"工诃古人"而已。刘知幾此书定名为《史通》,亦有一番考究。他说:"昔汉世诸儒,集论经传,定之于白虎观,因名曰《白虎通》。余既在史馆而成此书,故便以《史通》为目。且汉求司马迁后封为"史通子",是知史之称通,其来自久。博取众议,爰定兹名。凡为廿卷,列之如左。(旧注:除所缺篇——体统、纰缪,弛张——凡八万三千三百五十二字;注五千四百九十八字)"。在我们今日看来,《史通》是我国第一本史学通论性质的作品,是史学中的不朽著作。

第三节　刘知幾的史学思想和方法

刘知幾自称:"自小观书,喜谈名理。"可见知幾对于推理方面,下过不少工夫。《史通》一书是具有论战性的作品,他批判史学各流派,用科学常识和历史事例来指斥一些史学家的保守顽固思想,包括虚妄、迷信和偏见等。

知幾对班固《汉书》的《五行志》以自然的现象附会人事的吉凶的做法,加以驳斥。理由详于《史通·书志》一篇。首先他认为人天之理,不相杂糅,而且一般人见偶然发生的现象,不从物理推求,而或休或咎,结果往往适得其反。例如他说:"周王决疑,龟焦蓍折;宋皇誓众,竿坏幡亡。枭止凉师之营,鹏集贾生之舍。斯皆妖灾著象,而福禄来锺。愚智不能知,晦明莫之测也。"[②]这就是说,武王伐纣,卜而龟燋,人以为疑,终于克纣。又如宋武帝刘裕出征卢循,誓师而军旗折断,沉于水中,部众以为凶兆,结果亦获得胜利。谢艾出兵,有二枭鸣于幕上,谢艾稳定军中的动摇情绪,进攻克敌。贾谊被贬为长沙王太傅,有鹏飞入贾谊屋中。鹏似鸮,亦被认为不祥之鸟。不久,贾谊奉命回京担任更高的职位。这几个例子,说明日常发生的事,不关人

---

① 《史通·自叙》。
② 《史通》卷一《书志》篇。

生祸福,不可勉强附会。刘向和刘歆父子往往受董仲舒、京房的影响,把《春秋》所记自然现象的变化一一归结于人事的休咎,随意解释,杂以谶纬之说,毫无根据。班固推波助澜,将其编入五行志,更为虚谬①。刘知幾虽然不能根据科学知识来解释自然现象,但他相信郑子产"天道远,人道迩"之言,认为作史者对于这种事情,既不能解释推理,就应该采取谨慎态度,不可无知妄作。他仍然相信人类理性的力量,而且深受王充《论衡》的影响,有无神论的倾向。

刘知幾认为史家应该实事求是,不可引用鬼神怪诞异端之事。他说:"至如禹生启石(一说:禹生而母化为石;一说:母获月精石吞之而生禹),伊(伊尹)产空桑,海客乘槎以登汉(云汉,即天河),姮娥窃药以奔月。如斯踳驳,不可殚论。固难以汙南董之片简,霑班华之寸札。而嵇康高士传,好聚七国寓言,元晏帝王纪,多采六经图谶,引书之误,其萌于此矣。至范晔增损东汉一代,自谓无惭良直,而王乔凫履,出于《风俗通》;左慈羊鸣,传于《抱朴子》。朱紫不别,秽莫大焉。"②

刘知幾不仅摈斥荒诞导人迷信之事,而且认为一些文士对动植物性质缺乏深刻的考察,勉强以物性比喻人性。因而把万物之灵的人类的本能和智慧低贬至与动植物同,虽然形容尽致,不免比喻不伦。文士铺张扬厉,力求描写新奇,仍有可言,而史家在传信的史册中,实不宜有此违反物理的说法。他引《左传》称仲尼谓鲍庄子之智不如葵,葵犹能卫其足一例而加以批评:"夫有生而无识,有质而无性者,其唯草木乎。然自古设比兴而以草木方人者,皆取其善恶薰犹荣枯贞脆而已。必言其含灵畜智,隐身违祸,则无其义也。寻葵之向日倾心,本不卫足,由人觇其形似,强为立名,亦由今俗文士谓鸟鸣为啼,花发为笑。花之与鸟安有啼笑之情哉?……而左氏录夫子一时戏言,以为千载笃论,成微婉之深累,玷良直之高范,不其惜乎!"③

对于刘向好捏造事实,欺骗世人的做法,知幾认为极端错误。他说:"及自造洪范、五行及新序、说苑、列女、神仙诸传,而皆广陈虚事,多构伪辞……夫传闻失真,书事失实,盖事有不获已,人所不能免者。至于故为异说,以惑后来,则过之尤甚者矣,案苏秦答燕易王,称有妇人将杀夫,令妾进其药酒,妾佯僵而覆之。又甘茂谓苏代

① 《史通》卷四有《汉书五行志错误》及《五行志杂驳》两篇。前篇说明:"班氏著志,牴牾者多,在于五行,芜累尤甚。今辄条其错谬,定为四科:一曰引书失宜;二曰叙事乖理;三曰释灾多滥;四曰古学不精。又于四科之中,疏为杂目,类聚区分。"后篇是前篇的补充,都极力驳斥一些利用五行迷信之说来歪曲自然现象,麻痹人们的理性,削弱人们同自然斗争的意志,削弱被压迫者对压迫者斗争的意志的唯心主义者。从此可以窥见刘知幾史观的进步性。

② 《史通》卷一《采撰》篇。

③ 《史通》卷十六《杂说上》。

云:贫人女与富人女会绩,曰:无以买烛,而子之光有余,子可分我余光,无损子明。此并战国之时,游说之士,寓言设理,以相比兴。及向之著书也,乃用苏氏之说,为二妇人立传,定其邦国,加其姓氏,以彼乌有,持为指实,何其妄哉!"①

刘知幾指责刘向不是说他没有辨别事实虚伪的能力,而是他明知虚伪,又加以粉饰,言之凿凿,冀博广学之名,实有欺世盗名的倾向,知幾排斥伪辞,不能不以刘向为例。

所可惜的是,刘知幾虽有清晰的头脑和深刻的观察力,足以把不合情理的现象,运用形式逻辑的方法,加以分析批判。但是由于阶级的束缚,他不能树立一种科学的世界观,不能阐明迷信或虚诞的客观物质基础,因此只能把它归结为人的愚昧无知,这是很不够的。例如他指出刘向"广构虚辞",却没有说明刘向著书的政治目的。刘向所处的汉代正是阶级矛盾比较尖锐,而且统治阶级内部也有很大的危机的时期。统治阶级正利用谶纬来麻痹人民,以示天命有归,企图和缓阶级斗争,并且统治阶级内部也有野心家借此来争夺政权。刘向洪范五行之说正是应时而生,又投时所好,被当成了反动派的工具。刘知幾见不及此,所以他和迷信、蒙昧主义作斗争仍然是不够彻底的。

谶纬迷信学说的内容是阴阳五行,灾异祯祥,都涉及命运和气数。刘知幾既极力批判这些荒谬说法,也必然反对定命论的种种提法。过去有些史学家对于历史上大事和人物活动不能用历史观点客观地来观察,不能解释历史现象的内在必然联系,即规律性,因此当不能解释的时候,就诿之于命运。刘知幾由于阶级和历史条件的局限,不能阐明历史发展规律及客观性,不过,他根据历史经验及其实践,认为事之成败在于人事,而不在于命运,这确是史识过人之处。他说:"夫论成败者,固当以人事为主,推命而言,则其理悖矣。"②案司马迁《魏世家》的赞话曰:"说者皆曰:魏以不用信陵君,故国削弱至于亡,余以为不然。天方令秦平海内,其业未成,魏虽得阿衡之徒,曷益乎?"把国家兴亡,诿之于命运,完全忽略人在历史上的作用。刘知幾不能同意,因曰:"必如史公之议也,则亦当以其命有必至,理无可辞,不复嗟其智能,颂其神武者矣。夫推命而论兴灭,委运而忘褒贬,以之垂戒,不亦惑乎?自兹以后,作者著述,往往而然。如鱼豢《魏略议》,虞世南《帝王论》,或叙辽东公孙之败,或述江左陈氏之亡,其理并以命而言,可谓与子长同病者也。"③

---

① 《史通》卷十八《杂说下》。
② 《史通》卷十六《杂说上》。
③ 《史通》卷十六《杂说上》

刘知幾认为历史发展过程,主要以人的活动为主,不能诿之于气数或命运,否则不必作历史人物的评价。这种说法,切中了许多史家的毛病,确是具有很大的进步性。不过,他过于强调了个人在历史上的作用和地位。例如他说:"晋之获也,由夷吾之愎谏。秦之灭也,由胡亥之无道。周之季也,由幽王之惑褒姒。鲁之逐也,由稠父之违子家。"①又仍然以历史事件决定于英雄、美人、帝王将相的自觉活动和意识,不知人民群众才是历史的真正创造者。可是我们必须指出,马克思和恩格斯以前的唯物主义者对于历史过程的理解也是站在唯心主义的立场的。他们在对于自然的理解上是唯物主义者,但是不能把自己的唯物主义意识推广到认识社会现象方面。例如狄德罗和其他18世纪的、革命以前的法国资产阶级理论家,把社会历史看做是历史人物活动的产物,立法者的意志的产物,等等。刘知幾是公元7世纪的封建社会的人物,能够有这样进步的观点,已胜于前人一筹,我们只能历史地来肯定他的贡献,而不应该对他有更高的要求了。

　　刘知幾一贯地反对厚古薄今的复古思想,主张历史是不断进步的,他特著《疑古篇》以申其说。他首先指出上古史家包括孔子在内,对于历史问题不以客观态度来处理。

　　是以美者因其美而美之,虽有其恶不加毁也;恶者因其恶而恶之,虽有其美不加誉也。故孟子曰:尧、舜不胜其美,桀、纣不胜其恶。……故观夫子之刊书也,夏桀让汤,武王斩纣,其事甚著,而芟夷不存。观夫子之定礼也,隐、闵非命,恶、视不终,而奋笔昌言云:'鲁无篡弑。'观夫子之删诗也,凡诸国风,皆有怨刺,在于鲁国,独无其章(原注——鲁多淫僻,岂无刺诗,盖夫子删去而不录)。观夫子之《论语》也,君娶于吴,是谓同姓,而司败发问,对以'知礼'。斯验世人之饰智矜愚,爱憎由己者多矣。"②

　　上古史家由于"信而好古",或根据片面的材料,就把三皇五帝的时代描写成一个至治的理想世界,刘知幾根据各方面的材料来论证,终于表示怀疑,作疑古之篇,认为"当尧之世,小人君子比肩齐列,善恶无分,贤愚共贯",并不是"克明俊德,比屋可封"。尧逊位于舜,见《尚书·尧典》,刘知幾颇以禅授为疑,以为舜废尧而立其子,不久又夺位,并且指出后世有些权臣有利用禅授之名,行篡夺之实。"观近古有奸雄

---

① 《史通》卷十六《杂说上》
② 《史通·疑古》篇。

奋发,自号勤王,或废父而立其子,或黜兄而奉其弟,始则示相推戴,终亦成其篡夺,求诸历代,往往而有,必以古方今,千载一揆。"本来"篡夺"是封建统治阶级经常发生的内部矛盾的结果,不必深论,但从此可见统治阶级自古以来的欺骗行为。刘知幾认为夏商之际,不仅没有真正的禅让,而且争夺政权相当激烈。例如伯益欲效禹之所为,终于被启所杀。"舜废尧而立丹朱,禹黜舜而立商均,益手握机权,势同舜、禹,而欲因循故事,坐膺天禄,其事不成,自贻伊戚。"桀以王位让汤,由于力屈势穷。吴太伯的屡次让位是为势所迫,明哲保身,并非孔子所称之至德。武王代殷,是通过暴力和诡谋,不能虚称周德之大。最后他指出周公还是一个不忠不悌之人①。刘知幾所根据的材料是否正确,所论是否完全合理,尚待讨论。不过这对于一般好高谈三代,则古称先的人,或托古改制,以利私图的人是一种反击。他这篇"疑古"是向复古主义进行挑战,无怪日后的"卫道者"说他"性本过刚,词复有激,诋诃太甚,或悍然不顾其安。《疑古》《惑经》诸篇世所共诟,不待言矣。"②他们不知刘知幾的攻击方向是当时的复古主义者,疑古即刺今。

　　刘知幾既然持有社会进化的观点,认为处今之世,不能一成不变地事事师古。"盖语曰:世异则事异,事异则备异。必以先王之道,持今世之人,此韩子所以著《五蠹》之篇,称宋人有守株之说也。"所以著史之术,应该因时制宜。例如模拟,不必貌似古人的文章,才算是佳作,而应该自出心载,吸收古人佳作的精华,而弃其糟粕,学其意不袭其迹,求神似而不求貌似。他举一个例来说明。"盖文虽缺略,理甚昭著,此丘明之体也。至如叙晋败于邲,先济者赏,而云上军下军争舟,舟中之指可掬。夫不言攀舟乱,以刃断指,而但曰舟指可掬,则读者自觉其事矣。至王劭《齐志》述高季式破敌于韩陵,追奔逐北,而云夜半方归,槊血满袖。夫不言奋槊深入,击刺甚多,而但称槊血满袖,则闻者亦知其义矣。"③这虽然是讲史学方法,但也是从古为今用的思想出发的。

　　刘知幾认为社会事物的演变,由简单到复杂,所以著史应该远略近详,"亦犹古今不同,势使之然也"。所以他论史书是否优秀,不从篇幅的多少来衡量,而从这本书内容有无错误或缺失来决定④。刘知幾又认为社会事物不断变化,所以著史不贵因袭,而贵变通。前人的经验仅供参考,而立言应该从实际出发。他说:"盖闻三王

---

① 《史通·疑古》篇。
② 《四库全书总目》卷八十八《史部史评类》。
③ 《史通·模拟》篇。
④ 《史通·烦省》篇。

各异礼,五帝不同乐,故'传'称因俗,'易'贵随时。况史书者记事之言耳。夫事有贸迁,而言无变革,此所谓胶柱而调瑟,刻船以求剑也。"①

知幾又认为后世史家记载当时事迹,好用古人的语言,厚古薄今,反为失实,因而加以反对这种做法。"夫三传之说,既不袭于《尚书》,两汉之词,又多违于战策(《战国策》),足以验旺俗之递改,知岁时之不同。而后来作者通无远识,记其当世口语,罕能从实而书,方复追效昔人,示其稽古。是以好丘明者,则偏摹《左传》,爱子长者,则全学史公。用使周秦言辞,见于魏晋之代,楚汉应对,行乎宋齐之日,而伪修混沌,失彼天然。今古以之不纯,真伪由其相乱。故裴少期(松之)讥孙盛录曹公平素之语,而全作夫差亡灭之辞,虽言似《春秋》,而事殊乖越者矣。"②

刘知幾进一步强调著书应该使用今日通行的语言,甚至可以引用俗语,以求真实。并举例说:

> 盖江芊骂商臣曰:'呼役夫,宜君王废汝而立职!'汉王怒郦生曰:'竖儒几败乃公事!'单固谓杨康曰:'老奴汝死自其分!'乐广叹卫玠曰:'谁家生得宁馨儿!'斯并当时侮嫚之词,流俗鄙俚之说,必播以唇吻,传谙讽诵,而世人皆以为上之二言,不失清雅,而下之两句,殊为鲁朴者,何哉?盖楚汉世隔,事已成古,魏晋年近,言犹类今。已古者即谓其文,犹今者乃惊其质。夫天地长久,风俗无恒,后之视今,亦犹今之视昔。而作者皆怯书今语,勇效昔言,不其惑乎?苟记言则约附六经,载语则依凭三史,是春秋之俗,战国之风,与两仪而并存,经千载其如一。奚以今来古往,质文之屡变者哉?③

案王劭《齐志》多记当时鄙语,或以为非。刘知幾特著专篇,为之辩护,认为"足以开后进之蒙蔽,广来者之耳目"④。可谓别具卓识。

刘知幾主张一个史学家对于一件事情,应该按照时间、地点、条件的不同,从实际出发,而加以适当的处理。例如在批评公羊传时,他说:"语曰:'彭蠡之滨,以鱼食犬。'斯则地之所富,物不称珍。案齐密迩海隅,鳞介惟错,故上客食肉,中客食鱼。……必施诸他国,是曰珍羞。如公羊传云:'晋灵公使勇士杀赵盾,见其方食鱼殯。

---

① 《史通·因习》篇。
② 《史通·言语》篇。
③ 《史通·言语》篇。
④ 《史通·杂说中》。

曰:子为晋国重卿,而食鱼飧,是子之俭也。吾不忍杀子。'盖公羊生自齐邦,不详晋物,以东土所贱,谓西州亦然。遂目彼嘉馔,呼为菲食,著之实录,以为格言,非惟与左氏有乖,亦于物理全爽者矣。"①刘知幾这样批评公羊之诬,虽然是针对琐碎地方,但是也告诉我们对人和对事应该因地制宜,不可采取主观和片面的看法,以"识昧圆通"为戒。

第四节　刘知幾在史学界的影响

刘知幾是以良史自负的,他认为史才须有三长,缺一不可。他说:"史才须有三长,世无其人,故才少也。三长谓才也,学也,识也。夫有学而无才,亦犹有良田百顷,黄金满籝,而使愚者营生,终不能致于货殖者矣。如有才而无学,亦犹思兼匠石,巧若公输,而家无楩柟斧斤,终不果成其宫室者矣。犹须好是正直,善恶必书,使骄主贼臣,所以知惧。……脱苟非其才,不可叨居史任,自夏古已来,能应斯目者,罕见其人。"②

案刘知幾所谓"才",是指世人习惯以为天赋的才力。而不知个人的才力,有些可能是受遗传的影响,但主要是勤奋苦学的结果,即实践的经验。其所谓"学",应该占主要的地位。不学就不能培养和发挥个人的才力,不仅无术而已。其所谓"识",即观点或看法,除阶级原因外,应是从才与学而生。清代章实斋说:"刘氏之所谓才学识,犹未足以尽其理也",因而持标史德来补充它。他说:"能具史识必知史德,德者何? 著书之心术也。"其实刘知幾早已把史识和史德合而为一了。如说:"犹须好是正直,善恶必书,使骄主贼臣,所以知惧",即是针对史德而谈。《史通》中的《直书》篇和《曲笔》篇都阐明了史德的重要性。此外,如《品藻》篇说:"惟善与恶,昭然可见。不假许(许劭)、郭(郭林宗)之深鉴,裴(裴秀)、王(王戎)之妙察。而作者存诸简牍,不能使善恶区分,敢曰谁之过欤? 史官之责也。"《史通·人物》篇中亦有相同的提法。可知章实斋提出的史德,并不是新的东西,刘知幾早有论及了。《史通》有《覈才》篇所以明史才,有《识鉴》篇所以论史识。至于史学则纷见于《史通》全部内容,读者可以分别观察。

刘知幾运用归纳的方法把前代史体分为六家:"诸史之作,不恒厥体,推而为论,

---

① 《史通·杂说上》。
② 《旧唐书》卷一二〇《刘子玄传》。

其流有六：一曰《尚书》家，二曰《春秋》家，三曰《左传》家，四曰《国语》家，五曰《史记》家，六曰《汉书》家。"历久而《尚书》等家遂废，所可祖述者，惟有左氏及《汉书》二家。盖《左传》以传《春秋》，而《史记》本纪本《左传》，世家本《国语》，《汉书》则承《史记》而作。推而论之，其流为二：一曰编年，二曰纪传。

唐代以前的主要史体就是刘知幾所说的两家。至于后代合纪传编年为一家的纪事本末体，则从二家发展而来，刘知幾当然不及预见。其余史学流别或辅助学科出于六家之外者，刘知幾又分为十类，统名杂述。一曰编纪，二曰小录，三曰逸事，四曰琐言，五曰郡书，六曰家史，七曰别传，八曰杂记，九曰地理书，十曰都邑簿。这样地分门别类，较以前目录学家的分类精细得多。以后《隋书·经籍志》史部分为十三类，清《四库全书》分为十五类，都是参考刘知幾的做法而按照具体情况加以变通增减的。

刘知幾认为文学和史学是两门学问，史固不能不用文来表达，言之无文，行而不远，但文和史的性质及作用各有不同。他说："文之与史，较然异辙。"（《覈才》篇）"夫史之叙事也，当辩而不华，质而不俚。"（《鉴识》篇）实是一种卓识，对于唐初的修史家好用华词的不切实际的史体，如《晋史》之类，有匡正的作用。章实斋也说："一方纪载，统绪纷繁，文士英华，鲜裨实用。"亦同意刘氏的主张。

《史通·疑古》一篇，充分表现出刘知幾的分析能力和进步见解。他告诉我们，学习及写作历史应识随时之义不可盲从古人。因此刘知幾对于俗儒盛称三代之治，力驳其非。清代"扬州八怪"中的郑板桥亦似乎受他的启发。郑板桥说："禹会诸侯于涂山，执玉帛者万国。至夏殷之际，仅有三千，彼七千者竟何往矣。周武王大封同异姓，合前代诸侯得千八百国，彼一千余国又何往矣？其时强侵弱，众暴寡，刀痕箭疮，薰眼破胁，奔窜死亡无地者，何可胜道，特无孔子作《春秋》，左丘明为传记，故不传于世耳。世儒不知春秋为乱之世，复何道春秋已前，皆浑浑噩噩，荡荡平平，殊甚可笑也。以太王之贤圣，为狄所侵，必至弃国与之而后已，天子不能征，方伯不能讨，则夏殷之季世，其抢攘淆乱为何如，尚得谓之荡平安辑哉？"[1]固然刘氏及郑氏都受阶级和历史条件的束缚，不可能用正确的观点来划分社会发展的各阶段，但是他们究竟看到社会的变化，没有厚古薄今的成见，已经是难能可贵的了。

后来崔述的《考信录》推广了《史通》之意。他说："故今为《考信录》，于殷周以前事，但以诗书为据，而不敢以秦汉之书，遂为实录，亦推广《史通》之意也。"[2]王鸣盛

---

① 《郑板桥家书》：范县署中寄舍弟墨第三书。
② 崔述：《考信录提要》。

《十七史商榷》亦称:"知幾虽有踳驳,要为有意务实者,故予窃比之。"①

钱辛楣也说:"刘知幾沈潜诸史,用功数十年,及武后、中宗之世,三为史官,再入东观,思举其职,既沮抑于监修,又见嫉于同列,议论凿枘,不克施行,感愤作《史通》内外篇。……然刘氏用功既深,遂立言而不朽。欧宋新书,往往采其绪论。如受禅之诏策不书,代言之制诰不录,五行灾变,不言占验,诸臣籍贯,不取旧望,有韵之语全删,俪语之论都改。宰相世系,与志氏族何殊,地理述土贡,与志土物不异。丛亭(刘知幾的居里)之说,一时虽未施行,后代奉为科律,谁谓著书无益哉?"②

总之,刘知幾总结前代的史学成绩,扬榷利病,奠定了史学批评的基础,把我国史学向前推进了一大步,对于后世的影响是巨大和深远的。

刘知幾《史通》是用骈体文写成的,与他平日反对用俚语叙事之举有些矛盾,特别是用于理论分析,这类文体是不相宜的。我看这点与刘知幾以《文心雕龙》比拟《史通》也有关系。刘勰的《文心雕龙》是用骈体,故刘知幾亦尤而效之。如果刘知幾《史通》能以散文行,说理会更为透辟,流传会比较广泛。

第五节 《史通》的缺点

《史通》一书,正如刘知幾所说,许多意见是出自胸臆的,未见得都是成熟的,而且涉及许多方面,也难免有错误、矛盾及重复的地方。焦竑说:"余观知幾指摘前人极其精核,可谓史家申韩矣,然亦多轻肆讥评,伤于苛刻。"③清《四库全书总目》举出《史通》一些缺点,兹录出以供读《史通》者参考。

即如《六家》篇讥《尚书》为例不纯,《载言》篇讥左氏不遵古法。《人物》篇讥《尚书》不载八元、八恺、寒浞、飞廉、恶来、阆天、散宜生,讥《春秋》不载由余、百里奚、范蠡、文种、曹沫、公仪休、宁戚、穰苴,亦殊谬妄。至于史家书法在褒贬不在名号,昏暴如幽厉,不能削其王号也,而《称谓》篇谓晋康穆以下诸帝皆当削其庙号。朱云之折槛,张纲之埋轮,直节凛然,而《言语》篇斥为小辩,史不当书。蘧瑷位列大夫,未尝栖隐,而《品藻》篇谓高士传漏载其名。孔子门人欲尊有若,事出孟子,定不虚诬,而《鉴识》篇以《史记》载此一事,其鄙陋甚于褚少孙,皆任意抑扬,偏驳殊甚。其他如《杂

---

① 王鸣盛:《十七史商榷》卷一〇〇《史通》条。
② 钱大昕:《十驾斋养新录》卷十三《史通》条。
③ 焦竑:《焦氏笔乘》卷三《史通》条。

说》篇指赵盾鱼飧，不为菲食，议公羊之诬；并州竹马，非其土产，讥《东观汉记》之谬，亦多琐屑支离。且周礼太史掌国之六典，小史掌邦国之志，则史官兼司掌故，古之制也。子元之意，惟以褒贬为宗，余事皆视为枝赘，故表历书志两篇，于班马以来之旧例，一一排斥，多欲删除，尤乖古法。余如讥后书之采杂说，而自据《竹书纪年》、《山海经》，讥《后汉书·五行志》之舛误，而自以元晖之《科录》为魏济阴王晖业作，以《后汉书·刘虞传》为在《三国志》中，小小疏漏，更所不免。然其缕析条分，如别黑白，一经抉摘，虽马迁、班固几无词以自解，亦可云载笔之法家，著书之监史矣。①

以上所论，亦有可供参考之处，可见人之著述，不能无病。但惜刘知幾未能及时刊定而已。《史通》中亦有前后自相矛盾的说法。例如论表说："以表为文，用述时事，施彼谱牒，容或可取，载诸史传，未见其宜。且表次在篇第，编诸卷轴，得之不为益，失之不为损，用使读者莫不先看本纪，越至世家，表在其间，缄而不视，语其无用，可胜道哉！"(《表历》篇)这就完全否定了表在史书中的辅助作用。但在别处，刘知幾又承认表可以节省历史中记事之烦，对读者有很大利便。如说："观太史公之创表也，燕越万里，而径寸之内犬牙可接，昭穆九代，而方尺之中，雁行有序，使读者举目可详。"(《杂说上》)前后矛盾之处，殊非著书慎重的态度。又如他批评陈寿《三国志》忽说他谤蜀，又忽说他详蜀，都是立言不一致的地方。

光化三年(900)，柳璨以《史通》讥评过当，为作《史通析微》十卷，后孙何又作《驳史通》十余篇，今皆不存。②

研究史通的书籍有：明陆深撰的《史通会要》三卷，李维桢及郭孔延的《史通评释》二十卷，王维俭的《史通训故》二十卷，清黄叔琳的《史通训故补》二十卷。但最流行的善本是浦起龙(二田)的《史通通释》二十卷。此书比较后起，故能吸取各家所长。其优点是引据详明，足称博洽，其缺点就是轻于改窜原书的字句，往往与原书违背。但我们研究《史通》不能不读它。纪昀的《史通削繁》也是就《史通通释》一书加以笔削，勒为四卷。现在《史通削繁》的流行本是卢坤任两广总督时委托吴石华校刻于广州的，虽便于读，但《史通》四十九篇中，有完全被删去的，有部分加以笔削的，保全原文的仅十篇而已，对于研究实不适用，因此希望读者仍需以《史通通释》为主要参考书。

---

① 《四库全书总目》卷八八《史部史评类》。

② 《玉海》卷四九引《唐会要》。

第八章 五代及宋修撰的唐史及五代史

第一节 《旧唐书》

　　《旧唐书》初但称《唐书》，凡二百卷，本纪二十、志三十、列传一百五十。于后晋出帝开运二年(945)集体编成，由监修国史的宰相刘昫署名进上，故《唐书》首列刘昫的名字。其撰述经过，亦有可言。第一，它以唐人编辑的各种史籍为根据。"案唐兴、令狐德棻等始撰武德、贞观两朝国史八十卷，至吴兢合前后为书百卷，而柳芳、韦述嗣辑之，起义宁，讫开元，仅仅百余年，而于休烈、令狐峘以次增辑，讫于建中而止，而大历元和以后，则成于崔龟从，厥后韦澳诸人又增辑之。凡为书百十有六卷，而芳等又有《唐历》四十卷，《续历》二十二篇，皆当时记载之言，非成书也。晋革唐命，昫等始因旧史绪成此书。"①第二，后梁、后唐亦替它的编纂准备了条件。"唐末播迁，载籍散失，自高祖至代宗尚有纪传，德宗亦存实录，武宗以后六代，惟武宗有实录一卷，余皆无之。梁龙德元年，史馆奏请令天下有记得会昌以后公私事迹抄录送官，皆须直书，不用词藻。凡内外臣僚奏行公事，关涉制置沿革有可采者并送官。唐长兴中，史馆又奏：宣宗以下四朝未有实录，请下两浙、荆、湖等处购募野史及除目朝报，逐朝日历，银台事宜，内外制词，百官部籍上进，若民间收得或隐士撰成野史，亦命各列姓名请赏。从之。闻成都有本朝实录，即命郎中庾传美往访，及归，仅得九朝实录而已。"②可见梁唐二代对于前朝史料亦曾多方设法搜集和整理，由于时局动荡，尚未勒成专书。及至后晋，终赖多人之力，才能完成此项工作。考唐书的编修始于天

---

①　文徵明：《重刊唐书序》。
②　散见《五代会要》、《晋纪》、《后唐纪》诸书，此处转引自赵翼《廿二史札记》卷十六《旧唐书》。

福五年(941),当时奉命参加的有张昭远、贾纬、赵熙、郑爰益、李为光,以后又补上吕琦及尹拙二人,由宰臣赵莹监修。赵莹一方面任用及格的史官,另一方面又积极搜罗有关的参考资料,如武宗、宣宗实录及中外臣僚关于唐代的撰述之类,不论年代。赵莹部署工作颇为周密,故莹本传称:"《唐书》二百卷,莹首有力焉。"其余撰述者,如张昭远作昭宗本纪,久于其任;贾纬以武宗之后无实录,采次传闻,成《唐年补录》六十卷,又《旧唐书》会昌以后纪传,贾纬多所纂补。《旧唐书》之成,这些人力量居多。不过《旧唐书》接近完成的时候,刘昫适以宰相监修,故首列其名。五代史刘昫传不载此事,亦不言其从事史学,是因人成事而已。

关于《旧唐书》的优劣,《四库全书提要》的作者有比较客观的叙论。

今观所述,大抵长庆以前,本纪惟书大事,简而有体;列传叙述详明,赡而不秽,颇能存班、范之旧法。长庆以后,本纪则诗话书序,婚状狱词,委悉具书,语多支蔓。列传则多叙官资,曾无事实,但载宠遇,不具首尾。所谓详略不均者,诚如宋人之所讥。……至于卷一百三十二既有杨朝晟传,卷一百四十四复为立传,萧颖士既附见于卷一百二,复见于卷一百九十文苑传。宇文韬谏猎表,既见于卷六十二,复见于卷六十四,蒋乂谏张茂宗尚主疏,既见于卷一百四十一,复见于卷一百四十九。舆服志所载条议,亦多同列传之文。盖李崧、覃纬诸人,各自编排,不相参校,昫掌领修之任,曾未能钩稽本末,使首尾贯通,舛漏之讥,亦无以自解。[①]

此外,还有一些史学方法上的缺点,如编订叙事的疏误,故有宋代重修唐书之事,而唐书就有新旧之分。

第二节 《新唐书》

《新唐书》二百二十五卷,是宋欧阳修、宋祁等奉敕撰。草创于庆历甲申(1044),完成于嘉祐庚子(1060),凡十七年之久,视《旧唐书》削减了六十一传,增加了三百三十一传,续撰仪卫、选举、兵及艺文四志,别撰宰相、方镇及宗室世系、宰相世系四表,所谓"其事则增于前,其文则省于旧"[②],是当时编者对此书的评价。

---

① 引《四库全书总目》四六《史部正史类二》。
② 《旧唐书》约一百九十万字,《新唐书》约一百七十四万字,见《郡斋读书志》。

文字的繁简本来不是史籍优劣的标准。左氏之繁胜于公羊、谷梁之简。著述各有体裁,有寥寥数语,而意思具足,亦有长篇大论,才能发挥尽致。如果一味就简,必致于破坏内容。无怪刘安世《元城语录》说:"事增文省,正新书之失。"《新唐书》的作者,认为旧书卑弱浅陋,加以重修,自必力求标新立异。初设局修史时,同僚相约每日标出旧史所无的三件事,这样,必然会有人拾取小说私记来充数,而流于猥杂。《四库全书提要》的作者亦谓:"史官记录,具载旧书,今必欲广所未备,势必搜及小说,而至于猥杂。唐代词章,体皆详赡,今必欲减其文句,势必变为涩体而至于诘屈。"[①]有时过于求简,反而不显原意,使人易于误会,这种例子是不少的。

宋吴缜(廷珍)曾抉择《新唐书》的错误凡四百余点,著为《新唐书纠谬》二十卷。举出《新唐书》修撰上的"八失":一曰责任不专;二曰课程不立;三曰初无义例;四曰终无审复;五曰多采小说而不精择;六曰务因旧文而不推考;七曰刊修者不知刊修之要而各徇私好;八曰校勘者不举校勘之职而惟务苟容。[②] 这些都是切合《新唐书》的错误而加以匡正的,固然有时涉及小节,但可以见实事求是的精神,对于读《新唐书》者有很大的帮助。

《新唐书》亦有不少优点。《新唐书》参考比较精详,各列传隶事亦多得当,新增的志表可供参考;文体方面,不用不容易完全表达作者意思的骈体,而运用流利的散文,这些都有可采的地方。欧阳修及宋祁都是当代文章的巨子,虽疏于考证,但文学的修养确是深厚,非《旧唐书》的作者可及。所以《新唐书》一出,而《旧唐书》不大流行。总之,新旧唐书各有长短,不能偏废。司马光编《资治通鉴》引《旧唐书》为多,不过因他搜罗材料,主要根据比较详细和早出的书籍,并非有意轩轾其间。

第三节 《旧五代史》

《旧五代史》一百五十卷,薛居正等撰。开宝六年(973)四月二十五日戊申,令参政薛居正监修梁、后唐、晋、汉、周五代史。卢多逊、扈蒙、张澹、李昉、刘兼、李穆、李九龄同修。七年闰十月甲子书成,凡一百五十卷,目录二卷,凡记十四帝,五十三年,为纪六十一,志十二,传七十七。

五代史成书之速,不过一载,则因有所凭藉。亦有它的特长。第一,薛居正历仕

---

① 参看《四库全书总目》卷四六《史部正史类二》。
② 参看吴缜《新唐书纠谬序》(知不足斋丛书本)。

三朝，于后晋为判官，于后周为三司推官、知制诰，入北宋又历任淮南、湖南、岭南等道发运使，吏部侍郎参知政事等重要职位，熟悉前代掌故，有亲身经验，立言翔实可信，特别是对于前代的政治制度。第二，参考材料比较充分。薛史以实录为根据，同时参加编修的扈蒙是后周掌实录之官，预修过周世宗实录三十卷，另外卢多逊本人亦私撰《五代史》一百五十卷①，他们都掌握了丰富的材料。正如《四库全书提要》所说："至居正等奉诏撰述，其时秉笔之臣，尚多逮事五代，见闻较近，纪传皆首尾完具，可以征信。故异同所在，较核事实，往往以此书见长！虽其文体卑弱，不免叙次烦冗之病，而遗文琐事，反藉以获传，实足为考古参稽之助。"②可见五代史确有其参考价值，成书之速，反足见修史者的作用。

其后欧阳修别撰《五代史记》藏于家，修殁后，朝廷闻之，取以付国子监刊行，而且列为科举考试的一科，学者始不专习薛史，但二书并行于世。至金章宗泰和七年(1207)诏学官只用欧阳修史，于是薛史遂微，元九路分刊十七史，明南北监两刊二十一史均不见收入。惟明朝内府有藏，见于文渊阁书目，故《永乐大典》多载其文，私家间有收藏。明末黄梨洲亦藏有薛史原本，后又遗佚不可追寻。至清代修《四库全书》，因校勘《永乐大典》之便，把薛史整理出来，就《玉海》以辨其卷目，从大典辑其佚文，主要编辑工作由邵晋涵(二云)担任，编次结果，已得十之八九，复采《册府元龟》、《太平御览》、《通鉴考异》、《五代会要》、《契丹国志》、《北梦琐言》诸书以补其缺，并参考新旧唐书、《东都事略》、《宋史》、《辽史》、《续通鉴长编》、《五代春秋》、《九国志》、《十国春秋》及宋人说部文集，旁及五代碑版文字，以资助证。注明引书出处，卷帙悉符原书。书成，馆人请仿刘昫《旧唐书》之例，列入二十三史，刊布学官，获准颁行。此书原注有大典卷数，及采补书名卷数，以便学者查考，但武英殿刊本乃尽删去。彭元瑞力争无效。他说："《永乐大典》散篇辑成之书，以此又最，以其注明大典卷数及采补书名卷数，具知存阙章句，不没其实也。《四库全书》本如此，后英武殿镌本遂尽删之。曾屡争之，总裁不见听。于是薛氏真面目，不可寻究，后人引用多致误矣。"③又邵二云尚有《旧五代史考异》一文，武英殿本亦未全录，但已有刊本，可称为《旧五代史》的功臣。现代商务印书馆刊的百衲本二十四史，是选用嘉业堂刘氏所刻大典有注本④。

---

① 均见《图书集成·经籍典》。
② 《四库全书总目》卷四六《史部正史类二》。
③ 彭元瑞：《知圣道斋读书跋》卷一《钞本旧五代史条》。
④ 关于《旧五代史》的刊印经过，可参看张元济著《涉园序跋集录旧五代史录》(古典文学出版社)。

第四节　《新五代史》

　　《新五代史记》七十五卷,宋欧阳修撰,本名《新五代史记》世人省去"记"字,通称为《新五代史》。唐以后所修诸史,只有这本书是私撰的,因立于学官,至今列为正史。欧阳修为一代文宗。苏轼叙其文曰:"论大道似韩愈,论事似陆贽,记事似司马迁,诗赋似李白。"①欧阳修以《春秋》笔法自负,尝作正统论、秦论、魏论、东晋论、后魏论、梁论等篇,以明正统与僭伪之别,天命之有归②。他所撰的《新五代史》也是学《春秋》的书法,寓褒贬于文字之中。由于他享有盛名,而又"远绍《春秋》",后世迂腐之士,认为有裨风教,加以颂扬。其书遂后来居上,骎骎然压倒薛史。至于《新五代史》的优点和缺点,以及新旧二史的比较,除《四库全书提要》外,邵二云另有批评:"修以文章名,为此书,自谓得《春秋》遗意,当时推重其书,比之刘向、班固。然朱子已讥其张居翰为失实;陈思道讥其李思恭思敬为失考;又如王彦章则过事推崇,元行钦乌震则过为诋毁。褒贬之不平,复为李心传诸人所讥议。至年月之参差,记传之复舛,吴缜纂误,已详言之矣。以今考之,则前人所指摘者,尚有未尽。

　　夫史家以网罗放失为事,故曰:"其轶事时见于他说。"又曰:整齐旧闻。李延寿南北史于旧史外,时有增益,斯其为可贵也。修则不然,于(薛氏)旧书,任意芟除,不顾其发言次第。而于旧史之外,所取资者,王禹称之缺文,陶岳之史补,路振之《九国志》而已,所恨于修者取材之未当也。

　　修与尹洙同学古文,法《春秋》之严谨。洙撰《五代春秋》,虽行文过隘,而大事不遗。修所撰帝纪,较《五代春秋》已为详悉矣;然于外蕃之朝贡必书,而于十国之事,俱不书于帝纪,岂十国之或奉朝贡,或通使命者,反不得同域外之观乎?所恨于修者,书法之未审也。

　　法度损益,历代相承,五代虽干戈相继,而制度典章,上沿唐而下开宋者,要不可没。修极讥五代文章之陋,只述司天、职方两考,而于礼乐、职官、食货之沿革,削而不书,考古者亦茫然于五代之陈迹;即职方考于十国之建置,亦多疏漏,所恨于修者,掌故之未备也。

---

　　① 　见《宋史》卷三〇九《欧阳修传》。
　　② 　诸文见《欧阳永叔居士集》卷十六。

（薛氏）旧书，但据实录，排纂事迹，无波澜意度之可观；而修则笔墨排骋，推论兴亡之迹，故读之感慨有余情。此其所由掩旧史而出其上欤！①

欧阳修《新五代史》文笔之工，人无异词，但他比拟《春秋》义法，为其他史学家所不取。例如钱大昕说："欧阳公五代史自谓窃取《春秋》之义，然其病正在乎学《春秋》。如唐废帝纪：'清泰三年十一月丁酉，契丹立晋。'案《春秋》：'卫人立晋'，晋者公子晋也，立者立其人也。此纪石敬瑭事，当书'契丹立石敬瑭为晋帝'，方合史例。今乃袭用立晋之文，此《史通》所讥貌同而心异者也。"②

关于欧阳修史法之失，宋吴缜的《五代史记纂误》三卷列举二百余处，无不疏通剖析，切中症结，兹不赘述。

欧阳修《新五代史》，曾经徐无党加以注释，但每事寥寥数语，过于简单，无补于事。清初朱彝尊（竹垞）亦曾有志注此书，引锺广汉为助，广汉力任抄撮群书，凡六载，考证十得四五，俄而广汉死于逆旅，遗稿丧失。朱彝尊继续努力，以求贯彻，而文稿又被壁鱼穴鼠所啮无完纸，终于放弃此项工作。同时徐仲章学使终以五年的精力，写成《五代史记注》，由朱彝尊为之作序，但未知是否刊行③。至清嘉庆乙亥（1815）彭元瑞举薛史以注欧史而成《新旧五代史记注》，对于欧史有补充及发明的作用。

① 邵二云《江南文钞》卷三《五代史记提要》。
② 《十驾斋养新录》卷六"五代史条"。
③ 其详请参看《曝书亭集》卷三五《五代史记注序》。

第九章 《资治通鉴》与通鉴学

第一节 《资治通鉴》的撰述经过

《资治通鉴》是我国编年史体中一部最伟大的作品,它的出现为我国史学界放一异彩。这笔丰富的优秀的文化遗产,我们必须继承和发扬光大,批判地吸收其中一切有益的东西,作为工作上和学习上的借鉴。

在未讨论通鉴之前,先根据《宋史·司马光传》,略述其生平,特别是他的学术生活。

司马光,字君实(1019—1086),陕州夏县人。七岁闻人讲《左氏春秋》(《左传》),爱之,退为家人讲,即了其大旨,自是手不释书。仁宗宝元初中进士甲科,历任奉礼郎、大理评事、国子直讲、开封府推官,修起居注。未几,改任待制兼侍讲,对于朝廷政策多所匡正,进龙图阁直学士。神宗即位,擢为翰林学士。光常患历代史繁,不能遍览,遂为通志八卷以献,英宗悦之,命置局秘阁续其书,至是神宗名之曰《资治通鉴》,自制序授之,俾日进读。王安石得政行新法,光不以为然,屡次上疏陈其利害,又于朝廷上与安石、韩绛及吕惠卿展开辩论。及新法推行,光自请罢去,以端明殿学士知永兴军,又徙知许州,不赴,请判西京御史台。归洛,潜心著述。居洛十五年,见不合理之事,仍时时发表意见。及《资治通鉴》成,加资政殿学士。哲宗立,太皇太后临遣使问所当先,光建议广开言路,于是上封者以千数起。光知陈州,过阙,留为门下侍郎,威望日隆,远播辽夏,凡有条陈,两宫虚己以听,不便于民之新法以次尽革。以元祐元年九月病殁,年六十八。司马光于学无所不窥,著作有文集八十卷,《资治通鉴》二百九十四卷,考异三十卷,《稽古录》二十卷及其他传于世。[1]

司马光的事业,除本传所载各项政治措施,有关于国计民生者外,其不朽的功绩,在于通鉴一书。当初此书实为私撰,即把战国至秦二世统治时期的事迹,以史传的体裁,写成通志八卷以进。英宗读而称善,命续其事,可见此举初时完全出于主动。他说:"凡百事皆出人下,独于前史粗尝尽心,每患迁、固以来,文字繁多,欲删削冗长,举撮机要,专取关国家盛衰,系民生休戚,善可为法,恶可为戒者,为编年一书,使先后有伦,精粗不杂。"[2]按司马光对于历史的兴趣于幼年已经养成,七岁的时候,就很爱听人说《左传》。刘知幾幼时对于史学的向往,也是从读《左传》开始。司马光对历史一向很有研究,而且有创作历史的志愿,但古代史范围极广,年代既长,史籍又多,如欲删繁就简,精而不疏,不能不用编年史体。《左传》为编年史之祖,司马迁改编年为纪传,荀悦又改纪传为编年,是为《汉纪》。司马光有取于此,别为一书,与十七史并行。司马光虽因前史文繁难省,想另写一部精简而易晓的通史,以便读者,但他最大的目的是在续《左传》的遗文,且自拟于司马迁。

英宗治平三年(1066)四月,上即命司马光编集历代君臣事迹,又许其自选馆属并借用龙图阁、天章阁及三馆秘阁书籍,其后神宗又赐以颖邸旧书两千四百卷,以助其成[3]。

司马光于是精选助编之人,得刘攽(贡夫,1021—1088)、刘恕(道源,1032—1078)及范祖禹(淳夫,1041—1098)诸人。这三位对于史学都有专门的研究。例如刘攽专攻汉代史。《宋史》称:"攽所著书百卷,尤邃史学,作《东汉刊误》,为人所称颂,司马光修《资治通鉴》专职汉史。"[4]刘恕就是《通鉴外纪》十卷的作者。所谓外纪,则因《资治通鉴》起于战国,而外纪则由战国以前上溯远古之事,又作《十国纪年》。范祖禹精于唐史,尝著《唐鉴》十二卷,《帝学》八卷,《仁宗政典》六卷,而《唐鉴》深明唐三百年治乱,学者尊之,目为唐鉴公,曾从司马光编修《资治通鉴》,在洛十五年,不事进取。[5] 这几位专家对《资治通鉴》的编纂有很大的贡献。司马光之子康(公休)为《资治通鉴》担任检阅文字的工作。司马康也是敏学过人,博通古书的。当司马光居洛的时候,从游的学者,退而与康讨论,都有一定的收获[6]。司马康可能还

---

① 关于司马光的生平记载,基本是从《宋史》卷三三六《司马光传》节录出来的。
② 见《司马光进书表》。
③ 参看《宋史·司马光传》。
④ 引《宋史》卷三一九《刘攽传》。
⑤ 引《宋史》卷三三七《范祖禹传》。
⑥ 参看《宋史》卷三三六《司马光传》。

承担一部分写作工作,因为他的职衔还是著作佐郎。

关于编写工作的部署,十九年内,发生了许多情况。例如编辑人员个人遭遇或工作岗位的变动,就影响到编辑工作的进行。刘攽、刘恕及范祖禹三人,虽然根据他们的专长有一定的分工,可是在某一个时期,从实际需要出发,他们三个人的工作范围又会有所变动。司马光与范祖禹一封帖子说:"从唐高祖初起兵修长编至哀帝禅位止,于今来所看书中见者,亦请令书吏用草纸录出,每一事中间空一行许,以备剪粘。隋以前与贡父,梁以后与道源,令各修入长编中,盖缘二君更不看此书。若足下止修武德以后,天祐以前,则此等事迹尽成遗弃也。"据此,则刘贡夫修自汉至隋的一段历史,刘道源任五代史,而范祖禹任唐史,但以后工作进行中,作过一些变动。即史记、前后汉,则刘贡夫;三国、历九朝而隋,则刘道源,唐迄五代则范淳夫。① 至于汉以前完全是司马光的范围,因为他早有通志八卷作为基础了。这样的分工是完全必要的,正如司马光对英宗说的,"其书上下贯串千余年,固非愚臣所能独修"。

司马光与刘、范等在史局中虽然有领导与被领导关系,但在修史过程中,大家都处在平等的地位,共同商讨体例,讨论问题,彼此更加推重。刘恕自述他和司马光的讨论经过:

公尝谓恕曰:"春秋之后,迄今千余年,《史记》至《五代史》一千五百卷,诸生历年莫能竟其篇第,毕世不暇举其大略,厌烦趋易,行将泯绝。予欲托始于周威烈王命韩、魏、赵为诸侯,下讫五代,因丘明编年之体,仿荀悦简要之文,网罗众说,成一家书。"恕曰:"司马迁以良史之才,叙黄帝至秦汉兴亡治乱。班固已下,世各名家。李延寿总八朝为南北史,而言词卑弱,义例烦杂,书言表志,沿革不完。梁武帝通史,唐姚康复统史,世近亡佚,不足称也。公欲以文章论议,成历世大典,高勋羡德,褒赞流于万世,元凶宿奸,贬绌甚于诛殛,上可继仲尼之经,丘明之传,司马迁安可比拟,荀悦何足道哉!"治平三年,公以学士为英宗皇帝侍讲,受诏修历代君臣事迹,恕蒙辟置史局,尝请于公曰:"公之书不始于上古或尧舜何也?"公曰:"周平王以来,事包《春秋》,孔子之经不可损益。"曰:"曷不始于获麟之岁?"曰:"经不可续也。"恕乃知贤人著书,尊避圣人也,始知儒者可以法也矣。②

---

① 这是晁说之《送王性之序》(《嵩山文集》卷一七)中引司马康之言。亦见《玉海》卷四七《艺文·杂文》及马端临《文献通考·经籍志》。

② 引章峻卿《山堂群书考索前集》卷十六及《通鉴外纪后序》。

可见刘恕对司马光的史学极为尊崇。反之，司马光对刘恕亦极为推重。初英宗命光自选馆阁英才，共任修史之事。光对曰："馆阁之士诚多，至于专精史学，臣未得而知，所识者唯和川刘恕一人而已。"光又谓与恕共修书凡数年，史事之纷错难治者，则以诿之，己则仰成而已[①]。这当然是司马光的谦词，因为体例的厘定和内容的修改，主要是司马光一人之力，后当详论。不过司马光在工作进行中，经常与刘恕商榷体例，则是事实。而刘恕亦充分发挥其助手作用，对于全部工作的贡献，在三人中以他为最大。

司马光与他们关系密切，三人志同道合，互相帮助，各人毫无保留地把自己的才力以及未发表的著作和参考书籍都贡献出来，一致要求把工作做好，所以以区区几个人的力量，费时仅十九年，就把二百九十四卷之书编成了。

他们修史的方法大概如下。因其书为编年体，故先由刘羲叟推朔闰排入长编，名为长历，光即据以考证月中之日分，合者从之，疑者缺之，日分不合，则改系是月之下，月份未定，改系是年之后，有灼知其误者，于考异中辨之。年经国纬，极便于读，凡一千三百六十二年之事，珠贯绳联，粲然可考，而《春秋》编年之法，不独恢复而且更加精确周密。又先定体例和目录，次作长编，然后就长编加以笔削，勒为定稿。

李焘进《续通鉴长编表》说："臣窃闻司马光之作《资治通鉴》也，先使其僚采摭异闻，以年月为丛目，丛目既成，乃修长编。唐三百年，范祖禹实掌之。光谓祖禹，长编宁失于繁，无失于略。今唐纪取祖禹之六百卷，删为八十卷是也。"刘恕之子仲羲又说："先人在书局，止类事迹，勒成长编，其是非予夺之际，一出君实笔削。"[②]可见范祖禹及刘恕等分别先成长编之一部分，搜集和整理有关的材料，然后司马光加以考证，分析和笔削。司马光与宋次道(敏求)书有云："某自到洛以来，专以修《资治通鉴》为事，仅了得晋、宋、齐、梁、陈、隋六代以来奏御。唐文字尤多，托范梦得(祖禹)将诸书依年月编次为草卷。每四丈截为一卷，自课三日删一卷，有事故妨废，则追补。自前秋始删，到今已二百余卷，至大历末年耳。向后卷数又须增倍此，共计不减六、七百卷，更须三年，方可粗成编，又须细删，所存者不过数十卷而已。"[③]

由此可见司马光修史的谨慎和勤奋，长编已经专家整理写成，本来大致不差，而一删再删，精益求精，又自己拟定删改计划，坚决执行，值得我们初学写作者效法。

由于司马光在修改长编当中，精神高度贯注，所以他的草稿上的字迹也很端

---

① 参看司马光《通鉴外纪序》。
② 刘仲羲撰《通鉴问疑》卷一(学津讨原丛书第八集第五册)。
③ 马端临：《文献通考·经籍考》引。

正。《文献通考》李巽岩集谓："此稿在洛阳者盈两屋，黄庭坚尝阅数百卷，讫无一字草书。"柳贯的《柳侍制集》有跋余姚徐氏所藏温公修永昌元年通鉴草一文云："纸凡四百五十三字，无一笔作草。"可见司马光办事认真，丝毫不苟。写字尚且如此用心，其行文斟酌之际，更是费尽脑汁了。

《资治通鉴》从治平二年（1065）起撰，以元丰七年（1084）十二月戊辰成书，凡越十九年而后毕。通鉴作成后，又作目录三十卷，体裁全仿年表旧例，标明卷数，使知某事在某年，某年在某卷，如今日所谓大事年表之先驱者。《四库全书提要》对它的方法和内容有更详细的介绍。

其法年经国纬，著其岁阳岁名于上，而各标通鉴卷数于下，又以刘羲叟长历气朔闰月及列史所载七政之变著于上方，复撮书中精要之语散于其间，次第厘然，具有条理。盖通鉴一书包括宏富，而篇帙浩繁，光恐读者倦于披寻，故于编纂之时，提纲挈要，并成斯编，使相辅而行，端绪易于循览。其体全仿年表，用《史记》、《汉书》旧例。其标明卷数，使知某事在某年，某年在某卷，兼用目录之体，则光之创例。通鉴为纪志传之总会，此书又通鉴之总会矣。①

司马光还撰有《资治通鉴考异》三十卷，随同通鉴呈上朝廷。"光编集通鉴有一事用三四出处纂成者。……其间传闻异词，稗官既喜造虚言，正史亦不皆实录。光既择可信者从之，复参考同异别为此书，辨正谬误，以祛将来之惑。昔陈寿作《三国志》，裴松之注之，详引诸书，错互之文，折衷以归一是，其例最善。而修史之家，未有自撰一书，明所以去取之故者，有之，实自光始。"②

这本书最初另有单行本，胡三省作音注始散入各文之下，原文胡三省多所引用。

司马光并撰有《稽古录》二十卷。"光既撰《资治通鉴》及目录考异，又有举要历、历年图，有百官表。历年图仍依通鉴起于三晋，终于显德（后周年号），百官表止著宋代。是书则上溯伏羲，下讫英宗治平之末，而为书不过二十卷。盖以各书卷帙繁重，又历年图刻于他人，或有所增损，乱其卷帙，故芟除繁乱，约为此编，而诸论则仍历年图之旧，元祐初表上于朝。"③

---

① 《四库全书总目》卷四七《史部编年类》。
② 《四库全书总目》卷四七《史部编年类》。
③ 《四库全书总目》卷四七《史部编年类》。

此外，还有《通鉴释例》一卷，是司马光修通鉴时所定凡例，后附与范祖禹论修书帖二通，有光曾孙尚书吏部员外郎伋跋语，称遗稿散乱，所藏仅存，脱略已甚。伋辄掇取分类为三十六例，末题丙戌仲秋，乃孝宗乾道二年。今本恐未必尽合原文。

《资治通鉴》由司马光经十九年才告完成，所需时间不算短促。我们知道，一件伟大的著作事业的完成，是要经过长期艰苦奋斗的。在编写过程中，虽然有刘攽、刘恕及范祖禹三位通儒硕学作为他的助手，同时又有司马康、刘安世、黄庭坚、孔武仲、张舜民等替他校勘文字，但主要的工作，如体例厘定的问题，以及内容再三删改的工作，都是由司马光一人负责的。长编由几百卷精简成几十卷，已经改变了原来的面貌，也就是说，是司马光以自己特有的文字风格创作出来的。所以司马光自撰的进书表说："研精极虑，穷竭所有，日力不足，继之以夜，遍阅旧史，旁采小说，简牍盈积，浩如烟海，抉摘幽隐，校计毫厘。"又称其精力尽于此书。通鉴一书，不愧是一家之言，千秋的事业，所以全书独署司马光的名字，而当时及后世都没有不同的意见。《资治通鉴》以元祐元年十月付印于杭州，七年刊成，而司马光已不及见了。

第二节　司马光的史学思想和方法

在北宋封建经济高度发展的基础上，科学文化事业有相应的进步，我国三大发明——火药、指南针及印刷术都有新的改进，特别是作为传播文化工具的造纸业与印刷术获得了空前的发展，印刷书代替了手抄本，推动了学术研究的发展。宋代史学界蓬蓬勃勃的繁荣景象，各种史学著作空前的丰富，确有互相推动的作用。《资治通鉴》采用的书，除正史外（十七史已刊印出来了），杂史至三百二十二种。完成后又可以出版，不似司马迁《史记》写成后，还要另抄一份副本那样麻烦。参考书籍的出版，推动了学术研究，同时也替学术研究准备了有利的条件。《资治通鉴》的产生是自有它的物质基础的。

初时宋朝采取了一些扶助农业生产的措施，一度出现小康的局面，但由于封建制度的腐朽性，地主阶级和广大人民始终是尖锐地对立着的。到了宋太宗淳化年间，阶级矛盾有进一步的深化，表现在王小嶓（波）、李顺等的起义上。到宋英宗及神宗的统治时期(1065—1085)，除阶级矛盾更加尖锐之外，国防危机亦十分严重，表现在对西夏的战争上。如何和缓社会危机，加强国防力量，是统治阶级所焦虑的问题。至于如何解决这些问题，统治阶级内部意见很不一致。统治阶级内部的重重矛盾也表现在各种政见的不同上，总的说来，各种政见都是从统治阶级利益出发，但也代表着发表政见的本人及其集团的利益。因此在宋神宗统治时期,爆发了新旧两派之争。新派以王安石为首,主张变法,在一定程度上限制和打击了大官僚、大地主、大商人的一些利益,收得局部的利益。可是王安石没有联系实际,并没有估计到守旧势力如此之大,一意孤行,而且行之太骤,任用非人,引起以司马光为首的守旧派官僚的反对。党争不息,各走极端,国事由此大坏。

王安石的变法与司马光的反对,谁是谁非,孰得孰失,均非本章讨论的问题,兹不具论。但政治见解的不同,必然反映于学术,而学术不能不为政治服务。司马光一贯反对变法,常常引经据典,援古刺今。有一次他进讲历史,强调变法之非,守成之是。"读至曹参代萧何事,帝曰:'汉常守萧何之法,不变可乎?'对曰:'宁独汉也,使三代之君,常守禹、汤、文、武之法,虽至今存可也。汉武取高帝约束纷更,盗贼半天下,元帝改孝宣之政,汉业遂衰。由此言之,祖宗之法,不可变也。'"[①]可见司马光反对变法,不惜结合历史事实来替他的主张进行辩护。

司马光的保守思想贯穿于他的学术著作中,亦即企图通过学术著作来传播他的政治意见。所以《资治通鉴》确是一部为政治服务的通史。司马光于新法盛行之后,就退居洛阳,罕谈国事,表现消极,集中精力以修史,亦前人发愤著书之意。他的史学思想亦有可谈的。

(一)正名分

《资治通鉴》一书司马光自称是续《左传》而作,其实效法《春秋》。胡三省指出:"孔子序书,断自唐虞,讫文侯之命而系之秦。鲁春秋则始于平王之四十九年,左丘明传《春秋》止哀之二十七年。赵襄子甚(音忌,害也)智伯事,通鉴则书:赵兴智灭、以先事。以此,见孔子定书而作《春秋》。《通鉴》之作,实接春秋左氏后也。"[②]

《春秋》本正名分之书,《资治通鉴》也是如此。司马光认为"天下莫大于名分"。他说:"臣闻天子之职,莫大于礼,礼莫大于分,分莫大于名。何谓礼?纪纲是也。何谓分?君臣是也。何谓名?公侯卿大夫是也。……是故天子统三公,三公率诸侯,诸侯制卿大夫,卿大夫治士庶人。贵以临贱,贱以承贵,上之使下,犹心腹之运手足,根本之制支叶,下之事上,犹手足之卫心腹,支叶之庇本根,然后能上下相保,而国家治安。"[③]司马光在谨名分的思想指导下,他的《资治通鉴》就从周威烈王二十三

---

① 《宋史》卷三三六《司马光传》。
② 《资治通鉴胡序》。
③ 《资治通鉴》卷一《周纪》,第一页。

年,初命晋大夫魏斯、赵籍、韩虔为诸侯之事写起。因为他认为三家世为晋大夫,而暴蔑其君,剖分晋国,王法所必诛,天子不独不能讨,又命之为诸侯,是奖励奸名犯分之臣,周室制度之衰,实始于此。通鉴托始于此,所以谨名分,为后世之鉴戒。书中对于守节伏死之臣,表扬不遗余力,又是名分思想的继续发挥。这种严格的名分等级的制度,对于人民来说,本来是一种梯形的专制,不过以礼的幌子作为粉饰之具罢了。司马光的通鉴是替君权辩护的,所以受到统治者的欢迎。宋神宗命以其书进讲,始定名曰《资治通鉴》,御制序文。北宋,"理学"已经盛行了,司马光不能不受总的学术思潮所影响。司马光出身于官僚地主家庭,受封建地主阶级思想所约束,他有名分的正统思想是不足为奇的,在我国漫长的封建主义时期,封建阶级的知识分子有谁能够冲破封建的重重网罗呢?

(二)以自然现象附会人事

《资治通鉴》对于日食和山崩之事必书。如果作为自然现象来研究或者作为科学史上的参考材料,未尝不可。但是司马光是效法《春秋》,要把自然现象的变化附会于人事,作为对统治者的一种警告,而促其反省。我们认为大可不必。《资治通鉴》卷一大书安王三年虢山崩(虢山在今河南卢氏县)之事。司马光记载这件事情,是有另一种考虑的,即此事是周室寖微寖灭的预兆。他的用意是希望统治者以此为镜鉴,不敢为恶。但我国宋代自然科学已经有相当的发展了,明智之士本来可以用物理来解释这些现象,光不必把自然现象和社会现象混为一谈,以天道附会人事,导人迷信。在这点上司马光表现出保守和迂阔思想,反而使之失去了历史的教训意义。

(三)过于强调个人在历史上的作用和地位

《资治通鉴》为编年史,几乎每一条大事都是以帝王将相为主角。我们只有从统治阶级的活动中,看出被统治阶级的活动情况,这不能不说是《资治通鉴》的缺点。司马迁的《史记》就不同了。司马迁居然敢把与汉朝统治阶级对立的"游侠",写入列传,加以表扬。他早于司马光千多年,可是他的思想的进步远远超于司马光之上,我们更觉司马迁的可贵。司马光对人民反抗统治阶级的行为很少有正面的记载,如果有的话,就往往把反抗者说成盗贼。例如说"唐德宗贞元五年,琼州自乾封中,为山贼所陷。"(胡三省注曰:琼州在海中大洲上,中有黎母山,黎人居之,不输王税,所谓"山贼",盖黎人也)我们固然不必以此来责备司马光的大汉族主义。但亦难免认为他是从统治阶级的利益出发,为阶级束缚,而不能看见真理所在。

综上以观,司马光站在统治阶级立场,以唯心主义观点来处理历史问题,自有他的落后和保守面,有如上述。可是他另外有可取的一方面,就是他能够接受儒家学说中某些好的东西,来指导他的著作,并且能够继承我国史学的优秀传统,发扬实事求是的精神。兹略论如下。

(一)不取正闰之说

封建时代的史学家,往往计较正统,以为褒贬予夺,替自己的统治阶级来维系人心,实属无聊之极,甚至一代伟大学者欧阳修,竟然著有洋洋过万言的正统论,可谓迂阔。司马光甚不以为然。他论曰:

> 臣愚诚不足以识前代之正闰。窃以为苟不能使九州合为一统,皆有天子之名而无其实者也。虽华夷、仁暴、大小、强弱,或时间不同,要皆与古之列国无异,岂得独尊奖一国,谓之正统,而其余皆为伪僭哉?若以自上相授受者为正耶?则陈氏何所受?拓跋氏何所受?若以居中夏者为正耶?则刘、石、慕容、苻、姚、赫连所得之土,皆五帝三王之旧都也。若以有道德者为正耶?则蕞尔之国,必有令主,三代之季,岂无僻王?是以正闰之论,自古及今,未有能通其义,确然使人不可移夺者也。臣今所述,止欲叙国家之兴衰,著生民之休戚,使观者自择其善恶得失,以为劝戒。非若《春秋》立褒贬之法,拨乱世反诸正也。正闰之际,非所敢知,但据其功业之实而言之。……然天下离析之际,不可无岁时月日以识事之先后。……非尊此而卑彼,有正闰之辨也。[①]

司马光此论,不取别有用心的正闰之说,以岁时月日以志事之先后便足,其编年的宗旨亦在于此。同时不立褒贬之法,努力减少主观片面的看法,也具有客观的态度。自称"止欲叙国家之兴衰,著生民之休戚",也表现出他关心人民的疾苦,司马光这种开明的思想是值得我们赞扬的。

(二)先德后才论

司马光论人以德为主,以才为次。封建时代的道德标准,与我们今日的标准有

---

① 《资治通鉴》卷六九《魏纪》。

所不问,因为它是有自己的阶级性的。不过,司马光所指的道德主要是个人的修养,即几千年来社会公认的优美的品质,如谦虚("虑以下人","从善如流"),不自私("人之有善,若己有之","己所不欲,勿施于人","与人为善","见利思义","先天下之忧而忧,后天下之乐而乐"),坚强("富贵不能淫,威武不能屈","毋求生以害人,有杀身以成仁"),诚实("与朋友交,言而有信","人而无信,不知其可","我毋尔诈,尔毋我虞","毋自欺"),仁慈("以人为本","仁者爱人","敬老慈幼","救灾恤邻","守望相助,疾病相扶持")等等。如果就人民内部人与人的关系而言,或者在不违背人民的利益的前提下,我们认为没有什么不可行的。他说:"夫聪察疆毅之谓才,正直中和之谓德,才者德之资也,德者才之帅也。……德胜才,谓之君子,才胜德谓之小人。……君子挟才以为善,小人挟才以为恶。挟才以为善者,善无不至矣;挟才以为恶者,恶亦无不至矣。……夫德者人之所严(敬也),而才者人之所爱,爱者易亲,严者易疏,是以察者多蔽于才而遗于德。苟能审于才德之分,而知所先后,又何失人之患哉?"①我们认为司马光以德才辨别君子与小人,而以德为先务,具有劝善之意。《通鉴》一书,对于有德之人,表扬不遗余力,略举如下:"汉顺帝永和三年,周举劾左雄所选武猛非其人,雄谢曰:'足吾之过也。'天下益以此贤之。"(卷五二)

"魏高贵乡公甘露三年,司马昭克寿春,诸葛诞麾下数百人,皆拱手为列,不降,每斩一人,辄降之,卒不变,以至于尽。"(卷七七,司马光特标此事,以见众人为国牺牲的精神)

反之,司马光对于不道德之人及不道德之事,亦揭露和谴责之。

"后周世宗显德三年,李德明劝唐主割江北之地。唐主不悦,宋齐丘以割地为无益。德明轻佻,言过其实,国人亦不之信"(卷三九三,诋卖国之人)

"冯玉佞张彦泽,求自送传国宝,冀契丹复任用。"(卷二八五,指斥契丹破后晋入汴京后,晋臣冯玉的卖国求荣)

"陈宣帝太建七年,齐主纬一戏之费,动踰巨万。既而府藏空竭,乃赐二三郡或六七县,使之卖官取直。由是为守令者率皆富商大贾,竞为贪纵,民不聊生。"(卷一七二)

"武后久视元年,初,狄仁杰为魏州刺史,有惠政,百姓为之立生祠。后其子景晖为魏州司功参军,贪暴为人患,人遂毁其象。"(卷二〇七)

由上述例子看来,《资治通鉴》"著民生的休戚",并非徒托空言,因此《通鉴》一书

---

① 《资治通鉴》卷一《周纪》。

仍然具有一定程度的人民性。《资治通鉴》能够总结前人的经验,嫉恶扬善,以示劝戒,它的进步的作用在于此。

(三)以不语怪为原则

司马光既不信释道,又不信荒诞之言。《资治通鉴》以不语怪为原则。虽然有个别地方,仍然沿袭旧史,如刘季(邦)泽中斩蛇,白帝子为赤帝子所杀的故事,但亦不多见。又大力排除图谶的谬论,亦是卓识。《资治通鉴》虽采用许多稗官小说,而荒诞不经的,亦未采用,胜于《晋书》等正史。

胡三省说:"温公作通鉴,不特纪治乱之迹,至于礼乐历数,天文地理,尤致其详。读《通鉴》者如饮河之鼠,各充其量而已"①。有人认为《通鉴》不载文人,为不够全面。我们认为通鉴的主要目的:"止欲叙国家之兴衰,著生民之休戚",所以重点放在政治方面,其次与历史有很密切关系的礼乐历数,天文地理,而对于文学不暇及了。《通鉴》对于文士并不是完全不提,如果他与政治有关系,就会提及。例如"唐宪宗元和十年,柳宗元善为文,尝作梓人传,又作种树郭橐驼传。"胡三省注曰:"梓人传以谕相,种树传以谕守令,故温公取之,以其有资于治道也。"(卷二三九)审此,凡无关政治的文章及文人,《通鉴》不一定收入。

顾炎武《日知录》卷二十六载:"李因笃语予:《通鉴》不载文人。如屈原之为人,太史公赞之,谓与日月争光,而不得书于《通鉴》。杜子美若非出师未捷一诗,为王叔文所吟,则姓名亦不登于简牍矣。予答之曰:此书本以资治,何暇录及文人。"我们今日看来,《通鉴》实属于政治史的范围,自有它的体例和特点,不必要求其面面俱到。

《资治通鉴》志在经世,政治之外,还注重军事。因为战争就是政治的延续,而且有文事必有武备。何况司马光时,宋代经常与西夏发生战争,为巩固国防起见,军事不容忽略。所以顾炎武说:"《通鉴》承左氏而作,其中所载兵法甚详。凡亡国之臣,盗贼之佐,苟有一策,亦具录之。"②我们从司马光录杜牧注孙子序语,就可以窥其用心。"唐文宗太和七年,杜牧注孙子,为之序,以为:'缙绅之士,不敢言兵,或耻言之,苟有言者,世以为粗暴异人,人不比数。呜呼!亡失根本,斯最为甚。'礼曰:'四郊多垒,卿大夫之辱也。'彼为相者曰:'兵非吾事,吾不当知。'君子曰:'勿居其位可也。'"(卷二四四)

---

① 《资治通鉴》卷二一二唐玄宗开元十二年内注。
② 顾亭林:《日知录》卷二六《通鉴兵事》。

司马光借杜牧之言,以明军事与政治的相互关系,以讽当代重文轻武,而不以国防为重者,亦可谓识时务、爱国家的史学家了。

司马光的《资治通鉴》是综合大量的有关资料(通过长编的方式),加以考证,去伪存真,取其精华,去其糟粕,然后根据已定的体例,在自己的史学思想指导下,用自己独有的风格写成的。《资治通鉴》的参考书凡三百多种,其中不少荒诞之谈,悠缪之说,如何鉴别剪裁,自必匠心独运。邵康节谓司马光为脚踏实地之人,司马光之书即脚踏实地之书①。《资治通鉴》一书具有实事求是的精神,欲实事求是,非考证不可。司马光的考证方法具载于《资治通鉴考异》三十卷中。高似孙《纬略》载光编集《通鉴》,有一事用三四出处纂成,又列举其所引书目二百多种。《文献通考》载司马康所述,有司马彪、荀悦、袁宏、崔鸿、萧方等,李延寿及《太清记》、《唐历》之类。洪迈《容斋随笔》所摘有《河洛记》、《魏郑公谏录》、《李司空论事》、《张中丞传》、《凉公平蔡录》、《邺侯家传》、《两朝献替记》、《后史补》、《金銮密记》、《彭门记乱》、《平剡录》、《广陵妖乱志》之类及《百家撰录》正集别集、墓志、碑碣、行状、别传等。从《通鉴考异》录出的有三百三十多种。其间传闻异词,真伪杂糅,司马光既取其可信可用的,并参考同异,为考异一书,说明其取舍的理由,并辨证各书的谬误。司马光的考证方法,亦在于此。后世史学家普遍引用《资治通鉴》的文字,因为其史料经过司马光的考证后比较可信,而且比较精彩。《朱子语类》说:"南北史除《通鉴》所取者,其余只是一本好笑的小说。"司马光亦承认李延寿的南北史是一本近世佳史,但一经司马光之手,就把它最有用的东西吸收出来了。钱大昕说:"读十七史,不可不兼读《通鉴》。《通鉴》之取材多有出于正史之外者,又能考诸史之异同,而裁正之。昔人所言:'事增于前,文省于旧',惟《通鉴》可以当之。"②确是持平之论!

司马光不以文人自居,也不以文笔自矜。但《通鉴》的文字仍然卓绝一时,传诵千古,一两段的文字很难发抒作者的才情,读者也不容易看出它的独到之处。只有过千字的文章,读来才识出他文章修养的老到。试看书中关于赤壁之战和淝水之战两大世界历史有名的战役的描写,我们恍如置身于古战场,亲观两军的周旋,读来惊心动魄,读罢不忍释卷,许久仍难忘。《左传》叙述战事亦极其生动,司马光殆受其影响,而其文笔亦能够与之相称。但如非司马光对于地理和军事素有研究,决不能写得这样井井有条,栩栩欲生。

总之,我们同意《四库全书提要》所说:"其书网罗宏富,体大思精,为前古之所未

---

① 陈澧:《东塾集》卷二《传鉴堂记》。

② 参看钱大昕《潜研堂文集》卷二八"跋柯维骐宋史新编"。

有,而名物训诂,浩博奥衍,亦非浅学所能通。"因此,《通鉴》一书可以作为我们史学工作者毕生专攻的对象。

第三节 《资治通鉴》的注释家

刘羲仲述司马光之言说:"光修通鉴,惟王胜之借一读,他人读未尽一纸,已欠伸思睡矣。"是二百九十四卷之书,篇幅之多,当时很少人能够读完。又由于此书的深博,非有注释,也难普及读书界。通鉴先有刘安世音义十卷,而世不传。通鉴释文,南宋通行者三家,一为司马康(公休)释文,刻于海陵,故称为海陵本。《直斋书录解题》第四卷著录二十卷,宋志作六卷,今佚。二为史炤释文,直斋及宋志著录三十卷,马端临《文献通考》第二百卷亦有载。此书《四库全书》未见收入,惟王鸣盛从书贾购得一秘抄本,仍为三十卷,署为宋右宣义郎监成都府粮料院眉山史炤见可撰。上有冯时行序介绍此书说:"字有疑难,求于本史,本史无据,则杂取六经诸子释音,说文,尔雅及古今小学家训诂辩释,地理姓纂,单闻小说,精力疲疚,积十年而后成。"[1]三为成都费氏进修堂本通鉴,音释附在正文下,今传本有残缺,世人以其有注释,认为善本,号曰龙爪通鉴。

胡三省经考证,认为海陵本的释文,是别人所撰(可能抄袭史炤),假托公休的大名以欺世的。他提出证据说:今观海陵所刊,公休释,以乌桓为乌元。按宋朝钦宗讳桓,靖康之时,公休没久矣,安得预为钦宗讳桓字耶?又谓南北史无地理志,是止见李延寿南北史,而不知外七史宋书、魏书、萧齐书皆有志,而隋书有五代志也。温公修通鉴,公休为检阅文字官,安得不见诸书耶?以其冒用公休之名,故辞而辟之。胡三省又认为费氏本是书贾请人抄袭史炤的释文来发行的,因此与史炤的释文多相同之处。

史炤释文在胡三省之前,但多谬误疏漏,胡三省因作《通鉴释文辩误》十二卷来纠正它,在地理方面纠正尤多。王鸣盛谓:"炤之学诚不及胡,所辩大抵皆是也。"[2]兹举出辩误中最有启发之助者几条,以供参考。"魏高贵乡公甘露二年,姜维出骆谷至沈岭。时长城积谷甚多,而守兵少,邓艾进兵据之以拒维。"史炤释文曰:"长城,方城山名。《左传》所谓楚国方城以为城者,在汉南阳、堵阳、叶县之境,山自比阳连百

---

① 参看王鸣盛《十七史商榷》卷一○○"通鉴史氏释文条"。
② 参看王鸣盛《十七史商榷》卷一○○"通鉴释文胡氏辩误条"。

里,号曰方城,亦曰长城。"(海陵本同)。辩误曰:"余按姜维出骆谷至沈岭,邓艾据长城拒之。此长城当在郿县之南,沈岭之北,乌得谓为方城之长城乎?《水经注》:'骆谷水出郿坞东南山骆谷,北流经长城西,又北流注于渭。'此正邓艾所据之长城也。凡注地理,须博考史籍,仍参考其地之四旁地名以为证据,何可容易着笔乎!"(《通鉴》七十七,《辩误》卷四)"唐懿宗咸通九年,高邮岸峻而水深狭。史炤释文曰:'高邮邑名,属兖州。'辩误曰:"余按高邮县自汉以来,皆属广陵,隋改广陵为江都郡,又改为扬州。《唐书·地理志》:高邮县亦属扬州,史炤以为属兖州,何也?晋氏南渡,迄于梁、陈,于广陵置南兖州,炤之所谓属兖州,无亦以此为据耶?但南兖州不可以为兖州?晋、宋、齐、梁、陈之疆理,不可以释唐之疆理。释通鉴者当随事随时考其建置、离合、沿革也。"(《通鉴》卷二五一,《辩误》卷十一)。按三省此论极为精核,《四库全书提要》称道:"其言足为千古注书之法,不独为史炤一人而设矣。""梁太祖乾化元年,南平襄王刘隐病亟。史炤释文曰:'亟,纪力切,敏疾也,又去吏切。'"辩误曰:"按礼记'夫子之病革矣',革,读与'亟'同,病亟言病势危急也,不当以'敏疾'为释。若去吏切之'亟',数数也,愈非病亟之义。史炤大抵只据广韵为释文,更不寻绎通鉴之义,其敝至此。"(《通鉴》卷二六八,《辩误》卷十二)陈垣《通鉴胡注表微》加以引申说:"初学读书,遇有疑难之字,翻阅字典,尚须详观上下文义,求一妥当之解释;岂能任取一音,贸然为之注乎!"此亦读古书,查字典的常识。否则一单字有许多音义,若不如此,何所适从?"后晋齐王天福八年,楚王希范好自夸大,为长枪大槊,饰之以金,可执而不可用,史炤释文曰:"通俗文:'刿木伤盗曰枪。'"辩误曰:"凡注书者发明正文大义,使读者因而求之,无所凝滞也,如炤此注,于大义为何如哉!"(《通鉴》卷二八三,《辩误》卷十二)

以上所举各例,对于研究历史地理,阅读古书和注释古书都有指导性的意义,可见考证工作,是史学方法的基本方法,不容轻视。

现在我们把胡三省这位南宋史学家的生平简单地介绍于下。

胡三省(1230—1302)是浙东宁海人,字身之,他是在宋元长期战争的环境里长大的。他的父亲也好研究史学,以史学教育三省。希望三省能够刊正通鉴的误注,三省始有注释通鉴之志①。宝祐四年(1256),他廿七岁,同文天祥、谢枋得、陆秀夫同中进士,"始得大肆其力于是书,游宦远外,率携以自随,有异书异人必就正焉。依陆德明《经典释文》,分为广注九十七卷,著论十篇,自周迄五代,略叙兴亡大致"②。

---

① 根据胡三省《通鉴新注自序》。

② 根据胡三省《通鉴新注自序》。

他最初做吉州泰和县尉,调庆元慈谿县尉,由于刚直,为庆元郡守厉文翁罢免。此后他历任扬州江都丞、江陵县令、怀宁县令。咸淳三年(1267)做寿春府府学教授,佐淮东幕府。当时主管两淮制置司事的是李庭芝。咸淳六年(1270)李庭芝调京湖制置,他回杭州,延平廖公礼致诸家,俾校雠通鉴,以授其弟子,为著雠校通鉴凡例。廖转荐他于贾似道。咸淳十年(1274),他主管沿江制置司机宜文字。时元军主力正围攻襄阳,胡三省为守土者上御敌之策,贾似道不纳。既而襄阳失守,三省从间道归乡里。跟着浙东告警,他避到越之新昌,元军进迫,阖家逃难,中途失去通鉴注文原稿。祥兴二年(1279)宋亡,战争结束,三省回家,重理旧业,"复购得他本为之注,始以考异及所注者散入通鉴各文之下,历法天文则随目录所书而附注焉。迄乙酉(1285)冬乃克彻编。凡纪事之本末,地名之同异,州县之建置、离合,制度之沿革损益,悉疏其所以然。若释文之舛谬,悉改而正之,著辩误十二卷"。"手自抄录,虽祁寒暑雨不废,诸子以年高不宜为言,则曰:'吾成此书,死而无憾。'一日晨兴,言笑自若,忽曰:'吾其止于此乎!'寝至三日而殁,年七十有三。"[①]

胡三省为通鉴作注,用力至勤,贯彻始终,凡二十九年才成。通鉴网罗宏富,体大思精,而胡注亦能与之相称,不愧为"通鉴之功臣。史学之渊薮"(王鸣盛语)。现举数条例子,以见胡三省注书之体。例如通过校勘学,指出通鉴本文的遗漏或误写:"周显王十七年,秦大良造伐魏。"注曰:"索隐曰:'大良造即大上造。'余谓大良造,大上造之良者也。按《史记》秦纪:'孝公十年,卫鞅为大良造,将兵围魏安邑,降之。'又按六国年表,秦孝公之十年,显王之十七年所谓'大良造伐魏',即卫鞅将兵也。但大良造之下,当有'卫鞅'二字,意谓传写通鉴者逸之。"(卷二)

"梁元帝承圣三年,魏宇文泰命侍中崔猷开回车路以通汉中。"注曰:"按《北史·崔猷传》:'泰欲开梁汉旧路,乃命猷开通车路,凿山堙谷,五百余里,至于梁州。'此特因旧路开而广之以通车耳。前史盖误以'通'字为'迥',传写者又去其傍为'回'也。"(卷一六五)胡注有就原文而作解释,一经解说,而原义更为显著,极易于领会。

"晋穆帝永和二年,会稽王昱与殷浩书曰:'即时之废兴,则家国不异。'"注曰:"言国兴则家与之俱兴,国废则家与之俱废也。"(卷九七)

"后晋高祖天福二年,义成节度使符彦饶,奏范延光遣兵渡河,焚草市。"注曰:"时天下兵争,凡民居在城外,率居草屋,以成市里。以其价廉功省,猝遇兵火,不至甚伤财以害其生也。此草市在滑州城外。"(卷二八一)

---

① 参引胡三省《通鉴新注自序》,光绪《宁海志》载其子幼文所撰墓志及陈垣《胡注表微》重印后记。

有时,胡三省发现通鉴错误之处,即平心静气,逐一根寻原文引用的材料,加以缜密的考证,指出其错误的原因。

"陈宣帝太建八年,十月丙辰,齐主猎于祁连池,癸亥还晋阳,甲子齐集兵晋祠,庚午齐主自晋阳帅诸军趣晋州,壬申晋州陷。齐主方与冯淑妃猎于天池,晋州告急,右丞相高阿那肱曰:'大家正为乐,边鄙小小交兵,何急奏闻!'至暮使更至,云:'平阳已陷。'乃奏之,齐主将还,淑妃请更杀一围,齐主从之。"注曰:"审如是,则晋州陷之日,齐主犹在天池。天池今在宪州静乐县,至晋阳一百七十余里,自晋阳南至晋州又五百有余里。齐主既以庚午违晋阳而南,无缘复北至天池。窃谓猎祁连池与猎天池共是一事,北人谓天为祁连,故天池亦谓之祁连池。通鉴粹集诸书,成一家言。自癸亥排日书至庚午发晋阳,是据北齐纪;书高阿那肱不急奏边报,是据阿那肱传;书请更杀一围,是据冯淑妃传。合三者而为之,不能不相牴牾。"(卷一七二)

"唐懿宗咸通元年,命趣东南两路军会于剡。围之,贼城守甚坚,攻之不能拔,诸将议绝溪水以渴之。"注曰:"剡城东南临溪,西北负山,城中多凿井以引山泉,非绝溪水所能渴,作史者乃北人臆说耳。今浙东诸县皆无城,独剡县有城,犹为完壮。"(卷二五〇)

凡此各端,注者都能综合各书,加以分析,作出结论,或参以个人的实践经验,以为佐证,深得注书之体,对学者有很多启发的地方,学通鉴的人不宜轻易放过。

胡三省不特以渊博见长,同时他又是一个爱国的史学家。他虽然一度被荐于贾似道,但他的目的在于参军卫国,以卑职屡上奇策以抗元兵,而似道不用,可见他并非似道的亲信,不过是下僚之一而已,于大节无损。且三省终身不仕元朝,深抱故国之念。在注文中不断揭发宋朝的腐败无能,斥责卖国投降的败类,控诉元朝的残酷统治,借注史来发泄他的无限感慨。他曾说:"亡国之耻,言之者痛心,矧见之者乎!此程正叔所谓真知者也,天乎人乎!"字里行间,充分表现出民族气节和爱国热情。

胡三省这种心情,陈垣先生有过深刻的体会。陈先生在抗日战争时期,怆怀国事,痛恨敌人,身处艰难的处境,怀着爱国之情,用三年时间作成《通鉴胡注表微》二十篇,来表现胡三省的生平抱负及治学精神以及考证方法。对于胡注多所发明,正如胡注之于通鉴。因此,我们读通鉴者不能不读胡注,而读胡注者不能不读《胡注表微》。当年陈垣先生此书初成,曾把序言赐寄,及今始读全书,自恨闻道之晚。

胡注采摭既广,亦不免偶有疏漏的地方。清陈景云(少章)撰有《通鉴胡注举正》一卷,凡六十三条,所正地理居多,颇为精核。但正如王鸣盛所说:"然胡氏之学,不以小疵掩其大美。"①

此外,尚有王应麟的《地理通释》十四卷。"是书以通鉴所载地名,异同沿革,最为纠纷,而险要隘塞所在,其措置得失,亦足为有国者成败之鉴,因各为条例,厘定成编,首历代州域,次历代都邑,次十道山川,次历代形势,而终以河湟十一州,石晋十六州,燕云十六州。"②"虽题曰通鉴,实是泛考古今地理,不专释通鉴,大略亦本通典,要足与胡三省互参,在宋人考证书中为有根据者。"③王应麟还有《通鉴答问》五卷与通释附于《玉海》。

第四节　《通鉴外纪》及其他

《通鉴外纪》十卷,目录五卷,刘恕撰。刘恕字道源,筠州(江西高安县)人,生于明道元年(1032),卒于元丰元年(1078)九月,年四十七。年十八登进士第,初授巨鹿主簿,寻迁知和州、翁源二县,司马光受诏修《资治通鉴》,请他参加史局,司编纂,转著作郎。熙宁四年,因反对王安石,请辞职回家终养,改秘书丞,仍遥隶史局,担任一部分编修工作。据刘恕自序:"熙宁九年,恕罹家祸,悲哀愤郁,遂中瘫痹,右肢既废,凡欲执笔,口授子羲仲书之。自念平生事业,无一成就,史局十年,俛仰窃禄,因取诸书续通鉴前纪,家贫书不具,南傲僻陋,卧病六百日,无一人语及文史,昏乱遗忘,烦简不当,远方不可得国书,绝意于后纪,乃更前纪曰外纪,如《国语》称春秋外传之义也。自周共和元年庚申,至威烈王二十二年丁丑,四百三十八年,见于外纪。自威烈王二十三年戊寅,至周显德六年已末,一千三百六十二年,载于通鉴。然后一千八百年事,坦然可明。"此书凡包羲以来纪一卷,夏纪商纪共一卷,周纪八卷,又目录五卷,年经事纬上列,朔闰天象下列。此书内容,远溯上古,引用材料,往往有出于传奇怪诞之说,贻贪多务得之讥。但此书本是草稿,储材待用,如通鉴之长编,待司马光的笔削而已,而且成于疾病中,不能全力以赴,似未足尽其史才。刘恕史学实为宋人中翘楚,司马光称他:"为人强记,纪传之外,闾里所录,私记杂说,无所不览,坐听其谈,衮衮无穷,上下数千年间,细大之事如指掌,皆有稽据可考验,令人不觉心服。"④与司马光合作期间,刘恕曾修过通鉴长编中的魏晋南北朝史,而五代史部分,未及修

① 见《十七史商榷》卷一〇〇通鉴"胡注陈氏举正条"。
② 引《四库全书提要》卷四七《史部编年类》。
③ 《十七史商榷》卷一〇〇"通鉴地理通释条"。
④ 司马光撰《刘道原十国纪年序》(应加上"五代"二字)。

成而死，由范祖禹继续完成它，可见刘恕对《资治通鉴》的编修有相当大的贡献，上文也谈过了。

通鉴一书，迄于五代，有宋以后，尚待续修。南宋李焘踵司马光通鉴之例，备采一祖八宗事迹，成《续资治通鉴长编》五百二十卷，因司马光修通鉴时，先修长编，李焘自谦，不敢言续通鉴，故但谓之《续资治通鉴长编》。其搜罗材料的方法亦可供我们参考。《癸辛杂识》称，焘为长编以木橱十枚，每橱抽屉匣二十枚，每匣以甲子志之，凡本年之事有所闻必归此匣，分日月先后次之，井然有条云云。这种材料分类方法与今日我们利用的卡片制度相同，所以他能够以一人之力而成此数百卷之书。此书经四十载乃成，自实录、正史、官府文书以及家录野纪。虽疏于考证，有时虚实并存，但作者自称，宁失之繁，无失之略，其淹贯详赡，实为研究者必读之书，取材之所。①

《建炎以来系年要录》二百卷。南宋李心传撰。李心传字微之，井研人，庆元元年荐于乡，既下第，绝意不复应举，闭户著书，后征入京都，为史馆校勘，专修中兴四朝帝纪，甫成其三，因言者罢，寻迁著作佐郎，许辟官置局，踵修十三朝会要，端平三年成书。其主要著作为高宗系年录，即《建炎以来系年要录》，述高宗朝三16年事迹，仿通鉴之例，编年系月，与李焘长编相续。其书以国史日历为主而参之以稗官野史、家乘、志状、案牍、奏议、百司题名，无不胪采异同，以待后来论定。故文虽繁而不病其冗，论虽歧而不病其杂，可供研究宋史的参考。

司马光乞令校定《资治通鉴》所写稽古录札子说："年祀悠远，载藉浩博，非一日二日所能编阅而周知。所宜提其纲目，然后可以见治乱存亡之大略也。"司马光未及写成，而朱熹得以补其阙。朱熹的《资治通鉴纲目》即以通鉴为蓝本，少更其体例，使简约便谈。据朱熹自序，谓司马温公著通鉴举要历八十卷，未成，胡安国复为补遗若干卷，朱熹又与诸同志因两公之书，别为义例，增损隐括，以成此编。盖表岁以首年，而因年以著统，大书以提要，而分注以备言，使夫岁月之久近，国统之离合，辞事之详略，议论之同异，通贯晓析，如指诸掌，名曰《资治通鉴纲目》，凡五十九卷。又定凡例若干事：曰系统、曰岁年、曰名号、曰即位、曰改元、曰尊立、曰崩葬、曰篡贼、曰祭祀、曰行幸、曰恩泽、曰朝会、曰封拜、曰征伐、曰废黜、曰罢免、曰人事、曰灾祥。每一事前头，都以凡字发之，以拟左氏传之五十凡。大书以提要者谓之纲，仿《春秋》，分注以备言者谓之目，仿《左传》。自称："义例精密，上下千有余年，乱臣贼子真无所匿其

---

① 参看《四库全书总目》卷四七《史部编年类》。

形"(《答刘子澄书》),以续《春秋》自命。但此书并非完全朱熹手写,纲目多出门人赵师渊(讷斋)手,所以纲目与凡例时有异同,甚至有一人两书之弊。

纲目包括一千三百六十二年之事,一一加以褒贬,实在有所困难,所定义例,必不能精密,而合作的人又是理学家而不是良史,其疏谬之处为后人指出不少(如赵翼《陔余丛考》卷十五摘出的)。因此朱熹亦有力不从心之慨。他在编书过程中说:"通鉴功夫浩博,甚悔始谋之太锐,今甚费心力,然业已为之,不容中辍。"(《与林择之书》)又说:"纲目竟无心整顿得,恐为弃井矣。"(《答蔡季通书》)书成后,又云:"藏之中笥,姑以私便检阅,自备遗忘而已。"(《资治通鉴纲目自序》)故以后并未曾加以修订。平心而论,此书可以作为通鉴的提要,删繁就简,极便于读,而采用材料亦有出于通鉴原书之外,姑置书法大义不论,亦可供史学入门之用[①]。

以后有不少续补司马光通鉴之作,以溢出宋代范围,故不先述于此。

---

① 关于《通鉴纲目》的论述,参考纲目自序、《十七史商榷》、《陔余丛考》及陈澧《东塾读书记》卷二一。

第十章 袁枢与其他史学家的著作

第一节 纪事本末体的创立

唐代以前,历史只有编年和纪传两体,至宋袁枢以通鉴旧文仍事为编,各排比其次第,而详叙其终始,成《通鉴纪事本末》四十二卷,遂于二体之外,别成一家。袁枢既创立于先,后世史家相继仿效,而纪事本末体就确立起来了。关于它的体裁,《四库全书》有切实的描述。"按唐刘知幾作《史通》,叙述史例,首列六家,总归二体,自汉以来,不过纪传编年两法,乘除互用。然纪传之法,或一事而复见数篇,宾主莫辨;编年之法,或一事而隔越数卷,首尾难稽。枢乃自出新意,因司马光《资治通鉴》,区别门目,以类排纂,每事各详起讫,自为标题,每篇各编年月,自为首尾,始于三家之分晋,终于周世宗之征淮南,包括数千年事迹,经纬明晰,节目详具,前后始末,一览了然,遂使纪传编年贯通为一,实前古之所未见也。"①清章实斋又从而加以赞美:"司马通鉴病纪传之分,而合之以编年,袁枢纪事本末又病通鉴之合,而分之以事类。按本末之为体也,因事命篇,不为常格,非深知古今大体,天下经纶,不能网罗隐括,无遗无滥。文省于纪传,事豁于编年,决断去取,体圆用神,斯真《尚书》之遗也。在袁氏初无其意,且其学亦未足语此,书亦不尽合于所称。故历代著录诸家,次其书于杂史,自属纂录之家便观览耳。但即其成法,沉思冥索,加以神明变化,则古史之原,隐然可见。书有作者甚浅,而观者甚深,此类是也。"②

据宋史本传,"袁枢,字机仲(1131—1205),幼力学,试礼部,词赋第一人。常喜

---

① 《四库全书总目》卷四九《史部纪事本末类》。
② 参看《文史通义》卷一《书教下》。

诵司马光《资治通鉴》,苦其浩博,乃区别其事,而贯通之,号《通鉴纪事本末》。参知政事龚茂良得其书奏于上,孝宗读而嘉叹,以赐东宫及分赐江上诸帅,且令熟读曰:'治道尽在是矣。'"可见当时已有人重视其书。朱子亦谓:"其书部居门目,始终离合之间,皆曲有微意,于以错综温公之书,乃国语之流。"袁枢之书,有不少优点,例如把通鉴原文加以剪裁,去取得当,条理分明,这是熟读《资治通鉴》,胸有成竹的结果,表现出他极高的综合能力,与今日通史体裁有相通之处。后有仿作,都不能及。

现在,我们还举出一件事以见袁枢具有我国史家的优良传统道德。史载他"兼国史院编修官,分修同史传。章惇家以其同里,宛转请文饰其传。枢曰:'子厚为相,负国欺君,吾为史官,书法不隐,宁负乡人,不可负天下后世公议。'时相赵雄总史事,见之叹曰:'无愧古良史!'"①

同时,受袁枢影响的有章冲(茂深)的《春秋左氏传事类始末》五卷。章冲与袁枢俱当孝宗时代(1163—1189)。袁枢排纂的《资治通鉴》,创纪事本末之例,使头绪分明,易于循览,出版于淳熙丙申(1176)。而章冲的书,又根据袁枢的义例而作,出版后于枢书九年,虽篇帙无多,不及枢书之渊博,但亦有参考价值。

此外,还有杨仲良撰的《皇宋通鉴长编纪事本末》二百五十卷。清阮元评说:"按李焘取北宋九朝事实,仿司马光长编之体,编年述事,为《续资治通鉴长编》,成书一百五十卷,卷帙最为繁重。仲良乃别为分门编类,以成此书,每类之中,仍以编年纪事,太祖七卷,太宗七卷,真宗十四卷,仁宗二十四卷,英宗四卷,神宗三十四卷,哲宗二十六卷,徽宗二十八卷,钦宗六卷,共一百五十卷。各有事目,目中复有子目,汴京百七十年礼乐兵刑之沿革,制度政令之举废,粲然具备,可以按目寻求。李焘而后,陈均之前,烦简得中,洵可并传,而今所传长编足本,徽钦两朝,皆已缺失,藉此得以考见崖略,尤可贵也。"②此书初刻于宝祐元年(1253),重版于宝祐五年,阮元所见只旧抄本而已。

仿袁枢之体而继作的书还有多种,因超出宋代范围,故不备书于此。

第二节　王应麟与其他史学家

我国史学的昌盛时期当推宋代。司马光《资治通鉴》是一座史传里程碑。袁枢

---

① 摘录《宋史》卷三八九《袁枢传》。
② 阮元撰《四库未收书目提要》卷一《经部》。

的《通鉴纪事本末》，创造出了一种划时代的新文体，为后世效法。会要之修，虽起于唐人，但以宋人的规模为最大，体裁亦最为完备。其余如史地考证，亦能开后世的风气。兹将宋代其他史学家及其著作介绍如下，以见一斑。

王应麟　王应麟（1223—1296），字伯厚，庆元府人，九岁通六经，淳祐元年（1241）举进士，从王野受学。初登第，言曰："今之事举子业者，沽名誉，得则一切委弃，制度典故漫不省，非国家所望于通儒。"于是闭门发愤，誓以博学宏辞科自见，假馆图书读之。宝祐四年（1256）中是科，帝（理宗赵昀）御集英殿策士，召应麟复考，考第既上，帝欲易第七卷置其首，应麟读之，乃顿首曰："是卷古谊若龟镜，忠肝如铁石，臣敢为得士贺。"遂以第七卷为首选。及唱名，乃文天祥也。历任太常博士，秘书郎，著作郎，起居舍人，兼修国史编修，实录检讨。以耿直得罪奸相贾似道，贬出于外。回朝后，屡次提出纠正朝廷缺失及捍御敌人的意见，又与当局的意见不合而辞职。所著有《深宁集》一百卷，《玉堂类编稿》二十三卷，《掖垣类稿》二十二卷，《诗考》五卷，《诗地理考》五卷，《汉艺文志考证》十卷，《通鉴地理考》一百卷，《通鉴地理通释》十六卷，《通鉴答问》四卷，《困学纪闻》二十卷，《蒙训》七十卷，《集解践阼篇》、《补注急就篇》六卷，《补注王会篇》、《小学绀珠》十卷，《玉海》二百卷，《词学指南》四卷，《词学题苑》四十卷，《笔海》四十卷，《姓氏急就篇》六卷，《汉制考》四卷，《六经天文编》六卷，《小学讽咏篇》四卷等。①

我们从王应麟的著述，百科全书式的《玉海》中，可以看出他学问的渊博。他于天文、地理、历史、文学以及音韵学都有相当的造诣，著作颇丰，他的史地考证功夫之深，成就之大，为后世所称道。王氏的庞大著作，除《玉海》外，还有《困学纪闻》一书。《四库全书提要》说："《困学纪闻》二十卷，宋王应麟撰。应麟有《周易郑康成注》，已著录，是编乃其札记考证之文，凡说经八卷，天道地理诸子二卷，考史六卷，评诗文三卷，杂识一卷。卷首有自序云：'幼承义方，晚遇艰屯，炳烛之明，用志不分'云云。盖成于入元之后也。应麟博洽多闻，在宋代罕其伦比。虽渊源亦出朱子，然书中辨正朱子语误数条：如论语注不舍昼夜，舍字之音。孟子注曹交曹君之弟及谓大戴礼为郑康成注之类，皆考证是非，不相阿附，不肯如元胡炳文诸人坚持门户，亦不至如明杨慎、陈耀文、国朝毛奇龄诸人肆相攻击。盖学问既深，意气自平，能知汉唐诸儒本本原原，具有根柢，未可妄诋以空言，又知洛闽诸儒，亦非全无心得，未可概视为舛陋。故能兼收并取，绝无党同伐异之私，所考率切实可据，良有由也。"②全祖望亦

---

①　关于王应麟的学术生活及其著作是从《宋史》卷四三八《本传》节录出来的。

②　《四库全书总目》卷一〇八《子部杂家类》。

谓:"顾其援引书籍,奥博难以猝得其来历。"①应麟博极群书,于此可见。《困学纪闻》一书对于清考证学很有影响,清初阎若璩以一代大儒为之注解,其价值可想。此外如《汉制考》一书,亦属于文物考证之类。大致精核,俱有依据,都不愧为宋代考证学派的代表作。

黄震(东发)　震著《黄氏日抄》一百卷(今存九十七卷),亦考核名物制度文字训诂之作,传朱熹考证之学。东发曾任史馆检阅,与修宁宗理宗两朝国史实录。全祖望(谢山)曾得其戊辰史稿而书其后云:"东发先生日钞后一半,即其文集也,别有理、度二朝政要。近又得其戊辰史稿,乃其为史馆检阅时所作。列传一杜范、一真德秀、一洪咨夔、一袁甫、一徐元杰、一李心传,凡六篇,即日抄中所阙二卷也。"东发又著有《古今纪要》十九卷,上起三皇、下迄哲宗元符,每载一帝之事,则以一帝之臣附之,大致用纲目体例,以蜀为正统。可见他对于通史之学亦有研究,且有著述。

吴仁杰　吴仁杰字斗南,一字南英。其先洛阳人,居昆山,有俊才,博洽经史,登淳熙进士,历任罗田令、国子学录。著有《两汉刊误补遗》十卷等书。同时人曾绛序其《两汉刊误补遗》说:(吴仁杰)"尝曰:先秦古书,世禩绵邈,又多得于散轶,故难知而难读。两汉特近古儒先,耳目相接未远,二史何多疑也。班书由服应而下,音解注释无虑数十家,世独以师古去取为正,而公是公非先生与其子西枢公所著刊误,尽摘其失,汉事至三刘若无遗恨矣。今熟复之,亦容有可议,或者用意之过与夫偶忘之也。乃据古引谊,旁搜曲取,凡邑里之差殊,姓族之同异,字画之乖讹,音训之舛逆,句读之分析,指意之穿凿及他书援据之谬陋,毕厘而正之,的当精确,如亲见孟坚、蔚宗执笔,身历其山川城郭,目击东西都事者。一时宗工文师翕然称之,以为多前闻人所未到。"②

按唐以前两汉书只有集解音义,后李善作辨惑,颜游著决疑,见《新唐书·艺文志》。宋时刊班范二史之误者,吴氏之前约有四家,余靖、张泌及无名氏三书,均失传。至刘敞与其弟攽及子奉世共作《汉书标注》,其实即是汉书刊误一书,亦即前文所称三刘所著之刊误。三刘之书,仍有不少缺漏,吴仁杰加以补充纠正,不曰纠谬,而曰补遗,表示其对前辈的尊重和做学问的虚心。

徐梦莘　徐梦莘字商老,临江人,幼慧,耽嗜经史,下至稗官小说,寓目成诵。绍兴二十四年举进士,淡于荣进,每念生于靖康之乱,四岁而江西阻讧,母负襁亡去得免,思究见颠末,乃网罗旧闻,会粹同异,为《三朝北盟会编》三百五十卷,自政和七年

---

① 翁元圻注《困学纪闻》三笺叙。
② 曾绛序《两汉刊误补遗》。

海上之盟,讫绍兴三十一年完颜亮之毙,上下四十五年,凡曰敕、曰制、诰、诏、国书、书疏、奏议、记序、碑志,登载靡遗。梦莘平生所著有集补,有会录,有读书记志,有集医录等,其嗜学博文,盖孜孜焉死而后已者。①《北盟会编》记载宋金间媾和及用兵之事极详,所引书凡一百九十六种,文集之类尚未计及。他尚有《北盟集补》二十五卷,四库书未列入。

梦莘的侄徐天麟,字仲祥,精于汉史,尝著《西汉会要》七十卷,《东汉会要》四十卷。《汉兵本末》一卷,《西汉地理疏》六卷,《山经》三十卷,特别是前两种书,在今仍有很高的参考价值。

此外,著名的散文家苏辙撰有《古史》六十卷。诗词家陆游亦有《南唐书》十八卷。以后书较为翔实可信,流行亦广。

---

① 参看《宋史》卷四三八《徐梦莘传》。

第十一章 《通典》《通志》与《文献通考》

唐杜佑的《通典》,宋郑樵的《通志》及元马端临的《文献通考》,世称为"三通"。云间陈卧子所谓:"士不读三通,是为不通",即指此三书为读书人必读的参考书。清儒杭大宗(世骏)主讲扬州安定书院,课诸生学习"四通",即于杜氏《通典》,郑氏《通志》,马氏《文献通考》外,加上司马光的《资治通鉴》。①

《通典》及《文献通考》,《四库全书》收入政书类,则以"国政朝章,六官所职者,入于斯类,以符周官故府之遗"②。而郑氏《通志》的性质与上述二书微有不同,因《通志》之作是仿效梁代之通史,与通史的性质相近。不过其中最得意之处二十略,又与《通典》及《通考》相通,所以《四库全书》把它列入别史类,即"上不至于正史,下不至于杂史"③。由于习惯把"三通"相提并论,而且《通考》本续《通典》,而《通志》之作介乎二者之间,亦有互为影响之处。因此我们把三者合为一处来谈,但标明三者性质体例的不同而已。

第一节 杜佑《通典》

杜佑(735—812),字君卿,京兆万年人,以荫补济南参军事,历官至检校司徒,同中书门下平章事,加太保致仕,卒年七十八。精于吏职,明大体,理财以节用为主,不扰民,为人平易谦逊,得人爱重,好学。初刘知幾之子刘秩采摭百家之书,侔周礼六

---

① 参看《龚自珍全集》杭大宗逸事状。
② 见《四库全书总目》卷八一《政书类·引言》。
③ 见《四库全书总目》卷五〇《别史类·引言》。

官的法制,为《政典》三十五篇,房琯称其才过刘向。杜佑以为未尽,因扩充其条例,加入当时礼制,为二百卷,自号《通典》。① 分为八门:曰食货、曰选举、曰职官、曰礼、曰乐、曰兵刑、曰州郡、曰边防。每门又各分子目。其自序说:"所纂《通典》,实采群言,征诸人事,施诸有政。天理之先,在乎行教化,教化之本,在乎足衣食。《易》称聚人曰财,《洪范》八政:一曰食,二曰货。管子曰:'仓廪实,知礼节。'夫子曰:'既富而教。'斯之谓矣。夫行教化在乎设职官,设职官在乎审官才,审官才在乎精选举,制礼以端其俗,立乐以和其心,此先哲王治之大方也。故职官设然后兴礼乐焉,教化隳然后用刑罚焉,列州郡俾分领焉,置边防遏戎狄焉。"

《通典》写作的目的及其体例具如上述。此书所载,上溯黄虞,讫于唐之天宝。肃、代二宗统治时期以后,间有沿革,亦附载注中,虽未免有挂漏、琐碎、失实及论断错误的地方,但亦无伤于大体。清代厉鹗指出:"若夫节目未备,去取偶乖,如叙选举则汉魏秀孝之科与铨选不分,叙典礼则康成谶纬之言与古制相混,此其大醇而不无小疵者也。"②《四库全书提要》亦指出立论过当(如认《水经注》为诡诞不经)及名实舛误(如边防而载万里重译之国)的地方,但肯定其具有很大的优点。"然其博取五经群史及汉魏六朝人文集奏疏之有裨得失者,每事以类相从,凡历代沿革,悉为纪载,详而不烦,简而有要,元元本本。皆为有用之实学,非徒资记问者可比,考唐以前之掌故者,兹编其渊海矣。"③并且认为《通典》各门征引《尚书》、周官诸条多存旧诂,对于释经大有帮助。

其次,《通典》之作可以补正史别史之不足,因为典章制度不可求全于史志。章实斋说:"刘氏有《政典》,杜氏有《通典》,并仿周官六典,包罗典章,钜细兼收,书盈百帙,未尝不曰君臣事述,纪传可详,制度名数,书志难于赅备,故修之至汲汲也。"④可见杜佑作《通典》之意是与正史分工而又可以补正史所未备。同时杜佑编辑此书,有古为今用之意。例如他提出省官之议,列引古今官制,以明冗官之弊。史称杜佑精于吏治,料得益于自己著作不少。杜氏又取其要旨,成《理道要诀》十卷,凡三十三篇,皆设问答之词。末二卷又记古今异制,自以为详古今之要,斟酌时宜,可以见于行事。自序云:"颇探政理,穷究始终,遂假问答,方冀发明。第一至第三食货,四选举命官,五礼教,六封建州郡,七兵刑,八边防,九、十古今制议。"朱熹谓为非古是今

① 摘录自《唐书》卷一六六《杜佑传》。
② 《樊榭山房文集》卷七《杜氏〈通典〉马氏〈通考〉郑氏〈通志〉总论》。
③ 《四库全书总目》卷八一《史部政书类一通典条》。
④ 章学诚:《文史通义》卷七《亳州志掌故例议中》。

之书,更可说明杜佑能够"通古今之变"①,为当时政治服务。他曾经说过:"随时立制,遇弊则变,何必因循惮改作耶?"(见本传),亦可见其立言的目的在于经世了。《理道要诀》,明季犹存,今佚。

第二节　郑樵《通志》

宋代史学界人材极盛,成就亦大,各种史体都有庞大而精深的著作,《资治通鉴》可为代表。以一人之力而编纂过百卷之书,亦不乏其人,例如李焘《续资治通鉴长编》五百二十卷,李心传撰《建炎以来系年要录》二百卷,徐梦莘撰《三朝北盟会编》二百五十卷。在这种风气影响下,郑樵《通志》继《通典》而出现。

郑樵传略　郑樵(1104—1162),字渔仲,兴化军莆田人,好著书,以刘向、扬雄自负,不愿以词章自见。年少的时候,在夹漈山筑草堂居住,生活极为困苦,而读书著作不辍。过一段时期,乃周游名山大川,搜奇访古,进行一些调查工作,遇藏书家必借览,读尽而去。初为经史礼乐文字天文地理虫鱼草木方术之学,皆有论述。绍兴十九年(1149),才把所著的书十八种抄写成一百四十卷,携到杭州送上朝廷,高宗赵构诏藏于秘府。郑樵回家后,更加刻苦治学,跟他学习的有二百多人,其名声日著。几年后,因侍讲王纶、贺允中的推荐得诏对,因言班固以来历代为史的缺失。高宗认为他成一家之言,授以右迪功郎,礼兵部架阁。为御史叶义问所劾,改监潭州南岳庙,给札归,抄所著《通志》。书成,入为枢密院编修官。后高宗到建康,命以《通志》进。会病卒,年五十九。学者称他为夹漈先生②。

《通志》的体例和内容　郑樵早有志于通史的撰作,故治学务求广博,所作《通志》,一方面具有通史的形式,与历代正史争长,另一方面又作二十略,企图压倒一切志书。《四库全书提要》标出其书的主要内容如下:

樵负其淹博,乃网罗旧籍,参以新意,撰为是编。凡帝纪十八卷,皇后列传二卷,年谱四卷,略五十一卷,列传一百二十五卷,其纪传删录诸史,稍有移掇,大抵因仍旧目,为例不纯。其年谱仿《史记》诸表之例,惟间以大封拜大政事错书其中,或繁或漏,亦复多歧,均非其注意所在。其平生之精力,全帙之菁华,略在二十略而已。一

---

① 参看王应麟《困学纪闻》卷十四《考史》。

② 节录自《宋史》卷四三六《郑樵传》。

曰氏族,二曰六书,三曰七音,四曰天文,五曰地理,六曰都邑,七曰礼,八曰谥,九曰器服,十曰乐,十一曰职官,十二曰选举,十三曰刑法,十四曰食货,十五曰艺文,十六曰校雠,十七曰图谱,十八曰金石,十九曰灾祥,二十曰草木昆虫。其氏族、六书、七音、都邑、草木昆虫五略为旧史所无。[1]

郑樵对于二十略评价极高,详于《通志总序》。自称:"总天下之大学术,而条其纲目,名之曰略,凡二十略,百代之宪章,学者之能事,尽于此矣。其五略,汉唐之儒所得而闻,其十五略,汉唐诸儒所不得而闻也。"又自称:"二十略皆自有所得,不用旧史之文。"至于汉唐诸儒所不得而闻之十五略,就是氏族略、六书略、七音略、天文略、地理略、都邑略、谥略、器服略、乐略、艺文略、校雠略、图谱略、金石略、灾祥略、昆虫草木略,郑樵自称"出臣胸臆,不涉汉唐诸儒议论"。其余汉唐诸儒所得而闻之五略为:礼略、职官略、选举略、刑法略、食货略。自称"凡兹五略,虽本前人之典,亦非诸史之文也"[2]。

郑樵言大而夸,引起后世学者的注意和批评。因为郑樵认为其中十五略完全是自己的创见,其余五略都出于自己的文笔,没有因袭行为。总而言之,是一部压倒前人的作品,这点许多人是不同意的,难免对他有所指摘。例如《史通·书志》篇提过:"可以为志者其道有三:一曰都邑志,二曰氏族志,三曰方物志。"郑樵增设氏族、都邑、草木昆虫三略,似乎受到刘知几《史通》的启发,不能说是独创的体裁。章太炎指出:六书略及七音略都是小学的支流。但六书略则与说文全不相涉。七音略则谓三十六字母可贯一切之音,且矜贵其说,云得之梵书(谨按《隋书·艺文志》谓自汉佛法行中国得西域胡书,能以十四字贯一切音,文省而义广,谓之婆罗门书。守温作字母三十六亦翻切之法)。又谓切音之学,起自西域。不悟反切之学,为中土所固有,且在创造字母之前,唐以后人归纳反切而制字母,本末之序,不可诬也。[3]清初吴修龄说:"近日顾炎武以为《左传》之鞠穷为弓,句渎为谷,已是翻切,皆未穷源,说文万言,谐声者八千,其中自成声者十之一,余九皆以翻切得声者也。苟无翻切,字内但有二千字,何以周用。八千字中,谐本声、谐四声、谐翻声、谐切声辈,凡有二十四条,朗然可据,此岂先有字后立声乎?翻切必出于始制文字者,形声一时所就耳。"[4]此

---

① 引自《四库全书总目》卷五〇《史部别史类通志条》。
② 见《通志总序》。
③ 略见章太炎先生《史学略说》下篇。
④ 引自刘献庭《广阳杂记》卷四。

亦可补充章氏之说。因此认为六书七音二略的内容为汉唐诸儒所未闻,亦不符合实际。郑樵说过:"天文者,千古不易之象,而世世作天文志,洪范五行者,一家之书,而世世序五行传。"此种提法,本于刘知几《史通》。而郑樵自己又作天文略,灾祥略亦悉抄诸史五行志,不能不说是自相矛盾。我们认为天文志,如果从科学意义上来说,世世代代都有新的。因为天文之学,随着科学的进步,而日新月异,星宿的新发现及其观测方法每代亦有所不同。郑樵的天文略也是新撰的,可惜它仅取隋丹元子步天歌,而不载隋以后天文学的新成就,他自己又没有创造发明之处,又很难说是出自胸臆了。地理略则全抄杜佑《通典》,州郡总序一篇,前虽先列水道数行,仅杂取《汉书·地理志》及《水经注》数十则,即禹贡山川亦未能一一详载。谥略则别立数门而疏漏失载者不少。器服略,器则所载尊彝爵斛之制,制既不详,又与金石略复出,服则全抄杜佑《通典》之嘉礼。其礼、乐、职官、食货、选举、刑法六略,亦但删录《通典》,无所辨证。至职官略中,以《通典》注所引之典故,悉改为案语大书,更为草率。艺文略则间有一事重出,真伪不辨,编类错误诸病。金石略则钟鼎碑碣,核以博古考古二图,集古金石二录,脱略至十之七八,可见亦非他的专门之学。[①]

马端临对于郑樵的礼、职官、选举、刑法、食货五略亦有中肯的批评。他说:"礼及职官、选举、刑法、食货五者,古今经制甚繁,沿革不一。故杜岐公《通典》五者居十之八。然杜公生贞元间,故其所记述止于唐天宝。今《通志》自为一书,则天宝而后,宋中兴以前,皆当陆续铨次,如班固汉志续《史记》武帝以后可也。今《通志》此五略,天宝以前,则写《通典》全文,略无增损;天宝以后,则竟不复陆续。又以《通典》细注称为己意,附其旁而亦无所发明,疏略至此,乃自谓虽本前人之典,而亦非诸史之文,不亦诬乎?"[②]这样质问,假使郑樵复生,恐亦无词以对。

以上所举各种缺点,多数是考证上的疏漏错误。其致误的原因,大概是郑樵爱博而不求精,以通才自命而不屑于专家之业。故气魄虽大,立志虽高,而沉潜耐心不够,使其书勒成而不精细。其次以一人之力成此庞大之书,且居于深山之中,搜集材料有所困难,孤陋寡闻,在所难免。清人厉鹗亦指出此点说:"郑氏居闽海深山之中,宝书秘册,目所未窥,初诣临安,朝廷拟借三馆之储,以资采择。馆职诸公皆不欲而罢,则其书之简率,亦若有厄之者。"[③]这也是一个原因。此外,郑樵生长海隅,怀才不遇,急欲表现自我,每有成书,不及细细修订,即设法上达朝廷。史称他"独切切于

---

① 摘引《四库全书总目》卷五〇《史部别史通志条》。
② 马端临:《文献通考》卷二〇一《经籍考》。
③ 《樊榭山房文集》卷七《杜氏〈通典〉马氏〈通考〉郑氏〈通志〉总论》。

仕进"。急于求成,自然不够成熟。他一生成书五十七种,约五百四十卷,门数既多,卷帙浩繁,任何一门都有不少缺点。《宋史》讥他"成书虽多,大抵博而寡要",似非苛论。

郑樵的史识　由于郑樵过于夸大,名不副实,所以引起后人的讥弹,特别是清代考证学极盛的时候,戴震及王鸣盛都对郑樵有很大的意见。《四库全书提要》的作者考证学派代表纪昀就有如下的批评:"盖宋人以义理相高,于考证之学罕能留意。樵恃其该洽,睥睨一世,谅无人起而难之,故高视阔步,不复详检,遂不能一一精密,致后人多所讥弹也。特其采摭既已浩博,议论亦多警辟,虽纯驳互见,而瑕不掩瑜,究非游谈无根者可及。至今资为考镜,与杜佑、马端临书并称三通,亦有以焉。"①

但郑樵议论的警辟,已为人所承认。章实斋且作"释通""申郑"二篇来表扬郑樵的史识。章实斋因以通史为贵,而郑樵的《通志》亦提倡会通之旨,目标既同,故章实斋对于郑樵的史学见解,极力维护。例如郑樵说:"自书契以来,立言者虽多,惟仲尼以天纵之圣,故总诗书礼乐而会于一手,然后能同天下之文,贯二帝三王而通为一家,然后能极古今之变。仲尼既殁,百家诸子兴焉。各效《论语》,以空言著书,至于历代实绩,无所纪系。迨司马氏父子出,世司典籍,工于制作。故能上稽仲尼之意,会《诗》、《书》,《左传》、《国语》、《世本》、《战国策》、《楚汉春秋》之言,通黄帝、尧、舜至于秦汉之世,勒成一书,分为五体:本纪纪年,世家传代,表以正历,书以类事,传以传人,使百代而下,史官不能易其法,学者不能舍其书,六经之后,惟有此作。……"②

章实斋更作"释通"一篇为之张目。"梁武帝以迁固而下,断代为书,于是上起三皇,下讫梁代,撰为通史一篇,欲以包罗众史,史籍标通,此滥觞也。嗣是而后,源流渐别,总古今之学术,而纪传一规乎史迁,郑樵《通志》作焉。"

章氏又进一步说明通史之修,其便有六,其弊有三,亦因《通志》的优缺点而发。章氏见他人批评郑樵的疏陋打抱不平,特作"申郑"一篇为他辩护说:

樵生千载而后,慨然有见于古人著述之源,而知作者之旨,不徒以词采为文,考据为学也。于是欲匡正史迁,益以博雅,贬损班固,讥其因袭,而独取三千年来遗文故册,运以别识心裁,盖承通史家风,而自为经纬,成一家言者也。学者少见多怪,不究其发凡起例,绝识旷论,所以斟酌群言,为史学要删,而徒摘其援据之疏略,裁剪之未定者,纷纷攻击,势若不共戴天,古人复起,奚足当吹剑之一吷乎?若夫二十略中,

---

① 《四库全书总目》卷五〇《史部别史类通志条》。
② 郑樵:《通志总序》。

六书、七音与昆虫草木三略,所谓以史翼经,本非断代为书,可以递续不穷者比,诚所谓专门绝业,汉唐诸儒不可得而闻者也。创条发例,巨制鸿编,即以义类明其家学,其势不能不因,一时成书,粗就隐括,原未尝与小学专家特为一书者絜长较短,亦未尝欲后之人守其成说,不稍变通。夫郑氏所振在鸿纲,而末学吹求则在小节,是何异讥韩、彭名将,不能邹、鲁趋跄;绳伏、孔巨儒,不善作雕虫篆刻耶?①

　　章氏又作"答客问"三首以为补充,认为郑氏《通志》是"独断之学",说"郑樵无考索之功,而《通志》足以明独断之学。君子于斯有取焉"。他又认为马氏通考不过是"比次之书","若夫比次之书,则掌故今史之孔目,簿书记注之成格,其原虽本柱下之所藏,其用止于备稽检而供采择,初无他奇也"。说它"且其就《通典》而多分其门类,取便翻检耳。因史志而裒集其议论,易于折衷耳。此乃经生决科之策括,不敢抒一独得之见,标一法外之意,而奄然媚世为乡愿,至于古人著书之义旨不可得闻也。俗学便其类例之易寻,喜其议论之平善,相与翕然交称之,而不知其著作源流之无似,此呕哑嘲哳之曲,所以属和万人也"②。

　　章氏的议论,未免抑扬过当。因为郑樵主张通史之体,章氏亦有不谋而合之处。但郑氏意气太盛,主观性过强,许多看法不够全面。我们试论如下。

　　我们先言《通志》的特点及其不够全面的地方。我们同意郑樵论史必求会通之义的观点。因为社会是不断发展的,而且有它的规律性,决定着人们的意识,决定着人们的社会生活和行动。社会发展过程如长江大河日夜奔流,后浪逐前浪,只有相因,没有隔断。而历史发展,也是由旧制度发展到另一个新的制度,新的社会由旧社会孕育出来,社会事物由简单变为复杂,相因而生,所以研究社会历史也应该追源溯流,而求其会通。这点确是郑樵独断之处。同时社会不断地向前发展,人们的生活也越来越丰富多样,人们为了研究社会生活中的复杂现象,就有分门别类研究的必要。郑樵的二十略正是研究各门科学的专史或专书。其中六书略、七音略是文字音韵学史,昆虫草木略是动植物史的一部分,为后世各专门史研究的先河,亦是具有创造的精神。特别是图谱略,把古人注重图谱而后世失传之意义重新提出来,引起了学者的注意。司马迁书有表而无图实是一种缺憾,郑樵收录图谱,可以补历史之不足。郑樵自己说:"图至约也,书至博也,即图而求易,即书而求难。古之学者为学有要,置图于左,置书于右,索象于图,索理于书,故人亦易为学,学亦易为

---

　　① 《文史通义》卷五《申郑》。
　　② 《文史通义》卷五《答客问中》。

功……图谱之学不传,则实学尽化为虚有。"他又说:"今总天下之书,古今之学术,而条其所以为图谱之用者十有六:一曰天文,二曰地理,三曰宫室,四曰器用,五曰车旗,六曰衣裳,七曰坛兆,八曰都邑,九曰城筑,十曰田里,十一曰会计,十二曰法制,十三曰班爵,十四曰古今,十五曰名物,十六曰书。凡此十六类,有书无图不可用也。"①他又在图谱略后面附上许多古图,像今之历史文物图谱之类。章实斋谓②:"建章宫千门万户,张华遂能历举其名,郑樵以为观图之效,而非读书之效,是则建置之图,所系岂不重欤!"而郑樵于此特别多采,可见其对于建设营造事业的重视了。但章实斋以其只知搜集旧图,如博古图、考古图、井田图,方田图之类,而不知别创新图为憾。他说:"郑樵图谱之略,自谓独得之学,此特为著录书目表章部次之法尔。其实史部鸿裁,兼收博采,并存家学,以备遗忘,樵亦未能见及此也。且如《通志》纪传悉仍古人,反表为谱,改志称略,体亦可为备矣。如何但知收录图谱之目,而不知自创图体,以补前史之所无,以此而傲汉唐诸儒所不得闻,宁不愧欤!又樵录图谱,自谓部次专则易存,分则易失,其说似矣。然今按以樵之部目,依检前代之图,其流亡散失,正复与前不甚相远。然则专家之学,不可不入史氏鸿编,非仅区区著于部录便能保使无失也。"③章氏,认为史籍应该配插图,使图谱与史互相发明,就不容易失传,而且更为切合实际,因此就认为郑樵不知独创图体,以合史学的内容。

郑樵注重会通是指他能够重视历史发展的源流正变,亦有卓识。不过他认为史学家都要学司马迁写一本从古到今的通史,而力诋班固断代之失,又不免流于固执。因为如果每个史家都写一本从古到今的通史,往往会互相抄袭,博而不专,劳而无补。以一人的精力,"网罗全史,上下数千年,纵横九万里",实属不易。可以传世的通史,只有司马迁《史记》一本。司马光的《资治通鉴》仍不足称道,因为它缺乏上古和现代部分。郑樵《通志》的历史部分,绝大部分也是抄袭前人史书的,没有独创的地方,做得很不出色,可以说明通史不易做这个问题了。而且历史本来不专指通史,史家可以对各个不同时期的历史情况、国家、社会制度加以具体解释。断代史自有它的作用,如果历代都有断代史,自然可把历史的整个发展过程说明白,而且一个好的断代史家也不是没有博通古今的能力。班固自有缺点,但不能因他的断代史而认为他是一个不通古今的作俑者。在班固之前有许多人写断代史,在班固之后有更多人写断代史,可见断代史的体裁,亦是因需要而产生的。

---

① 《通志·图谱略》。
② 章学诚:《文史通义》卷七《永清县志建置图序例》。
③ 章学诚:《文史通义》卷七《永清县志舆地图序例》。

郑樵讥班固盗袭司马迁之书为无耻,但他自己《通志》的纪传部分抄袭前人之作,较前人更为芜累,反而洋洋得意地说:"纪传者编年纪事之实迹,自有成规,不为智而增,不为愚而减。故于纪传,即其旧文,从而损益。"(《总序》)但班固何尝不可以这样说呢?

郑樵著书正当宋代理学昌盛的时候,许多学者空谈性命,而不注重实践之学,惟郑樵著书尚知讲求实学,主张将学问应用于民生,这点见识,亦对于当时学者有所启发。例如他述关于天文略的目的时说:"樵于尔雅之外又为天文志。以自司马迁以来,诸史各有其志,奈何历官能识星而不能为志,史官能为志而不识星,不过采诸家之说而集合之耳。实无所质正也。樵天文志略于灾福之说,传记其实而图其状也。"①"臣之所作天文书,正欲学者识垂象以授民时之意,而杜绝其妖妄之源焉。"②他志天文的特色就是不以天文附会人事灾祥,而且图天象以供参考,达到垂象以授民时之目的,以明天文与农业生产的关系,比前人志天文实用多了。其次它的灾祥略虽然根据以前的五行志及符瑞志的材料。但也有新的处理。他说:"今作灾祥略,专以记实迹,削去五行相当之说。所以绝其妖,……呜呼! 天地之间,灾祥万种,人间祸福,冥不可知。奈何以一虫之妖,一气之戾,而一一质之以祸福之应,其愚甚矣。"

按灾祥略所载即纪某年、月、日、某地地震,某处日蚀,及地方发生的大水大火等事件,可供天文气象学参考。而且又处处联系到其对人民生活的影响,对于破除迷信,亦有帮助。

郑樵的昆虫草木略是调查研究的结果。他自述"大抵儒生家多不识田野之物,农圃人又不识诗书之旨,二者无由参合,遂使鸟兽草木之学不传。惟本草一家,人命所系,凡学之者务在识真,不比他书只求说也。……臣少好读书,无涉世意,又好泉石,有慕弘景心,结茅夹漈山中,与田夫野老往来,与夜鹤晓猿杂处,不问飞潜动植,皆欲究其情性"③。

郑樵把感性认识和理性认识相结合以窥探飞潜动植物之真,而且又有图画(今佚),这是可以效法的。不过他又说:"神农本经有三百六十(种),以应周天之数。陶弘景隐者也,得此一家之学,以应周天之数而两之。(他)于是取陶弘景之书,复益以三百六十,以应周天之数而三之。"这样分类又不甚科学。因为植物分类按发现的新

---

① 《夹漈遗稿·寄方礼部书》。
② 《通志·天文略》。
③ 《通志·昆虫草木略》。

种而增多,不必限于一定之种,为什么一定要应周天之数呢?而他的虫鱼草木之学主要用于解释《尔雅》和《诗》,本不在于发展一门新的学问,这又是他的局限性。

郑樵的《校雠略》主要讨论图书分类之学,把古今图书分为十二类,略古详今,极合发展规律。同时他提出求书的方法八种,可供搜罗书籍者的参考。"一曰'即类以求'。凡星历之书求之灵台郎,乐律之书,求之太常乐工。……二曰'旁类以求'。凡性命道德之书可以求之道家;小学文字之书,可以求之释氏。……三曰'因地以求'。孟少主实录,蜀中必有;王审知传,闽中必有。……四曰'因家以求'。钱氏庆系图可求于忠懿王之家。……潘佑文集今长乐有之,以其后居长乐。……五曰'求之公'。礼仪之书,祠祀之书,断狱之书,官制之书,版图之书,今官府有不经兵火处,其书必有存者。……六曰'求之私'。书不存于秘府而出于民间者甚多。……七曰'因人以求'。乡人陈氏尝为湖北监司,其家或有田氏之书,臣尝见其荆州田氏目录。若迹其官守,知所由来,容或有焉。……八曰'因代以求'。书之难求者,为其久远而不可迹也;若出近代人之手,何不可求之有!……"从上述八项求书之道,可以窥见郑氏搜罗文献的信心和决心,而且他的方法,如果变通而行,对于保存古代文化遗产会有一定的效果。

关于郑樵的著述可参考顾颉刚先生作的《郑樵著述考》,此文载《北京大学国学季刊》创刊号,兹不具论。

第三节 马端临《文献通考》

马端临《文献通考》与杜佑《通典》都是同一类的作品。马端临《元史》无传,其传仅见于邵远平《元史类编》一书,亦不详细。马端临,字贵与,江西乐平人,父廷鸾,宋咸淳中官右丞相,以忤贾似道去官。当时休宁曹泾精诣朱子学,端临从之游,师承有自,以荫补承事郎,宋亡不仕,著《文献通考》三百四十八卷,自唐虞至南宋,补杜佑之阙,二十余年而成。仁宗延祐四年(1317),遣真人王寿衍寻访有道之士,至饶州路录其书上进,诏官为镂版以广其传,仍令端临亲赍所著稿本赴路校勘,英宗至治二年(1322)始竣工。先是留梦炎为吏部尚书,与廷鸾在宋同为相,召用端临,端临以亲老辞却。及廷鸾死,当局强起他为慈湖柯山二书院山长,教授台州路,不过三个月就告老归,终于家。① 马端临可以说是宋元之间的学者。

---

① 邵远平:《元史类编》卷三四《马端临传》。

《文献通考》共立二十四门。曰田赋、曰钱币、曰户口、曰职役、曰征榷、曰市籴、曰土贡、曰国用、曰选举、曰学校、曰职官、曰郊社、曰宗庙、曰王礼、曰乐、曰兵、曰刑、曰舆地、曰四裔，凡十九门，俱因《通典》的成规，而变通其门类。天宝以前，就因《通典》的材料而加以补充；天宝以后，至宋嘉定之末，就另行续写。曰经籍、曰帝系、曰封建、曰象纬、曰物异，凡五门，则《通典》所未有，而由端临采集各书的材料写成。其继《通典》而作的目的，具见于《自序》中。

唐杜岐公始作《通典》，肇自上古以至唐之天宝，凡历代因革之故，粲然可考。其后宋白尝续其书，至周显德。近代魏了翁又尝作国朝通典。然宋之书成而传习者少，魏尝属稿而未成书，今行于世者独杜氏之书尔。天宝以后盖缺焉。有如杜书纲领宏大，考订该洽，固无以议为也。然时有古今，述有详略，则夫节目之间，未为明备，而去取之际，颇欠精审，不无遗憾焉。盖古者因田制赋，赋乃米粟之属，非可析于田制之外也。古者任土作贡，贡乃包筐之属，非可杂于税法之中也。乃若叙选举则秀孝与铨选不分，叙典礼则经文与传注相汩，叙兵则尽遗赋调之规，而姑及成败之迹，诸如此类，宁免小疵。至夫天文、五行、艺文，历代史各有志，而《通典》无述焉。马班二史各有诸侯王列侯表，范晔东汉书以后无之，然历代封建王侯，未尝废也。王溥作唐及五代会要，首立帝系一门，以叙各帝历年之久近，传授之始末，次及后妃皇子公主之名氏封爵，后之编会要者仿之，而唐以前则无其书。凡是二者，盖历代之统纪典章系焉，而杜书亦复不及，则亦未为集著述之大成也。

关于"文献"二字的解释和通考的著作体例，马氏亦有说明。

昔夫子言夏殷之礼，而深慨文献之不足征。释者曰：文，典籍也，献，贤人也。生乎千百载之后，而欲尚论千百载之前，非史传之实录具存，可以稽考，先儒之绪言未远，足资讨论，虽圣人亦不能臆为之说也。窃伏自念，业绍箕裘，家藏坟索，插架之收储，趋庭之问答，其于文献，盖庶几焉。……凡叙事，则本之经史而参以历代会要及百家传记之书，信而有证者从之，乖异传疑者不录，所谓文也。凡论事，则先取当时臣僚之奏疏，次及近代诸儒之评论，以至名流之燕谈，稗官之纪录，凡一话一言，可以订典故之得失，证史传之是非者，则采而录之，所谓献也。其载之史传之纪录而可疑，稽诸先儒之论辨而未当者，研精覃思，悠然有得，则窃以己意附其后焉。命曰《文献通考》，为门二十有四，为卷三百四十有八，其每门著述之成规，考订之新意，则各

以小序详之。(《自序》)

又鉴于司马光《资治通鉴》一书详于政治而略于文物制度。马端临欲以《文献通考》来互相配合。他说:"《诗》、《书》、《春秋》之后,惟太史公号称良史,作为纪传书、表纪,以述理乱兴衰,八书以述典章经制,后之执笔操简牍者卒不能易其体。然自班孟坚而后,断代为史,无会通因仍之道,读者病之。至司马温公作《通鉴》,取千三百余年之事迹,十七史之纪述,萃为一书,然后学者开卷之余,古今咸在。然公之书,详于理乱兴衰,而略于典章经制,非公之智有所不逮也。编简浩于烟埃,著述自有体要,其势不能以两得也。窃尝以为理乱兴衰不相因者也,晋之得国异乎汉,隋之丧邦殊乎唐,代各有史,自足以该一代之始终,无以参稽互察为也。典章经制实相因者也,殷因夏,周因殷,继周之损益,百世可知,圣人盖已预言之矣。爰自秦汉,以至唐宋,礼乐兵刑之制,赋敛选举之规,以及官名之更张,地理之沿革,虽其终不能以尽同,而其初亦不能以遽异。如汉之朝仪官制本秦规也,唐之府卫租庸本周制也。其变通张弛之故,非融会错综,原始要终而推寻之,固未易言也。其不相因者,犹有温公之成书,而其本相因者,顾无其书,独非后学之所宜究心乎?"(《自序》)

《文献通考》虽然没有《资治通鉴》水平高,对史学贡献大,但二者确有相辅之作用。学者读《通鉴》而不读《通考》,是犹读纪传而不读表志,能知一代之理乱,而不知一代之典章。读《通考》而不读《通鉴》,是犹读表志而不读纪传,能知一代之制度而不知一代之兴衰。合而并读,就可以对上下数千年的社会制度及政治情况有一比较全面的认识。

《文献通考》成于一人之手,部门既广,内容又多,不免存在一些缺点。例如有些重要材料没有包括进去,或者引用一部书中的材料,不知分别轻重,反而把比较重要的材料遗漏,《四库全书提要》举出不少例子。此外,体例和理论内容很少独创的地方,亦是一大缺点。

不过此书仍有不容否认的优点。分门别类,条理分明,材料相当丰富,关于宋代制度,特别详细,所引的材料往往《宋史》各志所未载。所下按语,亦多能贯穿古今,折衷至当。

总之,"三通"各有所长,亦各有所短。学者如能取《通典》的精核,辅以《通考》的详赡,又参考《通志》的别裁通识,兼收众家之长,可以讲求经世致用的道理。

第四节　续"三通"的作品

明代王圻有《续文献通考》二百五十四卷,上接宋宁宗嘉定,下迄明神宗万历。其于马书门类略有变更,欲于《通考》之外兼擅《通志》所长,而才识不足以相称。明代以前,绝大部分取材于宋、辽、金、元四史,绝少旁征博引,惟明代事迹比较详细,足供参考。《四库全书提要》评其体例糅杂,颠舛丛生,遂使数典之书,变为兔园之策论。但以一人之力成此庞大的著述,亦不容易。此书成于明代中叶,但终明之世,仍无人加以改修或另撰,可见大部的类书,亦需有毅力者。

清初朱奇龄(与三)撰《续文献通考补》十册,四十八卷,以补王圻之书,续万历以后事,迄于明末,惜未及刊行,故只有王圻一书传世。

清乾隆时代敕撰《续文献通考》二百五十二卷,分门别类,仍从马氏之书,不过补充一些材料而已。大抵事迹先征正史,而参以说部杂编,议论博取文集,而佐以史评语录。但经籍考不录佚亡,自以为纠正前失,不知著录书籍的存亡正以见当时学术的情况。而且书之是否亡佚,不应即下结论。著录以待搜寻,亦无不可。此书又名《皇朝续文献通考》。

清朝于《续文献通考》外,又敕撰《皇朝文献通考》二百六十六卷,仍依马氏二十四门之目,增加群庙一门,共二十五门,可供研究清代文物制度的参考。

同时又敕撰《续通典》一百四十卷,以续杜佑之书,自唐肃宗至德元年迄明崇祯末年。又敕撰《皇朝通典》一百卷,分类如杜祐之书,而条例稍有变更,亦存一代掌故。

又敕撰《续通志》五百二十七卷,依郑樵《通志》的旧例,有纪传和谱略。纪传名目略有删补,二十略中的艺文略、图谱略及昆虫草木略亦稍变旧例,考证虽稍为严密,但别裁通识远逊于郑书。

此外又敕撰《皇朝通志》二百卷,仍存三十略之目,而省去纪传年谱。

以上六种都是官修之书,合原来的"三通",称为"九通"。金毓黻著《中国史学史》称:"吴兴刘锦藻,以清修《皇朝通考》(即《清通考》)迄于乾隆二十六年,乃取而续之,名《皇朝续文献通考》。其初稿撰于清光绪末年,故只续至光绪三十年而止,辛亥以后,锦藻又续其书至宣统三年清亡之日止,上接前书",亦有清一代掌故之林。

第十二章　辽金元的史学略述

第一节　辽的史学著作

10 世纪初期,契丹的领袖为耶律阿保机,他逐渐统一契丹各部,成为蒙古大部分地区的共主,916 年称帝,号太祖耶律亿(916—927)。其子太宗(耶律德光,927—947) 继位,又占领中国北部的一部分,改国号曰辽。此契丹或辽国,存在约两世纪(916—1125),领有中国北部(今之河北及山西北部)及满洲与蒙古毗连的地方。[①]

辽崛起于塞外,不识汉字,但自太宗入汴 (开封),取晋的图书礼器而北,然后辽的文物制度逐渐汉化。迨与宋朝发生关系,二国往来之际,辽不断接受中原文化的影响,而且又用汉人为其服务,文教之盛直追金元。当时汉文化输入契丹之际,契丹不仅受中原,而且受高丽的间接影响,文章学术颇有可观。我们从缪筱珊的《辽文存》及黄任南的《辽文补录》可见一斑。清代魏源称:"其国多文学之士,其史纪表志传皆详明正大,虽在元代前,而远出元代之上。"[②]

魏源谓辽的文史成就远出元代之上,不无过分溢美之词。但辽代对于史学亦非完全不足道的。太康年间,耶律孟简诣阙上表说:"本朝之兴几二百年,宜有国史,以垂后世,乃编耶律曷、鲁屋质、休哥三人行事以进。道宗(耶律洪基)命置史局编修。"[③]可见当时已经设有史局编修国史和实录了。编修国史的史官有萧罕嘉努(即

---

① 关于辽代事迹,中文材料可参看叶隆礼的《契丹国志》及《辽志》,厉鹗的《辽史拾遗》,杨复吉的《辽史拾遗补》,黄任恒的《辽痕五种》及《辽史》等书。西文材料可参看俄人布莱资颉纳德著的《中世纪研究》第一卷关于《哈剌契丹》一节(梁园东君已从英文译出,名曰《西辽史》,在中华书局出版)。

② 参看魏源《古微堂外集》卷四书辽太祖事。

③ 参看《辽史》卷一〇四《文学》。

萧韩家奴)、耶律俨、窦景庸、刘六符、刘辉、室昉、左企弓、虞仲文等。而有关的著作亦有耶律俨《皇朝实录》七十卷,萧罕嘉努、耶律庶成同撰遥辇可汗至重熙以来事迹二十卷,室昉《统和实录》二十卷,萧罕嘉努编《兴宗起居注》《道宗起居注》,及史官合撰的《太祖以下七帝实录》。其他私撰的杂史及别史亦有多种。①

可是辽代的史学著作,元代之后罕见。或者由于辽时禁止书籍传出境外,以致流行不广,容易散佚。或者金灭辽后,未知文物书籍的重要性,没有及时搜集保存,以致辽代文献材料散失极多。元代编纂辽史,由于史料相当缺乏,所以编得极为简单,有待后世学者加以重修。

第二节　金代的史学著作

金人兴起于长白山北,从游牧民族发展为一个国家,占有中国北部,面积广于辽国,势力强于南宋,既破辽国,接收辽国有用的人材,屡次南侵,又掠取宋朝不少的文物。其制度典章,颇有可观。大定(1161)期间,学风少华而多实,明昌(1190)以后,学风又少实而多华。文章超五代及辽,而下启元代。著名学者如元遗山、赵闲闲、王滹南等都是金一代的大手笔。赵闲闲是一个偶发史论的文学家。元遗山则是文学家而兼史学家,而名声又最著。兹特根据传志介绍如下。

元好问(1190—1257),字裕之,号遗山,太原人。自幼能诗,年十四从陵川郝晋卿学,不事举业,淹贯经传百家,六年而学成,下太行,渡大河。作《箕山》、《琴台》等诗,礼部赵秉文一见称近代无此作,于是名震京师。登第后,历官南阳令,尚书省掾,仕至左司员外郎。金亡,不仕。为一代宗工,有《元遗山诗集》等传世。每以著作自任,以金源氏有天下,典章法度,几及汉唐,国亡史兴,已所当为,而国史实录在顺天道万户张公府,乃言于张公,使之闻奏,愿为撰述。奏可,方辟馆,为武安乐夔所阻而止。遗山曰:不可遂令一代事迹,泯没无闻。乃为《中州集》十卷,又为《金源君臣言行录》(即《壬辰杂编》)。往来四方,采摭遗逸,有所得辄以寸纸细字亲为纪录,于是积至百余万言,并构亭于家,著述其上,因名曰野史。书未成而卒,年六十八。后纂金史,多参考他的作品。② 元遗山曾为元代史院编修官,曾参与纂修九朝实录。如果他有机会纂修金史,提供他最可宝贵的亲身经验,则金史可赖之以存,惜为乐夔

---

① 参看《辽史拾遗》卷十六及黄任恒《补辽文史艺文志》。
② 节录《金史·艺文传》本传及大德碑本《遗山先生墓铭》。

所阻,有志难申,而元代修撰金史,终以元遗山的著作为根据,可见他对于史学仍有不能磨灭的贡献。

刘祁,字子京,为太学生,甚有文名,值金末丧乱,作《归潜志》以记金事,修金史者多采用焉。[①]《归潜志》的内容本来是史料性质,而《四库全书》将其收入小说类。说刘祁"举进士不第,元人入汴,遁还乡里。戊戌复出,就试,魁南京。选充山西东路考试官。……壬辰之变,祁在汴京,目击事状,记载胥得其实。于金末书多有足征,因此言金史者必举此书"。元代所编的金史,有许多地方取材于刘之《归潜志》。《归潜志》一卷至二卷为金末诸人小传;七卷至十卷杂记佚事;十一卷记哀宗亡国始末;十二卷记崔立作乱劫群臣立碑事。最后附有辨亡一篇,历言全国所以亡之故,归结到统治阶级的腐朽,"以至宗庙邱墟,家国废绝",亦可供论史者参考。

赵翼谓元代诸臣纂修金史:"其宣哀以后诸将列传,则多本之元(遗山)刘(祁)二书,盖二人身历南渡后,或游于京,或仕于朝,凡庙谋疆事,一一皆耳闻目见,其笔力老健,又足卓然成家,修史者本之以成书,故能使当日情事,历历如见。然谓其全取元刘之作,则又不然。"[②]于此可见元、刘二人作品有很大的参考价值。

金代其余学者中对史学有裨补的有王若虚等。王若虚(1174—1243),字从之,幼颖悟,擢承安二年经义进士,调鄜州录事,历管城、门山二县令,皆有惠政,秩满,老幼攀送,数日乃得行。用荐入为国史院编修官,迁应奉翰林文字,寻为著作郎,参与章宗、宣宗实录的编撰,仕至延州刺史,入为直学士。尝拒绝为变节的宰相崔立作建功碑。金亡微服而归隐,卒年七十,著作《滹南遗老集》四十五卷。[③]清代金史专家施国祁说:"金季士大夫多喜逃虚养名,高自位置,假借于道学,汩没于禅机,赵闲闲、李屏山其著也。求其潜心抵力,本经史通鉴之学为指归,生平不衍太极图,不作葛藤语者惟王滹南为然。"[④]按《滹南遗老集》中,辨证经史诸书者凡三十三卷,又有《文辨》四卷,《诗话》三卷,惟末五卷为诗文。其间持论偏驳之处颇不能免,但金元间实事求是之学,无出其右者。[⑤]

金代曾经进行过纂修《辽史》的工作。金熙宗皇统中,诏耶律固伊喇因(旧名移剌因)、伊喇子敬(旧作移剌子敬)等续修《辽史》,后出萧永祺继承,共纪三十卷,志五卷,传四十卷,皇统八年1148)四月奏上。大定二十九年(1189)章宗初即位,以《辽

① 《金史》卷一二六《刘从益传附》。
② 《廿二史札记》卷二七《金史条》。
③ 择录《金史》卷一二六《王若虚传》。
④ 引施国祁《礼耕堂丛说·绣谷写本滹南集说》。
⑤ 参看《四库全书简明目录》卷十七《集部》。

史》未善,下诏重修。命伊喇履提控刊修《辽史》,党怀英、郝俣、移剌益、赵沨等七人为编修官。凡民间辽时碑铭墓志及诸家文集或记忆辽旧事悉上送官。同修者又有贾铉、萧贡、陈大任等。泰和元年,增辽史编修官三员,诏分纪、志、列传。刊修官有改除者,以书自随。党怀英致仕后,章宗诏直学士陈大任继成《辽史》。[①] 至泰和七年《辽史》完成,但未及刊行而金亡。只有稿本,故民间不易见到。元遗山尝叹道:"呜呼!世无史氏久矣。辽人主盟将二百年,至如南衙不主兵,北司不理民,县长官专用文吏,其间可记之事多矣。泰和中诏修《辽史》书成,寻有南迁之变,简册散失,世复不见。今人语辽事,至不知起灭凡几主,下者不论也。通鉴长篇所附见,及《亡辽录》、《北顾备问》等书,多敌国诽谤之辞,可尽信耶?"[②]按元遗山认为金代编的辽史已经不复见于此,语涉悲观情调,其实元代编修辽史时,仍得见陈大任的《辽史》,且引用其中不少材料。

金代除续修并完成了《辽史》外,还有国史的九朝实录,亦流传于人间,此书成为元修金史的主要根据,下当详述。总而言之,金代的文史之学实胜于辽。赵翼说:"金初未有文字,而开国以后,典章,诰命皆彬彬可观。文艺传序云:'金用武得国,无异于辽,而一代制作,能自列于唐宋之间,有非辽所及者,以文不以武也。"[③]清代金史专家施国祁也指出这点说:"金源为宋人伪书所诬,数百年来,谬误流传,都视为虎狼之国,凶暴不可近。不知天会皇统开于前,大定明昌踵于后,文治彬彬,才人蔚起,在朝在野,世有著述。"[④]施氏曾采辑金人著作目录约二百种,但取文渊阁目核之,所藏不及四之一,可见自明代已散失极多。关于金代文章,除金人的专集外,以清代张金吾(月霄)辑的《金文最》一百二十卷为最备。而关于记载金末时事之书,除元遗山的《壬辰杂编》,尚有王鹗(百一)的《汝南遗事》及杨焕然的《天兴近鉴》二书,均可参看。

至于金代文献衰微散失的原因,大概是战争,元金交兵,不以文化为重,元兵攻入汴京后,文献残破必多。此其一。有些明代作家,既剽窃金人的著作,又从而诋毁之,使时人对金代文献更加轻视。顾亭林先生尝言:明人著书,无非盗窃金源著述。[⑤] 言虽过激,但亦不是完全没有根据的。

---

① 参石《金史》卷一二五《党怀英及萧永祺传》。关于辽史历代纂修的过程,《廿二史札记》卷二十七有载。

② 引《金文最》卷一八〇元好问《漆水郡侯耶律公墓志铭》。

③ 《廿二史札记》卷二八《金史》。

④ 引《礼耕堂丛说》:《卢氏补金艺文志说》。

⑤ 引《礼耕堂丛说》:《卢氏补金艺文志说》。

第三节　元修宋辽金三史

宋辽金三史修于元代,其编修过程及其结果叙述如下。初张柔率元军围汴京,金臣崔立以汴京降,柔于金帛一无所取,独入史馆取《金实录》并秘府图书,访求耆德及燕赵故族十余家卫送北归。世祖忽必烈中统二年,柔以《金实录》献于朝。[1] 此部《金实录》即元好问曾经过目,且欲借为修金史的根据而不果的。同时,王鹗(百一),东明人,金正大元年甲申状元,授尚书省右司都事,升左右司郎中。三年蔡州被元军攻陷,王鹗将被杀,万户张柔闻其名救之,辇归,馆于其座镇之保州(顺天府,即今保定),因此王鹗得读张柔所藏之《金实录》。王鹗入元授翰林学士承旨,制诰典章皆裁定,颇得世祖忽必烈信任。至元元年(1264)奏请设局纂修实录附修辽金二史,且说:"自古有可亡之国,无可亡之史,盖前代史册必待兴者与修,盖是非与夺,待后人而可公故也。"[2]从之。与鹗同修金史者有李冶、徐世隆、高鸣、胡祗遹等。王鹗乃根据《金实录》与元、刘二氏之书,勒成初稿,以之作为至正时期所修的金史的底本。

世祖至元十六年(1279)灭宋,又命史臣通修宋辽金三史,但拖延日久,迄未成书。直至顺帝至正三年(1343)三月,右丞相脱脱奏请设局,重修三史,有诏命脱脱为都总裁,铁睦尔达世、贺惟一、欧阳玄、揭傒斯、张起岩、吕思诚等为总裁官。在编纂之前,在三国正统问题上发生争论,一年后尚未决。有以宋为正统而辽金附之,以元承宋的。亦有以辽金为正统而外宋,并以赵构与张邦昌、刘豫同为属国的。汉人多主张前说,特别是杨维桢,为此撰《三史正统辨》,凡两千六百余言以支持这种说法。蒙古人多主张后说,因为蒙古以北方部族入主中国,所以祖辽金而黜宋。相争不决,影响到工作的进展。至是脱脱裁断曰:"三国各与正统,各系其年号,以此为三史之义例[3],并订定总的凡例云:一、帝纪、各史书法,准《史记》、《汉书》、《新唐书》;各国称号,准南北史。二、各史所载,取其重者作志。三、表与志同。四、列传(后妃、宗室、外戚、群臣、杂传),人臣有大功者,虽父子各传,余以类相从,或数人共一传。三国所书事,有与本朝相关涉者当禀,金宋死节之臣,皆合立传,不须避忌,其余该载不,尽从总裁官与修史官临文详议。五、疑事传疑,信事传信,准《春秋》(百衲本《辽史》卷首)。以上五例三史同遵。三史各有纂修官,在都总裁及总裁领导下进行工

---

① 《元史》卷一四七《张柔传》。

② 参看《元史》卷一六〇《王鹗传》及孙承泽著《春明梦余录》卷十三引元学士王恽记王鹗事。

③ 见权衡《庚申外史》,缪荃孙著《云自在龛随笔》卷一有引。

作。至正四年三月，《辽史》先成，由脱脱表上。同年十一月《金史》继成，五年十月《宋史》亦成。时脱脱已罢相，由继任右丞相阿鲁图表上，未几即印行于世，列为正史。兹按三史成书次序，分论如下。

《辽史》 《辽史》一百六十卷，内分本纪三十卷、志三十一卷、表八卷、列传四十六卷、国语解一卷，担任工作的，除铁睦尔达世、贺惟一、张起岩、欧阳玄、吕思诚、揭傒斯六位总裁外，还有廉惠山海牙、王沂、徐昺国、陈绎等。起至正三年四月，迄四年三月，不及一年，即告完成。此书的主要根据是耶律俨编的《辽实录》，及第一次由萧永琪修的《辽史》，第二次由陈大任完成的《辽史》。赵翼指出："至元修《辽史》时，耶律俨及陈大任二本俱在，后妃传序云：俨、大任《辽史·后妃传》大同小异，酌取以著于篇。而历象闰考中，并注明俨本某年有闰，大任本某年无闰，尤可见其纂修时悉本俨、大任二书也。"[①]

但元修辽史，自有它的体例和宗旨，对于耶律俨、陈大任二书的材料也有取舍剪裁的地方，尽量保持客观态度来处理辽与金宋二国的关系。例如脱脱表上说："天祚自绝，大石苟延，国既邱墟，史亦芜莽。耶律俨语多避忌，陈大任辞乏精详，五代史系之终篇，宋旧史埒诸载记，予取各徇其主，传闻况失其真。"可见，《进辽史表》不是完全依赖上述二书，而且元与辽国关系亦深，元对于辽国的情况亦有相当的了解，而且也有档案材料可供参考。又其书以实录为凭，无所粉饰，所言比较可信。而且立表之多，可以补其纪传的脱漏，令人一目了然，亦可见体例之善。

但总观全书，过于简略，成书太速，无暇博引群书，加以考证，以致记事矛盾、重复疏漏的地方往往而有，甚至国号年代及姓名亦不及详考，只能待后人补缺了。

《金史》 《金史》一百三十五卷，凡纪十九卷，志三十九卷，表四卷，列传七十三卷。此书以《金实录》为底本，而实录遇事直书，并经过调查研究，言足征信。赵翼说："按完颜勗及宗翰传，女真初无文字，祖宗时并无记录，宗翰好访问女真老人，多得先世遗事。太宗天会六年，令勗与耶律迪延掌国史，勗等自始祖以下十帝，综为三卷，凡部族，既曰某部，又曰某水某乡某村以识别之。至与契丹往来及征战之事，中多诈谋诡计，悉无所隐，故所举咸得其实云。今按世纪，初臣辽而事之，继叛辽而灭之，一切以诈力从事，皆直书不讳。及锡馨（旧名石显）、和诺克（旧名桓赧）、萨克达（旧名散达）、乌春拉必（旧名腊醅）、罕都（旧名欢都）、伊克（旧名冶诃）等传，地名、部名、村名悉了如指掌，应即勗等所修之载在实录者。皇统八年，勗等又进太祖实录二

---

① 《廿二史札记》卷二七《辽史一》。

十卷。大定中,修睿宗实录成,世宗曰:'当时旧人惟古云(旧名毂英)在,令史官持往就问之,多所更定(见古云传),是金代实录本自详慎。'卫绍王被弑,记注无存。元初王鹗修金史,采当时诏令及金令史窦详所记二十余条,杨云翼日录四十卷,陈老日录二十余条及女官所记资明夫人授玺事以补之。可见金史旧底固已确核,宜纂修诸人之易藉手也。"①此外,宣哀以后诸将列传又根据元遗山及刘祁二书,但仍互相参订,斟酌得宜,并非搬字过纸,毫无论断。《四库全书提要》也指出它的一些优点。

> 如载世纪于卷首,而列景宣帝、睿宗、显宗于世纪补,则酌取《魏书》之例;历志则采赵知微之大明历而兼考浑象之存亡,礼志则掇韩企先等之《大金集礼》而兼及杂仪之品节,河渠志之详于二十五埽,百官志之首叙建国诸官,咸本本元元,具有条理。食货志则因物力之微,而叹其初法之不慎。选举志则因令史之正班,而推言仕进之末弊。交聘表则数宋人三失,而惜其不知守险,不能自强,皆切中事机,意存殷鉴,卓然有良史之风。②

但《金史》也不无可议之处,如纪传之中颇有舛误,或有应立传之人而不为其立传,或有关国政之事而失载,或有氏名前后不统一及叙事有互岐之处,《四库全书提要》及《廿二史札记》都有指出,可能是成书太快,不及细考之故。

平心而论,《金史》与其他二史比较,自有一日之长。施国祁说:"金源一代,年祚不及契丹,舆地不及蒙古,文采风流不及南宋,然考其史裁大体,文笔甚简,非《宋史》之繁芜;载述稍备,非《辽史》之缺略;叙次得实,非《元史》之伪谬。"这是合理的批评。

《宋史》 《宋史》四百九十六卷。今本内分本纪四十七、志一百六十二、表三十二、列传二百五十五。为正史中卷帙最多的一部。此书虽由托托署名总裁,其实出于欧阳玄、虞伯生(集)、揭傒斯(曼硕)诸人之手。由于宋代遗留的史料极为丰富,不患无所取材,每帝必有日历,日历之外,又有实录,实录之外,又有正史以及私家关于当代的记载,其他名臣传,言行录,家谱之类更不胜数。

根据实录修成的宋代国史,宋晁公武撰《郡斋读书志》称:"三朝国史一百五十卷,纪十、志六十、列传八十,吕夷简等撰。三朝者,太祖、太宗、真宗也。又两朝国史一百二十卷,此仁宗、英宗两朝史,纪五、志四十五、余为列传,王珪等撰。又案陈振孙撰《直斋书录解题》,四朝国史五十卷(《文献通考》二百五十卷),乾道十三年修成,

---

① 《廿二史札记》卷二七《金史一》。
② 《四库全书总目》卷四六《史部正史类》。

此北宋神、哲、徽、钦四朝国史志，乃王淮等上，而四朝列传都是孝光两朝所续成。洪迈指出宋各朝史有改修和合并：本朝国史凡三书：太祖、太宗、真宗曰三朝；仁宗、英宗，曰两朝；神宗、哲宗、徽宗、钦宗曰四朝。虽各自纪事，至于诸志，若天文、地理、五行之类，不免烦复。元丰中，三朝已就，两朝且成，神宗专以付曾巩，使合之。……绍兴初，以其是非褒贬皆失实，废不用。淳熙乙巳(1185)，迈承乏修史。丙午(1186)之冬，成书，进御，遂请合九朝为一。"①可见北宋各朝的史稿，已经过一度审查、修改以及综合的工作，不过仍是史料性质的长编。

南宋各朝史当代亦有成稿。据《玉海》卷四十六，淳祐四朝史条："淳祐二年(1242)二月进纪，十一年命史官分撰志传，编修官王偁撰舆服志四卷，宝祐二年(1254)八月二十三日癸巳进志传，五年闰四月四日修润上之。"赵翼补充说："李心传所修高孝光宁四朝国史，史嵩之所上中兴四朝国史，谢方叔所上中兴四朝志传亦皆理宗时成书也。"(《廿二史札记》卷二十三)

上述宋代史料已经极为浩繁。苏天爵亦称："宋自太祖至宁宗，实录凡三千卷，国史凡六百卷，编年又千余卷，其他宗藩谱图，别集，小说，不知其几。"②

宋亡，这些文献材料都被收入元的国史院，使元代史臣能于二三年间，加以整理，订成新史，忽忽卒业，犹存笔削之迹，赵翼说："宋代国史，国亡时皆入于元。元人修史时，大概只就宋旧本稍为排次，今其迹有可推见者。道学传云：'旧史以邵雍列于隐逸未当，今置于张载传后。'方技传序云：'旧史有老释符瑞二志及方技传，今去二志独存方技。'外国传序云：'前宋史有女真传，今既作金史，义当削之。'夏国传赞云：'今史所载谥号、庙号、陵名，兼采夏国枢要等书，其与旧史有牴牾者，则阙疑以俟。'此可见元人就宋旧史另有编订之迹也。"③

由于元代史官急于求成，无暇细心综合浩繁的史料，加以分析，修改或重作。修史诸人又非史才，无通识别裁足以勒成一代新史。北宋事迹，犹只有王称的《东都事略》，叙述较详，建炎以后稍略，理、度二朝，宋人极少记载，史传亦不具首尾，遂至文苑传止详北宋，而南宋仅载周邦彦等寥寥数人，循吏传则南宋无一人，岂竟无可考哉？抑亦姑仍东都书之旧而不为续纂也④。清史学家邵二云曾举出《宋史》中纪传互异，志传互异，传文前后互异，世系及官资的不实及前后错误重复之处数十事。赵

---

① 《容斋三笔》卷四《三竖子》。
② 《滋溪文稿》卷二五《杂著》。
③ 《廿二史札记》卷二三《宋辽金史》。
④ 略引邵二云宋史史提要语。

翼亦举出其列传中的不少错误遗漏及排次失当的地方。

《宋史》特立道学传于儒林之前,以尊周、二程、张、邵、朱六子,而程朱之门人互见。此亦成为后人不满《宋史》的原因之一。论者认为程朱亦是儒家,何必于儒林之外,别立道学一门,如果作者认为程朱等高出于宋代诸儒,可以替他们立专传,于论赞中表扬其直接圣贤之宗旨,如汉之董仲舒,唐之韩愈皆自有传,不必特辟道学一门来放置他们。他们的门徒则可入儒林,以示地位的差别。[1]《宋史》道学传不必立而竟立,有类蛇足,空以表彰道学为宗旨,而昧于学术思想源流。因此有些考证家说它:"大旨以表章道学为宗,余事皆不甚措意,故舛谬不能弹数。"[2]

我们今日看来,《宋史》虽有芜陋之称,但卷帙几及五百卷,材料丰富,足供我们研究宋代史迹参考了。必要时我们还可以另立体例来重修宋史,把它作为底本,如撰作《资治通鉴》,即先成长编以备删改。如此,元人保存宋代史料之功实不可没。

其次,元代统治时期极短,至正年间元朝统治者已踏入没落的阶段,各地人民的武装反抗和起义越来越激烈,而民间武装如韩林儿、徐寿辉等纷纷起来各据一方,时局动荡影响到修史工作的进行。宋辽金三史的草草告成,即此之故。三史撰成后,又过二十三年而元朝政权终被推翻,如果元代修史工作再拖延,旷日持久,改朝换代之后,三史稿本是否能保存下来,明人是否能够更好地完成此项工作尚属疑问。想到这点,我们就不忍责备元人修史的急于求成了,反而认为他们保存了三国史料,有功于史学。

---

① 关于《宋史·道学传》的批评,可参看钱大昕《潜研堂文集》卷二八《跋宋史一》。
② 这是《四库全书提要》的话。《提要》的作者纪昀是代表清代考证学派的。

第十三章　明代史学略述

第一节　明修《元史》的经过及其成就

明修《元史》始于洪武二年(1369),目的在网罗前代遗臣,厚给俸禄,削弱并消弭他们的反抗思想,使其为新朝效力,老死于文字之间,达到学术为其政权服务的目的。史载"洪武二年,太祖(朱元璋)诏修《元史》,命左丞相李善长为监修官,前起居注宋濂、漳州府通判王祎为总裁官,征山林遗逸之士汪克宽、胡翰、宋僖、陶凯、陈基、曾鲁、高启、赵汸、张文海、徐尊生、黄箎、傅恕、王锜、傅著、谢徽、赵壎为纂修官。"①

是年二月开局于天界寺,取元《经世大典》诸书用资参考,至八月成书,散局,诸儒并受赐赍归。此为第一次开局修史的经过。从开始到结束,仅半年时间,其速度不下于元修宋辽金之三史,实因具备一些有利条件。

第一,有经验的遗老被其起用。如在元曾著《正统辨》的杨维祯(廉夫),坚持白衣身份,被聘至史馆斟酌叙例。而曾经参加编修宋辽金三史的危素(太朴)亦在顾问之列。危素本传所纪,晚节不保,实因他与元史有一定的关系。他"修纂后妃等传,事逸无据,素买饧饼馈宦寺,叩之得实,乃笔诸书,卒为全史。为翰林学士承旨时,明师入燕,乃趋所居报恩寺,入井,僧大梓力挽起之曰:国史非公莫知,公死,是死国史也。素遂止。兵迫史库,往告镇抚吴勉辈,出之,元实录得无失。洪武二年,授翰林侍讲学士,数访以元兴亡之故,且诏撰皇陵碑文皆称旨"②。危素对于元史的编修有一定的功劳。

---

① 参看《明史》卷二八五《赵壎传》。
② 参看《明史》卷二八五《危素传》。

第二,有元代实录等书可供参考。洪武元年,徐达率军入元都北京,封府库籍图书宝物,保全史料必多,元十三朝实录自在其内。元代实录与《经世大典》都是《元史》的底本。徐一夔(大章)致《元史》总裁王祎书说:"元朝不置日历,不置起居注,独中书置时政科,遣一文学掾掌之,以事付史馆,及一帝崩,则国史院据所付修实录而已。其于史事,固甚疏略,幸而天历间虞集仿六典法,纂《经世大典》,一代典章文物粗备,是以前局之史,既有十三朝实录,又有此书,可以参稽,而一时纂修诸公,如胡仲申、陶中立、赵伯友、赵子常、徐大年辈皆有史才史学,仅而成书。至若顺帝三十六年之事,既无实录可据,又无参稽之书,惟凭采访以足成之。"①徐一夔谓元朝不置起居注,但王祎进实录表则说:"采摭于时政之编,参取于起居之注。"②是参考起居注而撰成实录。或者因为元末废起居注之官,以致徐氏误以为不设起居注。

第一次开局修史,成书虽速,但顺帝一朝史尚未勒成。乃命儒士欧阳佑等往北平采遗事,明年二月还朝重开史局,仍以宋濂、王祎为总裁,征四方文学士朱右、贝琼、朱廉、王彝、张孟兼、高逊志、李懋、李汶、张宣、张简、杜寅、殷弼、俞寅及赵埙为纂修官。先后纂修三十人,阅六月书成③。为纪四十七卷,志五十三卷,表六卷,列传九十七卷,合二百一十三卷。其体例大致仿照元修三史,即本纪准两汉史,志准宋史,表准辽金史,列传准历代史而参酌变通,纪传志表皆不作论赞,据事直书,具文见意。但亦遵守不严,致成乖迕。正如《四库全书提要》指出的,三公宰相分为两表,礼、乐合为一志,又分祭祀舆服为两志,列传则先及释老,次以方技,皆不合前史遗规,而删除艺文一志,收入列传之中,遂使无传之人,所著皆不可考,尤为乖迕。

由于《元史》编纂诸人的准备工作做得不够,而成书又力求迅速,因此产生许多缺略错误的问题,后人一一指出。顾亭林《日知录》摘其赵孟頫诸传备书上世赠官,仍志铭之文,不知芟削。河渠志言耿参政,祭祀志言田司徒,引案牍之语,失于剪裁。朱彝尊《曝书亭集》又谓其急于成书,故前后复出,因举其一人两传者,条其篇目,为仓猝失检之病。钱大昕读《元史》至四杰事,而讶赤老温无传,初以为文献无征,后读《元朝秘史》,继读虞文靖、黄文献两公集,"乃知逊都思氏之文献,非尽无征,特明初修史诸臣,于实录之外,惟奉苏氏名臣事略为护身符,其余更不采访,遂使世家汗马之勋,多就湮没尔"④。

---

① 参看《明史》卷二八五《徐一夔传》。
② 引苏天爵编《元文类》卷十六《表》。
③ 引《赵埙传》。
④ 《潜研堂文集》卷二八《跋元名臣事略》。

《元史》芜杂缺略之失,亦有原因。第一,修史之人不懂蒙古文字,经常把人名地名搞错,以致一人两传,错误百出。而且一篇之中,一人的名字前后翻译不同。所以关于蒙古开国前的历史源流不能叙述清楚。第二,对于蒙古秘史之类的史籍,不能充分利用。秘史即《元史》所称的《脱卜赤颜》,亦即蒙古贵族的实录,宗室贵族可观,禁止外传。文宗时期,奎章阁以纂修《经世大典》,请从翰林国史院取《脱卜赤颜》一书,以记太祖以来事迹。不从。① 王国维的考证如下:"元史虞集传:有旨修《经世大典》,集请以国书《脱卜赤颜》增修太祖以来事迹。承旨塔失海牙曰:'《脱卜赤颜》非可令外人传者',遂于已。按既称国书《脱必赤颜》,则当文宗时,此书尚无汉译之本。乃察罕传言,仁宗命译《脱必赤颜》,名曰《圣武开天记》,及《纪年纂要》、《太宗平金始末》等书,俱付史馆云云。考文渊阁书目卷五,有《元朝秘史》、《续秘史》各二部,卷六有《圣武开天记》一部,则察罕所译,与虞集所请,自非一书。缘《圣武开天记》既宣付史馆,且至明初尚存,则与虞集国书之目,塔失海牙不传外人之言,不能相符。疑元时自有两种《脱卜赤颜》,其译为《圣武开天记》者,殆即今之元《圣武亲征录》,而虞道园所请以修《经世大典》者,则今之《元朝秘史》也。……考宋濂《銮坡集》(四)有吕氏采史目录序云:'洪武元年冬十有一月,命启十三朝实录,建局删修元史。明年秋七月,史成。自太祖至于宁宗总一百五十九卷,顺帝三十六年之事,旧乏实录,阙略不备。于是奏遣使者十一人遍行天下,凡涉史事者悉上送官。今之北平乃元氏故都。章贡吕仲善时司膳成均,乃被是选。是月癸卯,即乘驿北上,八月丁卯抵北平,凡诏令疏奏拜罢奏请布在方册者,悉辑为一。有涉于番文,则令译而成文。至冬十一月壬辰朔始完,以帙计者八十,畀至行中书省,借官印识之,进于南京。濂于是有所依据,修成续史四十八卷。夏六月(洪武三年)复诣阙上进云云。是洪武二年采史之役实兼译事,此《元朝秘史》亦即所译番文之一。惜洪武三年重修时,仅续成顺帝一朝事,而于已成之百六十九卷未遑修改。故《元史》中迄未采入此书一字。宋濂《元史》目录后记,虽云'凡前书所未备者,颇补完之,盖亦一具文而已。"② 据此,宋濂等修《元史》并未利用最宝贵的史料,如《元朝秘史》之类。至于《元朝秘史》未被利用的缘故,则是其文词俚鄙,未经词人润色,甚易被人忽视。而且《元朝秘史》的译出已在《元史》第一次稿已经完成并进上后,后虽发现这种可供参考的史料也不便提回改修补充了。

第三,蒙古兵在成吉思汗率领下,曾经纵横欧亚二洲,《元史》不能不述。而修史

---

① 其详可参看《元史本纪》三五,文宗纪四,《元史》卷一八一《虞集传》亦有载《脱卜赤颜》之事。

② 参看《观堂集林》卷十六《蒙文元朝秘史跋》。

诸公大都缺乏域外史地知识,语焉不详。所以清代洪钧有《元史译文补证》之作。

第四,《元史》仓猝修成,不能完全归咎于修史诸人的潦草,这与明太祖的专断有关。孙承泽《春明梦余录》说:《元史》笔削皆取上裁,而且有"独即旧志为书"的指示。明太祖察察为明,凡有措施,雷厉风行,使修史者不能不仰承统治者的意图,而急于奏功,以免谴责。朱彝尊说:"明修《元史》,先后三十史官,类皆宿儒才彦,且以宋濂、王祎充总裁,宜其述作高于今古,乃并三史(宋辽金史)之不若,无他,声名文物之不典,而又迫之以速成也。"①

《元史》修成后,多以为未善。有朱右作《元史拾遗》,解缙作《元史正误》,并与吏部侍郎董伦书,称《元史》舛误,承命改修之语。今"拾遗","正误"及缙所修改者皆不传,至清代而重作元史有三家之多。

但《元史》亦未尝没有优点。赵翼指出:"明初修史诸臣即抄撮成书,故诸列传尚多老笔,而无酿词。其天文、五行诸志,则有郭守敬所创简仪仰仪诸说,职官、兵刑诸志,又有虞集等所修《经世大典》,水利、河渠诸志,则有郭守敬成法及欧阳元《河防记》以为据依。故一朝制度亦颇详赡。顺帝一朝,虽无实录,而事皆明初修史诸人所目击,觇记较切,故伯颜、太平、脱脱、哈麻、孛罗、察罕、扩廓等传,功罪更为分明。末造殉节诸人,则又有张翥所集《忠义录》以资记载。故一部全史,数月成书,亦尚首尾完具,不得概以疏略议之也。"②赵氏所言,确是平情之论,日后虽有几种元史的新著,卒不能夺《元史》在史学上的地位,其故在此。

第二节　明代国史之失与私家著作之盛

明朝统治者对于修史工作,或则虚应故事,存苟且敷衍的心理,或则贬低前代,夸大本朝开国的功绩,其最终目的,不过豢养一批文人替自己的政权服务,以消耗他们的才华精力,而"思乱"之志息而已。明代初期编修《元史》,不过临时召集朝野学者参与其中,事竣后立即解散,其不注重修史可知。初时虽于翰林院中设国史院,但不久就罢设,以翰林院的修撰、编修及检讨等兼任史官。明初虽有起居注的官,但至洪武十四年废止,至万历三年又设,不久又罢,因而明代实录很少有起居注作为根据,而且隔数十年才修一次。关于实录以后另立专章再谈。

---

① 《曝书亭集》卷三五《元史类编序》中语。
② 《廿二史札记》卷二九《元史》。

王守溪在翰林院时,尝作拟罪言,其中有论修史一条,切中当时国史之弊。略曰:"班固死,天下不复有史矣。古之所谓史者,皆世守之,入主所至执笔以随,其言其动皆亲见而亲书之,所谓信史也。后世史官虽具员而无定职,人主动静邈不相及,政事行罢,不及预闻。惟易世之后,则绅前后奏疏而分曹书之,且以宰臣兼领。奏疏之语,果皆实乎?分曹之人,果皆才乎?宰臣之意,果皆公且正乎?且生于数十年之后,追书数十年之前,其是非曲直皆茫然无闻,或得之传闻,已非其实,纵得其实,而亦莫能照其情伪,或夺于众不得书,或迫于势不敢书,或局于才识不能书。故一时君臣谋议勋业汨没不传,而奸险情态,亦无能发其微,以为世戒,而监领者又往往以私好恶杂乎其间。故曰不复有史矣!"①上所批评,显然针对明代国史总于翰林,不立日历所,不设起居注而发。

明初亦曾命诸史官从史籍中辑录许多种有关政刑的书,给诸王百官阅读,目的在教人如何尽忠,亦巩固政权之一种手段。祝允明指出说:"太祖平乱,国用重典。当时政刑,具有成书,及辑古事,劝惩诸王百官,往往今人少见之,如彰善瘅恶录也。奸臣录、清教录、永鉴录、省躬录、志戒录、世臣总录等甚多。"②

永乐元年,"又开局修《永乐大典》,凡古今事物言词,网罗无遗,每摘一字为标揭,系事其下,大小精粗,无所不有,以太穰溢,竟未完净而罢。闻其目录且几百卷。"③案《永乐大典》是我国文献的渊薮,空前庞大的百科全书,有大功于我国文化,许多宋元史料赖它保存下来。可是有明一代始终没有大规模的修史工作,修史的工作既然不被重视,只有私家著述还可以弥补这一缺憾。

明人的史学著作,大概可以分为两类,即前代史的续修与当代史的记载。

重订宋辽金史的有柯维骐的《宋史新编》。柯维骐,字奇纯,莆田人,举嘉靖二年进士,授南京户部主事未赴。自是谢宾客,专心读书。宋史与辽金二史旧分三书,维骐乃合之为一;以辽金附之,而列二王于本纪,褒贬去取,义例严整,越二十年而始成,名之曰《宋史新编》。又著《史记考要》等书,行于世。④《宋史新编》凡本纪十四卷,志四十卷,列传一百四十二卷,表四卷,共二百卷。其书今有刻本,对于《宋史》的疏舛处,多所纠正。钱大昕评此书:"用功已深,义例亦有胜于旧史者,惜其见闻未

---

① 引许浩著《两湖麈谈》第 6 页(历代小史本)。

② 祝允明:《野史》(历代小史本),第 28 页。

③ 引祝允明《野史》第 50 页。关于《永乐大典》可参看缪荃孙《艺风堂文续集》卷四《永乐大典考》一文。

④ 《明史》卷二八七《柯维骐传》。

广,有史才而无史学耳。"①个人修史往往陷于孤陋,可发一叹!

此外,王洙有《宋史质》一百卷,大旨以明继宋,列辽金于外国,并削元一代之年号。王维俭(损仲)的《宋史记》二百五十卷,体例略同柯书,有传抄本,藏北京图书馆。钱士升的《南宋书》六十八卷,有南沙席氏刊本。钱士升,字抑之,嘉善人,万历丙辰赐进士第一,官至大学士。钱氏因《宋史》失之冗长,故取南渡以后事迹删修,别成一书,以配王称之《东都事略》。周中孚《郑堂读书记》卷十八有提要一篇,略称其书"凡帝纪六卷,后妃纪一卷,列传六十一卷。其官阶之复沓,奏疏之汙漫,刊落甚多,而列传之分合,亦多所移置,有者或增之,无者或补之;虽取之稗官野史,而事无关系,言不雅驯者,概不叙入。每卷皆有论,断制尚属平允。其赞为吴县许重熙撰,亦详略得中。……"

续《资治通鉴》之书有陈桱的《通鉴续编》二十四卷。续《后汉书》的有谢陛的《季汉书》五十卷,吴尚俭的《续后汉书》六十卷。补注或改编两晋南北朝史的有蒋之翘的《删补晋书》一百二十卷。茅国缙的《晋史删》四十卷,李清之的《南北史合注》一百九十卷(闻有传抄本在北京图书馆)。

关于纪事本末体的著作,以冯琦及陈邦瞻合编的《宋史纪事本末》为最佳。此书由冯琦编了一小部分,以后由陈邦瞻完成,因此应以陈氏为主要的编者。邦瞻字德远,万历戊戌进士,对宋元史有很深的造诣。《宋史纪事本末》,自太祖代周,迄于文、谢之死,凡分一百零九目,于一代兴衰治乱之迹,叙述得极有条理,文笔亦不枯燥,具见其综合和分析的能力及学问的赅博。邦瞻另撰有《元史纪事本末》列目凡二十七,每目一卷,对元代的政治、经济、文化、军事各方面的情况以及历史人物的活动,都有明确的叙述,有伦有脊,不蔓不支,可供初学元史的参考。今本有臧懋循补辑,附张溥的议论。

总之,明代史学比宋代差得太远,没有庞大的著作出现,也没有独创的风格特点,但野史杂史最为丰富,亦有可述之处。

明代国史失修,而私史的撰述极盛,凡野史、杂记、小录、郡书、家史不下数百种,正如龚定盦所说:"有明中叶,嘉靖及万历之世,朝政不纲,而江左承平,斗米七钱。士大夫多暇日,以科名归养望者,风气渊雅,其故家巨族谱系多闻人或剞一书,或刻一帖,其小小异同,小小源流,动成掌故。使倥偬拮据,朝野骚然之世,闻其逸事而慕之,揽其片楮而芳香恻悱。"②明人好著书几乎成为一种风气,作者既不理会其本人

① 《潜研堂文集》卷二八《跋柯维骐宋史新编》。
② 《龚定盦全集》第三辑《江左小辨序》。

是否相称,亦不问社会上有无此种需要,往往从自己的名利及兴趣出发。《四库全书提要》的作者说:"明人学无根柢,而最好著书,尤好作私史,其以累朝人物汇辑成编者,如雷礼之《列卿记》,杨豫孙之《名臣琬琰录》,焦竑之《国史献征录》,卷帙最为繁浩,而冗杂泛滥,不免多所抵牾。"①

明代之史学家王世贞也极论当代野史之滥弊。

野史之弊三:一曰,挟隙而多诬。其著人非能称公平,贤者寄雄黄于睚眦,若《双溪杂记》,《琐缀录》之类是也。二曰,轻听而多舛。其人生长闾阎间,不复知县官事,谬闻而遂述之,若《枝山野记》,《剪胜野闻》之类是也。三曰,好怪而多诞。或创为幽异可愕,以媚其人之好;不核,而遂书之,若《客座新闻》,《庚巳编》之类是也。无已,求之家乘铭状乎?此诔枯骨,谒金言耳。虽然,国史人恣而善蔽真,其叙章典,述文献,不可废也。野史人臆而善失真,其征是非,削讳忌,不可废也。家史人谀而善溢真,其赞宗阀,表官绩,不可废也。吾于三者豹管耳,有所见不敢不书,所俟博洽者考焉。②

对于明代野史的芜杂,主张批判地参考的,尚有清初徐健学,他说:"野史流传不尽可信。其最挟私害正者,无如尹直之《琐缀录》,王琼之《双溪杂记》,支大纶之《永昭陵编年史》,此皆小人之尤,其言岂足凭据。有居台阁而著书,乃甚纰谬者。王守谿之《震泽纪闻》,《震泽长语》,陆贞山之《庚巳编》是也。有名托国典,而其实乃甚颠倒者,陈东莞之《皇明通纪》,黄司寇之《昭代典则》是也。……"

由于野史的泛滥无纪,其中质量低劣的,遂成为后人批评的对象,后人有尽信书不如无书之慨叹。古语说:"十室之邑,必有忠信。"野史杂记中并不是没有可宝贵的作品。例如王世贞的著述便是好的一类。王世贞(1526—1590),字元美,自号凤洲,又号弇州山人。《明史》卷二百八十七有传。著书很多,其全集名《弇州山人四部稿》,其中多诗、赋、文及说部,凡三百八十一卷。又有《弇山堂别案》一百卷,乃明代掌故的渊薮。凡盛事述五卷,异典述五卷,奇事述四卷,史乘考误十一卷,表三十四卷,考三十六卷。《四库全书提要》称:"世贞承世家文献,熟悉朝章,复能博览群书,多识于前言往行,故其所述颇为详洽。但征事既多,不无小误,又所为各表多不依傍行斜上之体。然其大端可信。"

---

① 《四库全书总目》卷五八《史部传记类六》。《今献备遗》(明项笃寿撰)提要。
② 《弇山堂别集》卷二〇《史乘考误二》。

明代掌故之书可推王世贞的作品为优秀作品。此外,何乔远的《名山藏》一百卷,始于洪武,终于隆庆,其中有很多不常见而关系重大的史料,凡研究中外交通史或东南亚史的人都有一读的必要。虽有刻本,但今日已流传不广,实为可惜。明代思想家李贽的《藏书》及《续藏书》二种,前者关于史学的通识,后者关于史科的纪载,都能使人开拓眼界,有裨于考证。还有沈德符(1578—1642)的《万历野获编》三十四卷,洋洋五十多万言,分门别类,条理井然,不仅史料十分丰富,而且文章典雅可诵,识见亦高。他自序说:"余生长京邸,孩时即闻朝家事,家庭间又窃聆父祖绪言,因喜诵说之。比成童,适先人弃养,复从乡邦先达,剿窃一二雅谈,或与陇亩老农,谈说前辈典型,及琐言剩语,娓娓忘倦,久而渐忘之矣。困阨名场,梦寐京国,今年鼓箧成均,不胜令威化鹤归来之感,即文武衣冠,亦几作杜陵夔府想矣。垂翅南还,舟车多暇,念年将及壮,遭回无成,又无能著述以名世。辄复绅绎故所记忆,间及戏笑不急之事,如欧阳归田实例,并录置败篚中,所得仅往日百之一耳。其闻见偶新者,亦附及焉。若郢书燕说,则不敢存也。"可见此书所载的见闻,多有一定的根据,不论庭训的余闻,还是调查访问的记录,对史学研究都有一定的参考价值。

明代私家史籍中,可推举的有张岱(陶庵)的《石匮书》二百二十卷,及《石匮书后集及别传》一卷,张岱以直笔自许,费时二十多年,反复修改,才勒成定本,自称:"第见有明一代,国史失诬,家史失谀,野史失臆。故以二百八十二年总成一诬妄之世界。余家自太仆以下,留心三世,聚书极多。余小子苟不稍事纂述,则茂先家藏三十余乘,亦荡为冷烟,鞠为茂草矣。余自崇祯戊辰,遂泚笔此书,十有七年而遽遭国变,携其副本,屏迹深山,又研究十年而甫成此帙。幸余不入仕版,既鲜恩仇,不顾世情,复无忌讳,事必求真,语必务确,五易其稿,九正其讹,稍有未核,宁阙勿书。故今所成书者,上际洪武,下讫天启,后皆阙之,以俟论定。"可见此书所述,包括明代中期及晚期的史迹,以欲补正明实录之失。经相当长时间积累资料,五易其稿而后成。他曾公开征求明代史料,有《征修明文檄》一文,载《琅嬛文集》卷三,可以参看。

最后,我们应该一提谈迁的《国榷》。谈迁,字孺木,海宁人,生于1594年,殁于1657年。《国榷》是谈迁编的明朝编年史,从公元1328年到1645年,每年按月按日编大事记,内容主要根据明朝的实录和一百多家的明朝学者的著作,多次修改,一连改了六次才编成了五百多万字的大书。这本书已经由中华书局出版。他的著作除现在流行的《国榷》、《枣林杂俎》、《北游录》外,还有《枣林集》十二卷,《枣林诗集》三卷,《史论》二卷,《西游录》二卷,《枣林外索》六卷,《海昌外志》八卷。对于谈迁及其《国榷》,吴晗同志写有多篇文章在报刊上大力表扬之。中华书局出版的谈迁《北游录》亦收入两篇，可参看，不赘述于此。

晚明的历史著作汗牛充栋，披沙拣金，往往得宝，读者自可按谢国桢同志著的《晚明史籍考》及朱希祖先生著《明季史料题跋》(中华版)，循而求之，择其善者而读之。

第十四章　清代关于明史的撰述

第一节　清代官修的《明史》

《明史》的纂修　清继明统治中国后,力行思想统治,以修史为手段之一。顺治二年(1645)五月命大学士冯铨、洪承畴等六人为总裁,学士詹图赖、衮伊图等七人为副总裁,朗廷佐等九人为纂修官,纂修《明史》。因明室唐王朱聿键尚在东南继续抗争,清统治者为了强调改朝换代的统一局面,并吸收和安置一批遗臣和贰臣,于是设馆修前代之史,其实毫无网罗一代文献的意思。任用投降的明臣如冯铨及洪承畴等担任总裁。正副总载共十三人,而纂修官只有九人,所谓"一羊九牧,无所适从"。何况总裁多是不学无术的人,而纂修者又非知名之士,所以没有什么成绩,只是初步搜集材料,仿《通鉴》体裁编成几卷的书。冯铨身任总裁,复入内阁,见皇史藏有熹宗实录:"见天启四年纪事,毁已尤甚,遂去其籍,无完书。论世者颇以《两朝从信录》是征"①。由此可知,在他的领导下自难有直笔之事。

天启七年实录及崇祯元年以后事迹缺。清廷于顺治五年九月,着内外衙门,将所缺的年份的档案送内院作为纂修参考之用,并下令继续购求天启、崇祯实录及邸报野史,但因当局没有决心,史臣又不负责任,采访不力,材料未备,纂修之事,不得不中途停止。此为《明史》纂修的第一阶段。

康熙(玄烨)十八年(1679),召试博学鸿儒,分授中试一等彭孙通等二十人、二等李来泰等三十人侍读、侍讲、编修、检讨等官,命令他们与右庶子卢琦等十六人同修《明史》,以内阁学士徐元文为监修,翰林院掌院学士叶方蔼、右庶子张玉书为总裁,

---

① 朱彝尊《曝书亭集》卷四五《书两朝从信录后》。

开局于东华门外。这次修史规模比较大,人才比较多,成绩亦比较显著。

此次修史比较注重人才,但得力的人并不多。卢琦等十六人不能胜任,而五十个所谓博学鸿儒绝大多数是词章之士,其中又多处士,难进易退,因为他们年纪老迈,精力衰退,任事十多年内,死者已达三十人,而且有许多人因另有任用,离开史馆,所以人数虽多,力量并不集中。此批史官,虽然全体投入工作,但有史才的不多。以五十名鸿儒为主体,被分为五组,采取抽签的办法来负责一定的工作。

这种办法是完全脱离实际的,而且存在不少缺点。第一,不是利用每个人的专长来分配工作,而且个人并不是自动自觉来承担的。第二,由于一而再地抽签,往往一传或一志由两个或三个人担任,有时第一人不能完成任务,而又添委一人,例如五行志吴任臣担任撰述,倪灿又续撰;艺文志尤侗初撰,而倪灿及黄虞稷又相继续撰。朱彝尊与陆棻同撰文皇帝本纪,方象瑛的撰稿多与汤斌的相同。存在劳逸不均,工作量悬殊的问题。例如汤斌拟稿二十卷,施阁章七卷,尤侗三百余篇,汪琬百七十五篇。也有工作难易的差别。有开始工作不久而不能贯彻到底的,亦有堆砌材料,苟且塞责的。加以文人相轻,互不通气,纪有失而传不知,传有误而纪不见,取彼例以较此例则不同,取前传以比后传则不合,去取未明,书法无准。这都是令人不满意的地方。① 不过修史的人才比前期为盛,在鸿博中有朱彝尊、毛奇龄等人。

朱彝尊 1629—1709,字锡鬯,号竹垞,浙江秀水人。诗古文词,并擅名一代,诗与王渔洋称朱王,词与陈维崧称朱陈。精研经学,深于考证金石,善八分书。著有《经义考》三百卷、《日下旧闻》、《瀛洲道古录》、《五代史注》、《禾录》、《明诗综》、《词综》、《曝书亭集》等书。康熙十八年彝尊由布衣为翰林检讨,充史馆纂修官。在史馆时,多所建议,集中有史馆上总裁书七封。其第一书,请先定明史的体例,提出若干亟待确定的问题。第二书提出三种搜罗材料的办法。第三书建议监修者不必效《元史》之急于求成,而以五年为期。其他各书都是关于体例以及内容各种提法的研究。② 其所拟明史稿有关部分大都收入《曝书亭集》中。

汤斌 1627—1687,字孔伯,号荆岘,又号潜庵,河南睢阳人。顺治壬辰进士,由翰林出为潼关道副使,康熙十八年举鸿博,参加修《明史》工作,二十一年任总裁,官至工部尚书。其学兼通朱熹、陆象山之理学,是孙奇逢的高足弟子,严于义利之辨,以正心诚意为本。著有《洛学编》、《潜庵语录》等有关理学的书;史学方面,有《睢州志》及《明史拟稿》二十卷。据他说初分任天文志、历志、五行志及正统、景泰、天顺、

---

① 参看黄云眉《史学杂稿订存》,《明史编纂考略》。
② 其详可看《曝书亭集》卷三二《书》。

成化、弘治五朝列传时,已经删改天文志,历志十二卷,列传三十五卷。[1] 今潜庵分纂的明史稿仅存历志三卷,列传十二卷,而多出太祖本纪,后妃传一卷,但缺天文志。同时象瑛(渭仁)亦分撰景泰、天顺、成化朝列传,与潜庵所撰的有重复。大概后因象瑛所撰不够详细,潜庵重撰一过,各以自己的作品入集。

尤侗 1618—1704,字同人,又字展成,号悔庵,又号艮斋,晚自号西堂老人,江苏长洲人。康熙十八年举鸿博,授检讨,修《明史》,有《西堂全集》、《余集》一百四十三卷,中有《明史拟稿》六卷,其中有王守仁传及其他文苑、隐逸、孝行、忠义、独行、循吏、艺术等传几十篇,又有《明史外国传》八卷,有朝鲜、日本、琉球、安南、占城、蒙古等传。存目还有艺文志五卷。

毛奇龄 1623—1716,原名甡,字大可,号西河,浙江萧山人。廪监生,举鸿博,授检讨,淹贯群籍,著书最富,所自负者在经学,但好为辩驳以求胜于人,往往标奇立异。著书凡二百三十四卷,其中与明史有关的,如《西河合集》传目中所列诸人传十一卷、《王文成传》二种,《胜朝彤史拾遗记》六卷,《武宗外纪》一卷,《后鉴录》一卷,此外还有《蛮书合志》十五卷。

汪琬 1624—1690,字苕文,号钝翁,江苏长洲人。晚居尧峰,因以自号。顺治乙未进士,户部主事,康熙己未举鸿博,授编修。修明史,明辨是非,守正不阿,后以病免归。有《钝翁前后类稿》,《尧峰文钞》行世。《明史》列传目录中,如韩林儿、郭子兴、明玉珍、张士诚诸传,皆汪琬所撰。但续稿中所载传只有百二十五篇,而《尧峰文钞》尚多出二十余篇,仍不满初时人撰的一百七十五篇之数。

参加撰修《明史》的博学鸿儒尚有不少担任撰述工作,但不及上述诸人成绩显著,故不备论。稍后于此批博学鸿儒而参加修史工作的还有姜宸英、万斯同等。

姜宸英 1628—1699,字西溟,学者称为湛园先生,浙江宁波府慈溪县人,少工诗古文词。掌院学士叶方蔼欲荐宸英应鸿博之选而不果,后任《明史》总裁,乃荐宸英入局,以翰林纂修官名义从事,并兼修《一统志》。全谢山认为"先生之文最知名者为明史稿刑法志,极言明中叶厂卫之害,淋漓痛切,以为后王殷鉴。《一统志》诸论序亦经世之文也。"[2]晚年尤嗜经学,始多说经之作,未及编入集中而卒。有《苇间集》、《湛国未定稿》、《西溟文钞》等传于世。

但对于《明史》贡献最大而且总揽其成的只有万斯同一人。

万斯同 1638—1702,字季野,号石园,浙江鄞县人,从黄梨洲游,得闻蕺山之

---

① 见《汤子遗书·题明史事疏》。

② 见全谢山《鲒埼亭集》卷十六《湛园姜先生墓表》。

学,有志于史学,对于明代史籍博览无遗。他对友人自称:"向尝流览前代,粗记其姓氏,因欲遍观有明一代之书,以为既生有明之后,安可不知有明之事,故尝集诸家记事之书读之,见其牴牾疏漏,无一得满人意者。如郑瑞简之《吾学编》,邓潜谷之《皇明书》,皆仿纪传之体,而事迹颇失之略。陈东莞之《通纪》,雷古和之《大政记》,皆仿编年之体,而褒贬间失之诬。袁永之之《献实》,犹之《皇明书》也;李宏甫之《续藏书》,犹之《吾学编》也;沈国元之《从信录》,犹之《通纪》也;薛方山之《献章录》,犹之《大政记》也。其他若典汇、史料、史概、《国榷》、《世法录》、《昭代典则》、《名山藏》、《颂天胪笔》,同时尚论录之类,要皆可以参考,而不可以为典要。唯焦氏《献征录》一书,搜辑最广,自大臣以至郡邑史,莫不有传。虽妍媸备载,而识者自能别之,可备国史之采择者,唯此而已。客岁馆于越城,得观有明历朝录,始知天下之大观,盖在乎此。虽是非未可尽信,而一朝之行事,暨群工之章奏,实可信不诬。因其事以质其人,亦思过半矣。始叹不观国史,而徒观诸家之书,真犹以管窥天也。第窃不自揆,尝欲以国史为主,辅以诸家之书,删其繁而正其谬,补其略而阙其疑,一仿《通鉴》之体,以备一代之大观。故凡遇载籍之有关于明事者,未尝不涉览也,即稗官野史之有可以参见闻者,未尝不寓目也。"

万斯同在未修《明史》时,早已有志整理一代的文献,并初步作出修史的计划,即以明朝历代实录为主,辅以诸家野史笔记之类,删繁正谬,补略阙疑,仿《通鉴》体裁,先成长编,然后勒为定本。其目的仍在经世。他又说:"诚能留意于此,不但可以通史,并一代之制度,一朝之建置,名公卿之嘉谟嘉猷,与夫贤士大夫之所经营树立,莫不概见于斯,又可以备他日经济之用。"[①]

康熙戊午有诏征博学鸿词,巡道许宏勋以斯同应,力辞得免。明年开史局,昆山徐学士元文延修明文。时局中征士,称著作郎,食七品俸,学士欲援例以授,并辞之,以白衣参史事,不署衔,不受俸。因斯同先世自明初受三等之封,世袭指挥佥事,迄于国亡,故不轻出仕而独有意于故国之史。徐元文时为《明史》总裁,许之,并延至其家,深为倚重。诸纂修官稿至,皆送斯同复审,在史馆中论事,尝以斯同之言为折衷。及元文罢职,以后继任者王鸿绪、陈廷敬等又以宾师之礼聘斯同,在家订正《明史》,并请钱名世(亮工)作为斯同的助手。斯同最精万历以后史事,记忆力特别好,信口衍说,条理清晰,钱名世立即命笔记录,有疑义则向斯同请示。所以《明史稿》的起草人虽有数十,但审查以及修正补充及定稿工作,主要是由斯同担任。[②] 斯同述其修

---

① 万斯同《石园文集·寄范笔山书》,此处转引邓之诚《桑园读书记》。
② 参看刘坊撰《万季野先生行状》,黄百家撰《万季野先生墓志铭》,全祖望《万贞文先生传》。

史方法说："凡实录之难详者，吾以他书证之；他书之诬且滥者，吾以所得于实录者裁之。"(方苞《万季野墓表》)可见其谨严的态度了。

斯同之出而修史，并不是为新朝而竭力，而是为先朝一代文献服务，以继绝存亡自命，"白衣宣至白衣还"，其劲节有类于杨廉夫。斯同入京，取得黄宗羲的同意，宗羲以大事记三史钞授之，并作诗以送其行，诗有"四方声价归明水，一代贤奸托布衣"之句，可见宗羲对斯同有极高的评价。

《明史稿》经斯同手订的有《明史·列传》三百卷，《明史·表》十三卷，《宰辅汇考》八卷，《河渠志》十二卷。此外斯同还著有《历代史表纪元汇考》、《宋季忠义录》、《六陵遗事》、《群书辨疑》、《昆仑河源考》、《石园诗文集》等十余种。[①]

同时与斯同合作的尚有刘献庭(1648—1695)，字继庄，斯同很佩服他，引他参修《明史》。但刘继庄是注重实地调查的，斯同整天读书或静坐思考，而继庄每月必出外调查，或几个月不回来，回来就把所见闻告诉万斯同，斯同又拿书本出来对证。[②]万斯同欲应刘继庄之议与刘氏一起回家，专心从事自己的著述而不果，后继庄先殁，斯同郁郁不自得，遂卒于史馆。此外还有王源，亦斯同及继庄的朋友，与斯同订《明史稿》，其中兵志是王源所作。

至于一代的伟大学者，如黄宗羲、顾亭林之俦，于明亡后，以胸罗掌故之身，遁迹山林，潜心著述，不仕新朝，但与《明史》有间接的关系，亦附述于此。

黄宗羲 1610—1695，字太冲，号梨洲，余姚人，年十四补博士弟子员，日夕读书，十三经二十史及百家九流天文历算道藏佛藏无不研究，曾从蕺山刘宗周游。明末纠合义军抗清，以无援而败。国变后，奉母归里，从之请学者数百人。尝谓明人讲学，袭语录之糟粕，不以六经为根柢，束书不读，但从事于游谈。学者必先穷经，经术所以经世，乃不为迂儒。又谓，读书不多，无以证斯理之变，读书多而不求于心，则又为伪儒矣。故受其教者，不堕讲学之弊，不为障雾之言。其学盛行于东南，学者称之为姚江先生。

康熙戊午年，诏征博学鸿儒，掌院学士叶方蔼先以诗寄宗羲，怂恿就道，宗羲次韵答以不出之意。方蔼乃商于宗羲门人陈锡嘏，对曰："是将迫先生为谢叠山之杀身也。"其事遂寝。未几，有诏命叶方蔼与徐元文监修明史，宗羲为世家子弟，家有十三朝实录，又娴于掌故。叶徐二人又荐宗羲入史馆，诏督抚以礼敦送。宗羲以母老及老病辞，叶方蔼不得已，乃请诏下浙江巡抚就其家抄有关史事之书付史馆。元文又

---

① 关于万斯同的著作目录可参看吴修编《昭代名人尺牍小传》卷十五。
② 全祖望《鲒埼亭集》卷二八《刘继庄传》。

延宗羲之子百家参订史事。宗羲戏答元文书曰:"昔闻首阳山二老,托孤于尚父,遂得三年食薇,颜色不坏。今吾遣子从公,可以置我矣。"①

宗羲又曾经就《明史》体例,移书史馆,论不宜立理学,同时又与万斯同论《明文》历志,彼此通讯。并且提供不少材料与史馆作为编修《明史》的根据。所以他虽然以在野之身,但以一代文献所寄,吾亦不忍其埋没。而史馆遇有大事及疑问,亦必征求他的意见。②

他平生勤于著述,年逾八十,尚矻矻不休。其研究范围极为广泛,文学、史学、哲学、天文、地理、历数、音韵方面都有专门著作。关于明史的作品有《明史案》二百四十四卷,《鲁纪年》一卷,《赣州失事纪》一卷,《绍武事纪》一卷,《四明山寨纪》一卷,《海外痛哭记》一卷,《日本乞师记》一卷,《舟山兴废》一卷,《沙定州记乱》一卷,《赐姓本末》一卷,《汰存录》一卷(纠夏考功《幸存录》),《明文海》四百八十二卷,与十五朝国史可互相参正。③ 宗羲经世的代表作为《明夷待访录》,世人多推重它,但仍然有人对这本书的书名有不满。因为既称明夷,而又待新朝之访问,是与作者平生出处不相称。清初黄之望读《明夷待访录》说:"是为经世之文,虽然犹有憾。夫箕子受武王之访,不得已而应之。若以贞艰蒙难之身,存一待时之见于胸中,则麦秀之恫荒矣。作者亦偶有不察耳。"④黄宗羲既然有这一种藏器待时的念头,那么他与清代修史工作发生一些关系,殊不足怪。

顾炎武 1613—1628,本名绛,乙酉改名炎武,字宁人,学者称为亭林先生,江苏昆山人。明亡漫游四方,隐居不仕。清廷开设明史馆,大学士熊锡履(孝感)主持馆事,以书招炎武。答曰:"愿以死谢。"戊午征博学鸿词,当时争欲罗致。炎武又作书与在京的门人说:"刀绳俱在,无速我死。"次年大修《明史》,史馆中人又欲推荐,炎武贻书与学士叶讱庵说:"七十老翁何所求,正欠一死,若必相逼,则以身殉之矣。"他始终坚持不入史馆,亦未闻担任有关的工作。文集中有与史馆诸君书,不过欲表扬其先母王氏的节烈。而与其甥徐公肃(元文)书,乃答徐氏的询问,欲纠正修史者的草率和偏见。自称"家庭私语",始终不愿与史馆发生关系。甚至其甥徐元文兄弟二人以书迎之,亦拒而不往,耿耿此心,始终不变,可见其高节孤踪了。《明史》不得炎武之力亦是一种损失。而统治者企图搜罗遗逸来替自己服务的目的,亦未完全达到。

---

① 参看黄宗羲著《南雷文定》前后集及三集有关各篇。
② 全祖望《鲒埼亭集·梨洲先生神道碑》及江藩《国朝汉学师承记》卷八《黄宗羲传》。
③ 黄宗羲的著作目录见于《国朝汉学师承记》卷八。
④ 引《国粹学报》第 11 期刘光汉撰《全祖望传》。

正如龚定盫所说："人主有苦心奇术，足以牢笼千百中材，而不尽售于一二豪杰，此亦霸者之恨也。"（《京师乐籍说》）

　　最初史馆当局缺乏经验，认为修史工作轻而易举，志在速成，以便向清帝邀功，但在编修过程中，发现此种工作并不像所想的那么容易，才接受了顾炎武、朱彝尊诸人的意见，比较缓慢地进行了。初时甚至没有确立体例，后经朱彝尊提议，徐元文兄弟始与众人协商订出修史条例六十一条。王鸿绪及其他修史者又继成史例议，汤斌又加以补充，成明史凡例议及本纪条例若干条，以供史馆的人参考。但其中还有一些体例问题，是反复争论后解决的。例如道学传是否立的问题。徐元文兄弟之修史条例有道学传一项，朱彝尊加以反对，认为儒林可以包括道学，不必另立。黄宗羲也移书史馆，谓不宜立理学传，并斥《宋史》之道学传正是元人之陋，《明史》不可效尤。汤斌亦不以立道学传为然。于是删去道学传一项。

　　初时史馆众人各自搜罗材料，撰成纪传等篇，不相为谋，叠床架屋，繁简失宜，重复不少。以后大约采用朱彝尊的建议："先就馆中所有群书，俾纂修官条分而缕析，瓜区而芋畴，事各一门，人各一册，俟四方书至，以类相从续之。小者扶寸，多者盈丈，立为草卷，而后妙选馆中之才，运以文笔删削。"即先分类搜集资料，在丰富的资料基础上进行写作，先成草稿，后成定本，此仿《资治通鉴》而略有通变，实切合当时需要。行之者亦不乏其人。时因崇祯朝无实录，于是选馆中六人先纂长编，但只据邸报，过于简单，故不满意。而倪灿、乔莱及王源等亦合力撰崇祯长编，万言（万斯同之侄）亦独力别有撰作。[①] 由长编而勒成定本，其间自有一段过程，这亦《明史》历久才告完成的原因。

　　总裁更换，领导工作失于衔接，甚至新至者一来把旧者所布置的工作改弦更张，也会影响到修史的正常进行。康熙十八年，徐元文为监修，叶方蔼、张玉书为总裁。二十一年，又命汤斌、徐乾学、王鸿绪等为总裁，李蔚为监修总裁。二十三年，徐元文又专领监修。二十五年，命王熙、张玉书为监修，陈廷敬、张瑛为总裁，王鸿绪以治母丧回籍，旋复召任总裁。二十六年鸿绪因父丧回籍，三十三年，王鸿绪以王熙、张玉书荐，复任总裁，张玉书、熊赐履为监修。综计十余年间，汉人为总裁的已在十人以上，而满人充任的尚未计及。职务不专，可以想见。其中以王鸿绪任职最久，在馆的资格亦最老，退职后仍把各人编纂的旧稿，带回家中，稍为编定，康熙五十三年竟以他个人的名义进呈列传部分。其进呈明史列传稿疏说："自蒙恩归田，欲图报

---

　　① 关于崇祯长编的编撰经过，可参考黄眉云《明史编纂考略》本文及附录二。

称,稍尽臣职,因重理旧编,搜残补阙,荟萃其全,复经五载,始得告竣。共大小列传二百五卷,其间是非邪正,悉据已成之公论,不敢稍任私心臆见。臣本乏文采,第以祇承简命,前后三十余年,幸遭昌期,不辞芜陋,谨缮写列传全稿,装成六套,进呈御览。……"(《横云山人集》)此稿本来是徐元文在任的时候,史馆各人修撰的史稿,最后经万斯同审订及徐元文核定的四百十六卷的一部分。康熙三十三年,监修张玉书,总裁王鸿绪,陈廷敬各人分别审订志书、列传及本纪部分。而王鸿绪又礼聘万斯同入其家,为他重订列传,合者分之,分者合之,无者增之,有者去之,逐渐扩大至四百六十卷。斯同死后,鸿绪又与其门客,根据四百六十卷之稿,再行删削,缩为二百五卷,列传于五十三年进呈。从进疏中的文字看来,鸿绪不断强调他本人的努力,竟把前任总裁、纂修官,特别是出力最多的万斯同的贡献完全抹煞,不能不说是掠美盗名了。

雍正元年,王鸿绪第二次又以三百十卷的纪志表传全稿进呈。"计自简任总裁,阅历四十二年,或笔削乎旧文,或补缀其未者,或就正于明季之老儒,或咨访于当代之博雅,要以恪遵敕旨,务出至公,不敢无据而作。今合订纪志表传共三百零十卷,谨录呈御览。"(《横云山人集》)王氏此疏仍然没有提到集体修书的成绩,更没有表扬万斯同的巨大贡献,好像这位"明季老儒"仅提供了一些意见而已,至于笔削补充仍出于王氏一人之手,这完全违反了史家应有的道德。当时斯同早死(斯同于康熙四十一年卒),而过去的总裁监修都已一一谢世,所以王氏肆无忌惮,贪人之功,以为己力,真小人之尤者。[1]

王鸿绪二次进呈的史稿,再交史馆加以修正。世宗雍正元年七月,以王顼龄、隆科多为监修,张廷玉、朱轼、徐元梦、觉罗逢泰为总裁,杨椿等二十三人为编纂。因有旧稿为根据,任务颇为简单,仅于旧稿纪传后,缀以赞辞,稍为变动其篇目及改窜其字句,于原稿体裁没有更动。因为此期纂修人材不及中期之盛,而诸人的学术水平又比较差,对于旧稿改进不大。此次修订工作至高宗乾隆四年七月才告结束,凡三百三十六卷,本纪二十四卷、志七十五卷、表十三卷、列传二百二十卷、目录四卷,除目录外,比旧稿增加二十二卷。由张廷玉进呈,上表指出:"聚官私之纪载,核新旧之见闻,签帙虽多,牴牾互见。惟旧臣王鸿绪之史稿,经名人三十载之用心,进在彤闱,颁来秘阁,首尾略具,事实颇祥,在昔《汉书》取裁于马迁,《唐书》起源于刘昫,苟是非之不谬,讵因袭之为嫌,爰即成编,用为初稿。"上文所指的名人,当是万斯同。张氏

---

[1] 关于王鸿绪史稿的真相,黄眉云《明史编纂考略》亦有考证。

所进的史稿,基本上就是王氏所进的旧稿,而此三百三十六卷的《明史稿》,即今日通行的《明史》。乾隆虽于四十五年下令,把《明史》内关于非汉族的人名及地名的译音鄙俚的文字,如图作兔之类,改正另刊;又命于敏中、钱汉诚等为总裁,同纂修官宋铣等将全史从事考证,把与当朝抵触的地方尽行删改,但均未刊行。至光绪时,王颂蔚在方略馆,得《明史》列传考证进呈本二百十六卷,稿本四十余册,正本三巨册,互相参证,成《明史考证捃逸》四十二卷行世。

《明史》的评论　明史的优点,根据各方面的意见,有以下各点。

(一)修史之人有明朝遗老,如万斯同等,熟悉明代掌故,见闻较可靠,其中有些史官还是从明朝转入清朝的,亦有亲身体会,从事造述,不同于向壁虚构。同时朝代相接,材料比较容易收集。

(二)发凡起例,经多次的讨论,又广泛征求馆外的意见,并斟酌前史而因时制宜。例如历志申明郭守敬之法,而兼及徐光启所修历书,沟通中西的历法。又获得专家梅定九(文鼎,字勿庵)之助,文鼎应施愚山之请,做《历志赘言》寄往史局。又数年始至京师,局中皆大喜,以历志属详定,为订正讹舛五十余处。① 而且"历志增以图,以历生于数,数生算,算法之勾股面线,今密于古,非图则分判不明"②。因此,历志比前代各史较为合理,且有一定的科学性。"艺文志惟载明人著述,而前史著录者不载,其例始于宋孝王《关中风俗传》,刘知幾《史通》又反复申明,于义为允,唐以来弗能用,今用之也。"③

钱大昕《十驾斋养新录》:"其例有创前史所未有者,如英宗实录,附景泰七年事,称郕戾王,而削其帝号。此当时史臣曲笔。今分英宗为前后两纪而列景帝纪于中,斟酌最为尽善。表之有七卿,盖取《汉书》公卿表之意,明时阁部并重,虽有九卿之名,而通政大理,非政本所关,则略之,南京九卿,亦闲局,无庸表也。阉党前代所无,较之奸臣佞幸,又下一格,特书以儆人臣。土司叛服不常,既不可列于外国,又不可厕于列传,故皆别而出之,石砫秦良玉以妇人而列武臣之传,嘉其义切勤王,不以寻常土司例之也。"赵翼《廿二史札记》:"自宋史数人共事者必各立一传,而传中又不彼

---

① 案勿庵历算书目中有《明史历志拟稿》三卷。自序称:"明史历志属稿者,简讨钱塘吴志伊(任臣),总裁者中丞汤潜庵先生斌(也)。潜庵殁后,史事总属昆山,志稿经嘉禾徐敬可(善),北平刘继庄(献庭),昆陵杨道声(文言)诸君子各有增定,最后以属山阴黄梨洲先生(宗羲)。岁己巳,鼎在都门,昆山以志稿见属。谨摘讹舛五十余处,粘签俟酌,欲候黄处稿本到齐属笔,而昆山谢事矣。无何,梨洲季子主一(百家)从余问历法,乃知鼎前所摘商者即黄稿也。于是主一方受局中诸位之请,而以授时表缺,商之于余,余出历携历草通轨补之,然写本多误,皆手自步算,凡籲灯不寝者两月,始知此事之不易也。"
② 《四库总目提要·史部·正史类二·明史》。
③ 《四库总目提要·史部·正史类二·明史》。

此互见，一若各为一事者，非惟卷帙益繁，亦且翻阅易眩。《明史》则数十人共一事者举一人立传，而同事者即各附一小传于此人传后；即同事者另有专传，而此一事不复详叙，但云，语在某人传中。如孙承宗有传，而柳河之役，则云，语在马世龙传中；祖宽有传，而平登州之事，则云，语在朱大典传是也。否则传一人而兼叙同事者，如陈奇瑜传云，与卢象升同破贼乌林关等处，象升传亦云，与奇瑜同破贼乌林关等处是也。甚至熊廷弼、王化贞，一主战，一主守，意见不同也，而事相涉，则化贞不另传，而并入廷弼传内。袁崇焕、毛文龙，一经略，一岛帅，官职不同也，而事相涉，则文龙不另传，而并入崇焕传内，又此编纂之得当也。"（卷三十一）

（三）前代佳史的列传中，往往登载传中人物的关系重大的文气使读者可以"听其言而观其行"，而加以判断和评价，不必单独依靠作史者的论赞文字，而且我们于此可以窥见作者的褒贬所在。《明史》多载原文，对后人有很大的参考价值。

赵翼《陔余丛考》："《明史》于诸臣奏议，凡切于当时刑弊者多载之，如蒋钦之劾刘瑾也，沈炼、杨继盛之劾严嵩也，吴中行、赵用贤、邹元标之劾张居正也，杨涟之劾魏忠贤也，皆载其全文，不遗一字，此正修史者表彰深意。嘉靖中大礼之议，毛澄等之主考孝宗者，张璁、桂萼、方献夫等之主考兴献王者，各有一是，则并存其疏，使阅者彼此参观，而是非自见。此外，如李善长传末载王国用为善长讼冤一疏，以见善长被诛之枉。于谦传末载成化中复官赐祭诰词，以见谦被害之冤。熊廷弼传末载韩爌请给其首归葬一疏，文情恺切，议论公平，廷弼功罪于此而定，更非漫焉抄入者，此可以见作史者之用意也。"（卷十四）

由于《明史》是一部钦定的正史，清代学者慑于专制的淫威，不敢多所批评，以触时君之忌。其实《明史》在史法方面虽然稍胜于元修的宋、辽、金三史，但在史义方面，仍有很多缺点，有愧实录之称。《明史》的主要参考资料是《明实录》，而实录的可信程度是非常有限的[①]。清代修《明史》诸人诸多忌讳，时代既近，瞻徇易生，不敢直笔而书，庄氏明史惨狱的发生，又使修史之人百倍警惕。所以修史者秉承清统治者的意旨，对于清政权多方回护。例如孟森说："清代官书，自名其发祥之地为满洲，并自称为满洲国，建州卫三字，为清一代所讳。……夫《明史》应立女真传，而以建州为女真三种之一，清修《明史》，既以讳而去之。"[②]按建州设卫，始于永乐元年十月辛丑，清太祖努尔哈赤初为指挥使，从建州卫起兵入关，于明有君臣之分，此清统治者所深讳，而修《明史》者因此不敢立建州传。《明史》仅张学颜、李成梁等传提到建州，

---

① 关于《明实录》另立专章讨论。读者可参看吴晗《读史札记》中记《明实录》一文。
② 语采孟森《清史稿中建州卫考辨》（明清史论著丛刊）。

其他都不见录。明代陈继儒有《建州考》一卷，与满洲贵族有抵触，为军机处奏准全毁书之一。

清统治者对于《明史》的编修采取直接干涉态度。例如康熙指示，实录颇为讹谬，野史亦不足凭，一方面使修史者失去主张，另一方面又钳制他们使其惟命是从，隐恶扬善。又如史稿进呈，有不合意，动加指斥，且令改削。甚至捏造事实，洋洋得意。《明史》出于钦定，更难取信于后世了。

对于王鸿绪的《明史稿》，大肆批评的尚有其人，如魏源《古微堂外集》书《明史稿》二文，指出此书体例上的一些缺点，但对于钦定的《明史》，不闻清代学者有所攻讦。其实《明史》一书虽经过数十年编纂，其体例可议者亦不少。读者可参看吴晗同志所作的《明史小评》，不待赘述。

第二节　庄氏史狱与戴名世狱

鉴于清统治者对于官修《明史》的种种干涉和钳制，史书中凡有伤满洲贵族感情的地方，都在删除之列，官史如此，私史可知。清初因私修明史犯忌讳，而兴文字狱，大恣杀戮，以堵塞人民之口，也使清代前期的史学界受到摧残，奄奄一息。

其中因此而被祸最严重的明史学家有二，一为吴炎，一为潘柽章。吴炎，字赤溟，原名锡珩，字显庚，江苏吴江人。潘柽章(1628—1662)，字力田，亦吴江人。二人年相若，志相同，才相埒，都有意修史，而通力合作。潘柽章撰《国史考异》，吴炎为之订正；而吴炎撰的《今乐府》，亦由潘柽章订正。潘吴二人与顾炎武交游，为炎武所推重，并被引为同调，炎武借有关明史的书籍千余卷，供他们参考，后尽丧失。亭林有文纪吴潘的事迹说："苏之吴江有吴炎、潘柽章二子，皆高才，当国变后，年皆二十以上，并弃其诸生，以诗文自豪。既而曰：此不足传也，当成一代史书，以继迁固之后。于是购得实录，复旁搜人家所藏文集奏疏，怀纸吮笔，早夜矻矻，其所手书，盈床满箧，而其才足以发之。及数年而有闻，余乃亟与之交。二子皆居江村，潘稍近，每出入未尝不相遇。又数年，潘子刻《国史考异》三卷，寄余于淮上，余服其精审。"①《亭林诗集》中有赠潘节士柽章一长诗，内有云："同方有潘子，自小耽文史，荦然持巨笔，直遡明兴始，谓惟司马迁，作书有条理，自余数十家，充栋徒为尔，上下三百年，灿然得纲纪。"(卷二)诗中称潘柽章为节士，亦表示推重之意。

---

① 《亭林文集》卷五《书吴潘二子事》。

至于潘吴二氏合作的经过及论史的见解,潘柽章自述说:

> 余又好言史,好读左氏司马书,即穷其堂奥。若班若陈,犹有良史之风,范氏芜累已多,自晋以下无讥焉。而司马《通鉴》,总荀袁诸氏之长,虽以质胜,要亦编年之善也。尝与吴子言而又然之。然余固不能为,尝作通鉴后纪,起有宋,讫蒙古,其入国朝,则为长编,颇采实录家传,旁及辎轩,列成数百卷。而吴子适过余,深言编年之体,往往一人一事而跨越数世,文易牴牾,义难综贯,又况律历兵刑之事,本末不备,故自汉以来,守太史公家法,本纪年表,犹编年之纲,而世家列传,其目也。余窃欲续《史记》,述汉太初以后迄宋祥兴,本纪略具,而载乘繁芜,未遑卒业,今以子之志,盍相与为明史记,网罗天下放失旧闻,取材于长编,而折衷于荐绅先生及世之能言者,以成一代之书。余又闻而然之。吴子善诗与史,皆十倍于余,而其好之笃,则余不敢多让也。草创且半,或谓余两人固无徇名失实之病,然多褒贬多王侯将相有权力者,且草创之始.见闻多隘,子其慎诸! 两人谢不敢。……①

我们从潘氏的序文窥见潘氏之治明史,乃仿效《资治通鉴》的编纂方法,先为长编,作通鉴后纪,是编年史的一种。但吴氏则主张守太史公家法,欲续《史记》,成纪传体之书,号曰明史记,邀潘氏合作,而材料仍然取材于长编。二人本来各有不少资料,而且写作已及一半了。潘氏之弟潘耒(次耕),尝称吴潘二氏发愿私修明史,先撰长编,聚一代之典章而划分,或以事类,或以人类,条分件系,汇群言而骈列之,异同自出,参伍错综,归于至当,然后笔之于书(《松陵文献序》)。

潘氏既成明史长编,又仿司马光作考异一书,名曰《国史考异》,今尚存六卷,刻于功顺堂丛书中。所考止洪武永乐二朝,引据赅洽,辨析详明。潘耒称其博极群书,长于考订,谓著书之法,莫善于司马温公,其为《通鉴》也,先成长编,别著考异,故少牴牾。于是博访有明一代之书,以实录为纲领,若志乘,若文集,若家传,凡有关史事者,一切抄撮荟萃,以类相从,稽其异同,核其虚实,去取出入,皆有明征,不徇单词,不逞臆见,信以传信,疑以传疑,云云,②亦并非虚美。《国史考异》一书,由吴炎订正,从此书与《松陵文献》一书可以窥潘氏史学之一斑。

潘柽章著述极富,都于被祸时散失,间有留在朋友处的,朋友都不敢把他的作

---

① 引吴炎著《今乐府》(潘柽章评)的潘耒序(收入神州国光社古学汇刊第十二编)。
② 潘耒的《松献文征》及《国史考异》二序均见《遂初堂集》,而功顺堂丛书所收的《国史考异》六卷乃无任何序跋,不知何故。

品公开出来,如《杜诗博议》一书,引据考证,纠讹辟舛,可谓少陵功臣,朱长孺笺杜诗,多所采取,但讳言其出处。[1]

潘吴二子未及成明史记一书,就因庄氏史狱受牵连而死,这真是是一件令人愤怒的事情。兹将其经过略述如下。顾亭林书吴潘二子事说:"会湖州庄氏难作。庄名廷鑨,目双盲,[2]不甚通晓古今,以史迁有左丘失明,乃著《国语》之说,奋欲著书。其居邻故阁辅朱公国桢家,朱公尝取国事及公卿志状疏草命胥钞录,凡数十帙,未成书而卒。廷鑨得之,则招致宾客,日夜编辑为明书,书冗杂不足道也。廷鑨死无子,家赀可万金。其父允诚流涕曰:'吾三子皆已析产,独仲子死无后,吾哀其志,当先刻其书,而后为之置嗣,遂梓行之。慕吴、潘盛名,引以为重,列诸参阅姓名中。凡百余帙,颇有忌讳语,本前人诋斥之词,未经删削者,庄氏既巨富,浙人得其书往往持而恐吓之,得所欲以去。归安令吴之荣者以赃系狱,遇赦得出,有吏教之买此书恐吓庄氏,庄氏欲应之。或曰:'踵此而来,尽子之财不足以给,不如以一讼绝之,遂谢之荣。之荣告诸大吏,大吏右庄氏,不直之。之荣入京师,摘忌讳语密奏之,四大臣大怒,遣官至杭,执庄生之父及其兄廷钺及弟侄等,并列名于书者十八人皆论死。其刻书鬻书并知府推官之不发觉者亦坐之,发廷鑨之墓,焚其骨,籍没其家产,所杀七十亲人,而吴、潘二子与其难。当鞫讯时,或有改词以求脱者。吴子独慷慨大骂,官不能堪,至拳踢仆地。潘子以有母,故不骂,亦不辨。其平居孝友笃厚,以古人自处,则两人同也。"[3]

南浔史狱,发生于康熙二年(1663)二月。

是岁五月,吴与潘具磔于杭之弼教坊,同死者二百余人。先一日吴语其弟曰:'我辈必罹极刑,血肉狼籍,岂能辨识,汝但视两股上各有一火字者即我尸也。'闻者无不流涕。[4]

① 参君钮琇(玉樵)辑《觚賸》卷一《力田遗诗条》。
② 孟森书《明史钞略》一文,认为庄廷鑨本名庄龙。且加以考证说:"案牍亦皆作'庄龙',盖'庄龙'即庄鑨,而庄鑨实为私史主名罪犯,其在家命名实作廷鑒。而亭林则与庄亦不甚近昵,既仿伪为廷鑒,又知案牍为庄龙,遂误会为庄廷鑨之名,而后又以亭林之文,遂相沿谓之庄廷鑨私史欤?"(《明清史论著集刊》)
③ 此引《亭林文集》卷五。记南浔庄氏私史一案,有庄氏史案(《榴庵随笔》)(商务印书馆排印《痛史》之一种);全祖望《江浙两大狱记》;印鸾章《清鉴》卷四,陈康祺《燕下乡脞录》卷二(所载与《清鉴》完全相同,二人都是抄袭全祖望的),都可参看。笔者此处所引仅限于与潘吴二氏有关的材料,因不是研究庄氏惨案,不具书。
④ 见《觚賸》卷一《虎林军营唱和条》。

潘吴二人与庄史没有文字上的关系,庄氏不过利用其名,致遭屠杀。"抱膝年来学避名,无端世网忽相撄。"(吴句)这场奇祸,二人所不及料,亦史学界一极大的损失。顾亭林汾州祭吴炎潘柽章二节士诗:"一代文章亡左马,千秋仁义在吴潘。"(诗集卷四),亦以一代史才和义士推重他们。

庄氏修史时曾属客延请亭林一至其家,亭林薄其人不去,竟去,是以不列名,获免于难。亭林忧患余生,饱尝世故,见机而作,比较吴潘缺乏社会经验的青年书生似胜一筹。

庄氏明书的内容究竟如何?四部丛刊三编有《明史钞略》一书,是由钞本刊印的,中有传论,首署"庄鑨曰"者两见。据收藏之家称,即庄氏之明书残本。孟森特为考证,认为庄史只有列传,而钞略则有神宗、光宗、熹宗三纪,显非同一书。惟钞略中之列传,则颇可信其出于庄史,不过占全书一小部分而已。[①] 书中亦无讪谤语,惟偶见建夷、夷氛、夷冠等字,触清廷之忌,清廷有意造成大狱以示威。

还有三位史学者,即范文白、查继佐及陆圻。庄氏把他们三人名字列为参订,而不告诸本人。幸发觉尚早,合词检举,谓廷鑨慕其名列入参校中,终得脱罪。

继佐,字伊璜,号东山,海宁人,明崇祯癸酉举人。明亡后,改易姓名为左尹,字非人。继佐亦自撰明书,后以庄氏狱起,又改称《罪惟录》,取孔子"罪我者其为《春秋》"之义。书凡百余卷,今存本纪二十二、志二十七、列传三十五,但无表。南明四王皆入本纪,叙事颇有条理。稿本为同邑张宗祥所藏,今已影印行世,收入四部丛刊三编。查氏还有《东山国语》,实际是明亡殉国诸氏传略,亦《罪惟录》的外篇。

康熙五十年(1711)十月发生戴名世之狱。戴名世,字田有,一字褐夫,安徽桐城人,康熙四十八年会试第一人,殿试一甲二名及第,授编修。少负奇气,不可一世,文章学行,争与古人相后先,以史才自负,网罗明代遗事,欲著成一史。著有《南山集》。其中有与余生书云:"昔者宋之亡也,区区海岛一隅,何如弹元黑子,不踰时而又已灭亡,而史得以备书其事。今以弘光之帝南京,隆武之帝闽粤,永历之帝两粤、帝黔滇,地方数千里,首尾十七、八年,揆以《春秋》之义,岂遽不如昭烈之在蜀,帝昺之在崖州,而其事渐以灭没。……老将退卒,故家旧臣,遗民父老,相继渐尽,而文献无征,凋残零落,使一时成败得失,与夫孤忠效死,流离播迁之情状,无以示于后世,岂不可叹也哉!磋乎,世无子长、孟坚,不可聊且命笔。鄙人无状,窃有志焉。……余凤者

---

① 参看孟森书《明史钞略》。

之志于明史,有深痛,辄好问当世事,而身所与士大夫接甚少,士大夫亦无以此为念者。……"①

于此,可见名世有私修明史之心,并提出他的意见,而未实行。他入仕于新朝,而以前朝的君臣地位为念,而且批评官修《明史》缺陷的地方。清统治者正千方百计抹煞明朝君臣坚持抵抗的事迹,而名世反欲表扬之,无怪激怒当时正欲立威的康熙皇帝,而不免于死。

《南山集》遂成为大狱之因,还与已死的方孝标有一些关系。方孝标,字楼冈,原名元成,江南桐城人。按全祖望江浙两大狱记:"桐城方孝标以科第起家,官至学士。后以族人方猷丁酉主江南试,与之有私,并去官遣戍。遇赦归,入滇受吴逆(三桂)伪翰林承旨。吴逆败,孝标先迎降,得免死。因著《钝斋文集》、《滇黔纪闻》,极多悖逆语。戴名世见而喜之,所著《南山集》,多采方孝标所著事。尤云锷、方正玉为之捐资刊行,云锷、正玉及同官汪灏、朱书、刘岩、余生、王源皆有序。板则寄藏于方苞家。都谏赵申乔奏其事,九卿会鞫中,戴名世大逆,法至寸磔,族皆弃市,未及冠笄者发边。朱书、王源已故免议,尤云锷、方正玉、汪灏、刘岩、余生、方苞以谤论罪绞。时方孝标已死,以戴名世之罪罪之。子登峰、云旅,孙世樵并斩,方氏有服者皆坐死,且剉孝标尸。尚书韩菼、侍郎赵士麟、御史刘灏、淮扬道王英谟、庶吉士汪份等三十二人、并别议降谪。疏奏,圣祖(玄烨)恻然,凡议绞者改编戍,汪灏以曾效力书局,赦出狱,方苞编旗下,尤云锷、方正玉免死,徙其家,方氏族属,止谪黑龙江,韩菼以下,平日与戴名世论文牵连者俱免议。"

戴氏《南山集》遭禁毁,后百余年,邑人戴钧衡搜辑逸稿编为十四卷行于世。

以后雍正年间还有吕留良狱,陆生枏狱等均与明史无关,故不叙述。

第三节　私撰的各体明史

除官修明文外,清人私修明史,不乏其人,兹举其比较著名、流传至今的主要著作。

傅维麟的《明书》　维麟初名维桢,灵寿人,顺治三年进士,官至工部尚书。有志于明史,搜求有关明代的档案史籍以及家乘文集碑版,聚书三百余种、九千余卷。以实录为根据,参考各家之说,考证异同,拾遗补缺,成本纪十九卷,宫闱纪二卷,表十

① 戴名世:《南山集》卷五。

六卷,志四十八卷,记五卷,世家三卷,列传七十六卷,叙传二卷。康熙十八年修明史,征求此书入馆参考。《明书》原有刻本,后收入畿辅丛书,亦有商务印书馆排印本。此书作者虽有综合的功力,但仍少分析能力,体裁不严,内容亦有许多舛误、重复及矛盾的地方,但傅氏以一人之力,作成纪传体的第一部明史,成书且在官修《明史》之前,材料亦颇充实,可供参考。

陈鹤的《明纪》 陈鹤,字稽亭,吴县人,仕至工部。学宗宋儒,以躬行实践为归,著有《桂门初续稿》六帙。尝参考《明史》及《明史稿》及诸家记载,撰述有明一代事迹为《明纪》,纪用编年体,起元至正十一年,终于明崇祯元年,写至五十二卷而卒。由其孙克家补撰南明一部分,即福王、唐王及桂王始末事迹,合成六十卷。此书体例仿荀悦、袁宏,而宗旨亦法司马温公,记事比较简练,但缺少文采。《明纪》刊行于同治年间,近有中华书局的排印本及世界书局的影印本。

谷应泰的《明史纪事本末》 应泰字赓虞,丰顺人,顺治丁亥进士,官至浙江提学金事。其书仿袁枢《通鉴纪事本末》之例,纂次明代典章事迹,凡八十卷,每卷为一目。《四库全书总目》说:"其排比纂次,详略得中,首尾秩然,于一代事实,极为淹贯,每篇后各附论断,皆仿《晋书》之体,以骈偶行文,而遣词抑扬,隶事亲切,尤为曲折详尽。"关于此书材料的来源,有各种的传说,一谓张岱为《石匮藏书》,应泰作纪事本末,以五百金购请,岱慨然予之(邵廷采说);一说此体出于谈迁,而后论则陆圻所作(姚际恒说);一称此书乃德清徐焯代作(朱彝尊说)。我们认为不可尽信。张岱作《石匮藏书》到处宣传,唯恐人不知,张岱以二十七年的工夫,五易其稿,九正其讹,才得完成此书,何致因五百金售卖自己半生的心血。按石匮书,毛西河修明史时曾作为蓝本,引用它的人甚多,并非枕中鸿宝,谷应泰又何必购买而自污。而且二书体例迥不相同。谷氏之书,谓之参考张氏之书则可,谓之掠人之美则不可。谈迁之《国榷》,与实录同一性质,谷氏既有实录为参考,自可旁及《国榷》一书,且谈氏文笔素来艰拙,未可与谷书文笔的流畅相比,而且内容更不相袭,亦未见谷书出于谈迁。至于说后论为陆圻所作,此亦由于传闻,而不是事实。据毛西河合集《陆三先生墓志铭》说:"督学使谷君(谷应泰)仿张君天如作《明史纪事本末》,以金币聘丽京(陆圻)作史论,已辞之矣。"由此可见陆圻并未代谷氏作史论。至于说其请徐焯代作,亦无佐证。总之,谷应泰编书的时候,博考众家,包括张岱及谈迁等,而进行当中,或成书之后,又广泛征求他人的意见,或请人斟酌内容及文字,加以修正,亦事所常有。谷应泰之书,在《明史》编定之前,所以一些提法与《明史》有些出入。如叙靖难时事,深信惠帝逊国为实,则取材于明代各野史,如程济的《从亡随笔》及史仲彬之《致身录》,而进行一番考证工作。此事是修明史中争论之点，开局修明史的时候，已经有两派看法，一说是自焚，朱彝尊主之；一说是逊国，徐胜力主之。结果有调和二派的说法，只说："宫中起火，帝不知所终。"①潘柽章的《国史考异》则怀疑自焚之说，而倾向于逊国之说。他说："惠宗之自焚与逊去也，诸书纷纭，迄无定论，而余以所见所闻，反复参订，则自焚之说，可疑者有三，而逊去之说，可据者亦有三。"（卷四）谷应泰主张逊去之说，不仅博考群书，不迷信实录的权威，而且经过了理智的判断。以后《明通鉴》的作者夏燮，亦认为其说可从。夏氏说："自焚之语，仅见永乐实录，盖即指后尸为帝尸也。惠帝之是死是逊，且不必论。而从亡之一百余人，最著者四十余人，岂皆子虚乌有？今宜芟其不可信，而信其所可信，此当据《明史纪事本末》逊国之前一段，而参之郑端简（晓）、朱文肃（国桢）之纪载，缺其逊位以后，而补其为僧以前事。"（与朱航论修《明通鉴》一书，见《明通鉴》卷首）

此事未有定论，可以各申己见，百家争鸣，因此，我们不同意《四库全书提要》所下的谷书"不免沿野史之误"的说法。

温睿临的《南疆逸史》　温睿临，字邻翼，一字令贻，号晒园，浙江乌程县（吴兴）人，康熙乙酉科（1705）举人，著有《晒园文集》。此书有纪略四卷，列传五十二卷，共五十六卷。自称因其友万斯同的提议，才写出这本书。作者在此书中大胆使用南明纪年，不以成败论人，有意表扬义烈之士，有可取之处。但另一方面，站在地主阶级立场，在各列传中过于强调个人在历史上的作用和地位，忽视了人民群众推动历史的主要作用，贬低了农民义军的抗清行动，有与其他史籍同样的缺点。不过由于这本书搜集了数十种野史材料，并且作者通过万斯同能够借阅明史局的内部参考资料，又经常与万氏交换意见，著书过程中得到了益友的帮助。因此，这部书不失为同类书中最完备最成熟的一种。

温氏之书还利用明史馆徐秉义（乾学之弟，元文之兄）所著的《明末忠烈纪实》一书为蓝本。徐氏之书，不仅材料丰富，而且体例谨严，谨慎详核，一时称美。吾师朱希祖先生钞校本《明末忠烈纪实跋》说："温睿临撰《南疆逸史》，所采野史四十余种，以为是非有异同，毁誉有彼此，乃取万子季野明末诸传及徐阁学（徐秉义，官至内阁学士兼礼部侍郎）的《明季忠烈纪实》诸传合而订之，正其纰缪，详见逸史凡例。兹以《南疆逸史》列传对校此书，则知温氏逸史列传十之七八，皆取材此书，且多全取其传入逸史者，而于万氏史稿明末诸传，甄采转少，则知温氏于此书实最深钦佩者也。"②

---

① 参看《曝书亭集》卷四五《明史提纲跋》。
② 见《明季史料题跋》第 84 页（中华书局出版）。

关于温书的命名及其体例,可参看其自序及凡例。此书有中华书局出版的增订本,极便于读。附录有杨凤苞的十二跋,列举了一批晚明史料,亦可参考。

史家所指南明或晚明时期,是指崇祯十七年(1644)思宗缢死后,福王朱由崧、唐王朱聿键、桂王朱由榔在南方建立明政权,继续反抗清政权,至辛丑(1661)朱由榔死,郑成功仍称永历年号凡一年为止,历时十有八年(1662)。南明史就是记此十有八年之事。时间虽短,但野史有数百家,佳作亦不少,除上述外,还有徐鼒撰的《小腆纪年附考》二十卷,《小腆纪传》六十五卷,补遗五卷,钱绮的《南明书》三十六卷,都是必读的参考书。

第十五章　清代史学概论

第一节　清代史学的时代特点

　　17世纪初期,满州统治者率军队入关,用暴力来争夺明朝的政权,引起一场民族压迫和反压迫的斗争。我们在许多南明史上可以看出当时民族矛盾的尖锐。地主阶级的反满派往往利用史书作为思想斗争的武器,打击对方,替自己的利益服务。晚明私史之盛,就是出于这样的政治原因。清朝建立统治后,一方面官修《明史》,用政治权力推行思想统治,企图掩人耳目和锢塞人民的思想;另一方面,大兴文字之狱,把具有反抗性或独立自由思想的学者大加迫害和屠杀,并趁此机会焚禁当代不知忌讳之书,当时凡有夷虏字样的书都在焚毁之列,有官府强制执行的,亦有人惧祸而自焚的。这种变相的焚书坑儒,对史学有很大的打击,所以明清之际的史学家,除替官府或达官修书外,自己不愿成一家之言,恐遭横祸。清代顺治、康熙时期,没有伟大的史学作品出现,即此之故。

　　明末遗老,遭丧乱之后,总结前代的经验教训,直溯经史本源,提倡实学,以经史为手段,以经世为目的。顾亭林说:“引古筹今,亦吾儒经世之用。”①又引其祖父的话:“以为士当求实学,凡天文地理兵农水土及一代典章之故,不可不熟究。”②所以亭林的著作多数是经世之书。江藩《国朝汉学师承记》说:“炎武留心经世之术,游历所至,以二马二骡载书自随,至西北厄塞,东南海陬,必呼老兵退卒,询其曲折,与平日所闻不合,即发书检勘。其所著《天下郡国利病书》,聚天下图经,历朝史籍以及小

---

① 见《亭林文集》卷四《与人书八》。
② 引《亭林余集》、《三朝纪事阙文序》。

说笔记,明十三朝实录,公移邸报之类,有关于朝政民生者,酌古通今,旁推互证,不为空谈,期于致用,肇域志则专论山川要厄边防战守之事。盖炎武周流西北,垂三十年,边塞亭障,皆经目击,故能言之了了也。"①《日知录》,更是亭林得意之作。自称:"别著《日知录》,上篇经术,中篇治道,下篇博闻,共三十余卷。有王者起,将以见诸行事,以跻斯世于治古之隆,而未敢为今人道也。"②

亭林源本经世的学术,以实践为归,一扫明代苟且破碎的陋习,发扬实事求是的精神,虽然不完全限于史学的研究,但"援古证今",必出于史学无疑。黄宗羲亦谓"学必源于经术,而后不为蹈虚,必证明于史籍,而后足以应务"。认为"载诸空言,不如见诸行事"。

在顾亭林及黄宗羲的影响下,清代初期学风变得比较蹈实,而且后之治史者多以他们为法。黄宗羲为浙东学派的先哲,顾亭林为清代朴学的泰斗。汪中尝拟为国朝六儒颂,以亭林为首,而王国维亦谓:"国初之学,创于亭林。"③

顾亭林注重经世,是受明末时局的影响。例如他自撰《天下郡国利病书序》说:"崇祯己卯,秋闱被摈,退而读书,感四国之多虞,耻经生之寡术。于是历览二十一史,以及天下郡县志书,一代名公文集及章奏文册之类,有得即录,共成四十余帙,一为舆地之记,一为利病之书。"由于国难,亭林才有经国之想。但到了雍正时期,清政权已经相当稳定,多数学者在统治者的猜忌和控制下,不敢放言高论,惟有实行其经济主张,或者以文字来宣传其政治见解,因而遁入考证一途,不再以经史研究为经世的手段,连史论也不敢多做,恐怕人家说他是陈古刺今。乾隆时,杭州杭大宗(世骏)以翰林保举御史,例试保和殿,大宗下笔为五千言,其一条云:我朝一统久矣,朝廷用人,宜泯满汉之见。是日旨交刑部,部议拟死,后赦归。④ 满洲贵族统治中国,经常把满汉畛域划分得很清楚,但又怕人说他们有满汉之见,今杭大宗居然敢劝朝廷用人,不应该有满汉的畛域,正是触犯他们的忌讳之处,因此为统治者所不容。同样,这种"满汉之见"也存在于钦定《明史》中。所以清代的史学家很少写当代的史书,因为怕自己作品的内容有犯忌的地方,他们只能集中精力来考证旧史或重修旧史。此种复古倾向,直至道光咸丰年间。随着时间的流逝,这种情况略有所改变,注重经世的史学家又不乏其人,而中国社会由于资本主义国家的侵略,从封建

---

① 见江藩《国朝汉学师承记》卷八。
② 《亭林文集·与人书二十五》。
③ 见《观堂集林》卷二三《沈乙庵先生七十寿序》。
④ 见《龚自珍全集·杭大宗逸事状》。

社会转变为半封建半殖民地性质的社会,清政权逐渐由倾危以至于覆亡。

清代史学虽然不及宋代波澜壮阔,具有独创的精神,但与明代的史学相较,已经往前推进了一大步,著史方法更为精到,作品亦比较多了。不独史学一门如此,其他许多学科如经学、地理、天文等也是如此。其发达的原因:第一,从康熙时开始,清政权就比较稳定了,于大破坏之余,也采取若干恢复和发展生产的措施,人民暂得喘息的机会,社会生产力有所提高。在这种经济基础上,文化有发展的可能,而统治阶级粉饰太平,提倡复古,以科举制度收买人心,以求知识分子闭门读书,不议国事。龚定盦诗"国家治定功成日,文士关门养气时",乃是指康熙时期的知识分子的情况。史学考证之盛,亦士大夫辛勤研究的结果。

其次,学术传统的影响。前面说过顾亭林与黄梨洲二人的倡导之功,另外,王夫之对于清代学术也有很大的贡献。

王夫之,字而农,号薑斋,湖南衡阳人,生于明万历四十七年(1619),死于清康熙三十一年(1692),曾举兵抗清,失败后潜伏不出,以著述明志,最后归老于故乡石船山,学者称为船山先生。

王船山与黄宗羲、顾亭林相类,他们都是爱国的伟大学者。黄宗羲与顾亭林治学都是不分汉宋,但以实用为归。二人都有不少文学著作,对清代文学界影响较巨。王船山是一个进步的哲学家,不独精研经传及诸子百家的学说,取其精华,去其糟粕,而且对于佛典,如唯识宗,亦有所领会,不使之与儒学学说相混。其诠释经文,多出新意,言必征实,义必切理。故船山的学术思想,已经在前人的基础上有新的发展。其在哲学上的成就自比黄顾二人为大。

船山的历史观点主要集中在他的《读通鉴论》、《黄书》、《噩梦》及《搔首问》诸编。这些作品都表示出对封建社会制度的不满,大力揭发剥削阶级的黑暗,其提出的华夷之辨,让时人至死不忘。清末的爱国知识分子特别把船山攘夷的思想——民族意识,大力阐扬,以为反清的口号。船山著作最多,未易殚述。从他的成就看来,与其称其为史学家,不如称为哲学家为恰当。近人阐扬王船山史学思想的文章层见叠出,读者可以参看,不赘述。

王船山、黄宗羲及顾亭林对于清代史学思想和方法都有不同程度的贡献。王船山的史学思想,由于其华夷之辨与满洲贵族的"满汉之见"相抵触,因此受到漠视和排斥,直至清末才风行一时。而黄顾的史学方法为考证学开一先路,所以对于史学界,特别是正统派有较大的影响。

第二节　清代史学家及其著述

全祖望　全祖望(1705—1755),字绍衣,号榭山,浙江鄞县人。年十四补弟子员,寻举顺天乡试,乾隆元年成进士,选庶吉士。尝忤首铺张廷玉,故散馆以知县用,祖望遂返里不再出。全氏精于史学,于晚明文献尤为究心。李绂见其作品,叹为深宁(王应麟)、东发(黄震)之后一人。在翰林时,与李绂共读《永乐大典》,每日各尽二十册,学问益博。时开明史馆,又提出六条建议。平生佩服黄宗羲,亦受万斯同的影响。留心明代遗闻,以表彰义烈为己任,凡明末里民之死难者,为之博考野史及家乘,作为碑铭志传以发扬幽烈。以明末巨儒,如南雷、亭林、二曲、青主等节士,不仕新朝,高尚其志,又各为表墓之文,以示敬仰。同时对于顺康之间的文字狱,亦据实直书,揭露专制君主的残酷。自雍乾以下,文网森严,凡表扬前代、批评当朝的学者,多不为统治者所容。而全氏伉直负气,毫无顾忌,可谓步南、董之后尘,一时无两。尝称"国家刑赏,非君主所得私,三代而后,人君日骄,奉《洪范》作威作福二语为圣书,而帝王竞业之心绝"(《经史答问》)。可见其极不满君主专制的淫威,民本主义思想的浓厚。全氏好旅行,一方面交结学术上的朋友,另一方面进行调查研究。他所作《张苍水传》,就是他向张苍水的女儿搜集材料而成的。他的《鲒琦亭集》十之九是史传文字。其他有关史学的著述有《经史答问》(收入《皇清经解》)、《困学纪闻》三笺,又修南雷宋元儒学案,七校水经注等。阮元称他说:"经学、史才、词科三者得一足传,而祖望兼之。"其实祖望的贡献以史学为最,而辞章之美亦能相称,他所撰写的有关南明史实的文字,不仅有很高的参考价值,而且文字亦琅然可诵,为后世研究南明及清初史所必读。清代敢于直言无隐的史家,实以全祖望为第一人。[①] 章实斋对他的文集亦大为推崇说:"其文集专授遗文逸献,为功于史学甚大,文笔虽逊于邵(廷采),而博大过之,以其清朴不务涂泽,故都人士不甚称道,皆急宜表章之书。"(《章实斋文钞与胡雏君书二》)我们特别标举出全祖望,也是这个意思。

钱大昕　钱大昕(1728—1804),字晓徵,一字辛楣,又号竹汀,江苏嘉定人,以进士入翰林,屡官至少詹事,参与纂修《热河志》、《续文献通考》及《一统志》。《续文献通考》中田赋、户口、王礼三考出其手笔。年四十始撰《二十二史考异》,及为钟山书院院长时,常以《二十二史考异》底稿与朋友及学生讨论,其中见解与前人暗合的即

---

① 　参看《国粹学报》第 11 期刘光汉著《全祖望传》。

削去，或得到同学的启示，亦把他们的姓名标出。年五十五岁，《二十二史考异》告成，得一百卷，后有所得，另成《考史拾遗》十卷。越数年又成《通鉴注辨正》二卷。钱大昕少读诸史，见《元史》陋略错误，欲重修一书，又以元人氏族最难考索，创为一表，而后人所撰三史艺文，亦多未尽，更搜辑补缀之，其余纪传志表多已脱稿，惜未编定，惟氏族、艺文二志刊行，又有元诗纪事若干卷。年七十犹参加毕秋帆(沅)《续资治通鉴》的校刊工作。钱大昕治学极为广博，为一代大师，但最大的成就仍推史学。他的《潜研堂文集》五十卷，有许多关于史学的文章。他的《十驾斋养新录》二十卷，大部分是关于史地学的，特别是卷十二《诸史答问》。[①] 但他未能自著一史，而专从史学考证上用功夫。所以沈垚(子惇)说："钱氏(指大昕)有史学而无史才。故以之释史则得，以之著史则琐屑破碎，不合史法。"[②]人以为然。同时以史学考证著名的还有王鸣盛、赵翼等。

　　王鸣盛　王鸣盛(1722—1797)，字凤喈，一字礼堂，别字西庄，江苏嘉定人。与钱大昕同年进士及第，官至内阁学士兼礼部侍郎，以母丧不复出，卖文自给，闭户著述。虽经史并举，但以史学功力为最深，我们从他的代表作《十七史商榷》一百卷中可以看到。他自序其写作的方法及艰苦的过程说："尝谓好著书不如多读书，欲读书必先精校书，校之未精而遽读，恐读亦多误矣。读之不勤而轻著，恐著且多妄矣。二纪以来，恒独处一室，覃思史事，既校始读，亦随读随校，购借善本，再三雠勘，又搜罗偏霸杂史，稗官野乘，山经地志，谱牒簿录，以暨诸子百家，小说笔记，诗文别集，释老异教，旁及于钟鼎尊彝之款识，山林冢墓祠庙伽蓝碑碣断阙之文，尽取以供佐证，参伍错综，比物连类，以互相检照，所谓考其典制事迹之实也。暗砌蛩吟，晓窗鸡唱，细书饮格，夹注跳行，每当目轮火爆，肩山石压，犹且吮残墨而凝神，搦秃毫而忘倦，时复默坐而玩之，缓步而绎之，仰眠床上，而寻其曲折，忽然有得，跃起书之，鸟入云，鱼纵渊，不足喻其疾也。顾视案上，有藜羹一杯，粝饭一盂，于是手引饭进羹，登春台，飨太牢，不足喻其适也。凡所考者，皆在简眉牍尾，字如黑蚁，久之皆满，无可复容，乃誊于别帙，而写成净本，都为一编。……闲馆自携，寒灯细展，指瑕索瘢，重加点窜，至屡易稿始定。"[③]

　　从王氏自序看来，《十七史商榷》所用的方法是校雠考证之学，以本书校本书，以他书校本书，加以分析推论，得出典制及历史事实的真相，同时又发现各史的义例

---

① 参看《钱辛楣先生年谱》及《竹汀居士年谱续编》，两篇均见《十驾斋养新录》。
② 见沈垚著《落帆楼文遗稿·答许海樵书》。
③ 《十七史商榷序》。

及其内容的优劣,依然是汉学家惯用的治学方法,即形式逻辑之术。虽有一些议论,但都是因文见义,正如他自己所说:"初未尝自出新意,卓然自著一书也。"

可见史料的鉴别与史文的疏通,对于治史者有很大的帮助,史料如不真实,则理论无所根据,不能立于不败之地。因此王氏之书,确是十七史入门的钥匙。王氏自称:"学者每苦正史繁塞难读,或遇典制茫昧,事迹樛葛,地理职官,眼眛心督,试以予书为孤竹之老马,置于其旁而参阅之,疏通而证明之,不觉如关开节解,筋转脉摇,殆或不无小助也欤!"又有《蛾术编》一百卷,其目有说录、说字、说地、说制、说人、说物、说集、说刻、说通、说系。其书辨博详明,与洪容斋、王深宁不相上下。

赵翼 赵翼(1727—1814),字云松,号瓯北,江苏湖阳人,乾隆辛巳第三人及第,以诗名。曾任贵州道,中年乞养归里,潜心著述。有《廿二史札记》、《陔余丛考》、《簷曝杂记》等有关于史学考证之书。《廿二史札记》多就正史纪传表志参互勘校,以史证史,凡史中的体例内容有得失的地方,都一一指出。至于历史大事的发生、发展及结果,历史人物的评价,读者从此书考出的真相可以领悟作者的意见,作者不再特别加以褒贬。作者站在封建地主阶级立场而著书,其中论断可供批判者颇多(如仍认起义军为流贼)。但是他能列举许多例证,提供一些史料的线索,对于治史的人是有帮助的。《陔余丛考》一书先成,其中有些论史之语,经过订正后,再收入《廿二史札记》中。

关于史学考证札记一类的书,清人不少述作,例如杭世骏的《诸史然疑》,洪颐煊的《诸史考异》等,不一一介绍了。

邵晋涵 邵晋涵(1743—1796),字与桐,又字二云,浙江余姚人。南宋以来,浙东学者研究理学的多习史学,历有师承,蔚为良好的传统。关于宋明两朝的文献资料不少集中于浙东,清初修史,也向浙东征求文献资料以供参考。邵二云先世多熟悉掌故。他的从祖邵廷采(念鲁)以理学家而有志于南明史,所著有《东南纪事》、《西南纪事》等书,而邵二云能传廷采之学,二云于乾隆三十年乙酉举于乡,三十六年礼部会试第一,特征入四库馆,授翰林,得读秘阁藏书,学问更为淹通。二云的会试房师朱筠嘉其奥博,劝其注释《尔雅》一书,与郭景纯并美。二云于是以郭注为宗,兼采樊、刘、孙、李诸家之说,别立创见,成《尔雅正义》一书,为时人及后学所推重。洪亮吉(稚存)尝赠邵二云诗说:"君疏《尔雅》篇,订正五大儒,使我心上疑,一日顿扫除。君师钱少詹,精识世所无,吴门及钱塘,复有王(鸣盛)与卢(文昭),皆言此书传,远胜唐义疏。"(《卷施阁诗》卷八)孙星衍亦称此书:"经经自相勘,所失无毫厘。"当代学者一致认为《尔雅正义》一书为必传之作。但郡二云的史学更为超胜。

邵二云史学的特长在于史识史裁方面，不同于赵翼及王鸣盛只以史学考证见长。自入四库全书馆后，凡史部各书多由二云审订，其提要亦多出他的手笔。所为历代正史以及两朝纲目备要、通鉴前编、通鉴纲目前编等各书提要，凡三十七篇，具载于文钞中，与《四库全书总目》所载的字句微有不同，大概被所谓上级加以删改，原来精彩的地方有些不能被保留，自是遗憾。不过我们从他手写的提要，可以看出二云对于史学的源流正变，史籍的利病得失，都有正确的认识，其中发明之处极多，批评亦很公允。例如世称魏收的《魏书》为秽史，二云力辩其诬，为魏收一洗千载之谤。

　　二云尝以《宋史》的缺点较多，自南渡以后，尤为荒谬，东都有王称的事略，差强人意。因取熊克、李焘、李心传、陈均、刘时举所撰之书及宋人笔记，先辑《南都事略》，欲使前后条贯粗具，然后独出心裁，更撰宋代全史，暂称为宋志。他尝与章实斋论重撰《宋史》，提出其立言的宗旨说："宋人门户之习，语录庸陋之风，诚可鄙也。然其立身制行，出于伦常日用，何可废耶。士大夫博学工文，雄出当代，而于辞受取与出处进退之间，不能无箪豆万钟之择，本心既失，其他又何议焉。此著《宋史》之宗旨也。"其目的仍在表彰宋学。独惜《南都事略》已经成书，但未行世，而宋志正在草创，至殁而未脱稿。虽有若干遗篇，亦已散失。① 晚年曾为毕沅审订《续通鉴》一书，毕氏大为悦服，认为一经其手，大为改观，迥出诸家续通鉴之上。邵二云由于工作过重，体弱多病，一次偶感寒疾，药石误投，病殁于旅邸，年五十有四。海内知交，同声哀悼，认为是史学界的莫大损失。钱大昕哀悼说："君生长浙东，习闻蕺山南雷诸先生诸论，于明季朋党奄寺乱政及唐鲁二王起兵始末，口讲手画，往往出正史之外，自君谢世，而江南文献无可征矣！"章实斋也说："浙东史学，自宋元数百年来，历有渊源，自斯人不禄，而浙东文献尽矣！"这两位史学家都以浙东文献的代表者来推重邵氏，"人之云亡"与学术的兴衰亦有很大关系，未尽其才，壮年下世，实史学界的一大恨事。②

　　以上所举各家，虽各有所长，学术思想倾向亦有所不同，但大体说来，都在不同程度上分别受清初三大师王船山、黄宗羲及顾炎武的影响。例如全祖望私淑黄梨洲，熟悉明代掌故，以表彰一代文献为职责。钱大昕之学乃经史之学，以经史为体，而所得往往有裨于经世，此与顾亭林以经世为体，经史为用的宗旨有相通的地方；

------

　　①　《章实斋文钞·邵与桐别传》（收入神州国光社出版古学汇刊第十二编）。

　　②　关予邵二云的生平事迹，可参看黄眉云著《邵二云先生年谱》，见《史学杂稿订存》。洪亮吉《卷施阁文甲集》卷九邵学士家传亦可供参考。洪亮吉与邵二云交几三十年，凡校雠之役，如国史、石经学都二人合作共事，其言恳切可信。

而治学方法,以心得为贵,则又受亭林的影响,以札记之书而论,也表现出实事求是的精神。亭林与人书谈及《日知录》说:"尝谓今人纂辑之书,正如今人之铸钱。古人采铜于山,今人则买旧钱名之曰废铜以充铸而已。所铸之钱既已粗恶,而又将古人传世之宝,舂剉碎散,不存于后,岂不两失之乎!承问《日知录》又成几卷,盖期之以废铜。而某自别来一载,早夜诵读,反复寻究,仅得十余条,然庶几采之铜也。"①钱大昕的《廿二史考异序》也说:"余弱冠时好读乙部书,通籍以后,尤专斯业,自史汉讫金元,作者廿有二家,反复校勘,虽寒暑疾疢,未尝少辍,偶有所得,写于别纸。丁亥岁,乞假归里,稍编次之,岁有增益,卷帙滋多。戊戌,设教钟山,讲肄之暇,复加讨论,间与前人闇合者,削而去之,或得于同学启示,亦必标其姓名,郭象、何法盛之事,盖深耻之也。"

推顾钱二氏著书的宗旨,极为谨慎,非独创的见解不存于著作中,不抄袭,不掠美,不求速成。如《日知录》一年只得十余条,而《廿二史考异》亦数十年才得告成。二人自是我国学术界的榜样。赵翼的《廿二史札记》也是这样,梁任公说它:"用归纳法比较研究,以观盛衰治乱之原,此其特长也。"②则又兼史学考证与史论之长,与亭林"引古筹今"之说相近。

至于邵二云的学术,与清初三大师更为接近。论者说他"与世殊异者三:以博洽见称,而不知其难能在守约;以经训行世,不知其长乃在史裁;以汉诂推尊,不知宗主乃在宋学"③。则又与三位大师不分汉宋、经史并治的趋向相近。

道咸以降,学者尚承乾嘉之风,但社会性质已经开始改变,外患迭乘,国势衰落,学术思想不能不随之而变,于是学者又多注意于经世,或托于先秦、西汉之学以图变革,言经者及今文,考史者兼治辽金元,治地理者涉及四裔,务为前人所不为,成为一种新的学问,其详以后再论。

第三节　旧史的重写补辑与考证工作

治史的目的在于经世,固然不错,但求经世,就必须与当代社会政治经济等实际情况相联系,才能"引古筹今",坐言起行。可是这样一来,就不免涉及政治,批评时事,揭露弊端,力排众议,往往溢出统治者所规定的范围,一不小心,就会被人加上

①　《亭林文集》卷四《与人书十》。
②　《清代学术概论》。
③　《章实斋文钞·邵与桐别传》中按语。

大逆不道的罪名,招致杀身之祸。所以乾隆嘉庆之间的学者,多数逃入考证的途径,与人无忤,与物无争,龚定盫诗有云:"避席畏闻文字狱,著书都为稻粱谋。"(《咏史》)即表现出多数知识分子在文网森严之下,惴惴不自保的心情。有清一代,现代史的研究并不发达,而古代史的研究反有不少的成绩,厚古薄今,亦社会制度所造成的。兹将古代史研究的总成绩,分别叙述如下。

研究古代史比较著名者,应推马骕。马骕(1620—1672),字宛斯,一字骢御,山东邹平人。顺治己亥进士,卒于知灵县县官任内。博学强记,尤好读左氏春秋,尝把《左传》所述事迹,融会贯通,引端竟绪,易编年为叙事,成一本有似纪事本末体的通史,谓之《左传事纬》,凡数万言。又取太古以来及亡秦之事,网罗经史子集中的有关材料,附上图谱表志,勒为一书,称为《绎史》,分为五部:一曰太古三皇五帝,计十篇;二曰三代夏商西周,计二十篇;三曰春秋十二公时事,计七十篇;四曰战国春秋至亡秦,计五十篇;五曰外录,记天官、地志、名物、制度等计十篇;合一百六十篇,每篇为一卷。因为这本书的写法,吸收了编年体和纪传体的长处,包括方面较广,有似我们现代编写古代史的方法,在当代确是一种创作。所以人称他为"马三代"。顾亭林也极为叹赏,认为是必传之作。不过马氏的综合能力虽强,但缺乏分析,考证功夫不够深,他所引用的材料,如谯周的《古史考》,皇甫谧的《帝王世纪》,以及西汉及东汉大量出现的纬书,绝大多数是不可信赖的。大约是受历史条件所限制吧![①]

继《绎史》而作的有李锴的《尚史》一百〇七卷(刻本作七十卷),是利用《绎史》的材料,加以整理补充,改为纪传体裁的上古史。陈厚耀(泗源)的《春秋战国异辞》五十五卷,取与三传、《国语》、国策不同的有关材料,加以整理,分国来叙述。顾栋高(复初)的《春秋大事表》及其订正旧说错误诸篇,对于研究春秋史的人有很大的参考作用,与陈厚耀的《春秋世族谱》可以相辅而行。

还有一位与上述诸人倾向不同的古史学家,即以《考信录》开疑古风气之先的崔述。

崔述(1740—1816),字武承,号东壁,直隶大名人。乾隆壬午举于乡,嘉庆初年为福建罗源县知县,六年罢官归里,以著述自娱。所著有《考古提要》二卷,《上古考古录》二卷,《唐虞考信录》四卷,夏商考信录各二卷,《丰镐考信录》八卷,《别录》三卷,《洙泗考信录》四卷,《余录》三卷,《孟子事实录》二卷,《考古续说》二卷,《附录》二卷,是为《崔氏考信录》。尚有其他说经之作凡九种之多。

---

① 参看《国朝汉学师承记》卷一《马骕传》。

他最初治经,觉得诸子百家关于禹汤文武孔子的事迹的记载,往往失实,而是非颇谬于六经。认为先秦诸子有伪撰圣贤之事,汉代学者不察,从而采用,又杂以谶纬之说,来解释经文。晋宋以降,又伪造古书,借以自重。唐代沿误,不求甚解,至宋虽有一二学者出而纠正,但仍不能澄清旧说之误。因此,考唐虞三代之事,必须考信于六经。崔氏自序说:"述自读书以来,奉先人之教,不以传注杂于经,不以诸子百家杂于经传。久之始觉传注所言,有不合于经者,百家所言,往往有与经相背者,于是历考其事,汇而编之,以经为主,传注之与经合者则著之,不合者则辨之,而异端小说不经之言,则辟其谬而删削之,题曰考信录。"

崔氏自言受刘知幾《史通·疑古篇》的启发:"于殷周以前事,但以《诗》《书》为据,而不敢以秦汉之书遂为实录,亦推广《史通》之意。"可是刘知幾,不独对于秦汉之书记春秋之事有所怀疑,而且对经书及孔子的言行也有所怀疑,与崔述以诗书为据,而推重孔子,目的各有不同。

崔述的方法是以经证经,考辨古代史实的真伪,确为研究上古史的必历的途径。惟其认为唐虞三代之事,见于经者皆纯粹无可议,而以战国以下诸书皆为不可尽信,把经和传对立起来,不免有主观的看法,贻他人以口实。

当崔述之书初成,自称为薄皮茧,因蚕有强弱,而其茧亦有厚薄,以此比喻人由举人出身,以知县致仕,功浅而力薄,如薄皮之茧。崔述以此故乡的方言自嘲和自谦。他的《考信录》,初由其弟子陈履书刊行,后收入畿辅丛书,但于杂著未能全刊,及顾颉刚先生续得其未刊著作,合刊为东壁遗书,由是崔述之学大显于世。[①]

关于《史记》、《汉书》、《后汉书》及《三国志》的研究,清人有数十种已经出版的著作。不能一一列举,兹仅将比较著名的作家及作品胪列于下。

钱大昭(1744—1813),字晦之,又号可庐,江苏嘉定人。钱大昕之弟,专治史学,用力精勤,尤善四史之学。著有《汉书辨疑》二十二卷,《后汉书辨疑》十一卷。王鸣盛对这两部书有很高的评价,说他"校伪补阙,精深确当,披却导窾,阐幽决滞,生于几千百年以下,追及几千百年以上之事,恍如掌上罗文,一一皆可指按。……两汉文字近古,与五经相出入,不识字,不通古学者固难与语此。可庐精于说文,深通古训,穿六经史传记,墓铭碑碣,善求其间,识纯而心细,实事求是,不屑为支蔓语,故能折衷群疑,而于官制地理所得尤多,洵班、范之功臣,史家之指南也"[②]。

大昭还著有《司马彪续汉书辨疑》九卷,《后汉郡国令长考》一卷,《补续汉书艺文

---

① 关于崔述生平可参看刘师培著《崔述传》,《国粹学报》第 34 期。
② 《两汉书辨疑序》。

志》二卷,《三国志辨疑》三卷(有钱大昕序及自序)。以上各书版本有数种,以广雅书局版为最通行。

此外,钻研四史,皆有疏证,便于初学入门的,可推沈钦韩。钦韩(1775—1831),字文起,号小宛。他的著作有《史记疏证》六十卷(北京图书馆有钞本),《汉书疏证》三十六卷(浙江书局刊本),《后汉书疏证》三十卷(浙江书局本),《后汉书札记》一卷(抄本),《三国志补注》四卷(上海图书馆有稿本),《三国志札记》一卷(抄本),又有《三国志补训诂》八卷,《释地理》八卷(未见传本)。

至于清代史家改编旧史之作亦属不少。关于晋史,有郭伦的《晋纪》六十八卷及周济(止庵)的《晋略》六十六卷。西魏史则有谢启昆(蕴山)的《西魏书》。按元魏后期,东西对峙,司马光及朱熹等都认为立国之正,享祚之长,东不如西,而李延寿采魏收之说,亦先西而后东,但列传仍用周书的旧文,不无遗憾。又西迁廿余年间,州郡名目屡易,应有专书。谢蕴山主张司马光之说,撰《西魏书》二十四卷,内分本纪一、表三、考七、列传十三、载记一,颇足以补前史所未备。①

关于南北朝史的重修,有李清(映碧)的《南北史合抄》一书,在清代亦享盛名,与顾祖禹的《读史方舆纪要》及梅文鼎的《历算全书》,被称为三大奇书。但顾梅二书都是专门之学,独创之书,而李书不过编辑史料比较得当,但内容亦嫌简略,论断无识,不能与其他二书相比。②

关于唐史,有陈鳣(仲鱼)的《唐书》七十卷,吴任臣的《十国春秋》一百十四卷,梁廷柟的《南汉书》十八卷、《丛录》二卷、《文字略》三卷,吴兰修的《南汉纪》五卷、《地理志》一卷、《金石志》一卷。

关于宋史,有陈黄中(和叔)的《宋史稿》二百十九卷,为未定之稿,未见刊行,钱大昕《潜研堂文集》卷二十八有跋。陆心源(字刚甫,一字存斋)的《宋史翼》,仅有纪传部分,正传七百八十一人,附传六十四人,共四十卷,补宋史所缺,与其所著《宋诗纪事补遗》一百卷,元祐党人传十卷,皆有宋一代的掌故之林。缪荃孙对《宋史翼》一书评价极高,认为"邵氏二云《南都事略》,其儒学文苑一目载入《十驾斋养新录》,而宋史以外,只增刘克庄一人,即令其书尚存,亦未必过于此书"③。

关于元史,清代学者研究的比较多,成绩亦比前代较为显著。清初重编元史的有仁和邵远平(戒山)的《元史类编》四十二卷,完成于康熙三十八年。在体例上对

---

① 可参看钱大昕著《西魏书序》。
② 略取《国朝汉学师承记》卷一《顾祖禹传》中语。
③ 《艺风堂文续集》五。

《元史》有些增补，例如本纪增诏令，列传增奏疏，言行兼赅，可供参考。又补了儒林、文苑、忠义等列传，记述更为全面。姑勿论他的宗旨，能够补充元史外的材料，供我们参考，都是值得欢迎的。另，海运制度为元代创举，此书特立海运考，注重经济生活，亦有必要；元史不详用兵于西域，今据《圣武亲征记》等书加以补述，亦有可取。作者自称："是编义取续录，发凡起例，祖法昭然，辞无可赞。但元史本文既不分类，又不依时，先后倒置，不得其解。今特穷波讨源，如理梦丝，务求有绪。览者须先观本史，方知是编之苦心。至史贵详明，故自正文而外，间采群书，或补其阙略，或辨其异同，仿《大唐六典》，杜氏《通典》格，并用夹行小注，不敢臆凿一语。"①亦可见邵氏谨慎之处。不过此书只有纪传而无表志，只可见历史人物的活动，而不能明示社会政治制度的面目，体例方面，亦有些缺点。魏源批评它说"邵远平《元史类编》袭郑樵《通志》之重台，以天王宰辅庶官分题，已大偭史法，且有纪传，无表志，于一代经制阙略未详。故钦定《四库全书》置之别史。"②

不过邵氏以一人之力成此巨制，而且征引及于经世大典，有承先启后之功。出于初期，更为难得。

清代中期，研究元史，著述最多的，当推钱大昕。钱大昕的史学上文已有提及，现在单论他的元史学，大昕熟悉蒙古语，能翻译。他在上书房行走的时候，质庄王尝获元代蒙古碑版，体制与今书不同，人皆不识，倩章嘉国师译汉文，竹汀过而见之，曰：章嘉故博学，然其译为汉文，字句有误。我收藏有元时库库所译汉文，可以互证，归取旧译文而对勘，章嘉译错之处尽见。《元秘史》是蒙古初期史的实录，但其文鄙俚，未经辞人译润，故汉人知之不多，大昕一见，知为有价值的史料，极力表扬它，由是大显于世。又《长春真人西游记》是李守常所述，于西域道里风俗，颇足资考证，而世鲜存本，大昕始于道藏抄得，替作跋，一经宣扬，遂成为后世研究蒙古史者必读的参考书，专家亦纷纷加以考订了。至于他本人有关于元史的著作，有补《元史氏族

① 《元史类编》凡例一。
② 见魏源《拟进呈元史自序》。按《古微堂外集》卷三有《拟进呈元史新编序》一文，大概是前文的初稿，而魏源的元史本来就称为《元史新编》，集中的序文与元史的序文大有出入。关于邵远平《元史类编》有很苛刻的批评，如说"近人如邵远平之《元史类编》，徒袭郑樵《通志》的重台，分天王宰辅侍从庶官忠节文翰杂行等，甚以廓扩之忠勋列入杂行，又有纪传，无表志，因摭志入传，又多采制册入纪，多采书序入儒林，又多采元典章吏牒之书，以充卷帙，皆不登大雅，甚至本纪直以世祖为始，而太祖太宗宪宗三朝平漠北、平西域、平金、平蜀之功不载一字，更旧史之不如。"我们觉得魏源所下的评语，过于苛刻。特别是说它本纪以世祖为始，而太祖太宗宪宗三朝平漠北、平西域、平金、平蜀之功不载一字，完全不符合实际。查《元史类编》卷一就有太祖、太宗、定宗及宪宗的本纪，亦有述及平漠北、平西域、平金、平蜀之事，何得说是本纪以世祖为始（类编把本纪列入第二卷），难道魏源没有看到邵氏原书吗？为什么乱放阙辞呢？

表》三卷,《补元史艺文志》四卷,《元史考异》十五卷,《辽金元史拾遗》五卷。案郑叔问国朝未刊遗书目,有大昕已成的《元史稿》一百卷。又据日本人岛田翰《访书余录》,钱氏手写《元史稿》残本二十八巨册,云缺卷首至卷二十五,则此稿似乎尚在人间。

稍后汪龙庄(辉祖)著有《元史本证》五十卷,补一卷,分证误、证遗、证名三部,虽为旧史拾遗纠谬,但考证颇为精核。钱大昕序其书说:"自摅心得,实事求是,有大醇而无小疵。"其价值可想见了。

魏源(默深)晚年有《元史新编》之作。据云采四库书中元代名家著述百余种,并旁搜《元秘史》、《元典章》、《元文类》各书,参订旧史,成《元史新编》九十五卷,本纪自世祖而下袭用邵氏类编,艺文志、氏族表全取钱大昕。论次略就而殁,至光绪十三年始由其族孙魏光焘校刊问世。由于材料不够丰富,方法不够精密,未能与日后屠寄及柯劭忞等书风行一时,但文笔明快,极可读诵。

关于研究蒙古史及西北史地卓有成绩的学者,尚有徐星伯(松),张石洲(穆),龚定盦(自珍),何愿船(秋涛),沈子惇 (垚),施北研(国祁),李芍农(文田),洪文卿(钧),沈子培(曾植),屠敬山(寄),柯凤荪(劭忞),王静安(国维)等。我们打算把有些学者归入近代部分来谈论,有些另于历史地理一章来叙述,所以都不在这里列举了。

关于编年史体的形式比较庞大,内容比较充实的作品,有清初徐乾学主编的《资治通鉴后编》一百八十四卷。《四库全书提要》称"是编以元明人续通鉴者陈桱、王宗沐诸本,大都年月参差,事迹脱落。薛应旂所辑虽稍见详备,而如改宋史周义成军为周义,以胡瑗为朱子门人,疏谬殊甚,皆不足继司马光之后。乃与鄞县万斯同,太原阎若璩,德清胡渭等排比正史,参考诸书,作为是编"。其缺点在于材料不够丰富,所辑北宋事迹,大都以李焘残帙为稿本,宋自嘉定以后,元自至顺以前,尤为简略。又由于材料少而不忍割爱,贪多务得,细大不捐,反而伤于烦冗。但订误补遗,亦有前人所不及,同时执笔者如阎若璩、胡渭等又长于地理之学,所以所载舆地,极为精核,可资考证。

乾隆时期,毕沅主编《续资治通鉴》二百二十卷。毕沅(秋帆)以状元出身,官湖广总督,以风雅自命,罗致许多学者于幕中,除整理金石志外,还请幕友合修续通鉴,阅二十年而成。至其编书的宗旨,具见于章学诚代毕制军致钱官詹(大昕)一书中。"宋事据丹棱(李焘)、井研(李心传)二李氏书而推广之。其辽金二史所载大事无一遗落,又据旁籍以补其逸,亦十居三四矣。元事多引文集,而说部则慎择其可徵信者,仍用司马氏例,折衷诸说异同去取之故,以为考异,惟不别为书,注于本文之下,以便省览。"①书的义例,多由章学诚及邵二云参订,书成后,又由邵二云最后复审,大有改进。

此书以徐乾学的《通鉴后编》为蓝本,加以增损,又参以李焘《续资治通鉴长编》及李心传的《建炎以来系年要录》及宋辽金元四史,由于众手修书,责任不专,史学水平又不够高,因此,只能编辑。许多段文字,照抄前人之书,几乎一字不易,文字亦生硬乏味,有综合的功夫,而无分析的能力,既缺史识,故无论断。与徐乾学本比较,亦五十步与百步之间而已。由于忌讳当朝,服从功令,辽金元的地名人名官名被改译。又于宋代未亡之前,即用元代年号,并削去端宗、帝昺的称号,亦有违司马光的本意。此书本可以续至明末,但明清易代之际,对汉满之间的关系,立言者有所顾虑,故不敢以明末为断限,此是由于清朝专制的残酷,不能责备执笔之人。

纪事本末体的书,有高士奇的《左传纪事本末》五十三卷,李有棠的《辽史纪事本末》四十卷,《金史纪事本末》五十二卷,谷应泰的《明史纪事本末》八十卷(说已见前),倪在田的《续明纪事本末》十八卷,彭孙贻的《明朝纪事本末补编》,杨陆荣的《三藩纪事本末》等,都可以作为研究历代史的入门书。

关于学术史,清代学者也写了一些好的著作。黄宗羲撰的《明儒学案》六十二卷,是一部水平很高的哲学思想史。此编参考明代讲学诸家文集语录各条,析其师承,以辨别宗派,如程朱、白沙、姚江各派,于各派宗旨及源流分合相互影响之处叙述颇详,又先列诸家小传,概括生平,使读者对于诸儒有比较多的认识,此书成于康熙十五年后,宗羲年已七十,犹鼓其余勇,续纂《宋元学案》,仅成十七卷而殁,其子百家继续编纂,亦未卒业,由全祖望续成,凡一百卷。此书的特点,每一学案之前,先立一学派源流表,次立小传,又录言论,后附录遗闻遗事及后人评论。其方法比《明儒学案》为进步。内容以二程朱陆为主源,其他都是支流。但卷末立荆公新学略,苏氏蜀学略,勉强把王苏二氏对立起来。苏洵、辙、轼未尝讲学,乃为之强立讲友同调名目,一若三苏呼朋引类,造成蜀学与洛学相角,殊不恰当。

此外,唐鉴撰《国朝学案小识》十五卷,专明程朱之学,推崇清初陆陇其、陆世仪、张履祥与张伯行,而于汤斌以下兼宗陆王者类多贬辞,显然执门户之见。

乾嘉之际,考证之学大盛,学者自谓远续两汉诸儒的传统及其学风,恪守师法,称为朴学。江藩(甘泉,号郑堂)得惠定宇的传授,又与当时学者多有师友的关系,对

---

① 《章氏遗书》卷九《为毕制军与钱辛楣宫詹论续通鉴书》。

于学术情况亦颇清楚。乃编成《国朝汉学师承记》八卷,《宋学渊源记》三卷,附记一卷。江藩用力于朴学,故师承记原原本本,娓娓动人,为谈考证学者不可缺的参考书。但他立汉学之名与宋学分别对待,大有门户之见。其友龚定盦当时亦认为不妥,曾经和他讨论过,并提议改为国朝经学师承记。他说:"大著读竟。其曰国朝汉学师承记,名目有十不安焉,改为国朝经学师承记。敢贡其说:夫读书者实事求是,千古同之。此虽汉人语,非汉人所能专。一不安也。本朝自有学,非汉学,有汉人稍开门径,而近加邃密者,有汉人未开之门径,谓之汉学,不甚甘心。不安二也。琐碎饾饤,不可谓非学,不得为汉学。三也。汉人与汉人不同,家各一经,经各一师,孰为汉学乎?四也。若以汉与宋为对峙,尤非大方之言,汉人何尝不谈性道?五也。宋人何尝不谈名物训诂?不足概服宋儒之心。六也。近有一类人,以名物训诂为尽圣人之道,经师收之,人师摈之,不忍深论,以诬汉人,汉人不受。七也。汉人有一种风气,与经无与,而附于经,谬以祥灶,梓慎之言为经,因以汩五行,矫诬上帝为说经,大易洪范,身无完肤,虽刘向亦不免,以及东京内学,本朝何尝有此恶习?本朝人又不受矣。八也。本朝别有绝特之士,涵詠白文,创获于经,非汉非宋,亦惟其是而已矣,方且为门户之见者所摈。九也。国初之学,与乾隆初年以来之学不同,国初人即不专立汉学门户,大旨欠区别。十也。有此十者,改其名目,则浑浑圆无一切语弊。"[①]

龚定盦的提议,理由极为充分,而且消除汉宋门户之见,更有裨益于学风。但未见江藩有所答复。此书仍用原名刊行,可见定盦的话,"为门户之见者所摈矣"。

江藩又撰《宋学渊源记》,亦并不足说明他汉宋兼采,无门户之见。因为《宋学渊源记》所载,多援儒入佛之论,混儒释为宋学,然后从而攻之。伍崇曜作跋,谓于罗台山传内痛诋几无完肤,以为率有蹈瑕抵隙之意,似仍有轩轾于其间。

其后方植之又著《汉学商兑》一书,力崇宋儒,轻訾汉学。辞锋犀利,议论多偏,甚至斥为邪说,诋为异端,诋之不已,至等之于洪水猛兽。深文周纳,使门户之见更深,又远出于江藩之下了。

阮元在史馆时,曾将所拟儒林传稿一部分,载于《揅经室续集》卷二,理学各家并经学并重,认为"其实讲经者岂可不立品行,讲学者岂可不治经史,强为分别,殊为褊狭"。各传根据各书写成,无一句空泛之语,可作清代学术思想史的一部分来读。

此外,朱彝尊著的《经义考》三百卷,翁方纲撰的《经义补正》十二卷,专录古今存佚经学之书。谢启昆的《小学考》五十卷,亦接此例,辨章学术,考镜源流,亦经学史

---

① 《龚自珍全集·与江子屏牋》。

及文字学史的形式。章学诚撰有《史籍考》三百二十五卷，惜已散佚，亦史学史之类。张维屏撰《诗人徵略》，震钧的《书人辑略》，周亮工的《印人传》，都是艺术史之类。阮元撰《畴人传》，罗士琳的《续畴人传》及诸可宝《畴人传三编》，都是数学史之类，不过以人物为中心来论述而已。

至于各种专门史的撰述，指不胜屈，兹不备举。

第十六章　章学诚的史学

第一节　章学诚的学术生活

　　章学诚(1738—1801),字实斋,号少岩,原名文敩,浙江省绍兴府会稽县人。他的父亲名镳,字骧衢,乾隆七年进士,曾任湖北应城知县,好史学,对学诚鼓励很大。学诚自称:"十五六岁时,尝取《左传》删节事实,父见之,谓编年之书,仍用编年删节,无所取裁,曷用纪传之体,分其所合,吾于是力究纪传之史,而辨析体例。"又说"十五六岁,虽甚驽滞,而识趣则不离乎纸笔,性情已近于史学,课余,私取左国诸书,分为纪表志传,作东周书,几及百卷"(家书)。在学习文史方面,骧衢对他的儿子亦给予不少教导,并且不断培养他的独立思考能力。学诚自述:"父尝辨史记索隐,谓十二本纪法十二月,十表法十日诸语①,斥其支离附会。吾时年未弱冠,即觉邓氏《函史》上下篇卷分配阴阳老少为非,特未能剧笔为说耳。"从这件事情,就可以看出学诚自少对于史学体例问题,早已留心,一经长辈的提示,就能举一反三,触类旁通了。他又说:"犹记二十岁时,始购得吴注庾开府集,有春水望桃花句。吴注引月令章句云:'三月桃花水下。'父抹去其注,而评于下曰:'望桃花于春水之中,神思何其绵邈。'吾彼时便觉有会,回视吴注,意味索然矣。自后观书,遂能别出意见,不为训诂牢笼,虽时有卤莽之弊,而古人大体乃实有所窥。"(《家书》)这又说明学诚的史学有家学渊源,他的通识别裁,亦受他父亲的指导。学诚三十一岁的时候,他的父亲去世,他失

---

　　① 　按学诚引司马贞诸语,出自《补史记序》:"本纪十二象岁星之一周,八书有八篇,法天时之八节,十表放(仿)刚柔十日,三十世家比月有三旬,七十列传取悬车之暮齿,百三十篇象闰余而成岁。"这显然是穿凿附会的。

去了一个直接指导他的人,但他的史学基础已经奠定了。

章氏承认他的学问根柢有赖邵廷采。廷采字念鲁,著有《东南纪事》、《西南纪事》等书,详于南明史事。章氏说:"父生平极重邵思复文,吾实景仰邵氏,而愧未能及者也。盖班马之史,韩欧之文,程朱之理,陆王之学,萃合以成一子之书,自有宋欧曾以还,未有若是之立言也。而其名不出于乡党,父独深爱之,吾由是定所趋向。其讨论修饰得之于朱先生(指朱筠),则后起之功也。而根柢则出于邵氏,亦庭训也。"(《家书》)

章氏对于邵氏的《思复堂集》极为推崇,而同乡名流如全祖望对邵集有不少批评。章氏则为辩护,认为全祖望批评失当。

> 全氏通籍馆阁,实窥中秘,出交名公巨卿,闻见自宜有进,然其为文,虽号大家,但与《思复堂集》不可同日语也。全氏修辞饰句,芜累甚多,不如《思复堂集》辞洁气清。若其泛滥驰骤,不免漫衍冗长,不如《思复堂集》雄健谨严,语无枝剩。至于数人共为一事,全氏各为其人传状碑志,叙所共之事,复见迭出,至于再四,不知古人文集,虽不如子书之篇第相承,然同在一集之中,必使前后虚实分合之间,互相趋避,乃成家法,而全氏不然,以视《思复堂集》全书止如一篇,一篇止如一句,百千万言若可运于掌者,相去又不可道里计矣。至于闻见有所出入,要于大体无伤,古人不甚校也。至弇州(王世贞)之雄才博学实过震川,而气体不清,不能不折服于震川之正论。今全氏之才不能远过弇州,而《思复堂集》高过震川数等,岂可轻相非诋,是全氏之过也。[①]

这是从邵氏和全氏文章的优劣而言,但章实斋亦不能不承认全祖望在博学方面胜于邵氏。

章氏二十三岁至北京应顺天乡试,下年又赴试,肄业国子监,三试皆不第。二十九岁,始从朱竹君(筠)学为文章,住在朱竹君家里,朱竹君对于章学诚极为优待,认为其是可造之材。朱竹君弟子李威从游记说:"及门会稽章学诚,议论如涌泉,先生乐与之语,学诚姗笑,无弟子礼。见者愕然,先生反为之破颜,不以为异。"

以后由于朱竹君的关系,章氏认识了许多知名的学者,如邵二云、钱大昕,洪亮吉、戴震、孙星衍、王念孙、任大椿、程瑶田、黄景仁等。乾隆三十六年,朱竹君为安徽

---

① 参看《章实斋文钞·邵与桐别传》后,贻选按语。

学政,章实斋亦在太平使院,并参加朱竹君主持的重刻说文解字及文字十三经同异的校刊工作,他与邵二云论史非常投契。章氏为邵二云作传说:"余著《文史通义》,不无别识独裁,不知者或相讥议。君(邵二云)每见余书,辄谓如探其胸中之所欲言,间有乍闻错愕,俄转为惊喜者亦不一而足。以余所知解,视君之学不啻稊米之在太仓,而君乃深契如是。"又说:"惟于余爱若弟兄,前后二十余年,南北离合,历历可溯,得志未尝不相慰悦,至风尘潦倒,疾病患难,亦强半以君为依附焉。"章实斋的最好朋友,实推邵二云一人。

到了三十六岁,章氏应和州知府刘长城之聘,纂编《和州志》,翌年成《和州志》四十二篇,又采和州著述有裨文献及文辞典雅的辑为《和州文徵》八卷。此为他所编的第一部志书。

乾隆四十二年,章氏中顺天乡试举人,次年联捷成进士。他的朋友周震荣任永清县官,请他修《永清志》,他于是周游县境,进行实际调查的工作,故撰述比较详实可信。

四十一岁到五十岁这一段时间,章实斋生活比较困难。老母既亡,次女亦短命而死,他奔走觅食,在河南途中,失去《校雠通义》的稿本,从朋友处借抄,亦十得四五,又患重病,几乎危殆,赖邵二云延医调理至愈。中间相继得主肥乡清漳书院及保定莲池书院的讲席,但都是短期的。他在莲池书院亦不过四年,因与当局不和而去职,以致寄居旅店,其长孙女及第三子第五子都殇于此时。中间曾代撰《永定河志》,得资糊口。及至乾隆五十三年,毕秋帆(沅)任湖广总督,对他颇为优待,毕秋帆主编《续资治通鉴》,章实斋亦参加编纂工作,时年已五十三岁了。乾隆五十七年续通鉴修成后,仍留毕氏幕府,跟着又任湖北通志事,并兼修《常德府志》、《荆州府志》。乾隆五十九年毕秋帆去职,而《湖北通志》稿成,湖北巡抚惠龄摈而不用。

章氏五十六岁,始从湖北归会稽,稍得闲居读书之乐,但不久又出外作客。晚年客游于安庆桐城一带,后又到扬州依盐运使曾燠(宾谷),曾燠亦风雅好士,对章氏颇为敬重。曾燠还赠以长诗,从诗中,我们可以看出章氏相貌不扬,面有瘢痕,鼻及耳都有些毛病,口才之敏不如下笔之捷。但曾对他的文史之学极为推崇,有如苏东坡描写李台卿一般风趣。

章氏六十一岁在杭州,补修《史籍考》。此书由毕秋帆出名主编,参修不止一人,但体例的订定以及主要的工作是由章氏一人担任,所以后世公认为他的手笔。此稿虽零落无从得见,但章氏遗书补遗有总目一篇及史考释例一篇,又《校雠通义外篇》(古籍出版社本)有论史籍考一篇,由此可以窥见此书的崖略。

六十三岁,章氏双目失明,犹事著述,口授大略,由儿子贻选代书,《文史通义》中《浙东学术篇》即著于此时。次年于十一月间病殁,年六十四。其文稿由萧山王宗炎(谷塍)编定,宗炎写定一个目录后,未及付刊而卒。章氏的次子华绂先勘定《文史通义》内篇五卷,外篇三卷,并《校雠通义》三卷,于王氏旧拟的目录颇有更动,初刊于道光二年(壬辰),即今之通行本。不知何时版归于缙绅周以均,故印行绝少。以均死后,其子某及其从子福清谋铲去章氏之文,更刻以均所著制艺,谭仲修等闻而力向福清阻止,遂以报告当局,购归浙江书局,为之补刻印行。①

其后又有《文史通义补编》、《章实斋文钞》等散见于各丛书中。1921年,浙江图书馆始将所藏钞本章氏遗书十八册,编为二十四卷,刊印行世。是年吴兴刘承干亦汇刊《章氏遗书》三十卷,外篇十八卷,所收除两种通义外,有方志略、文集、外集、湖北通志检存稿及未成稿,又以信摭、乙卯札记、丙辰札记、知非日札、阅书随札五种,附以永清县志和州志及补遗附录校记,是为外编。后又取其纪元经纬考续为外编之第十九、二十两卷,篇幅比浙江图书馆的版本为多,章氏遗著的搜集,以此为最完备了。②

第二节　章学诚的史学思想

从章实斋《文史通义》中的原道各篇可以看出他对于人类社会发展的看法。他认为人类是受自然规律所制约的,但没有说明自然界和人类彼此互相制约的道理。他把自然规律说成是"道"。他说:

道之大原,出于天,天固谆谆然命之乎? 曰:天地之前,则吾不得而知也。天地生人,斯有道矣,而未形也,三人居室而道形矣,犹未著也,人有什五而至百千,一室所不能容,部别班分而道著矣。仁义忠孝之名,刑政礼乐之制,皆其不得已而后起者也。

人生有道,人不自知,三人居室,则必朝暮启闭其门户,饔飧取给于樵汲,既非一身,则必有分任者矣。或各司其事,或番易其班,所谓不得不然之势也,而均平秩序之义出矣。又恐交委而互争焉,则必推年之长者持其平,亦不得不然之势也,而长幼

---

① 参看李慈铭撰《越缦堂读书记》章氏遗书条。
② 关于章学诚的遗著及其编目,金毓黻先生的《中国史学史》有较为详细的叙述。

尊卑之别形矣。至于什伍千百,部别班分,亦必各长其什伍,而积至于千百,则人众而赖于干济,必推才之杰者理其繁,势纷而须于率,俾必推德之懋者司其化,是亦不得不然之势也,而作君作师,画野分州,井田封建学校之意著矣。故道者非圣人智力之所能为,皆其事势自然,渐形渐著,不得已而出之,故曰天也。

从人类进化史来说,人是由一个单独的生殖细胞,发展到自然界最复杂的有机体的。章氏所谓"天地生人",就说明了人和自然界的关系,而自然界各种现象是有规律的。可是,在社会历史领域内起作用的是人,而人是富有知识,而且有自觉的行动和抱有一定的目的的,虽然如此,但行动的结果往往不尽如人意。历史现象领域,好像由偶然性支配着,而人们的自觉行动似乎与自然界中不自觉的行动相类似。不过凡表面上看去是偶然性起作用的地方,其实这种偶然性本身是始终服从于内部隐藏着的规律的,即不由人们意志为转移的社会发展规律。历史学家的作用就是要阐明这种规律。

章氏把原始社会的原始群,分工合作,共同生产,共同分配,一律平等,以至于家庭、等级及阶级组织的产生,认为是不得不然之势,或"事势自然,不得已而出之"。这样,就把自然规律,即章氏所谓原出于天之道,与人类社会发展规律混同起来,因而就不能从人的活动中,从生产发展中来发现社会发展规律,也就不能了解社会历史本来就是社会规律性地发展过程。

我们还可以一看章氏关于道的解释,就更加明白章氏之所谓道,正是自然法则或自然发展规律。例如他说:"易曰:'一阴一阳之谓道。'是未有人而道已具也,继之者善,成之者性,是天著于人,而理附于气,故可形其形而名其名者皆道之故,而非道也。道者万事万物之所以然而非万事万物之当然也。人可得而见者,则其当然而已矣。"[①]

据此,章氏认为道出于阴阳,未有人类,已先有道,道是指自然规律无疑。自然规律不可得见,可见的只是现象,即形与名,现象受规律约制,本身并不是规律。规律通过事物而起作用,而万事万物可见,而作用则微渺而难睹,所以他又说:"万事万物,当其静而动,形迹未彰,而象见矣。故道不可见,人求道而恍若有见者,皆其象也。"[②]

章氏又以为自然规律产生的作用逐渐显著,而聪明之人就可以通过事物的形

---

① 此段与上一段引文,出自《文史通义·原道上》。
② 《文史通义·易教下》。

成而摸索出一些规律,因此掌握一些发展规律而有所发明创造,但不敢违背规律来办事,而他本人并不能另外发明一种规律。章氏又说:"道有自然,圣人有不得不然,其事同乎?曰:不同。道无所为而自然,圣人有所见而不得不然也。圣人有所见,故不得不然,众人无所见,则不知其然而然。孰为近道?曰:不知其然而然即道也,非无所见也,不可见也。不得不然者,圣人所以合乎道,非可即以为道也。圣人求道,道无可见,即众人之不知其然而然,圣人所借以见道者也。故不知其然而然,一阴一阳之迹也。学于圣人,斯为贤人,学于贤人,斯为君子,学于众人,斯为圣人。非众可学也,求道必于一阴一阳之迹也。自有天地而至唐虞夏商,迹既多而穷变通久之理亦大备。周公以天纵生知之圣,而适当积古留传道法大备之时,是以经纶制作,集千古之大成,则亦时会使然,非周公之圣智能使之然也。盖自古圣人皆学于众人之不知其然而然,而周公又遍阅于自古圣人之不得不然而知其然也。"①

从上文看来,章氏对于道的看法,是由《易经》得来的。他把万物的生成归于天地的对立,即阴阳两性的对立,所谓"一阴一阳之迹"。宇宙间充满了矛盾,而这些矛盾是相反相成的,发生变化后,产生许多新的因素或事物。即《易·系辞上传》所谓刚柔相推而生变化。这种道理,只有圣人能够多少知道一些,但不能不因时制宜,或"与时消息",因势利导,勉强配合这种变化法则而有所行动;这种法则一般人看不出来,他们只能顺乎自然,按照他们自己的意图及社会需要去做,但总逃不出自然规律的控制,所以他们行动或创造的结果即与规律的作用分不开。章氏所谓"圣人",当然是统治阶级的知识分子,他们一方面把群众的经验实践总结出一种合乎规律的理论,可是另一方面又采取愚民政策,使他们"不识不知,顺帝之则",以便统治他们,正如易篆上传所说:"观天之神道而四时不忒,圣人以神道设教而天下服。"此即章氏所举集大成的周公,周公的时代已是奴隶社会,政教合一了。

章氏的观点,出于周易,是一种带有辩证法的观点,虽然这种辩证法的宇宙观是很粗糙和幼稚的,《易经》的根本观念就是阴阳两性的对立,万事万物都由这样的对立而成。章氏也说一切事物是一阴一阳之迹。自然法则是从自然界反映出来的,圣人只能发现,而不能发明,所以章氏说"道无所为而自然,圣人有所见而不得不然"。这正符合易系辞上传所说的"一阴一阳之谓道。……显诸仁,藏诸用,鼓万物而不与圣人同忧"。两者均认为自然法则不随人们的意志为转移,人们只能配合自然法则。

---

① 《文史通义·原道上》。

章氏所说的"三人居室而道成"的一节文字,是叙述关于人类社会的进化的,人类社会的进化就是由这样相反相成的两种对立物先后产生出来的,由无阶级的社会发展成为有阶级的社会的。章氏承认,"仁义忠孝之名,刑政礼乐之制,皆不得已而后起者也"。这个观点,也是从《易经》序卦传引申出来。序卦传说:"有天地然后有万物,有万物然后有男女,有男女然后有夫妇,有夫妇然后有父子,有父子然后有君臣,有君臣然后有上下,有上下然后礼义有所错。"

　　从这些事物的对立中,看出矛盾,从矛盾中看出变化,从变化中看出社会的进展,这是具有辩证观的人才能洞见的。如果章氏能够掌握唯物辩证法,也就可以从矛盾变化中,看出社会的发展规律,看出长幼尊卑之别形成之后,对立的阶级形成后,阶级的斗争必然出现的规律。当然,章氏是永远达不到这个水平的。相反地,他相信穷则变,变则通,通则久,社会变到一定的阶段就永远不会变了。认为周代是"道法大备之时",不会再有革命了。他又认为事物不是不断向更高的阶段发展,而是发展到一定的阶段就会恢复原来的样子。正如他说:"此皆一阴一阳往复循环所必至。"章氏这种循环观点限制了他,并且有开历史倒车的倾向。

　　《易经》是统治阶级以神道设教之书,自然具有神秘性。其中神秘的因素,章实斋都接受了。比方他说:"蓍揲合其吉凶,则又阴阳自然之至理,诚之所至,探筹钻瓦,皆可以知吉凶。"(《易教上》)这是《易经》系辞之说"探赜索隐,钩深致远,以定天下之吉凶,成天下之亹亹者,莫大乎蓍龟"的引申。是为了肯定卜筮的作用,其实是自欺欺人的说法。章实斋在历史哲学上是一个唯心主义者。

　　必须指出,章实斋在精神对自然界的关系问题上,认识颇为正确,即认为自然界是第一性的,精神是第二性的。如说:"有天地自然之象,有人心营构之象。……然而心虚用灵,人累于天地之间,不能不受阴阳之消息。心之营构,则情之变易为之也。情之变易,感于人世之接构而乘于阴阳倚伏为之也。是则人心营构之象,亦出于天地自然之象也。"[1]

　　他认为人心构成的象是外界自然之象的反映,这是唯物主义的认识论。章实斋能够有这样的认识,是值得我们称道的。可惜他有初步的认识,但不能将其应用到一切实际工作中。

　　章实斋的"六经皆器"之说,也是从实际出发的精辟之谈。他说:"易曰:'形而上者谓之道,形而下者为之器。'道不离器,犹影不离形。后世服夫子之教者自六经,以

----

[1] 《文史通义·易教下》。

谓六经载道之书也,而不知六经皆器也。——夫子述六经以训后世,亦谓先圣先王之道不可见,六经即其器之可见者也。后人不见先王,当据可守之器,而思不可见之道,故表章先王政教与夫官司典守以示人而不自著为说,以致离器言道也。"(《原道中》)

我们姑勿论孔子述六经的意图,但章实斋认为六经皆器,亦是切合实际的。因为六经作者的思想是抽象的,只有通过具体的文字表达出来,如果没有具体的东西——经典文字,我们从什么地方捕捉作者的微旨呢?章氏反对离器而言道,就是这个道理。这种从实际出发的客观态度也是值得我们称道的。

至于章氏"六经皆史"之说,并不是他独创,王守仁尝谓五经皆史。从广义的史学来看,正如他自己所说:"盈天地间,凡涉著作之林皆是史学,六经特圣人取此六种之史以垂训耳。"(《报孙渊如书》)从狭义来看,六经中只有《尚书》《春秋》可称为史,其他易诗礼乐虽然可以反映社会情况,但不过是史料而已。因为它们的主题和内容不属于史学范畴,而应属于哲学、文学、社会学和艺术各部门,否则《文史通义》一书,就可以称为史学通义了。我个人关于六经皆史的意见,已略见于第三章先秦史籍评述中,兹不具论。

第三节　章学诚的史学批评

章实斋一生以史学自负,而且非常自信,与郑樵同。所以他左祖郑樵而有《申郑》等篇。他对刘知幾以高才硕学,被人排挤,大为不平,曾经表示说:"每慨刘子元以不世出之才,历景云开元之间,三朝为史,当时深知如徐坚、吴兢辈不为无人,而监修萧至忠、宗楚客等皆痴肥臃肿,坐啸画诺,弹压于前,与之锥凿方圆,抵牾不入,良可伤也。子元一官落托,十年不迁,退撰《史通》,窃比元楼,盖深知行尸走肉,难与程才,而钓弋耕渔,士亦有素故耳。欧宋之徒,不察古人始末,以为子元工诃古人,而拙于用已。嗟乎!使子元得操尺寸,则其论六家二体及程课铨配之法,纵不敢望马班堂奥,其所撰辑,岂遽出陈寿孙盛诸人下,而吴缜等以窃其绪论,纠谬致于二十有四也哉!向令宗肃又使子弟族属托监领之势,攘臂其间,颠倒黑白,子元抑而行之,必将愤发狂疾,岂特退而不校已耶?假而事非东观之隆,官非太史之重,以升斗之故,与睢盱一辈,进退其间,宜子元所尤不屑矣。后之人或以致诮何哉?"[1]

---

① 《章实斋文钞·与国子司业朱春浦先生书》。

关于刘知幾及别人对《史通》的评论已见前章。编者本人亦基本同意章实斋对他的看法。不过章氏亦自惜不遇知己，将己比人，牢骚太盛。其实刘知幾在宋代并非无人推重，不过推崇不够普遍而已。司马光的《资治通鉴》，以政治为中心，对于学术不大注意，但于刘知幾之死，特别标出："开元九年，安州别驾刘元玄卒。元玄即知幾也，避上嫌名，以字行。"司马光惜墨如金，对于名位不高的史官刘知幾，仍破例大书特书，以宋的第一流史学家而表扬唐代第一流的史学家，可见刘知幾在史学界自有其位置。清代以后，刘知幾的地位更为崇高了。但章实斋自以为研究的方向与刘知幾完全不同。他说："吾于史学，盖有天授，自信发凡起例，多为后世开山，而人乃拟吾于刘知幾，不知刘言史法，吾言史意，刘议馆局纂修，吾议一家著述，截然分途，不相入也。至论学问文章，与一时通人全不相合，盖时人以补苴襞绩见长，考订名物为务，小学音画为名。吾于数者皆非所长，而甚知爱重，咨于善者而取法之，不强其所不能，必欲自为著述以趋时尚，此吾善自度也。时人不知其意而强为者，以谓舍此无以自立，故无论真伪是非，途径皆出于一。吾之所为，则举世所不为者也，如古文辞，近虽为之者鲜，前人尚有为者。至于史学义例，校雠心法，则皆前人所未言及，亦未有可以标著之名。"[1]

章实斋的史学造诣是家学渊源，师友的影响，以及他主观努力学习的结果，上文已有说明了。章实斋自诩为天授，稍近于夸张。至于说史学义例及校雠心法皆前人所未言及，恐亦未必。他自称刘知幾言史法，他言史意，刘议史局纂修，他议一家著述，这些也不完全符合实际情况。我们把《史通》和《文史通义》比较一下便知。《史通》也包括史学理论，即所谓史义，而《文史通义》中的史学义例亦即史法，特别是有关方志学的都是讨论方法问题的。《史通》亦议私家著述，从《左传》到《三国志》都有批评，而且认为一家著作胜于众手修书，并非专谈馆局纂修。研究史学，史法和史义不能截然分开。但章氏不欲人拟他为刘知幾，认为自己自有独树一帜的思想。其实章氏书中，关于史义的言论并不多，而理学家之言却不少。如果按照章氏的"盈天下间凡涉著作之林，皆是史学"的提法，那么，章氏一切理论性的文字都可算是史义，这是我们不敢同意的。

章氏，好用极其抽象的解释，使人有高深莫测之感。他在提出记注和撰述的分别时说："三代以上之为史与三代以下之为史，其同异之故可知也。三代以上记注有成法而撰述无定名，三代以下，撰述有定名而注记无成法。夫记注无成法则取材也

---

① 《章实斋文钞·家书二》。

难,撰述有定名,则成书也易,成书易则文胜质矣,取材难则伪乱真矣。伪乱真而文胜质,史学不亡而亡矣。良史之才间世一出,补偏救弊且不支,非后人学识不如前人,周官之法亡而《尚书》之教绝,其势不得不然也。"①章氏所谓记注,就是史料的记录,如档案、实录及起居注之类。三代的史官有闻必录,对于国家大事,很难说有成法可依据,不过当时史官记录也有一定的目的要求,大概从统治阶级利益及社会条件出发,有重点地进行记录,哪些应该记录,哪些可以放弃,上古史官心中有数,可是不一定有成法,如有成法反而成为调查研究的束缚。章氏所谓成法的规格究竟怎样呢?

章氏认为古代各机关的档案就是记注,他进一步说:"周官三百六十具天下之纤析矣。然法具于官,而官守其书,观于六卿联事之义而知古人之于典籍,不惮繁复周悉,以为记注之备也。"又说:"盖官礼制密而后记注有成法,记注有成法而后撰述可以无定名。以谓纤悉委备有司,具有成书,而吾特举其重且大者笔而著之,以示帝王经世之大略,而典谟训诰,贡范官刑之属,详略去取,惟意所命,不必著为一定之例焉,斯《尚书》之所以经世也。"

综合章氏前后所谈而加以分析,才知记注即是档案或公文,成法是一种制度,至于成法的内容,章氏完全没有提到,只说"法具于官"而已。他又认为记注之法详于后世,因为"周官有三百六十部门"。由于部门分得精细,记注才有成法。周代是我国奴隶制社会时期,政府是否有三百六十部门那么多,行政结构的分工有否这样周密精细,还是值得我们研究的。章氏自己也曾说过:"滥觞流为江河,事始简而终巨。"照一般推理,周朝的行政部门不会比后世多,而且各部门自己保存档案的办法,不过是一种制度。至于所谓"成法"中的具体内容,章氏自己也说不清楚,仅仅提到分头保存资料,而我们所欲知道的搜集资料的方法体例,章氏就一字不提,何以见得"详于后世"呢?后世的实录、起居注等也是有一定的规范的,总不能说后世记注无成法吧。至于三代以上撰述无定名,自是实情,因为上古史官的任务在于记事,并没有蓄意去写文章,所以不必先拟出题,然后动笔。《尚书》各篇都是没有题目的,其题目是后人从篇中文字择出的二三个字代替的。后世先拟定题目然后成篇,但亦不见得容易。因此,章氏所说:"记注无成法,则取材也难,撰述有定名,则成书也易。成书易则文胜质矣,取材难则伪乱真矣。伪乱真而文胜质,史学不亡而亡矣。"是杞人忧天,无病呻吟。后之视今,史学只有继续发展,何有沦亡之叹! 章氏以三代为极

---

① 《文史通义·书教上》。

盛，史学亦然。昧于社会进化，厚古薄今，这确是章氏思想上的毛病。章氏又进一步说明记注与撰述性质的不同。"易曰：'筮之德，圆而神，卦之德，方以智。'闲尝窃取其义以概古今之载籍。撰述欲其圆而神，记注欲其方以智也。夫智以藏往，神以知来。记注欲往事之不忘，撰述欲来者之兴起。故记注藏往似智，而撰述知来拟神也。藏往欲其赅备无遗，故体有一定，而其德为方，知来欲其决择去取，故例不拘常，而其德为圆。"

我们认为古代史家从历史唯心主义观点出发，就不可能发现社会发展规律，不能根据过去来推测将来，他的撰述也就不可能达到圆而神的地步。章氏把撰述的预见性说得非常神秘。"必待其人而后行，非圣哲神明深知二帝三王精微之极至，不足以与此。"（《书教下》）这样显然是把统治者的意志神秘化了，仍然是从主观唯心主义出发的。

章氏又认为《尚书》无定法，"神明变化，不可方物"。而《春秋》、《左传》有成例可以依据，自司马迁及班固出，编年体之外，又创立纪传体。他说："《尚书》一变而为左氏之春秋，《尚书》无成法，而左氏有定例以经纬也。左氏一变而为史迁之纪传，左氏依年月而迁书分类例以搜逸也。迁书一变而为班氏之断代。迁书通变化，而班氏守绳墨，以示包括也。就形貌而言，迁书远异左氏，而班史近同迁书。盖左氏体直自为编年之祖，而马班曲备，皆为纪传之祖也。推精微而言，则迁书之去左氏也近，而班氏之去迁史也远，盖迁书体圆用神，多得《尚书》之遗，班氏体方用智，多得官礼之意也。"（《书教下》）

纪传体为司马迁所独创，班固不能为纪传之祖，而班固之断代，早有前例，班固因人成事，不得不然，其原因已见于第四章。章氏谓迁书多得《尚书》之遗，班氏多得官礼之意，殊不明确，如果从学术影响来说，司马迁自然受到《尚书》《左传》的影响，但自有其独创的史学见解，由于没有成法可援，可与《尚书》相比。班固之书仿效司马迁的体裁，断代为史，由他开始，但并无义例的独造，而章氏称其多得官礼之意，令人费解。

章氏又从撰述与注记的不同及其相互为用，继续发挥，因而有著述与比类之别，比次独断考索之分。他论著述与比类说："古人一事必具数家之学，著述与比类两家，其大要也。班氏撰《汉书》为一家著述矣，刘歆贾护之《汉记》，其比类也，司马撰《通鉴》，为一家著述矣，二刘范氏之长编，其比类也。两家本身相因，而不相妨害，但为比类之业者，必知著述之意，而所次比之材，可使著述者出，得所凭借，有以恣其纵横变化，又必知己之比类，与著述者各有渊源，而不可以比类之密，而笑著述之或有所疏,比类之整齐,而笑著述之所畸轻畸重,则善矣。盖著述譬之韩信运兵,而比类譬之萧何转饷,二者固缺一不可,而其人之才,固易地不可为良者也。"(《报黄大俞书》)章氏所谓著述与比类之别,即撰述与记注之分。他又论比次独断考索说:"天下有比次之书,有独断之学,有考索之功,三者各有所主而不能相通。……由汉氏以来,学者以其所得,托之撰述,以自表见者,盖不少矣。高明者多独断之学,沈潜者尚考索之功,天下之学术不能不具此二途,譬犹日昼而月夜,暑夏而寒冬,以之推代而成岁功,则有相需之益,以之自封而立畛域,则有两伤之弊。……若夫比次之书,则掌故令史之孔目,簿书记注之成格,其原虽本柱下之所藏,其用止于备稽检而供采择,初无他奇也。然而独断之学,非是不为取裁,考索之功,非是不为按据,如旨酒之不离乎糟粕,嘉禾之不离乎粪土。是以职官故事案牍图牒之书,不可轻议也。然独断之学,考索之功欲其智,而比次之书欲其愚.亦犹酒可实尊彝,而糟粕不可实尊彝,禾可登簠簋,而粪土不可登簠簋,理至明也。"(《答客问中》)

按章氏所谓比次独断考索三者,其实都是史学研究的过程,即以著史术而言,三者都是相通的,也有一人而兼三者之长的,他认为三者各有所主,而不能相通,是不尽合实际的。所谓比次之书,即史料之书,属于史学。搜罗史料即研究史料过程的第一个阶段,搜集材料后,应该加以分析批判,去伪存真,去粗取精,即需要考索的功夫。作者在考索的基础上,运用自己的观点,抽出科学的结论,成一家的著述,即所谓独断之学。从搜集资料以至撰述成书,三者都是相关的,并不是"各有所主,不能相通"。固然三者可以分工,例如司马光与刘恕、刘邠及范祖禹之于《通鉴》,但二刘与范纂修《资治通鉴长编》,不光是进行史料的搜集,也兼有一些考索和独断的功夫,如果没有考索独断之学,就连辨别史料和搜集史料也成问题,何况长编即《通鉴》的初稿,还算是一部可以独行的著述,司马光有时也参与这项工作。考索和独断不能截然分开,二者都有史学思想作为指导。司马光的《通鉴考异》即考索的结果,其中又具有独断的史识,这样的史识同样贯穿于《通鉴》的撰述中。

如果以书籍的性质而论,分为比次与独断便可,前者是史料,仅供参考,后者是著作,具有创见,不必强分为三,巧立名目,既称记注,又称比次,既称撰述,又称独断之书,其中又加上考索之名,其实独断亦由考索得来。况章氏所谓独断之学,指史的体裁而言,反把作者著书的宗旨以及书的内容思想变得狭隘,这是章氏好持高论的毛病。

章氏对于通史体裁极为赞扬,似乎受郑樵的启发,在理论上未能超出郑樵《通志》,从他所作《释通》一文可见。由于学风相似,章氏对于郑樵极为推崇,说:"若郑氏《通志》，卓识名理，独见别裁，古人不能任其先声，后代不能出其规范，虽事实无殊旧录，而辨名正物，诸子之意，寓于史裁，终为不朽之业矣。"对于郑樵的评价，本书已有专章，不赘述于此。

平情而论，通史除保存历史的连贯性，以便窥见社会发展的诸阶段外，没有其他比较重要的特点了。虽然在方法上，章氏说到："通史之修，其便有六：一曰免重复，二曰均类例，三曰便铨配，四曰平是非，五曰去牴牾，六曰详邻事。其长有二：一曰具剪裁，二曰立家法。其弊有三：一曰无短长，二曰仍原题、三曰忘标目。"(《释通》)章氏指出纂修通史之便有六点，其长二点，其弊三点，可见特点多而缺点少。通史自比断代史为优，但通史作者亦难有其人，所以伟大的通史究竟罕见。至于免重复，平是非，去牴牾各点，完全针对过去各朝断代史的弊端而发，即前后史互相发生矛盾，如果一个人写一本书，就可能避免重复、牴牾了。本朝的人写前朝的史事，批评可能不辨是非，但隔代的人写过去任何一代的史，立场就会比较公正，假使许多史家相继从事于通史的撰作，涌现了一批通史，恐怕通史与通史之间重复矛盾的地方就不少了。断代之史亦可以详邻事，这种特点不是通史所独有，而且通史也不及专门史(民族史之类)详细。上文又说通史之长，一曰具剪裁，即材料的选用；二曰立家法，即史体和史义的独创。凡是史籍都应注意，但运用之妙，在乎其人而已。至于三种弊端，亦不是通史特有的毛病，如果遇有三长的良史，完全可以避免这些缺点。由此可见，著史之法，章氏亦未必擅长。因为他实践的工夫较少。

必须指出，章氏亦非左袒通史，而排斥断代史的人，他有重修宋史的志愿而不果。不过他受了郑樵会通之说的影响，并且认为通史体裁更方便于表现他的通识别裁而已。其实章氏的通识别裁表现在方志学上，特论之如下。

第四节　章学诚的方志学

章学诚史学专长以方志学为最。他的理论和实践对方志学贡献极大。他自己说："鄙人少长贫困，笔墨干人，屡膺志乘之聘，阅历志事多矣。其间评骂古人是非，斟酌后志凡例，盖尝详哉其言之矣。要皆披文相质，因体立裁，至于立法开先，善规防后，既非职业所及，嫌为出位之谋，间或清燕谈天，辄付泥牛入海，美志不效，中怀阙如。然定法既不为一时，则立说亦何妨俟后，是以愿终言之，以待知者择焉。"①

① 《文史通义》卷六《州县请立志科议》。

章氏二十七岁的时候,已经以修志为平生事业之一。他与甄秀才论修志第一书中说:"丈夫生不为史臣,亦当从名公巨卿充书记,因得论列当世,以文章见用于时,如纂修志乘,亦其中之一事也。"担任纂修志乘的工作,章氏可谓如愿以偿。他参与编纂过的志乘有《天门县志》、《和州志》、《永清县志》、《亳州志》及《湖北通志》等五种,他的经验积累既多,他的创见和成绩也不少,甚至形成一家之学。

论方志应属史部 过去许多学者把方志归入地理书类。至章实斋,始认定方志为地方史,应属史部。他说:"志乃史体。"①"盖志属信史。"②"夫方志比于古者,列国史书尚矣。"③"且有天下之史,有一国之史,有一家之史,有一人之史。传状志述,一人之史也,家乘谱牒,一家之史也,部府县志,一国之史也,综纪一朝,天下之史也。"④按今之州县,犹古诸侯之国,列国皆设史官以纪国事。"周官":"外史掌四方之志",即列国之志,亦即地方史。章氏亦说:"百国春秋,实称方志。"又说:"方志拟于分国之史。"(《湖北文征叙例》)地区、土产、户口等各图籍自有职方、司会专掌。

今日尚存的《禹贡》是全国性区域志的雏形,也是各国地方志的综合。《汉书·地理志》也是根据各地方志编成的,分载郡国的沿革、山水、土特产以及各经济部门,偏重地理方面,已逐渐失去周代外史的记事本意。秦汉以后没有外史之官。各地区也没有地方事件及人物的专门记载。至晋代挚虞作《畿服经》一百七十卷,除地理、土产外,还包括风俗、人物,可以说是后世方志的初祖。可是自此以后,方志中关于地理的部分日益加重,以致方志竟与地理及图经混合起来,甚至有些修志家仿效图经而作方志。方志之学到清代还未能独立成为一种专门科学。惟章学诚直溯方志的源流,提出方志为国史要删之说。他论道:

> 郡县志乘,即封建时列国史官之遗,而近代修志诸家,误仿唐宋州郡图经而失之者也。周官外史掌四方之志,注谓若晋之乘,楚之梼杌,鲁之春秋,是一国之史,无所不载,乃可为一朝之史之所取裁。夫子作《春秋》,而必征百国宝书,是其义矣。若夫图经之用,乃是地理专门。按天官司会所掌书契版图,注版谓户籍,图谓土地形象,田地广狭,即后世图、经所由仿也。是方志之与图经,其体截然不同,而后人不辨其类,盖已久矣。……知方志非地理专书,则山川都里坊表名胜皆当汇入地理,而不

---

① 《文史通义》卷八《答甄秀士论修志第一书》。
② 《文史通义》卷八《修志十议》。
③ 《章氏遗书·湖北通志政略叙例》。
④ 《州县请立志科议》。

可分占篇目,失宾主之义也。知方志为国史取裁,则人物当详于史传,而不可节录大略,艺文当详载书目,而不可类选诗文也。知方志为史部要删,则胥吏案牍,文士绮言,皆无所用,而体裁当规史法也。此则其可言者也。夫家有谱,州县有志,国有史,其义一也。然家谱有征,则县志取焉,县志有征,则国史取焉。今修一代之史,盖有取于家谱者矣,未闻取于县志,则荒略无稽,荐绅先生所难言也。然其故实始于误仿图经纂类之名目,此则不可不明辨也。"①

上文着重指出,图经之类乃地理之书,方志乃史籍之一种,即地方史。二者性质不同,内容也不同。修志的方法应该运用著史的方法。州县之志取材于家谱,而国史又取材于县志,此即方志为国史要删之意。章氏又引申说明,具见于《为毕秋帆制府撰湖北通志序》:"惟念方志为外史所领,义备国史取裁,犹《春秋》之必资百国宝书也。而世儒误为地理图经,或等例于纂辑比类,失其义矣。……按周官外史掌四方之志,注谓若晋乘,楚梼杌,是一方之全书也,司会掌其书契版图。注谓户籍,土地,形象,斯乃地理图经类耳。古人截分官守,而世儒乃于一方全书,辄以地理图经视之,非其质矣。"(《章氏遗书》十四卷)

上文所谓"世儒"即指当时考证学派中参加修志的一部分人。此派人误以地理考证为方志的主要任务,将图经的体例用于方志中。这派人以戴东原为代表,东原亦曾修汾州府志。一次,戴东原批评章学诚的《和州志》例说:"夫志以考地理,但悉心于地理沿革,则志事已竟。佗言文献,岂所谓急务哉?"章氏当场回答他说:"方志如古国史,本非地理专门,如云但重沿革,而文献非其所急,则但作沿革考一篇足矣。何为集众启馆敛费,以数千金卑辞厚币邀君远赴,旷日持久,成书且累函哉?且古今沿革非我臆测所能为也。考沿革者,取资载籍,载籍具在,人人得而考之,虽我今日有失,后人犹得而更正也。若夫一方文献,及时不与搜罗,编次不得其法,去取或失其宜,则他日将有放失难稽,湮没无闻者矣。夫图事之要,莫若取后人所不得而救正者加之意也。然则如余所见,考古固宜详慎,不得已而势不两全,无宁重文献而轻沿革耳。"②

戴章二人往复辩论,颇为热烈,代表两派的主张。戴氏认为方志即地理的考证,从古书上找寻根据,忽视现实的材料,充分表现出其崇古薄今的思想。章氏对于这种思想给予有力地驳斥,认为考证地理沿革不是方志的主要任务,应该及时注意当

① 《文史通义·外篇·为张吉甫司马撰大名县志序》。
② 《文史通义·外篇·记与戴东原论修志》。

代文献资料的搜罗和表达,才能切于一方之实用。而且地理沿革的考证错误,后人还可以根据古书来纠正,如果地方当代文献沦亡,后人就无从补救了。章氏又以为当代地方文献的搜集,可以"补正史所不足","如前志无憾,则当续其所有,前志有阙,但当补其所无",并且要按照"详近略远"的原则来处理材料和进行写作,这样才合于实用。从两派的议论来看,章氏比较注重现实,立论比较全面,可以纠正戴东原一派以地理沿革为主的偏见,以及厚古薄今、舍近图远、脱离实际的做法。

章学诚对于戴东原的经学本极佩服,他与邵二云书中说:"时在朱先生(筠)门,得见一时通人,虽扩大生平闻见,而求能深悉古人大体,进窥天地之纯,惟戴氏可以几此。"但他认为方志之学非戴氏所长,不必用其所短。他在别处谈到:"近代学问如戴东原未易易矣。其所考订与所发挥,文笔清坚,足以达其所见,而记传文字非其所长,纂修志乘,固亦非其所解,委而不为,固无伤也。而强作解事,动成窒庪,此则不善趋避而昧于交相为功之业者也。"①

以上所述,皆章氏以方志为史的论据。章氏的见解在今日看来,还有可商榷之处,因为还不能脱离封建时代的史学观点和方法。但在乾隆时期,以方志为地理书之说,高唱入云,而章氏能够远征经史,斟酌时宜,独抒己见,成为一家之说,实属难能可贵。

论方志的体例　章氏对于方志的撰作,谓应先立三书,更附丛谈于后,才合志体。他说:"凡欲经纪一方之文献,必立三家之学,而始可以通古人遗意也。仿纪传正史之体而作志,仿律令典例之体而作掌故,仿文选文苑而作文征。三书相辅而阙一不可,合而为一,尤不可也。"

章氏把方志内容分为三书,是把方志作为史部处理,所谓"明史学也"。这种主张是和"六经皆史"说分不开的。因此他说:"古无私门之著述,六经皆史也,后世袭用而莫之或废也,惟《春秋》《诗》《礼》三家之流别耳。纪传正史,《春秋》之流别也。掌故典要,官礼之流别也。文征诸选,风诗之流别也。获麟绝笔以还,后学鲜能全识古人之大体,必至积久,然后渐推以著也。马史班书以来,已演《春秋》之绪矣。刘氏《政典》、杜氏《通典》,始演官礼之绪焉。吕氏文鉴、苏氏文类,始演风诗之绪焉。并取括代为书,互相资证,无空言也。"②

由于仿纪传正史之体而为志,所以志大概包括纪、表、图、考、政略、列传各项目,即地方行政制度、措施及人物。掌故即网罗地方行政的档案规程,可分为吏、户、礼、

① 《章实斋文钞·答沈枫墀论学》。
② 此段及上段引文均见《文史通义》卷六《方志立三书议》。

兵、刑、工各部门。文征大约分为传记、论说、诗赋、箴铭等类。丛谈大约分为考据、轶事、琐语、异闻。前三体构成方志的主要内容,后一体作为前三者的补充参考材料,或附录之一种。又各项目的订立,可以因时制宜,因地制宜,不必强求一致。

对修志家的建议　章学诚曾经向天门胡明府提出修志十议,颇为具体,可作后世修志家的参考。他说:"修志有二便:地近则易核,时近则迹真。有三长:识足以断凡例,明足以决去取,公足以绝请托。有五难:清晰天度难,考衷古界难,调剂众议难,广征藏书难,预杜是非难。有八忌:忌条理混杂,忌详略失体,忌偏向文辞,忌妆点名胜,忌擅翻旧案,忌浮记功绩,忌泥古不变,忌贪载传奇。有四体:皇恩庆典宜作纪,官师科甲宜作谱,典籍法则宜作考,名宦人物宜作传。有四要:要简、要严、要核、要雅。"

章氏认为方志有两种作用,可以补国史之不足,供国史的取材,即"地近则易核"、"时近则迹真"。因为方志是地方史,就地取材,经过现场的调查研究,比较近于实际,而且方志应该详近略远,修志的人见闻比较确凿,都是方志的特点。

章氏又认为修史家如其他史家一样,须有三长:"识足以断凡例,明足以决去取,公足以绝请托"。昔刘知幾著《史通》谓良史须有才学识,然三者得一不易,而兼三尤难。章学诚谓:"史所贵者,义也,而所具者事也,所凭者文也。……非识无以断其义,非才无以善其文,非学无以练其事。……记诵以为学也,辞采以为才也,断限以为识也。"(《文史通义》卷三《史德》)章氏于三长之外,又加史德,"德者何? 谓著书者之心术也"。一个良史,必须具者这四个条件。今章氏认为方志是史之一种,修方志者也应具有上述四个条件。章氏谓修志家应具的三长中,所谓识即史识,明亦史识,而识与明均可由学培养出来。公即史德,能绝请托,即书法不隐,有此四长,就能克服"五难",避免"八忌"。在体例上建立纪谱考传四体,在写作过程中符合简、严、核、雅四种要求。

章学诚论修志有十议。十议就是:议职掌,议考证,议征信,议征文,议传例,议书法,议援引,议裁制,议标题,议外篇。这十议代表章氏修志的全部见解。第一条要求分工明确,责有专任。第二条,搜集资料,不厌求详,考证精细,务求至当。第三条言地方人物之事迹,必须核实无虚,人物有具体事迹可凭,而且有益于国计民生的才算合格。第四条述艺文志的体例,现存之人,虽有著述,概不入志。前代学者文人,如可成家有集,无论经史子集,方技,杂流,释门,道藏,图画,谱牒,帖括,训诂,都可入录,但以论定成集者为限,惟不取稿本零篇。第五条议传例不为生人立传,而节妇从宽。仍以忠、孝、节、烈为人物取舍标准。由于自己站在地主阶级立场,所以认为："惟妇人守节,已邀旌典,或虽未旌奖,而年例已符,操守粹白者,统得破格录入。盖妇人从一而终,既无他志,其一生责任已毕,可无更俟没身,而此等单寒之家,不必尽如文苑卓行之出入缙绅,或在穷乡僻壤,子孙困于无力,以及偶格成例,今日不予表章,恐后此修志,不免遗漏,故搜求至汲汲也。"他所谓"全用史例",不过如此。第六条议书法,如志体但重政教、典礼、民风、土俗,而浮夸形胜,附会景物者,在所当略。列传亦以名宦、乡贤、忠孝、节义、儒林、卓行为重,文苑、方技有长可见者次之。我们看人物传所取的对象,就可知章氏的取舍以封建礼教为标准,自称为有体有要,实在没有新的东西,至于官师另立历任年谱,邑绅另有科甲年谱,亦可谓全无意义。第七条议援引,即论行书的方法。据称:"史志引用成文,期明史实,非尚文辞,苟于事实有关,即胥吏文移,亦所采录,况上此者乎。苟于事实无关,虽班扬述作,亦所不取,况下此者乎。"章氏主张引用原文,不分雅俗,惟求符合实际情况,可谓卓识。第八条举节引成书或成文的规例。第九条提出标题分目应符合实际。第十条说明丛谈的内容,即不合乎上述各体的要求的材料,弃之可惜,留之可以参考,则另辟丛谈、外编或杂记来收容它。①

章氏对于档案工作很为重视,并且主张州县应设立修志的专门机构——志科。他提议说:"今天下大计既始于州县,则史事责成亦当始于州县之志。州县有荒陋无稽之志,而无荒陋无稽之令史案牍,志有因人臧否,因人工拙之义例。文辞案牍无因人臧否,因人工拙之义例文辞。盖以登载有一定之法,典守有一定之人,所谓师三代之遗意也。故州县之志不可取办于一时,平日当于诸典吏中特立志科,金典吏之稍明于文法者以充其选,而且立为成法,俾如法以纪载,略如案牍之有公式焉,则无妄作聪明之弊矣。积数十年之久,则访能文学通史裁者,笔削以为成书,所谓待其人而后行也。如是又积而修之,于事不劳,而功效已为文史之儒所不能及,所谓政法亦存三代文章之遗制也。然则立为成法将奈何?六科案牍约取大略而录藏其副可也。官长师儒去官之日,取其平日行事善恶有实据者,录其始末可也。所属之中,家修其谱,人撰其传志状述,必呈其副,学校师儒采取公论,核正而藏于志科可也。所属人士或有经史撰著,诗辞文笔,论定成编,必呈其副,藏于志科,兼录部目可也。衙廨城池,学庙祠宇,堤堰桥梁,有所修建,必告于科,而呈其端委可也。铭金刻石,纪事摘辞,必摩其本,而藏之于科可也。宾兴乡饮,谈法讲书,凡有举行,必书一时官秩及诸姓名,录其所闻所见可也。置藏室焉,水火不可得而侵也。置锁楗焉,分科别类,岁

---

① 以上十条原文均见《文史通义外篇三·修志十议》。

月有时,封志以藏,无故不得而私启也。仿乡塾义学之意,四乡各设采访一人,遴绅士之公正符人望者为之,俾搜遗文逸事,以时呈纳可也。学校师儒,慎选老成,凡有呈纳,相与持公核实可也。"①

章氏请立的志科,实为修志储材的档案馆,他建议设专职来管理,把有关的材料分类保存严密,以待修志者参考,此颇显苦心,办法亦好。不过在封建时期,官僚极为腐败,官吏舞文弄墨,假公济私,现任的官吏,决不肯把官府文件保存下来,贻后任者反对的借口。而且设立志科,需要一笔经费,这种制度,除非朝廷批准,全国推行,才能收全面的长期的效果,否则地方官谁愿意多此一举。只有在我们今天,历史及现状并重,除中央设档案局之外,各地方机关都有保存档案的机构,不仅可供修地方史的参考,而且是祖国文献的渊薮。

章氏的方志学的纲要略如上述,其中有不少精到之说可供我们研究地方史参考。章氏由于时代环境以及阶级的限制,其史学思想颇有复古的倾向,不过方法在某种程度上比前人较为严密。他的方志学也是如此。

章氏的校雠学,具见于《校雠通义》一书,为史学的辅助学科之一,留待专门学者讨论,不述于此。

---

① 《文史通义外篇一·州县请立志科议》。

第十七章　起居注与实录

上古史官制度,前面各章已略有涉及。汉代的太史令是掌天时星历之官,但亦间有担任撰史的工作,如司马迁便是。后汉以兰台为著作之所,在兰台担任撰述的,称为兰台令史,有史官之实,而无史官之名,如班固便是。汉末东观为著述之府,即后世的史馆,撰汉纪者群聚其中,谓之著作东观,但亦有著作之名,而无史官的专号。魏始设著作郎,晋称著作郎为大著作,掌撰国史,集起居注,又增置佐著作郎。刘宋南齐以来,改称著作佐郎,担任各项著作任务。南朝齐梁时期,始设史官,有撰史学士及撰史著士等号。至北齐初置史馆,以宰相监修国史。至唐仍沿旧制,以宰相大臣监修,亦有多至三人的,史官除专职外,还派其他文官兼职,均称史官。宋辽金史馆制度,略如唐代。元代立翰林国史院,即以翰林学士兼修国史,皆可称为史官。明清二代都设有翰林院,以修撰、编修、检讨掌国史,都称史官,遇有纂修,以勋臣爵高者一人监修,学士为总裁,翰林学士为副总裁。清代翰林官担任朝廷的文字撰述,国史即其工作之一种,故翰林官虽未担任过修史,但亦有自称为太史,窃比于古史官的。

第一节　历代的起居注

史官纂修国史,包括起居注、实录以及一代之史。其实许多朝代把修实录当作修国史,因为本朝的正史不一定能够完成于当代。实录就是国史的长编。现在先谈起居注。

起居注始于东汉明帝,以后各帝因之。刘毅于安帝元初五年上书说:"古之帝王,左右置史,汉之旧典,世有注记。"荀悦《申鉴·时事篇》:"先帝故事,有起居注,日用动静之节必书焉。宜复其式，内史掌之，以纪内事。"可见起居注实由宫廷侍从文臣担任。到魏晋时，起居注由著作郎执笔。陆机为晋著作郎，而撰惠帝起居注，所记当不止封建君主的内事。以后各朝亦有专人负责。[①]

唐代特设起居注官，有起居郎，起居舍人，皆属史职。所有起居注逐季送到史馆以备修史者参考。《唐六典》有载："汉晋以后，起居注皆史官所录，自隋置为职员，列为侍臣，专掌其事，每季为卷，送付史官。"

但起居注受了很大的限制。第一，只能记朝廷上君臣问答之语，比较机密的事情不得记录。第二，因史官或有忌讳，不敢有闻必录，而只采录敕旨，虚应故事。因此，姚璹提议，由宰相撰时政记，记录军政大事，以补起居注的不足。但因作辍无常，终于停办。赵憬任宰相的时候，与德宗独对于延英殿，谈及起居注及时政记的性质及其作用的问题。"上问曰：'近日起居注记何事？'憬对曰：'古者左史记言，人君动止，有实言随即记录，起居注是也。国朝永徽中（650—655），起居唯得对仗承旨，仗下后，谋议皆不得闻，其记注唯编制敕，更无他事。所以长寿中（692—693）姚璹知政事，以为亲承德音谟训，若不宣旨宰相，史官无以得书。璹请宰相一人，记录军国政事，谓之时政，每月送史馆，既而时政记又废。'上曰：'君举必书，义存劝诫，既尝有时政，宰臣宜依故事为之。'无何，憬卒，时政记亦不行。"[②]

时政记或修或罢，而君主既不重视，亦不过目，因此这种制度不能坚持下去，而终于废止。兹举李吉甫对唐宪宗的问话于下，以见其始末。

八年十月上御延英殿，问时政记记何事。时李吉甫监修国史，先对曰：'是宰相记天子事以授史官之实录也。古者左史记言，今起居舍人是，右史记事，今起居郎是。永徽中，宰相姚璹监修国史，虑造膝之言或不可闻。因请随奏对而记于仗下以授于史官，今时政记是也。'上问曰：'或不修何也？'曰：'面奉德音，未及施行，总谓机密，故不可书以送史官。其间有谋议出于臣下者，又不可自书以付史官，及已行者，制令昭然，天下皆得闻知，即史官之记，不待书以授也。且臣观时政记者，姚璹修之于长寿，及璹罢而事寝；贾耽、齐抗修之于贞元，及耽抗罢而事废。然则关时化者，不虚美，不隐恶，谓之良史也。"[③]

①　关于汉唐宋的起居注，可参看吾师朱希祖先生著："《汉唐宋起居注考》（北京大学《国学季刊》第三期）。

②　《旧唐书》卷一三八《赵憬传》。

③　《旧唐书》卷一四八《李吉甫传》。

根据上文，唐代修时政记的宰相，只有姚璹、赵憬、贾耽、齐抗四人可考而已。惟姚璹修的《时政记》四十卷尚见《唐书·经籍志》著录。

自开元至大中，长安每日有条报记朝廷大事传于各地（见《孙可之集》卷十）。但是否创自开元，无考。岑仲勉先生认为是后世邸抄之始，亦即新闻纸之雏形①。我认为可能是时政记的复写本。

起居注及时政记都是国史的材料，都是采取编年体，以事系日，以日系月，以月系时，以时系年，编成后，每季送到国史馆，以供参考。唐代旧例，凡中央及地方各机关凡有重要公文，可以供修史参考的，都要抄一份送给史馆。《五代会要》卷十八有诸司送史馆事例一条说：

后唐同光二年（924）四月，史馆奏本朝旧例，中书并起居院诸司及诸道州府合录事件报馆如左：时政记，中书门下录送。起居注，左右起居郎录送。两省转对入阁待制刑曹法官文武两班上封章者，各录一本送馆。天文祥变占候征验，司天台逐月录报，并每月供历日一本。瑞祥礼节，逐季录报，并诸道合画图申送。蕃客朝贡使至，鸿胪寺勘风俗衣服，贡献物色，道里远近，并具本国王名录报。四夷人役来降表状，中书录报。露布兵部录报。军还日，并主将姓名，具攻陷虏杀级数，并所因由录报，变改音律及新造曲调，太常寺具录所因并乐词牒报。法令变革，断狱新议，敕书德音，刑部具有无牒报。详断刑狱，昭雪冤滥，大理寺逐季牒报。州县废置及孝子顺孙义夫节妇，有旌表门闾者，户部录报。有水旱虫蝗雷风霜雹，户部录报。封建天下祠庙，叙封追封邑号，司封录报。京师司长官刺史以上除授，文官吏部录报，武官兵部录报。公主百官定谥，考功录行状并谥议，逐月具有无牒报。宗室任官课绩，并公主出降仪制，宗正寺录报。刺史县令有灼然政绩者，本州官录中奏仍具牒报。诸色宣敕，门下中书两省，逐月录报。应硕德殊能，高人逸事，久在山野，著述文章者，本州县各以官秩勘问的实申奏，仍具录报。应中外官薨，已请谥者，许本家各录行状一本申送。

抵此，唐代史馆实兼国家档案馆，上述各种档案材料都是实录的，随时搜集，就地取材，可见唐代史馆制度亦有可取之处。

---

① 参看岑仲勉先生著《隋唐史》，第536页。

宋代设有起居院,命三馆(史馆、昭文馆、集贤殿)校理以上材料,修起居注。宋史职官志:"门下省有注记案,主录起居注。绍兴以后,则除二人或一人。起居郎一人掌记天子言动,御殿则侍立,行幸则从,大朝会则与起居舍人对立于殿下螭首之侧。凡朝廷命令,赦宥,礼乐法度,损益因革,赏罚劝惩,郡臣进对,文武臣除授,及祭祀宴享,临幸引见之事,四时气候,四方符瑞,户口增减,州县废置,皆书授著作官。"此外中书省又有起居舍人一人,职掌与门下省起居郎同。宋代起居注存于今日的,有周密撰的《乾淳起居注》一卷(说郛本)。乾道(1165—1173)和淳熙(1174—1189)是南宋孝宗的年号。

宋起居郎在殿初无发言权。"左右史虽日侍上侧,然未尝接语,欲有所论,必奏请得旨乃可。元丰中,王右丞安礼权修起居注,始有诏许直前奏事。左右史许直前奏事,盖自此始。"①

宋代有日历所之设。日历所隶秘书省,以著作郎、著作佐郎掌之,以宰执时政记,左右史起居注所书,汇集修撰,为一代之典,旧于门下省置编修院,专掌国史实录,修纂日历。以后虽隶属关系有所变更,但始终未废止。② 关于其性质和作用,朱彝尊引徐一夔论前代修史事谈到日历说:

近世论史者莫切于日历,日历者史之根柢也。自唐长寿中,史官姚璹奏请撰时政记,元和中韦执谊又奏史官撰日历。日历之设,其法以事系日,以日系月,以月系时,以时系年,犹有《春秋》遗法,而起居注亦专以甲子起例,盖记事之法,无踰此也。往宋极重史事,日历之修,必诸司关白,如诏诰政令,则三省必录,兵机边事,枢庭必报,百官之拜罢,刑赏之与夺,台谏之论列,给舍之缴驳,经筵之论答,臣僚之转对,侍从之直前故事,中外之囊封匦奏,下至钱谷甲兵狱讼造作,凡有关政体者,必随日以录。又虑其出于吏牍,未免讹谬,或一日之差,则后难考定,一事之失,则后难增补。此欧阳子所以虑日历或至遗失,奏请岁终监修宰相点检修撰官日所录事,有瘝官失职者罚之。其于日历慎重如此,日历不至遗失,则后日会要之修取于此,他年实录之修取于此,百年之后,纪志列传取于此。此宋氏之史所以为精确也。"③

史官撰述国史的主要根据有四:一为时政记,二为起居注,三为日历,四为行状

---

① 引宋徐度撰《却扫编》卷上,第72页。
② 关于日历所的沿革,可参看宋李攸撰《宋朝事实》卷九。
③ 朱彝尊:《曝书亭集》卷六四《徐一夔传》。

之类。宋人徐度(敦立)对王明清说:

> 凡史官记事所因者有四:一曰时政记,则宰执朝夕议政,君臣之间奏对之语也。二曰起居注,则左右史所记言动也。三曰日历,则因时政记起居注润色而为三者也;旧属史馆,元丰官制属秘书省国史案,著作郎佐主之。四曰臣僚墓碑行状,则其家之所上也。四者惟时政为执政之所日录,于一时政事最为详备,左右史虽二员,然轮日侍立,榻前之语既远不可闻,所赖者臣僚所申,而又多务省事,凡经上殿,止称别无所得,圣语则可得而记录者,百司关报而已。日历非二者所有,不敢有所附益。臣僚行状,于士大夫行事为详,而人多以其出于门生子弟之类,以为虚辞溢美,不足取信,虽然,其所泛称德行功业不以为信可也,所载事迹,以同时之人考之,自不可诬,亦何可尽废也。"①

上文对于起居注及日历的撰述方法已有不满之意,因为起居注所载不是起居郎所亲闻的,而是由间接得到的,真实性已经被怀疑了,而且执笔者又多顾虑。时政记虽由宰臣执笔,但自从宋琪建议复时政记,自送史馆,但先进御而后付有司,遂不敢有直笔。② 而日历又因时政记及起居注编成,因为没有新的材料,参考性亦不大。虽然统治者表示重视这项工作,认为其几乎与国史同,以左相领日历,右相领国史,但不过循例而已,不能发挥所谓直书无隐,垂诫后世的作用。因此欧阳修亦于嘉祐四年上书极言史馆日历之弊说:"伏见国朝之史,以宰相监修,学士修撰,又以两府之臣撰时政记;选三馆之士当升擢者,乃命修起居注,如此,不为不重矣。然近年以来,员具而职废。其所撰述,简略遗漏,百不存一,至于事关大体者,皆没而不书,此实史官之罪,而臣之责也。然其弊,在于修撰之官,惟据诸司供报,而不敢书所见闻故也。今时政记虽是两府臣僚修纂,然圣君言动,有所宣谕,臣下奏议,事关得失者皆不纪录,惟书除目辞见之类。至于起居注亦然,与诸司供报公文无异,修撰官只据此铨次,系以月日,谓之日历而已。是以朝廷之事,史官虽欲书而不得书也。自古人君皆不自阅史,今撰述既成,必录本进呈,则事有讳避,史官虽欲书而又不可得也。加以日历、时政记、起居注例皆承前,积滞相因,故纂录者常务追修累年前事,而岁月既远,遗失莫存,至于事在目今,可以详于见闻者,又以追修积滞,不暇及之。若不革其

---

① 见王明清辑《挥麈后录》卷一,第257页。
② 参看孙承泽著《春明梦余录》卷十三,第4页。

弊,则前后相因,史官永无举职之时,使圣朝典法,遂成废堕矣。"①

当时欧阳修摄太尉行事,兼群牧使,所以他有权过问史馆之事。除指出弊端外,并提出改革方法,说:"今欲乞特诏修时政记,起居注之臣,并以德音宣谕,臣下奏对之语书之。其修撰官不得依前只据诸司供报,编次除目辞见,并须考验事实,其除某官者以某功,其贬某职者坐某罪,事有文据及迹状明白者,皆备书之。若大臣用情,朝廷赏罚不当者,亦得以书为警戒。此国家置史之本意也。至于其他大事,并许史院据所闻见书之;如闻见未详者,直牒诸处会问,及臣僚公议异同,朝廷裁置处分,并书之。"②

欧阳修的提议虽颇有实事求是的精神,但究竟不能够消除修撰日历诸公的顾虑,在封建制度下,难为良史。

宋代属于日历之类的,有石介撰的《三朝圣政录》一卷(说郛本);作者佚名的《中兴两朝圣政》六十四卷,起建炎元年,至淳熙十三年,专载高孝二朝政要(宛委别藏景本)。时政记则有李纲撰的《建炎时政记》三卷(邵武徐氏丛书本)。

宋代还设有实录院、国史院、会要所及玉牒所(记本朝统治者的世系及一代大事),都是史官服务的机构。

辽、金、元三代的史官制度基本上与宋代相同。辽代国史院有监修国史、史馆学士、史馆修撰、修国史等职。又著作局有著作郎、著作佐郎。门下省又有起居舍人院,有起居舍人、知起居注及起居郎三职。金朝亦设国史院,有监修国史和修国史之官,又有编修、检阅及刊修等官,秘书监下设著作局,有著作郎一员,著作佐郎一员掌修日历。尚书省常设修起居注官多员,后又特设记注院专修起居注。元代把翰林院和国史院合并使用,后又把集贤院合并,成翰林国史集贤院,内有修撰、编修、检阅等官,凡有大规模的修史工作设总裁。秘书监有著作郎、著作佐郎、秘书郎、校书郎等职。至元六年,始置起居注,左右补阙,掌随朝省台院诸司,凡奏闻之事,悉记录之,如古左右两史。此外还有译史之职,翻译国史。

明初翰林院中附设国史院,设有编修官,若翰林学士待制等官,兼修史事,则带兼修国史衔。其后更定官制,罢国史院,不再设编修官。而以修撰、编修、检讨任史官,掌修国史。神宗时议开史局,命史官分值其中,一起居,二吏户,三礼兵,四刑工,日讲官专记起居,史官分纂六曹章奏,并定常朝记注,起居官及史官侍班之法,但不久制度废弛。初时秘书监之下,尚设起居注,如洪武中宋濂为起居注,永乐中王直以

---

① 引《欧阳永叔全集》,奏议卷十五《论史馆日历状》。
② 此段节录前文。

右春坊右庶子兼记起居,后不知废于何时。至万历年间又命翰林兼摄此职,则因内阁学士张居正提议。张说:"国初设起居注,后定官制,设翰林院修撰编检等官,以记载事重,故设官加详,非有所罢废也。但自职名更定之后,遂失朝夕记注之规,以致累朝史文阙略。世宗皇帝(嘉靖朱厚熜)尝谕大学士张熜曰:'古左右史即今编检等官,今居此职者,弗尽乃事,何也?'是记录之职,本自备官,而臣下旷废之耳。迩者纂修世宗穆宗实录,臣等只是总裁,凡所编辑,不过诸司章奏,稍加删润,隐括成篇,至于仗前柱下之语,章疏所不及者,即有见闻,无凭增入。是以两朝之大经大法罔敢或遗,而二圣之嘉谟嘉猷,多所未备,此皆史官职废致然也。今日讲官密迩天颜,见闻真切,又每从阁臣后出入便殿,即有密勿谋议,非禁秘不可宣泄者,皆得知闻,宜令讲官日轮一员专记起居,录圣谕诏敕册文及内阁题稿,其朝廷政事见诸司章奏者,另选年深文学素优史官六员编纂,仍遵照祖制,除御殿外,例内史官侍班,常朝列班六科给事中之上,午门列御座西稍南,专记注言动。凡郊祀耕籍幸学大阅诸大典,有举辄书;至不时宣召及大臣秘殿独对,恐有宣泄,则自纪圣谕及奏对始末,封送史馆铨次。其诸司章奏,该科奉旨发部,即全抄送阁,转发史馆。其纪录体例,只备事由颠末,日月先后,待异日之考求。所贵核实,不尚文词,不得妄以己意及轻信传闻为褒贬。每月终,史官编草稿为七册,起居六册,六曹于册面记年月记史官姓名,送阁验讫,即投小柜,用文渊阁印封锁,岁终内阁同各史官开取各月草稿收入大柜,即封如前,永不开视。"①

张居正这项提议的中心内容是要求恢复起居注的制度,搜罗内部资料,以为修国史参考,因为他本人是监修国史,也有建议的责任。这篇提议与欧阳修论史馆日历状有很多相同的地方,可能受到前人的启发。不过,明代的史官制度确比不上宋代,统治者重视不够,自是一个原因。张氏的提议被批准后,命史官执行起居注的任务,但统治者终认为不利于己。"一日,神宗顾见史官,还宫偶有戏言,虑外闻,自失曰:'莫使起居闻之,闻则书矣!'"②不久而起居注制度又废了。至清代虽有起居注衙门,设日讲起居注官,更不能发挥其应有的作用。

---

① 转引自《春明梦余录》卷十三,原文议处史职疏,载《张太岳全集》卷三九。
② 见《春明梦余录》卷十三。

第二节　历代实录的编纂

实录为编年史体之一种,史馆每于一个皇帝死后,即取其起居注、日历及时政记等记注之作,按年月顺序编成。但编纂实录,除将上述的资料加以剪裁外,还须博采其他有关资料,如各机关的档案以及日记、家集、碑志行状之类,实录实为国史的长编,一代正史的蓝本。历代史官所谓修国史,实际上是修本朝的实录而已。兹将历代实录的名目表列如下。

历代实录表

书名	撰人	卷数	附考
梁皇帝实录	周兴嗣	3	记武帝事
梁皇帝实录	谢昊	5	记元帝事
梁太清实录	佚名	8	
梁承圣实录	裴政	10	元帝萧绎改太清六年为承圣元年
			(以上梁实录)
唐高祖实录	敬播	20	房玄龄监修,许敬宗删改
今上实录	敬播　顾胤	20	房玄龄监修,删为高祖今上实录
太宗实录	敬播　顾胤	40	长孙无忌修,许敬宗改定
高宗实录	许敬宗	30	
高宗后修实录	令狐德棻	30	刘知幾、吴竞续成
高宗实录	韦述	30	新旧唐书本传有载,但无佐证,亦未见其书。
高宗实录 (重修本)	许敬宗等	100	旧唐志、新志作武则天撰
则天皇后实录	魏元忠等	20	魏元忠、武三思、祝钦明、徐彦伯、柳冲、韦承庆、崔融、岑羲、徐坚撰,刘知幾、吴兢删正。又刘知幾与徐坚、吴兢等重修则实录编为三十卷,疑即此书。
圣母神皇实录	宗秦客	18	
中宗实录	吴兢	20	
大上皇实录	刘知幾	10	又睿宗实录五卷,吴兢撰
今上实录	张说、唐颖	20	
开元实录	佚名	47	

书名	撰人	卷数	附考
玄宗实录	令狐峘	100	
肃宗实录	元载	30	
代宗实录	令狐峘	40	
建中实录	沈既济	10	起大历十四年德宗即位,尽建中二年十月
德宗实录	蒋乂等	50	蒋乂、樊绅、林宝、韦处厚、独孤郁撰,裴垍监修。
顺宗实录	韦处厚	3	
顺宗实录	韩愈等	5	韩愈、沈传师、宇文籍合撰,李吉甫监修。是根据前书而重修,比旧录十益六、七。
宪宗实录	路随等	40	杜元颖、韦处厚、沈传师、郑(澣)瀚、宇文籍、蒋系、陈夷行、苏景胤(裔)撰,路随监修。
穆宗实录	路随等	20	苏景胤、王彦威、杨汉公、苏涤、裴休;路随监修。
敬宗实录	李让夷等	10	陈商、郑亚;李让夷监修。
文宗实录	魏暮等	40	卢耽、蒋偕、王沨、卢吉、牛丛撰;魏暮监修。
武宗实录	韦保衡监修	30	
武宗实录	宋敏求	20	宋代宋敏求追述为书,起开成五年正月,尽会昌六年三月,凡七年。
宣宗实录	同上	30	
懿宗实录	同上	25	
僖宗实录	同上	30	
昭宗实录	同上	30	
哀宗实录	同上		
梁太祖实录	张衮、郤象等	20	
唐庄宗实录	张昭远	30	赵凤监修
唐明宗实录	同上	30	姚颙监修
唐愍帝实录	同上	3	
唐废帝实录	张昭等	17	周张昭、刘温叟、尹拙撰。
晋高祖实录	贾纬等	30	史官贾纬、王伸、窦俨撰;汉窦贞固监修。
晋少帝实录	同上	20	
汉高祖实录	贾纬、窦俨	20	

书名	撰人	卷数	附考
汉隐帝实录	张昭、尹拙、刘温叟	15	
周太祖实录	张昭、尹拙、刘温叟	30	
周世宗实录	扈蒙等	40	扈蒙、张澹、王格、董淳撰；王溥监修。
后蜀先主实录	李昊等撰	30	高祖即孟知祥，起唐咸通甲午，终于明德元年甲午，凡六十一年。
后蜀孟氏后主实录	李昊	80	记孟昶事。
南唐烈主实录	高远	20	
			(以上唐代附五代十国实录)
宋太祖实录	李昉等	50	宋沈伦监修；李昉、扈蒙、李穆、郭贽、宋白、董淳、赵邻几撰
重修太祖实录	李沆等	50	李沆、吕端监修，钱若水、王禹称、李宗谔、梁颢、赵安仁等撰。
太宗实录	钱若水	80	钱若水、柴成务、宗度、吴淑、杨亿等同修。
真宗实录	李维等	150	另有事目五卷。冯拯、王钦若监修；李维、晏殊、孙奭、宋绶、陈尧佐、王举正、李淑等同修。
仁宗实录	王珪等	200	另有事目十卷。宋韩琦监修。王珪、贾黯、范镇、宋敏求、吕夏卿、韩维、陈荐、陈绎同修。
英宗实录	王安石等	30	另事目三卷。曾公亮监修；王安石、吕公著、韩维、孙觉、曾巩、钱藻、吴充同修。
神宗实录朱墨本	司马光等	200	司马光、吕公著、吕大防监修；邓温伯、陆佃、黄庭坚、范祖禹、赵彦若、林希、曾肇等同撰。所谓朱墨本，以旧录为根据，旧录原文用墨书，添入者用朱书。其删去者用黄抹，号朱墨史。
神宗实录	章惇	200	蔡卞、曾布等撰，即吕大防监修的实录的改订本。
神宗实录考异	范冲等	200	赵鼎监修；范冲、任甲先、张九成等同撰，即根据上录，为考异，备朱墨黄三书，朱字系新修，黄字系删去，墨字系旧本，以明著其去取之意。

书名	撰人	卷数	附考
哲宗前录	蔡京	100	
哲宗后录	同上	94	
哲宗实录	赵鼎等	150	赵鼎监修；勾涛、尹焞、张嵲、胡、朱松、李弥正、高阅、范如圭、范冲同撰。
徽宗实录	汤思退等	150	
徽宗实录	李焘等	200	附考异二十五卷，目录二十五卷，龚茂良监修；李焘、吕祖谦、程俱、汪藻等同撰。
钦宗实录	洪迈等	40	
高宗实录	傅伯寿、袁说友等	500	
孝宗实录	傅伯寿、陆游	500	
光宗实录	同上	100	
宁宗实录	黄震等	499	
理宗实录初稿	同上	199	
			（以上宋代实录）
辽皇朝实录	耶律俨	70	
辽实录	室昉、邢抱朴等	20	
			（以上辽代实录）
祖宗实录	完颜勖、耶律迪延等	3	又名先朝实录，即录始祖以下十帝事。天会六年始修，皇统元年完成。
太祖实录	完颜宗弼等	20	完颜勖等同修，皇统八年完成。
太宗实录	金赫舍哩良弼等		同修者有张景仁、曹望之、刘仲渊等。
睿宗实录	同上		
熙宗实录	郑子聃		
海陵实录	同上		
世宗实录	完颜匡等		
显宗实录	同上	18	

书名	撰人	卷数	附考
章宗实录	高汝砺、张行简等	100	附事目二十卷。同修者有张行信、赵秉文、王若虚。
宣宗实录	王若虚等		
			（以上金实录）
太祖实录	国史院		
太宗实录	同上		
定宗实录	色埒默、乌鲁克台等修		
睿宗实录	国史院		
宪宗实录	国史院		
世祖实录	董文用等	210	附事目五十四卷，圣训六卷。同修者有色埒默、王构、王恽、赵孟頫。
顺宗实录	程巨夫等	1	伊尔齐布哈等同修。
成宗实录	伊尔齐布哈等	56	附事目十卷，制诰录七卷。同修者有程巨夫、邓文原、元明善等。
武宗实录	同上	50	附事目七卷，制诰录三卷。程巨夫、元明善、杨载同修。
仁宗实录	元明善等	60	事目一十七卷，制诰录十三卷。曹元用、袁桷等同修。
英宗实录	吴澂等	40	事目八卷，制诰录二卷。曹元用、马祖常、谢端同修。
泰定实录	王结等		欧阳玄、成遵、张起岩同修；伯颜监修。
明宗实录	同上		
文宗实录	同上		欧阳玄、张起岩、谢端、成遵、王结、苏天爵同修。
宁宗实录	张起岩等	.	欧阳玄、谢端等同修。
			（以上元实录）
明太祖实录	姚广孝等	257	董伦等初修，李景隆、解缙等重修，姚广孝、夏元吉、胡广续成。万历时与附建文四年事迹于后。
太宗实录	张辅等监修	274	张辅、蹇义、夏元吉监修；杨士奇、黄淮、杨荣、金幼孜、杨浦为总裁。
仁宗实录	同上	12	增监修一人王通。
宣宗实录	同上	115	杨士奇、杨荣、杨溥为总裁，王贞、王直副之。

书名	撰人	卷数	附考
英宗实录	柯潜等	361	孙继宗监修;陈文、彭时总裁。附景泰帝事迹,附录凡八十七卷。
宪宗实录	溥瀚等	193	张懋监修,刘吉、徐溥、刘健总裁,丘浚副之。
孝宗实录	李东阳、焦芳等	224	
武宗实录	费宏等	197	
献皇帝实录	董玘等	50	徐公祚等监修,费宏等总裁。
世宗实录	徐锴、张居正等	566	
穆宗实录	张居正等	70	撰修官范应期等二十四人同修。
神宗实录	温体仁等	596	
光宗实录	叶向高	8	
熹宗实录	温体仁等	87	
都察院修熹宗实录	李长春	14	
			(以上明实录)
满洲实录	佚名	8	有绘图,以汉满蒙三种文字书之。
太祖实录	敕修	10	崇德元年修,康熙二十年重修,雍正十二年再修,有汉满蒙文体。
太宗实录	敕修	65	顺治九年修,康熙十二年重修,乾隆初年再修。
世祖实录	敕修	144	康熙六年修,乾隆初改定
圣祖实录	敕修	300	康熙六十一年修
世宗实录	敕修	159	雍正十二年修
高宗实录	敕修	1500	嘉庆四年修
仁宗实录	敕修	374	道光四年修
宣宗实录	敕修	476	咸丰二年修
文宗实录	敕修	356	同治元年修
穆宗实录	敕修	374	光绪五年修
德宗实录	敕修	561	宣统间实录馆修,清亡后始成。
宣统政纪	清室私修	43	纪宣统时事迹,讫于退位,仿实录体。因清已亡,不敢用实录二字。
			(以上清实录)

上举历朝实录已有百余部,而存者不及三分之一。唐宋实录存者,仅韩愈所撰的《顺宗实录》五卷,钱若水所撰的《宋太宗实录》二十卷,前者还是齐全,后者八十卷中仅存二十卷,后刊入四部丛书(另行一种八卷的,即二十六至三十,又七十六、七十九、八十,收入古学汇刊)。明代实录赖钞本稍存于世,清代为时较近,实录比较易寻。一代的史料主要由实录收载,备国史的取择,实录被称为第一手的材料。实录固然记载帝王将相的事迹为多,但一代的典章文物,具录其中,所以修史的人仍以实录为主要的参考和依据。元遗山欲修金史,以不得实录而书未成,以后元朝修辽金二史,能于短期内告成,亦以有实录为基础。

必须指出,所谓实录,并不是完全符合实际的。执笔的史官也并非都是明辨是非、直言无隐的良史。实录都是秉承统治者的意旨进行编纂的。因此,史官们难有反统治阶级利益之举,或者暴露统治阶级内部的黑暗事情。例如韩愈以一代文雄,任史馆修纂,因修《顺宗实录》,据实直书,就被统治者横加干涉。《旧唐书》卷一五九路随传略云:"初,韩愈撰《顺宗实录》,说禁中事颇切直。内官悉之,往往于上前言其不实,累朝有诏修改。及随进宪宗实录后,文宗复令改正永贞时事。随奏曰:'韩愈所书,亦非己出,元和之后,已是相循其实录。伏望条示旧记最错误者,宣付史官,委之修定。'诏曰:'其实录中所书德宗顺宗朝禁中事,寻访根底,盖起谬传,谅非信史,宜令史官详正刊去,其他不要更修。"

我料韩愈在史馆时已遇到种种障碍和挫折,无怪他在《答刘秀才论史书》中,大发牢骚说:"夫为史者,不有人祸,必有天刑,岂可不畏惧而轻为之哉!"其次,权奸会擅自改窜或焚毁不利于他本人的实录。宋人徐敦立对王明清说:"自高宗建炎航海之后,如日历、起居注、时政记之类,初甚完备,秦桧之再相,继登维垣,始任意自专,取其绍兴壬子岁初罢右相,凡一时施行如训诰诏旨与夫斥逐其门人臣僚章疏奏对之语,稍及于己者,悉皆更易焚弃,由是亡失极多,不复可以稽考,逮其擅政以来十五年间,凡所纪录,莫非其党奸谀谄佞之词,不足以传信天下后世。"[1]这是执政者改窜、毁灭和捏造史料的例子。徐敦立(度)在史馆任职时,也见过史稿被奸臣任意涂抹的。他说:"余顷见史院神宗国史稿富韩公传称:'少时,范仲淹一见,以王佐期之。'蔡太师(京)大书其旁曰:'仲淹之言,何足道哉!"[2]

又由于统治阶级内部互相排斥,矛盾重重,因此有一个皇帝的实录,而被修改两次之多的事情。例如清太宗实录修于顺治九年,初多尔衮窜改事实,以掩饰其罪

---

① 参看《挥麈后录》卷一,第 260 页。
② 徐度撰《却扫篇》卷中,第 1140 页。

恶,至康熙朝遂有重修之举,到乾隆时,又替多尔衮掩饰,故又重修。一录三修,明代已经开了此先例。据沈德符说:"本朝无国史,以列帝实录为史,已属纰漏。乃太祖录凡经三修。当时开国功臣,壮猷伟略,稍不为靖难归伏诸公所喜者,俱被划削。建文帝一朝四年,荡灭无遗。后人搜括捃拾,百千之一二耳。景帝事虽附英宗录中,其政令尚可见,但曲笔多为。至于兴献帝以藩邸追崇,亦修实录,何为者哉?其时总裁费文宪(费宏)等苦无措手,至假借承奉长史等所撰实录为张本。后书成,俱被醲赏,至太监张佐辈,滥受世锦衣,可哂亦可叹矣!今学士大夫有肯于秘阁中借录其册,一展其书者乎?止与无只字同。"[1]

按照定例,凡已登过位的皇帝才有修实录的资格。上文所指的兴献帝,即世宗之父,宪宗之子,封兴献王,世宗即位后,追尊为献皇帝,庙号为睿宗。嘉靖四年敕修献皇帝实录,以徐公祚等三人为监修,费宏等五人为正副总裁,董玘等七人为修纂。由于大家都没有思想和物质准备,临时由藩府的臣僚,包括太监提供材料,仓猝成书,以一年多的工夫编成献皇帝实录五十卷。不过这次是世宗表示孝心,而文臣又只得奉承上意,大家都注重虚伪的形式,所以此书除歌功颂德之外,没有什么实际的内容。当时已经没有学者读这本所谓实录了,这本书更不能流传到今日了。

实录很多失传,除上文指出的它的真实性不够外,还有其他原因。第一,实录是帝王一家之书,带有机密性,目的不在流行于民间,而是放在秘阁或赐予贵族大臣看的,利用率很低。例如金实录止有顺天张万户家有一部,元好问想借来作为修史之用而不果,史就修不成了。第二,实录是材料的汇编,不厌求详,但不计文字的优劣,因此它仅供参考,不能传诵。"言之无文,行而不远",这也是流通不广的原因。第三,实录的精华,绝大部分已被正史吸收了,而且正史处理得比较好,一般人爱读正史而不愿意翻阅卷帙浩繁的实录。

虽然如此,实录对于史学研究者提供了很大的帮助。史馆修史必须根据实录,故史官例得详阅实录。清代蒋良骐及王先谦先后辑的东华录,都由实录摘抄出来。蒋录起太祖迄世宗雍正凡三十二卷,因为蒋良骐入史馆在乾隆三十年,所见不过雍正以前实录,故所录亦至雍正末为止。王先谦后入史馆,援例重为排纂,而自乾隆以下迄同治五朝称为续录,较蒋录为详细。潘颐福别撰咸丰东华录六十九卷,又在王录之前,而不及其详。王录虽行,而蒋录不废,因为清初三朝实录屡经改修,渐失其真,研究清史的人重视初修本而不重视重修本,而蒋录事迹取材于初修本者极多,

---

① 参看沈德符著《万历野获编》卷二《实录难据条》。

又为王先谦所不及见的,也有些因忌讳而被王先谦删去不录的。清史专家孟森先生对于蒋录较为推重,亦是这个原因①。此外,朱寿朋撰"光绪朝东华录"亦详赡可见,朱书记载光绪朝三十四年间的事迹,起同治十三年十二月(1875),迄光绪三十四年(1908)九月,凡二百二十卷,四百六十万言。初版于宣统元年(1909),当时《德宗实录》尚未纂修,朱氏无所依傍,自行从各方面搜集资料编成,而内容之丰富,反过于实录。

总之,历朝实录,虽存在着某些缺点,但究不失为一代史料的汇编,值得研究史学者重视。

①　参看孟森著《明清史论著集刊》下册《读清实录商榷》。

第十八章　历史地理学的著述

第一节　历代舆地图集

本章所论侧重于历史的地理学,即与史学互相发明的地理学,其研究对象与自然地理或经济地理等迥不相同。历史事件的发生,不能脱离时间、地点和条件,因此我们研究历史的地理,目的在更容易地了解历史的发展过程。

地理之书,古代把它列入地方志。清《四库全书》编者又把地理书列入地理类,属于史部。方志是一种地方史,地理沿革只是其中一部分,章实斋已有说明。《四库全书》编者把它归入史部,是因古代许多地理之书与历史之书相辅而行。例如《尚书》基本是史籍,但其中《禹贡》一篇是最早的全国性的区域志,它记载了中国黄河、长江两大流域的交通,并且对土壤、物产、贡赋有详细的分析说明,不仅对于经济而且对于史学有很大的参考价值。司马迁《史记》的《河渠书》、班固《汉书》的《地理志》都是根据《禹贡》的方法内容而加以变通的。

我国古代地理学家、政治家和军事家,都非常重视地图。秦代有地图书,萧何所搜集的,班固曾经见过[①],但后世已佚。汉代地图并不精密,比例、方向既不准确,山川地名亦不备载,只列郡国之名。《后汉书·马援传》说"前披览舆地图,见天下郡国百有六所"就是。此外,亦有西域地图,以便军旅之用。但对于地理学以及制图学的方法和原理都没有任何发展的地方。直至西晋裴秀才建立比较科学的地理学和制图学。

---

① 参看王鸣盛《十七史商榷》卷二一《秦地图条》。又《汉书·萧何传》及《三辅黄图》都提到秦地图,但不知其制作情况。

裴秀，字季彦(224—273)，河东闻喜(山西闻喜县)人，出身于豪门巨族，一生从事于政治，四十五岁时，进为司空，职在地官，因此有机会接触各种地理资料，在绘图家如京相璠等的协助下，作《禹贡地域图》十八篇，其序说：

图书之设，由来尚矣，自古立象垂制而赖其用，三代置其官，国史掌厥职，暨汉屠咸阳，萧何尽收秦之图籍。今秘府既无古之地图，又无萧何所得，惟有汉世《舆地》及《括地》诸杂图，各不设分率，又不考准望，亦不备载名山大川，虽有粗形，皆不精审，不可依据；或荒外迂诞之言，不合事实，于义无取。大晋龙兴，混一六合。以清宇宙，始于庸蜀，深入其阻。文皇帝乃命有司，撰访吴蜀地图，蜀土既定，六军所经，地域远近，山川险易，征路迂直，校验图记，罔或有差。今上考《禹贡》山海川流，原隰陂泽，古之九州，及今之十六州，郡国县邑，疆界乡陬及古国盟会旧名，水陆径路，为地图十八篇。制图之体有六焉；一曰分率，所以辨广轮之度也；二曰准望，所以正彼此之体也；三曰道里，所以定所由之数也；四曰高下，五曰方邪，六曰迂直，此三者各因地而制宜，所以校夷险之异也。有图象而无分率，则无以审远近之差；有分率而无准望，虽得之一隅，必失之于他方；有准望而无道里，则施于山海隔绝之地，不能以相通，有道里而无高下、方邪、迂直之校，则径路之数，必与远近之实相违，失准望之正矣。故以六者参而考之，然(后)远近之实，定于分率，彼此之实，定于准望，径路之实，定于道里，度数之灾，定于高下、方邪、迂直之算，故虽有峻山巨海之隔，绝域殊方之迥，登降诡曲之因，皆可得举而定者。准望之法既正，则曲直远近，无所隐其形也。①

清代地理学家胡渭对于裴秀所说制图的六体有进一步的解释说：

……今按分率者，计里画方，每方百里，五十里之谓也。准望者，辨正方位，某地在东西，某地在南北之谓也。道里者：人迹经由之路，自此至彼，里数若干之谓也。路有高下、方邪、迂直之不同，高则冈峦，下则原野，方如矩之钩，邪如弓之弦，迂如羊肠九折，直如飞鸟准绳，三者皆道路险夷之别也。人迹出于高与方与迂也，则为登降屈曲之处，其路远，人迹出于邪与直也，则为平行径度之地，其路近。然此道里之数，皆以著地人迹计，非准望远近之实也。准望远近之实，则必测虚空鸟道之定数，然后可以登之诸图，而八方彼此之体皆正。否则得之于一隅，必失之于他方，而不可以为

① 见《晋书·裴秀传》。

图矣。"①

据此，"分率"就是"计里画方"，即现代地图上所谓比例尺。"准望"就是方位，"道里"就是交通线的实际距离。"高下"、"方邪"、"迂直"都是与地面起伏有关的问题。这些图例除表达经纬度的投影方法外，其他都基本上符合现代制图学的要求，为后世绘图学家开一先路。裴秀等所制的地图十八幅，是写在缣上的，唐代还可以看得到。他的方法，由唐代贾耽继承并发展。②

贾耽(730—805，《新唐书》作耽，《旧唐书》作狁)，字敦诗，沧州南皮人，天宝中举明经，仕至检校司空、左仆射知政事。

耽好地理学，凡四夷之使及使四夷还者，必与之从容讯其山川土地之终始。是以九州之夷险，百蛮之土俗，区分指画，备究源流。自吐蕃陷陇右积年，国家守于内地，旧时镇戍，不可复知。耽乃画陇右山南图，兼黄河经界远近，聚其说为书十卷，表献曰：臣闻楚左史倚相能读九丘，晋司空裴秀创为六体，九丘乃成赋之古经，六体则为图之新意。臣虽愚昧，夙尝师范，累蒙拔擢，遂录台司，虽历践职任，诚多旷阙，而率土山川，不忘痯瘵，其大图外薄四海，内别九州，必藉精详，乃可摹写，见更缵集，续冀毕功。然而陇右一隅，久沦蕃寇，职方失其图记，境土难以区分。辄扣课虚微，采掇舆议，画关中陇右及山南九州等图一幅，伏以洮湟旧圩，连接监牧，甘凉右地，控带朔陲，岐路之侦候交通，军镇之备御冲要，莫不匠意就实，依稀象真。如圣恩遣将护边，新书授律，则灵庆之设险在目，原会之封略可知。诸州诸军，须论里数人额，诸山诸水，须言首尾源流，图上不可备书，凭据必资记注，谨撰别录六卷。又黄河为四渎之宗，西戎乃群羌之帅，臣并研寻史牒，剪弃浮词，馨听闻知，编为四卷。通录都成十卷。又撰成《海内华夷图》及《古今郡国县道四夷述》四十卷，表献之曰："……臣弱冠之岁，好闻方言，筮仕之辰，注意地理，究观研考，垂三十年。绝域之比邻，异蕃之习俗，梯山献琛之路，乘船来朝之人，咸究竟其源流，访求其居处；阛阓之行贾，戎貊之遗老，莫不听其言而掇其要；间阎之琐语，风谣之小说，亦收其是而芟其伪。……在兴元元年，伏奉进止，令臣修撰国图，旋即充使魏州汴州，出镇东洛东都，间以众务，不遂专门，绩用尚亏，忧愧弥切。近乃力竭衰病，思殚所闻见，丛于丹青。谨令工人

---

① 见胡渭《禹贡锥指》禹贡图后识。

② 关于裴秀在地图学上的成就，可参看黎国彬著《制图学家裴秀在我国地图学史上的地位》一文，载《历史教学》1954 年第 10 期。

画《海内华夷图》一幅，广三丈，从三丈三尺，率以一寸，折成百里。别章甫左衽，莫高山大川，缩四极于纤缟，分百郡于作绩，宇宙虽广，舒之不盈庭，舟车所通，览之咸在目。并撰《古今郡国县道四夷》四十卷。中国以《禹贡》为首，外夷以班史发源，郡县纪其增减，蕃落叙其衰盛，前地理书以黔州属酉阳，今则改入巴郡，前《西戎志》以安国为安息，今则改入康居，凡诸疏舛，悉从厘正。陇西十地，播弃于永初之中，辽东乐浪，陷屈于建安之际，曹公弃陉北，晋氏迁江南，缘边累经侵盗，故圻日致堙毁，旧史撰录，十得二三，今书搜补，所获太半。……其古郡国题以墨，今州县题以朱。今古殊文，执习简易。……"①

从制图学方法来看，贾耽又超过了裴秀一大步。贾耽所制的《海内华夷图》，按一寸折成百里的比例尺，比裴秀的分率法更为具体。这图还有两个特点：第一是注重中外交通路线，虽然是采用间接的材料，没有通过实地调查，仅毕竟改正向来不少错误；第二是注意沿革地理，古地名用墨，今地名用朱色，用不同颜色来表示古今异称的地域，开后世沿革地图的先例，这都是他对历史地理学的贡献。

《海内华夷图》的原本早已失传。它的缩本《华夷图》和《禹迹图》，在南宋时，刻在石碑上，至今还保存在西安碑林中。石碑上的《华夷图》比原图缩小了十分之一，省去了许多地名，也没有保存方里网的格子。但图上海岸和长江、黄河的形势大致近似今天的地图。②

贾耽著述宏富，除上文所举的外，还有《地图》十卷，《皇华四达记》十卷，《贞元十道录》四卷。《新唐书·地理志》云：贞元宰相贾耽，考方域道里之数最详，从边州入四夷通译于鸿胪者(注：鸿胪卿是职掌接待外宾使节之官)，莫不毕记。其入四夷之路，与关成走集最要者七：一曰营州入安东道，二曰登州海行入高丽渤海道，三曰夏州塞外通大同云中道，四曰中受降城入回鹘道，五曰安西入西域道，六曰安南通天竺道，七曰广州通海夷道。以下列举入四夷之道颇详，其材料引自贾耽之《皇华四达记》。③贾耽的著作不仅对于本国地理学，而且对于整个亚洲的地理学，都有先导之功。贾耽制图之学，元代朱思本加以推广。他曾周游全国，研究都市沿革，订正山河名称，费时十年编成《舆地图》二卷，据说先成分幅，后成总图，也是采用计里画方之法。明代罗念庵把它增订成为《广舆图》，对于历史地理的研究都有一定的参考价

---

① 引《旧唐书》卷一三八《贾耽传》。又《新唐书》卷一六六的《贾耽传》极为简略。
② 参看陈述彭编著《地图的故事》，第87—89页。北京：中国青年出版社，1955年。
③ 见《新唐书》卷四十三下《地理志》。

值。

唐代地理书中可称的有李吉甫的《元和郡县图志》。吉甫之书,以宪宗元和时郡县为本,起京兆府,尽陇右道,凡四十七镇,成四十卷,另目录二卷,共四十二卷。详载四至八到及开元元和的户数,每镇皆因在篇首,冠于叙事之前,故曰《元和郡县图志》。宋孝宗淳熙二年,程大昌称图已亡,且有缺卷,仅存三十四卷,清严观有补志九卷,缪荃孙又辑佚文三卷。唐以前的图经地志,如《括地志》等,均已散佚(孙星衍辑据地志佚文八卷)。传于今者惟此书为最古,体例亦颇完善,为后世所借鉴。

宋代地理书的代表作品可推乐史的《太平寰宇记》,乐史自称此书可以补贾耽及吉甫的阙遗。他的上书表说:"虽则贾耽有十道述,元和有郡国志,不独编修太简,抑且朝代不同,加以从梁至周,郡邑割据,更名易地,暮四朝三。臣今沿波讨源,穷本知末,不量浅学,撰成《太平寰宇记》二百卷,并目录二卷,起自河南,周于海外,至若贾耽之漏落,吉甫之阙遗,此尽收焉。"[①]是书材料丰富,务求赅博,于历朝有关人物多有记载,流连风景,题咏古迹之作亦皆收录,后来方志必列人物及艺文两项都是受它的影响,这样地理与历史的相辅作用更为显著。卷帙虽多,而考证精审,故流传至今。原本二百卷,抄本缺卷一百十三至一百十九;各刊本又缺第四卷,共缺八卷,遵义黎庶昌从日本获得卷一百十三全至一百十八卷之半,共为五卷半,影刻入古逸丛书,虽尚佚其二卷有半(江南道第四一卷,一百十九一卷,一百十四尾数页),未为完书。

王象之的《舆地纪胜》一书是仿乐史之书而作。王存撰的《元丰九域志》十卷在宋代极有名。《四库全书提要》称:"其于距京距府旁郡交错,四至八到之数,缕析最详,深得古人辨方经野之意,叙次亦简洁有法,备载贡物之额数,足资考核,为诸志所不及。"

元代所编的《元大一统志》,据称其书有本国及西域各地图,每路卷首必有地理小图,详载各地至上都、大都的里数,凡七百五十五卷之多,惜原书早已失传。钱大昕曾见其残本仅四百四十三翻而已。[②]

关于明代北方边防及海防的图籍多逾百种,请参看王庸编的《中国地理图籍丛考》(商务版),兹不赘述。

明末清初关于历史的地理书,自推顾祖禹的《读史方舆纪要》为第一巨制。顾祖禹(1624—1680),字景范,江苏无锡人。祖禹生当明末,国变方亟,于是努力搜求经

---

① 见乐史《上太平寰宇记表文》(代序)。
② 参看钱大昕《潜研堂文集》卷二九《跋元一统志残本》。

世致用之术。明亡后，辛勤劳述，成此一书，年三十九动笔，历二十载始告完成。祖禹继承家学，其先祖及父亲都是史地学家，其高祖大栋于嘉靖年间曾著《九边图说》行世，其父柔谦（刚中）亦精于史学，著有《山居赘论》一书。祖禹研究地理及著成《读史方舆纪要》，是受其高祖的影响和他父亲的指示，祖禹述其父柔谦临殁之语说："及余之身，而四海陆沉，九州腾沸，仅获保首领具衣冠以从祖父于地下，而十五国之幅员，三百年之图籍，泯焉沦没，文献莫征，能无悼叹乎！""故于父殁四年后，命笔撰述，以成此书。"祖禹并且说："凡吾所以为此书者，亦重望夫世之先知之也，不先知之，而以惘然无所适从者任天下之事，举宗庙社稷之重，一旦束手而畀之他人，此先君所为愤病呼号扼腕以至于死也。"祖禹作书的动机，已经显明，即痛恨明朝昏庸腐朽的统治阶级的误国，而以经世自效，与顾亭林相似。其书以明之两京十三司为主，且以明朝人口吻立论，作者俨然以明朝遗民自居，以保全故国的文献自任，终身不仕，穷老以殁，确实是一个有民族气节的学者。

祖禹又进一步解释书名的意义说："地道静而有恒，故曰方，博而职载，故曰舆。然其高下险夷刚柔燥湿之繁变，不胜书也；人事之废兴损益，圮筑穿塞之不齐，不胜书也。名号屡更，新旧错出，事会滋多，昨无今有，故详不胜详者，莫过于方舆，是书以古今之方舆衷之于史，即以古今之史质之于方舆，史其方舆之向导乎！苟无当于史，史之所载不尽合于方舆者，不敢滥登也。故曰《读史方舆纪要》。"（《凡例》）

祖禹的书，是以历史来纠正以前地理书上的错误地方，又反过来以地理的具体位置来考订史书上的脱离实际、毫无根据的记载，同时把历史地理沟通起来，不仅指出地理方面的实际知识，同样也指出历史方面的实际知识。祖禹说："古不参之以今，则古实难用；今不考之于古，则今且安恃？"因此作者叙述山川险易，古今用兵攻守之宜，兴亡成败之迹，而尽量略去风景名胜的描写。作者坚持学以致用的原则，"考前人之方略，审从来之要害，因时而发，择利而行，弭灾消患，不患无术耳。"我们从作者几句话里，可以看到这本书的最终目的。魏禧批评说："职方广舆诸书，袭伪踵谬，名实乖错，悉据正史考订折衷之，此数千百年所绝无仅有之书也。……贯穿诸史，出以己所独见，其深思远识，在语言文字之外。"（魏禧《叔子集·读史方舆纪要叙》）

此书凡一百三十四卷，计二百八十多万字，首论州域形势九卷，次两京十三司一百十四卷，次川渎六卷，末有分野一卷。有序，有图，有正文，有注释，又有提纲，时代与地理互为经纬，夹叙夹议，有伦有脊。无怪当时称之为天下奇书之一。

研究地理，必须实地调查，才有真知灼见。胡渭、黄仪等不足语此。祖禹自言：

"舟车所经,必览城郭,按山川,稽里道,问关津,以及商旅之子,征戍之夫,或与从容谈论,考核异同。"(《自叙》)因此他就有可能订正过去地理书中某些道听途说的不实的地方。于此可以窥见顾氏实事求是的精神。

又《读史方舆纪要》稿本尚在人间,为叶景葵先生所得,他将其捐赠给上海合众图书馆,是一件善与人同的义举。①

同时顾亭林著《天下郡国利病书》,亦志在经世,但此书卷帙虽多,而体例庞杂,堆砌材料,缺少理论分析,且为亭林未完成的著作,论者谓此书杂取各府州县志,历朝奏疏文集及《明实录》抄撮而成,以备编纂肇域志的参考,是编辑的工作而不是专著的体裁。二顾伯仲之间还有地理学家梁份。

梁份字质人,江西南丰人,亦讲经世之学,注意边疆地理,尝只身游万里,西尽武威张掖,南极黔滇,遍历燕赵秦晋齐魏之圩,览山川形势,访古今成败得失,但其游历考察的重点在于西北。他的友人朱字绿述梁质人考察的经过说:"念秦为周汉唐都,王者宅中,必当复营丰镐,因西首秦关,周览久之,三历塞垣,由西安而东北至于榆林,北至于宁夏,西北至于西宁河州,又西北至于凉甘肃,登嘉峪,望合黎之山,西绝嘉陵,南浮汉,又南至兴安,东升太华三峰,又东出潼关函谷以归,回旋万里,穷西秦之疆境。所至记其道里山川阨塞,城堡兵卫之形,蕃部彝族之众,法制战守馈馕屯牧风俗之宜,著《西陲亥步》二卷,《图说》四卷,今略八卷。"②按梁质人西行塞外,第一次在康熙二十一年,时年四十二。刘继庄说:"梁质人留心边事已久。辽人王定山(应是黄定山,讳燕赞),为河西靖逆侯张勇中军,与质老相与甚深,质人因之遍历河西地。河西番夷杂沓,靖逆以足病,诸事皆中军主之,故得悉其山川险要部落游牧暨其强弱多寡离合之情,皆洞如观火矣。著为一书凡数十卷,曰《西陲今略》。"③

到质人五十四岁的时候,又得张鲁庵观察之助,重游秦塞,继续调查,完成其十年前已经开始但尚未定稿的《西陲今略》。质人与其友熊赐履书说:"份至秦与居停张观察相得甚欢,因得遍交达官及诸名下士,顷一游榆林,纵览河套地,增益所不知。因念向客河西,妄有记述,于四郡山川险阻,凡耳目所及既可无疑,其他得之传闻,见于方策,亦皆可信。然身未游历,所知非真,采摭旧闻,岂无踵讹增伪,缘饰成书之病。此份十年中有不能自信者,至今益疑,更念河西时事迩来变迁,向所习见,今有不同,非今昔参观,不足以知得失。拟欲重游,如渔夫入桃源处处识之。箧中多具楮

---

① 详见叶景葵著《卷盦书跋》(古典文学出版社)。
② 见朱字绿《杜谿文集·梁质人西陲三书序》。
③ 刘继庄(献庭)《广阳杂记》。

墨,左图右书,见闻并记,以补向所不逮。然虽轻装策蹇,非百金不足用,居停主乐成其美,欣然为治装。方今整辔发长安矣,此行自河州、西宁、庄浪、凉州、甘肃,折而东南。至靖远、宁夏而止,合客岁所游西秦之边尽是矣。份窃笑言边事绘方舆图者类多抄袭臆拟,如画鬼魅,欺人所不经见。盖地既险僻,士君子所罕游,居人又罕能文,间有传载,得一漏万,置重举轻,无裨实用,虽卫各有志,而芜秽虚文,展卷欲眯,宜乎边事之难言也。西宁之四卫,敦煌之三卫,载在史册,弘治末改沙州为罕东左卫,著于实录,皆非隐僻。丘文庄知西宁有罕东,不知左卫别为一处,忽略左字之增,遂以七卫为六。祖制藩服,一旦陆沈,其为谬妄岂浅小哉? 夫文献无征,足迹未及,执空文而肆其臆说,则书之不可尽信类多如此。文庄博综古今,犹且不免,他何怪焉。凡书可闭户而著,惟地舆必身至其地,否虽虚心访求,精详考核,其不为水经之河水经张掖,文庄之六卫所惑者几希!"①

质人虽博览群书,其治地理方法,主要的还是实地考察。他说:"凡书可闭户而著,惟地舆必身至其地。"确系符合科学的精神。这是他地理学的特点之一。他认为事物不断变迁,应该因时制宜,因地制宜,而不应以过去的区区见闻自限。自言:"河西时事迩来变迁,向所习见,今有不同,非今昔参观,不足以知得失。"因此,他这本《西陲今略》,直至第二次考察后,才一再校订,勒成定本,付之刻工。同时他并不仅是为地理而研究地理,而其最终目的在于引古筹今,为国防和边政服务。这是他地理学特点之二。他又精于测量术,例如他谒明陵,就利用测量术来勘定方位,自称:"凡山川楼殿碑冢宝城周垣之方位深广,目览足步手书,渐成一册,左图右说。又惧岁久沧桑变则台殿湮而不存,于是因山之根,河之壖,城之址,处处计之,某至于某若干跬,某陵至某陵若干跬。又恐迷于所向,则考极相方,定二十四山位,某位某方,某陵位某方,远近交互参相考。是二法并行,而明室一代之弓剑,百世后不可按图者,断乎其未有。……份之图说,不敢诩为创始,图用宋人石刻开方法,相方用指南针,山麓水滨,取易改邑不改井之义,惟计之以跬,则出于心裁,非有所袭者,盖律度量衡之不同也久矣。九州之丈引人人殊,至以里计率,漫然计之,一无可考也。份则以人之短长有不同,而跬步则无以异。司马法曰:一举足为跬,再举足为步,计硅而里可考矣(按:凡人一举足为跬,跬三尺也;两举足为步,步六尺也)。世即有能为计里鼓者,有操度而量者,谁与一举足之不毛发爽,且近而取诸身也。是份之独见也。"②质人这种测量方法,利用开方比例及指南针以计算距离和确定方位,可能受到宋代沈

---

① 梁质人《怀葛堂集》卷一《与熊孝感书》。
② 梁质人《怀葛堂集》卷二《与朱字绿书》。

括以算术求积尺之法和履亩之法(用勾股法算出方圆曲直的总数)的影响,但能应用的人在清代亦并不多见。"计之以跬"的方法,在今天看来,不见得十分准确。可是在三百年前,测量仪器未精的时候,用跬来计算距离,极其利便,亦有可取之处。质人于河湟四郡朔方北地山水域郭各绘图,图各有说,即上文所说《图说》四卷就是,可惜此书及《西陲亥步》二卷都未见刊行。《西陲今略》,刘继庄曾见其稿。他说:"前在都中,余见其稿,果有用之奇书也。方舆之学,自有专家,近时顾景范之《方舆纪要》,亦为千古绝作,然详于古而略于今,以之读史,固大资识力,而求今日之情形,尚须历练也。此书虽止西北一隅,然今日之要务,孰有更过于此者。"我也认为《西陲今略》虽不及《方舆纪要》之博,但其精核又超过《方舆纪要》一书,无怪刘氏亲为摘抄一过,大喜过望。

《西陲今略》一书,不知何故,竟被后人改名为《秦边纪略》问世,且佚去作者名字。缪荃孙跋《秦边纪略》云:"此书五册不分卷,不著撰人名氏,《四库全书·总目》作四卷,以首卷河州注内有康熙十四年二十二年等事,定为康熙时人所作。荃孙按:章实斋撰《刘湘煃传》,云宁都梁怀葛(质人有《怀葛堂文集》十四卷)著《秦边纪略》,有书无图。湘煃偶得图以校其书,纤悉吻合,疑即梁图,而与顾氏《方舆纪要》颇相龃龉,湘煃合订为《秦边纪略异同考》六卷。"始知此书为梁著①。

同治年间,吴坤修得钞本《秦边纪略》六卷,亦不著撰人名氏,书中纪年及雍正及乾隆,所以又认作者为乾隆时代的人。我怀疑质人之书在清代已很少或甚至没有刊本,所以观者彼此传抄,卷帙或多或少,失去原作者的名字,书中原文可能还有被人修改的地方。我所藏的《秦边纪略》只是陕西通志馆列入关中丛书的排印本而已,即吴坤修刊本的翻本。

清代关于沿革的著作确实不少。例如刘文淇撰的《楚汉诸侯疆域志》三卷(史学丛书本),全祖望著《汉书地理志稽疑》六卷(粤雅堂丛书本),洪亮吉撰《十六国疆域志》十六卷(史学丛书本),洪齮孙撰《补梁疆域志》四卷(史学丛书本),毕沅撰《晋书地理志新补正》五卷(经训堂丛书本,式训堂丛书本),吴兰修撰《南汉地理志》(岭南遗书本),都是补充和考订历代沿革地理的,可补正史的不足。嘉庆十九年段长基编有《历代沿革表》,凡十卷之多,把各郡县从初置的时候,直至明代的沿革名称表列得有条不紊。本书有自刊本和中华书局的《四部备要》本可看。齐召南(次风)以参加编纂一统志之便,得窥内府图籍,又因杨农先、王次山的提议,开始《水道提纲》的撰

① 缪荃孙《艺风堂文集》卷七《秦边纪略跋》。

作,退休后,继续修改补充,共成二十八卷。《水道提纲》的命名及其内涵,齐氏自有解说:"以一水论,发源为纲,其纳受支流为目,以群水论,巨渎为纲,余皆为目。如统域中以论,则会归有极,惟海实为纲中之纲,凡巨渎能兼支流注海者,亦目中有纲,纲中有目耳。是以诠列次第,不依水经,冠以海水,自北而南,并取《禹贡》首冀次兖之意,内自盛京鸭绿江口以西而南,而西的至合浦;外自云南而西而北,又自漠北阿尔太山。肯忒山而东至海,又自海而南而西而北,包朝鲜,至辽阳;域中万川,纲目毕列。至于葱岭以西水入西海,印度水入南海,丁零,黠戛斯以北水入北海。……"①水者地之脉络,水道明而地形可见。自汉后地志日多,专言水的只有水经及郦道元的注。齐召南之书,某些地方可以纠正和补充郦道元的《水经注》,此外还有它的特点,即注重西北地理。如塞北漠南诸水及西域诸水共两卷,都对西北地理的研究有很大参考价值,徐星伯的《西域水道记》亦受它的影响。袁枚《小仓山房集》中有《礼部侍郎齐公墓志铭》,言"次风先生搜览闳博,记性过人,新开伊犁,诸臣奉使者辄先诣齐侍郎家问路,公与一册,某堠某驿,应宿何所,所需若干粮,数万里外,若掌上螺纹,毫忽无讹。或问曾出塞乎?曰:'未也'。'然则何由知之?'曰:'不过《汉书·地理志》熟耳。'问之读《汉书》者卒亦不解。"这说明齐氏对于西北地理一贯是注意的。

第二节　清代中期西北地理的研究

　　西北地理研究至清代渐成系统,大概可以分为两个阶段。第一个阶段,由清初至鸦片战争前;第二个阶段,由鸦片战争至清末;以第二个阶段为盛。第一个时期,即乾隆、嘉庆之间,史学家如钱竹汀(大昕)之流便是,开始关注并研究元史,研究元史不能不旁及西北地理。亦有精通文史地学者,以著作自负,忽得出塞的机会,身历其境,蔚然有作。如洪亮吉因越职上陈政事,发往伊犁,至嘉庆五年而回,就作了《天山客话》二卷,《纪程》二卷,《伊犁纪事诗》九十七首,以后又写了一些关于西域史地考证的文章,如《昆仑山释》、《西海释》、《与安西州守胡纪谟书》(论汉疏勒国),均见《更生斋文甲集》卷一。但洪亮吉所长仍在于考据词章,且其目的又不在于经世,故关于西北地理之作不能成一家之言。

　　与洪亮吉先后谪戍伊犁,而收获较大的,徐星伯可算一人。徐星伯(1781—1848),名松,字星伯,原籍浙江上虞,侨居顺天大兴,遂为大兴人。嘉庆十年进士,授

---

① 齐召南《水道提纲自序》。

编修,官至陕西榆林府知府。十七年,星伯三十二岁时,为御史赵畇吟所弹,谪戍伊犁,出嘉峪关,过镇西府,手拓《裴岑纪功碑》,海内只此一本。翌年在戍馆,撰成《新疆赋》(北路与南路共二篇)。初将军松筠于嘉庆七年第一次涖任伊犁时,曾属郎中祁韵士(鹤皋)利用知县汪廷楷搜集的材料,编纂成一种地方志,名曰《伊犁总统事略》,凡十二卷(祁韵士又将十二卷书精简成为《新疆要略》四卷,并另撰《皇朝藩部要略》十八卷及表四卷)。松筠于十九年第二次再任时,知星伯精于地理之学,就托他重修。显伯亲历各城,调查研究,南北两路,驱驰殆遍。每携开方小册,置指南针,记山川道里,下马录之,至邮舍,则进仆夫驿卒台弁通事一一与之讲求,经年风土备悉。于是援古证今,成书十卷,仍名《总统事略》。二十五年被释回籍,星伯把这本书进上,赐名为《新疆识略》,以其书付武英殿刊行。

星伯在伊犁时,曾撰《西域水道记》五卷(附图),作者的体会及其书的体例,具见于龙万育序中。又撰《汉书西域传补注》二卷,以实际的考察经历补颜师古注的疏漏,有很多精彩的地方,二者皆盛行于世。

星伯关于西域地理的作品还有《新斠注地理志集释》十六卷,《元史西北地理考》,《西夏地理考》,《长春真人西游记跋》。

当时研究西北地理的以星伯为中心,他的周围聚集了许多有名的专家学者,如沈子敦(垚)、张石洲(穆)、程恩泽及龚定盦等,彼此经常交换意见,互相推重,形成一种风气[①]。

施国祁,字非熊,号北砚,浙江乌程人。少为诸生,屡试不第,而且志不在此,即弃儒就贾,在南浔镇内一棉纱店内任会计之职。他自己说:"姻家盛氏业此者久,有别肆在北市,收濒湖溇港之饶,事颇繁夥,属余综理之。余久废学,不愿领徒教授,而少习朱墨计然之法,诺其请。火伴周旋,视其工拙勤惰为上下,食力程功,各取裁足,月有要,岁有会,每得余利若干,则题簿而报归之,题簿之暇,间以读书,读书之暇,继以吟咏。肆后有小室,纵广不及二寻,胡床桌椅,可以延客,中有扁,题曰吉贝,志本业也。上有小楼一榻以安身,一几以置砚,一筲以藏书,油檠茗椀而外,了无长物。"[②]

从来名学者极少由商人出身,因为在封建社会,商居四民之末,为读书人所轻视,而施国祁日与商贸周旋,而不动摇他的求学的决心,他读书和著述都利用晚上

① 关于徐松的生平及其著作,可参看缪荃孙著《艺风堂文集》卷一《徐星伯先生事辑》。
② 见施国祁著《吉贝居暇唱自序》。从这本诗集中可以窥见他的生活。这本书及《礼耕堂丛说》均刊于张氏适园丛书中,上海国学扶轮社有排印本。

时间,一灯如豆,伏案挥毫,他的许多专门著作都是这样产生的。

施国祁的学问是很广博的,从文史学到考古学都有论著,读他的《礼耕堂丛说》就可知了。但施国祁的专长还是金史。他的代表作品有《金源札记》及《元遗山诗集笺注》十六卷,未刻著有《金源杂兴诗》,以《元遗山诗集笺注》比较著名。这本书的特点在于注释当时情事极为详晰。他所注释,自正史外,于《中州集》,《续夷坚志》,《归潜志》,《拙轩集》,《滏水集》,《滹南集》,《庄清集》,《二妙集》,《鹤鸣集》,《河汾诸老诗集》,《敬斋古今黈》及宋元明人杂书,积年搜集,皆有根据。其中诗中故实,则不逮时事远甚,自言旧稿毁于火,友人怂恿更聚书注解,七月而成,故实之详略不得当,职此之故。[①]

元遗山以修金史自任,构野史亭,著述其上,凡金源君臣遗言往行,采摭所闻,有所得,辄以片纸细字为纪录,至百余万言,他的诗文也充满了金源掌故。施国祈的注,引证详明,又补充了大量的当时史实,不特对于研究元遗山的诗有启发之功,而且对于考订金史也有很大的参考的价值。清代研究金史获得显著成绩的只有施国祁一人。施国祁有门徒沈垚,也是研究西北史地的佼佼者。

沈垚,字敦三,号子敦,浙江湖州府乌程县人,府学廪生,道光甲午年优贡生,生于嘉庆三年戊午(1798),殁于道光二十年庚子(1840),年四十三岁。精于西北地理及金元史学,似乎不在徐星伯及张穆之下。徐张二人的社会地位及时名远过经常寄食于人的子敦,但二人对于子敦的真才实学极为推重。三人亦深相契,张穆尝回忆一件轶事说:"子敦留京师,为桐城姚伯昂总宪校国史地理志,寓内城,间旬出相访,则星伯先生为烹羊炊饼,召余共食,剧谈西北边外地理,以为笑乐。余尝戏谓子敦生鱼米之乡,而慕羶嗜麦,南人足不越关塞,而好指画山川,笃精汉学,而喜说宋辽金元史事,可谓三反。子敦闻而轩渠,以为无以易也。"[②]子敦身是南方人,而且未曾出过塞外,但他从书本上获得的西北地理,特别是沿革地理的知识,和历史知识相对照后,他吸收了正确的东西,抛弃了错误的东西,并试图恢复古地理的本来面目。由于他的分析批判的识力较强,他所下的断语往往符合实际,好像身历其境一样。他的朋友孙燮提到他说:"君既被迂愚之目,则益自喜,读书愈力,经史子集,罔不溯流探原,而尤精舆地之学。地理以水道为提纲,书之所载,千支万派,梦如乱丝,读者每苦昏眩而不能遽解,君独一览了然,执笔为图,往往与古图暗合。著《新疆私议》,谓国家开边百里,常患馈饷难继,省饷必须屯田,屯田必讲水利,某山出某水,某水经

---

① 参看钱泰吉《甘泉乡人稿·曝书杂记》卷上,第22页。
② 见张穆《落颿楼文稿序》。

某处，洒洒数千言如指诸掌。君友人王君亮生客京师爱其文，刊布之。徐舍人松一见叹曰：'某谪戍新疆，凡诸水道皆所目击，然犹历十年之久，始知曲折，沈君闭户家居，独从故纸中搜得之，非其绝大识力，曷克有此！'"[1]精于古代地理的程恩泽（春海），对于沈垚对舆地学的专精亦极为佩服，自认不及。张穆（程春海的世交）曾说："程春海侍郎尝读西游记《长春真人西游记》二卷（门人真常子李志常述），拟为一文疏通春庐宗丞跋（桐乡程同文跋）所未尽，及见子敦跋叹曰：'地学如此，遐荒万用，犹目验矣。我辈粗材，未足语于是也。'"[2]按沈子敦之跋即《西游记金山以东释》一卷，洋洋万余言，是西北史地考证中一篇精彩的文章，可补徐松、程同文及董祐诚诸跋的不足，又能以史传来疏通张德辉纪行及西游记所纪的山水地名，言之凿凿，多可信据。

沈子敦关于西北地理的作品，还有《葱岭南北河考》、《元史地理志释》、《西北地名杂考》、《西域小记》等，都是他的得意之作，具载于《落帆楼文集》二十四卷中（补遗一卷），吴兴刘氏嘉业堂刊印。子敦年甫四十三而殁，不幸短命，一些比较庞大的述作尚未能及时完成，实为学术界的遗憾。但观其文集所载，已可窥见其绝学之一斑。子敦的最好的朋友张穆在西北地理学上也是极负盛名的。

张穆（1805—1849），字石洲，山西平定人。道光中优贡生，博学能文，程恩泽认为东京崔、蔡之流。"道光己亥应顺天乡试，携瓶酒入监，搜者呵曰：'去酒！'石洲辄饮尽而挥其余沥。监者怒，命悉索之，破笔砚，毁衣被，无所得。石洲扪腹曰：'是中便便经笥，若辈岂能搜耶？'监者益忿，乃摭笔囊中片纸，有字一行，谩曰：'此怀挟也。'送刑部谳，白其枉，然竟坐摈斥。"[3]我们于此可见清代科举制度抑压真才的腐败。施国祁因屡试不售，宁愿弃儒就贾。沈垚亦屡试无成，南北共十二回，矮屋光阴，阅历已百有余日[4]。沈垚和张穆都是优贡生，施国祁还是一个生员，可是他们的著述都是卓然不朽的，他们的学术地位也是难以动摇的。清代专制之君，企图以科举来笼牢天下豪杰，可是腐朽的封建制度一方面戕贼人才，使国家一旦有急，不得真正的人才而用。另一方面，海内博学异才之士，既被摈斥于科举，反而能够以在野之身，专心于学术工作，虽与统治阶级格格不入，甚至处于极其难堪的境地，但对于文化事业作出了不同程度的贡献。科场以"时文"（八股文）取士，缚束人的思想。陈

---

① 见孙燮撰《沈子敦哀辞》。
② 见张穆《落颿楼文稿序》。
③ 参看陈康祺著《燕下乡脞录》卷四。
④ 沈垚《落帆楼文集》卷九简札摭存中。

澧指出："时文之弊有二：代古人语气，不能引秦汉以后之书，不能引秦汉以后之事。于是为时文者，皆不读书，凡诸经先儒之注疏，诸史治乱兴亡之事迹，茫然不知而可以取科名，得官职，此一弊也。破题承题起讲提比中比后比，从古文章无此体格，而妄立名目，私相沿袭，心思耳目，缚束既久，锢蔽既深，凡骈散文字诗赋皆不能为，此又一弊也。"[①]西北史地之学，是专谈治乱之迹，与时局有密切关系的有用的实学，与科举文大相径庭。讲经世致用的施、沈、张诸人被摈斥于科举，正说明他们平日的志向不在于此。

张石州的代表作为《蒙古游牧记》十六卷。祁韵士编的《皇朝藩部要略》，曾由张氏复核。要略是纪年体的西域史，张穆就写一部专论蒙古地理的书来补充它，按各部所在地来考察各游牧部族的社会沿革，以及历代汉满及蒙古各民族的关系，并且能结合当时的边疆问题，实为研究蒙古史不可不读之书。石州殁没，遗稿由何愿船整理，历十年始告完成，于咸丰九年付刊。[②]

嘉庆道光年间，西北地理极一时之盛，人才辈出，固然是时代环境，推动一时的风气。继承优良的传统的，实为施国祁、程思泽、徐星伯、沈子敦、张石州、何秋涛诸人，而这几位专家，都是有"平生风谊兼师友"的关系。彼此互相了解，互相推重，互相帮助，因此形成一种良好的学风，并产生了深远的影响。使人引为遗憾的是，他们有些人寿命太短，何秋涛死时才三十九，沈子敦四十三，张石州四十五。这三位专家都是在贫穷中度过了一生，未能尽展其抱负，使人难免为旧时代的知识分子作不平之鸣！

龚定盦（1792—1841），字自珍，是我国19世纪的伟大思想家和文史学家。他的朋友张维屏说："近数十年来，士大夫诵史鉴，考掌故，慷慨论天下事，其风气实定公开之。"定盦亦曾经自豪地说："但开风气不为师"，亦以思想界的开拓者自居。定盦的学问是多方面的，非仓猝所能尽。我于1938年曾写成《龚定盦研究》一册，由商务印书馆出版，及今看来，仍未能做到对定公作全面的正确的评价。现在也不打算在这里纵谈龚氏的史学，而只想把他所谓"天地东西南北之学"的一部分——西北史地介绍出来。

龚定盦所处的时期正是鸦片战争的前夕，边疆问题被提到了显要地位，一时讲求经世致用的史地学家多注意边疆问题和四防问题，因此关于西北地理及东南亚地理亦有不少著名的述作。例如徐松的《新疆识略》，张穆的《蒙古游牧记》，魏默深

---

① 陈澧《东塾集》卷二《科场议一》。
② 参看张穆《蒙古游牧记》祁隽藻序。

的《圣武记》及《海国图志》等，都受到有识者的欢迎。定盦与这些专家学者同声相应，同气相求，经常互提意见、通信交流。定公幼有志于四裔之学，习满蒙语，于西北边塞部落世系风俗形势源流分合之迹，极有研究，"九边烂熟等雕虫"（《己亥杂诗》），虽有点自夸，但亦非毫无根据的。程大理同文修会典，其理藩院一门及青海、西藏各图，定公协助校理，程同文殁，而定公精心构思的蒙古图志竟不成，殊为可惜。他尝有诗志感，"手校斜方百叶图，官书似此古今无，只今绝学真成绝，册府苍凉六幕孤"（《己亥杂诗》）。亦自惜其蒙古图志并没有能够完成，但此书的体例和内容可于定公《拟进上蒙古图志表》文中可见到。

窃见国朝自西域荡平后，有钦定《西域图志》五十卷，专纪准部，回部山川种系声音文字，及于国朝所施设政事，著录文渊阁，副墨在杭州、镇江、扬州，既富既巨，永永不朽。臣考前史，动称四海，西北两海，并曰盖阙。我朝之有天下，声教号令，由回部以达于葱岭，岭外属国之爱乌罕，那木干以迄于西海，由蒙古喀尔喀四部，以达于北方属国之鄂罗斯，以迄于北海。回部为西海内卫，喀尔喀为北海内卫。今葱岭以内，古城郭之国，既有成书，而蒙古独灵丹呼图图灭为牧厂，其余五十一旗，及喀尔喀四大部，纵横万余里，臣妾二百年，其间所施设，英文巨武，与其高山异川细大之事，未有志。遂敢伸管削简，理其迹，阐辖其文，作为蒙古图志，为图二十有八，为表十有八，为志十有二，凡三十篇。

其表十有八为字类表、声类表、临莅表、沿革表、氏族表、在旗氏族表、世系表、封爵表、厘降表、旗职表、寄爵表、喀尔喀总表、赛因诺颜总表、新迁之社尔伯特表、四卫拉特总表、乌梁海表、巴尔虎表、青海蒙古表，附述哈萨克为一表，附述布鲁特为一表（以上二表用前编修徐松所述）。十二志为天章志、礼志、乐志、晷度志、旗分志、会盟志、象教志、译经志、水地志、台卡志、职贡志、马政志。

据龚自珍说："是书成者十之五六，拟俟其成而别行。道光壬午九月二十八日，吾家书楼灾，此书稿本之半，及为此书而收聚之档册图志，世所弗恒见者，尽毁，遂辍业弗为。以总表文及序文若干篇，附存文集中，非初心矣，自记。"现在文集中有各志表序文十篇，尚可窥见蒙古图志的主要内容。①

《大清一统志》初编成于乾隆三十九年，道光中有重修之举，龚自珍担任校对，觉

---

① 参看《龚自珍全集》（中华书局1959年版）第五辑《拟进上蒙古图志表文》。

得原书载西北边事有不少疏漏错误之处,于是上书于国史馆总裁提调总纂,初成五千言,或曰非所职也,乃上二千言,列举原作的毛病,并进一步指出什么地方应补充,什么地方应该删除,什么地方应该改易,共一十八条建议,皆可供编修者采择,研究西北地理者参考。

此外定盦关于西北地理的文章还有《西域置行省议》、《北路安插议》、御试《安边绥远疏》等篇。其《西域置行省议》,费两年时间才写成定稿,其目的在把新疆划为行省,防止分裂主义者和外国势力的阴谋分裂活动,建议直接由朝廷派大批官吏管理,并由各省移民开发新疆,提倡屯垦,用意虽佳,但有些办法脱离了当时实际,恐怕窒碍难行。史地学家陶保廉曾随其父巡抚新疆,考察当地形势民情后,认为龚氏之议未必可行。他说:"向读钱塘龚自珍《西域置行省议》云:哈密可设四县,一附府,一苏木哈喇垓,一赛巴什达里雅,一塔勒纳沁。按苏木哈喇垓今名头堡。哈密城西无人烟,六十里至头堡,始有缠回二十余家,种地一顷有奇,乾隆时无屯田。赛巴什达里雅,即蔡湖,在厅治东北二十里,乾隆时屯田四千亩。塔勒纳沁,即沁城,在厅治东北二百三十里,乾隆时屯田七千亩。今哈密厅共有田一万一千三百亩,回王采地三万三千七百余亩,纵夺而有之,不及五万亩,安能分设四县?余所拟亦皆臆断。至云在北路者为风沙边缺,如内地烟瘴边缺之例,速其升调。试问葱岭迤东,昆仑之圩,何一非风沙边地,安能悉副升调之愿耶?龚氏又侈言屯垦,不知塞外戈壁错杂,可耕之地,零星分散,风劲气寒,沙性渗漏,山雪复融,乃有渠水,十里五里,潜入地中,或经流略长,而旁皆沙石,或土非硗瘠,而灌溉无资。策名军籍者,志在轻一死以图金帛,万里而来,岂作田舍翁想?谪戍之徒,习于游惰,劝令力穑,辄思潜逃。缠问生计,瓜果与牛羊参半,粟麦非所重,有余力则艺之。盖畜牧简易,不忧水旱,习俗相沿,断难概绳以中国之法。全疆大局,患贫甚于患饥,仓有余粟,兵饷必求银币,矿有铜铅,沙漠罕通商贩,冰天雪海,谁复恋此?生聚未易,职是之由。哈密地方千里,治以通判及副将都司,官吏俸金,驿传经费,兵役薪粮,每年七万余金,而租赋所得,小麦一千一百余石而已。入不敷出,南北路各城皆然,事事仰给内地,铢积寸累,辇而掷之流沙之中,岁三百余万。果能取悦边民犹可也,无如仕途淆杂挤拥,以救贫不暇之官,临非我族类之民,安得不视同鱼肉。大吏鸯远,缠语钩辀,权在译人,苦衷难白,亦有恐白之愈损,而终不敢白者,刮内地穷民之脂膏,以豢俗吏骄将,以贾怨于异言异服之缠回,果何取哉?"[1]

---

[1] 见陶保廉《辛卯侍行记》卷六。

正如陶氏指出,龚氏的建议,由于昧于当地的情况,所根据的材料不够正确,因此他提出的办法,颇近于迂阔,不尽符合客观实际,而且计划订得不够具体,因为他没有到新疆调查研究过,摸不清情况,也就不可能坐而言,起而行。陶保廉指出,龚氏对于哈密四县的户口和田亩数就不了解,更遑论谈到划分地段来分配屯垦,如果大规模移民实边,要求人民抛弃故乡和职业走到人地生疏、气候和风土都截然不同的新疆——在当时一般人认为的谪戍之地,是有很大困难的,如果不从思想上和生活上替这些人解决种种问题,而光凭自己片面的想法,即"募之往,必愿往",会产生动员组织、交通、安插等许多问题,也是不合乎人情的。在一个地区回民、汉人及旗人杂处,如何消除各民族的隔阂和纠纷是一个非常重要的问题。这个问题能彻底解决在我国解放前是不可想象的,只有在社会主义制度下,各民族才有条件平等地幸福地共同生活在祖国大家庭里。龚氏的治边策略,决不能达到使新疆久安长治的目的。不过,龚氏被历史条件和阶级观点限制,虽然能够看到并提出新疆置省加强中央集权的措施,决不会想到新疆自治区的形式,我们亦不能苛求于龚氏。

龚氏是 19 世纪的有远见的知识分子,应该具有一些科学思想,侈言经济,就应该注意水利工程以及各项提高生产力的有效措施。但他这篇建议中,没有提到与屯垦有关的水利工程,反而乞灵于风水之神,祈求风调雨顺,这又出乎我们的意料。例如他说:"凡近碛之郊,处处设立风神祠,泉神祠,岁时致祭,仰视上帝,地出其泉,风息于天,以宜蔬宜稷,颁祝文焉。大郭勒之在祀典者应几处,核议;大达巴之在祀典者应几处,核议。"这是龚氏思想中的弱点。但必须指出,自珍自负,论天下事,能够将地理的知识运用于边疆建设,与闭户读书、完全不关心社会生活者有很大的区别,我认为自珍于此仍有开风气之功。龚氏提出建议 63 年后,即光绪九年(1883)新疆就建置行省了。

魏源(1794—1856),字默深,湖南邵阳人。是一个经学家,同时也是一个史地学家,与龚自珍齐名,人称龚魏。默深不独对西北史地有广博的研究,而且对于东南亚亦有相当研究。自珍以才胜,默深以学胜。默深治学有恒,所以长篇巨著独多,成就较为显著。他关于西北史地的著作有《元史新编》九十五卷。这部书的编纂目的和经过,他自己说是于修《海国图志》之时,知元代西域远徼,皆西北接鄂罗斯,西南连五印度,与今西洋夷接壤,自国朝以前,疆域未有廓于元者,而史书之芜蔓疏漏,亦未有甚于元者。爰发愤重修,采《四库全书》中元代各家著述百余种,并旁搜《元秘史》、《元典章》、《元文类》各书,参订旧史成元史若干卷。其体例具见书中凡例各条。本纪自世祖而下,袭用邵远平《元史类编》。艺文志,氏族表全取自钱大昕。其余各传,则就旧史的原文加以补苴和笔削。作者有相当的综合能力,而疏于考证,缺少分析批判的功夫。同时还不能利用有关外国的资料,如《海国图志》一书。因此,《元史新编》虽然比较后出,但并没有远胜前人之作。

《圣武记》一书共十四卷,其中第三至第六卷记蒙古、新疆及西藏以及中国与俄罗斯的关系,可供边疆问题研究者参考。

《海国图志》一书是魏源成名之作。由于这部书成于鸦片战争前后,切合当时国防的需要,因此风行一时。陈澧认为"其书罗列荒远之国,指掌形势,可谓奇书"①。谈东南亚史地及时事的以此书为先河,利用外国资料研究反对外国侵略政策和行动的,也认为此书为最有系统,而且相当切实。默深自述其体例说:"《海国图志》六十卷,何所据?一据前两广总督林尚书(则徐)所译西夷之《四洲志》,再据历代史志及明以来岛志及近日夷图夷语,钩稽贯串,创榛辟莽,前驱先路,大都东南洋、西南洋增于原书者十之八,大小西洋、北洋、外大西洋增于原书者十之六。又图以经之,表以纬之,博参群议以发挥之。"②作者在《海国图志》中发表的国防见解虽有当或不当之处,③但其发愤图强、同仇敌忾的爱国思想往往形于笔端,不愧其清末爱国学者的名号。

何秋涛(1834—1862),字愿船,福建光泽人。幼时对史地学特别感兴趣,儿时即能举全国著名府厅州县的名称及其四境所至,年二十举于乡,逾年试礼部为贡士,又逾年任刑部主事,益广交游,博览经史,留心经世之务。尝谓俄罗斯地居北微与中国边卡相连,而诸家论述,未有专书,乃采取官私载籍为《北徼汇编》六卷,复增衍图说为八十五卷。陈尚书孚恩为言于咸丰帝,命将原稿缮进,改名为《朔方备乘》。进呈之后,书旋散亡。黄侍郎宗议尽取秋涛藏稿,将缮写重进,复焚于火。秋涛之子芳,将其父残稿,托编修黄彭年及畿辅志局诸人为之补缀成书付印。以后风行一世,版本极多。其通行本订为八十一卷。主要内容大约分为历史叙述(根据官方档案),名词考证,诸书考订及辨正及表图。其体例由凡例三十则可以参看。此书不限于西北地理,亦可作为中俄初期关系史读物来读。④

此外,秋涛还有《圣武亲征录校正》一书。《圣武亲征录》全名《皇元圣武亲征录》,无卷数。何秋涛取旧抄本校以金元二史、《元秘史》及金元人传记文集,考形订

---

① 见陈澧《东塾集》卷二《书海国图志后呈张南山先生》
② 魏源《海国图志叙》,又收入《古微堂外集》卷三。
③ 按陈澧书《海国图志》后一文亦提过一些意见。
④ 见何秋涛著《一镫精舍甲部稿》中载黄彭年撰《清故莲池书院院长刑部员外郎何君墓表》。

声,经年纬月,削其重复,更其舛乱,补其夺字,删其衍文。张穆叙其经过说:"愿船独取而详校之,尝自言一字一句有疑者,十日思之不置,每隔旬余,辄加笺证十数条,越数旬又如之,其始就原本题记,行间眉上,字如蝇头。"(《张序》)并推其廓清之功,比于武事,诚非虚语。其中考订文字或有未尽善之处,如缪荃孙所指出的,但绝大部分是精确的。① 秋涛不幸早卒,年三十有九,有《一镫精舍甲部稿》传世,其中都是经学及小学的考证文字,多独创之见,其博学通识亦在于此。

李文田(1834—1895),字若农,广东顺德人,己未探花,官至礼部侍郎。关于元史及西北地理的著述,主要有《元朝秘史注》十五卷。"按秘史有声音而无训诂,盖元初本取辉和尔(畏兀儿)字以达国言,是书成,自至元年后,辗转繙译,虽条理秩然,而名称尚滋轇葛。顺德先生精于满蒙汉三合音之例,博综稗乘,旁搜金石,而一以声音通之。"②《元朝秘史》经李文田整理和考订后,易读多了。但他对于人名及地名的考订,往往使用对音这种方法,而对于蒙古义义尚有欠解,所以间有勉强附会之处。例如《元朝秘史》的原名即忙豁仑纽察脱察安(按忙豁仑即蒙古,纽察脱密安即秘史,《元史》作"脱卜赤颜")。而文田竟认其为"纽察其名,或与脱察安同撰此史",则不免疏漏了。

文田还有《元史地名考》、《西游录注》、《双溪醉隐集注》、《朔方备乘札记》、《和林诗并注》等。当李文田《元朝秘史注》尚未出版前,光绪年间,会稽施世杰亦根据杨灵石刊印本,遍加考订,译以对音,证以今图,偶有所得,志于书眉,费了六年的时间,又遍游外蒙古各牧地,身亲目验,勒成《秘史注》一编,与李文田注有出入。施氏把其稿中一部分关于地名考订的先刊,名曰《元秘史山川地名考》,共十二卷。其中有些地方可以订正张穆、魏源及李文田的缺失。

李恢垣,广东番禺人,以拔贡一等为七品小京官,中进士,迁主事,再迁员外郎,即告归著书以终其身。粤省清代学者研究西北地理,除李文田外,实推李恢垣。尝著《汉西域图考》七卷。陈澧替他作序说:"李君之书,自汉敦煌关外西北二万里至大秦,又西北至于海西南万余里至安息,又西南至于海,其间国土以百数,若指诸掌。自汉至今,史传说部,以至沙门之记录,外夷之图绘,靡不综核,方言译语,侏离唈唶,同地异名,同名异文,靡不通贯,可谓奇书矣。虽然,李君著书之意,岂欲以是为奇哉?两汉西域传所载,最远者大秦安息。今则大秦之外,西北海滨之人已夺据天竺,距云南仅千余里。自中国罢兵议款,增立互市,游行天下,而馆于京师。安息之外,

---

① 参看缪荃孙《艺风堂文集》卷七《圣武亲征录跋》。
② 见李文田撰《元朝秘史注·沈维贤序》。

西南滨海之人入中国千余年,生育蕃多,散处诸行省,近且扰乱关陇,用兵未休。呜呼,其为中国患如此,而中国之人茫然不知其所自来,可不大哀乎! 古人之书大都有忧患而作也。今日之患为千古所无之患,而李君之书遂为今日所不可无之书,岂徒以其奇而已哉!"①

李君著书的目的陈澧序中已经说明,即为国防问题提供参考。这部书有几点值得称道的。第一,地图比较详细精确,有经纬度,图例亦比较新式。第二,每一地名,必附沿革的称谓,而且多标出今名,使读者可以温古而知新。第三,史地互证,既不空洞,又不枯燥。第四,引古筹今,叙西域事一直说到道光年间事迹。边政制度亦极注意。其体裁完善之处,可参看书中的凡例。

李恢垣尚著有《广元遗山年谱》。案施国祁曾辑《元遗山年谱》,附于元遗山诗集中,翁覃溪亦有同类的著作。但前两种,于地理方面考释不足,恢垣扩而充之,利用其西北地理的知识,别辟新路。"故于元兵伐金所至之地了如指掌,由是遗山奔走流寓之地亦了如指掌。"②独惜此书似未刊行,否则可与施国祁的年谱先后辉映。

洪钧,字文卿(1839—1893),江苏吴县人,同治七年状元,仕至兵部左侍郎。光绪十五年奉命出使俄德荷奥四国,驻节三年,研究元史,著作不辍。成书曰《元史译文证补》,证者证元史之误,补者补元史之阙,所谓译文即利用外国材料从事考订工作。利用外国材料研究元史,中国以文卿为第一人。

原书引用西域书目中,首先提到拉施特·哀丁(Rashid Eddin,1247—1318)。他是波斯哈马丹人,曾充蒙古伊儿汗国合赞大王王廷国务大臣,著有《历史大全》(*Djami—uttawarikh*),波斯文。洪氏完全不懂外国语,而使馆的译员也不懂波斯文,因而无法利用此书。幸而,法人多桑在他所著的《蒙古史》(自成吉斯汗至铁木几伯克或达米尔兰,一共四册,第一册出版于 1824 年,其余各册,分别于 1834—1835 年在巴黎出版)中大量引用拉施特·哀丁的著作,洪文卿的书又从多桑书转引。不过,有人怀疑,多桑书亦未被洪文卿充分利用,说:"从前改修元史诸人,好象仅有洪钧、屠寄二人引用过。可是根据译人的片段译文,未能通检全书。本人既不能直接利用原书,而译人又非专门学者,可以说多桑书同中国学者实在没有发生关系。"③

洪钧《元史译文证补》的主要参考书,仍然是英人霍渥尔特(Henry H. Howorth)的《蒙古史》,此书凡五巨册,于 1876 年、1880 年、1888 年先后出版于伦

---

① 见《东塾集》卷三《汉西域图考序》。
② 《东塾集》卷三《广元遗山年谱序》。
③ 引冯承钧撰《西域南海史地考证论著汇辑》(中华书局版)中《评田中译多桑蒙古史》一文。

敦。洪钧于 1889 年出使欧洲的时候,霍渥尔特的书已经盛行了。这本书比较晚出,不特取材于多桑之书,而且集汉文以外的各种文献资料,大抵洪钧引用的西域之书都是由此书转译而来,并且断章取义地吸收入自己的著作。洪钧意存夸大,自称得今英人霍儿渥特(应作霍渥尔特)书译之,意未安也。复译德人华而甫(Wolf)之书,继于德国藏书官舍假得多桑旧本,译以互校。按霍渥尔特之书已把多桑及华而甫书的内容吸收不少,洪钧不过转贩而已。多桑之书,以冯承钧的译文为最早,篇幅不少,而霍渥尔特的书篇幅更多,全书共二千二百多页,直至今日还没有人翻译。洪钧不懂英法文,而译员因不懂元史,亦不容易翻译这两大部书。而且八十年前我国的翻译水平也不能达到翻译这两大名著的水平。可见洪钧不过请人译出片段,以供参考而已。如果八十年前已有汉译本,为什么不传入中国呢?

同时必须指出,洪钧知利用前人没有利用过的有关元史的外国资料,为日后研究元史的人开一先路。洪氏之书在考证方面,亦极少错处,可见洪钧对于元史及西北地理确下了不少工夫。他集中精力,埋头著作,死而后已。这种治学精神,是值得我们称道的。至于他奉使期间称职与否,以及光绪十六年他所译印的《中俄交界图》是否正确,不拟在此讨论。

最后必须说明的,就是自鸦片战争后,西北地理和元史学的研究仍然不断向前发展,并取得了更大的成就。例如丁谦、沈子培、屠寄、柯凤荪、王国维等,不仅对于中亚史地而且对于东南亚史地都作出了不同程度的贡献,但这些已经超出古代范围,只有放在近代部分来详细讨论了。

河南人民出版社 1980 年 3 月第 1 版。

读史为公民之修养

诸君见此题目,或者疑为清末科举中之策论题目,卑之无复高论。不知吾于三年前实自某本西文杂志中发现之。其文内容,吾已尽忘,惟觉其题目新颖可喜,故移之冠吾文耳。读者谅之。

历史研究之重要,在史学专家看来,自无讨论之余地。然一般民众对于历史往往误解,且史学家尚不能完全避免吹毛索瘢者之攻击,故说明读史之重要。

普通人提及历史二字,常联想及繁重艰深,有"十七史不知从何处说起"之慨,以为此是专门绝业,无关于社会常识。其粗心者曰:"读书求记姓名足矣,安事历史?不读历史,岂遂不能生活乎?"其注重急功者,则以为读史不能证明有显著之价值,不能成就有用的宗旨,大好光阴消磨于故纸堆中为不值得。在彼等目光看来,与其多识前言往行,毋宁学成一种应用科学。在今日提倡科学救国声中,尤未免有歧视历史之倾向。此种论调,吾熟闻之,亦常加以纠正。进而智识界中之亲友间有以吾之研究为不急之务,以改业来相劝勉,此种人本足代表社会上一部分人心理,吾安能又嘿尔而息,今为此文,非为挑衅,实因彼等殊有启发之必要。

吾人何贵而研究史耶?吾人研究历史将何用耶?吾知藏此问题于脑海而待揭发者,实繁有徒。吾人欲答此问题,最好试问历史是否有实用上之价值。波劳德(Pollard)教授警告人云:"以普通流行的观念言之,历史实绝无何种用途。但即根据此种假设(即历史绝无何种实用),吾将置历史于世界各校课程中之一重要地位。"[①]语虽神秘,实寓至理。假如以"实用"二字判物之价值,而"实用"二字之含义独指日用而具体的水火布粟而言,则历史饥不可食,寒不可衣,诚无用矣。但若除物质生活

---

① A. F. Pollard, *Factors in modern History*, p266。

外，"实用"二字，尚可应用于其他方面，则历史之实用正多。历史所赋予吾人者则为经验。人生世上，阅历无多，盖为年力环境时代所限，无可奈何。人当富有经验之时，往往年将就木，每欲创业，精力无多。个人经验，无论如何广博，恒缺乏选择比较之机会，故其可用者少。今欲以有限之年龄，求广博之经验，则非尚友古人不可。古人往矣，历史常存。历史者，人类各时代经验之记录，一切人类奋斗以求得之者，一切人类之成功及其失败，均为制造历史之原料。凡人类社会之种种制度、人物及变化——其兴之盛衰隆替荣枯，礼义廉耻卑污贪诈——历史皆能于复杂中解释之，分析之，使吾人能利用前人所得之经验，而学得处世之哲学，且练成一副锐利之眼光，以应付世间事物，胜败利钝，了然于胸，举而措之，如指诸掌。其实用又岂让有形之财货乎？

但今日治史学者，切不可如古来治史学者之空空寂寂，视史书为前世之堆积，仅记几件大事，及几本帝王家谱自足，尤须广涉各种人类科学，专以探讨人群已成之事之自然法则为宗旨。吾人须以科学方法作史，而求其现代的，合乎科学的历史读之。古代鼎鼎大名之史家如左丘明、司马迁、班固、范晔、希罗多德（Herodotus）、普录达（Plutarch）、修昔底斯（Thucydides）、李维（Livy）及塔西（Tacitus）皆在史神（Clis）国下，永作不叛之臣。彼等制造文学的形态，则兴趣倍饶，成见在胸，各为其主，每到激起自己民族之骄傲心之时，辄眉飞色舞，刺刺不能自休。他如实证事实，解释时局，配置妥善，各得其所，凡此种种，不大措意也，与现代史家努力求真之状，绝不相同，吾人苟不以科学眼光读之，则殆矣。吾以《史记》《汉书》虽为诸史之冠，但微嫌主观太重，即以史料而论，亦根据七八种通行之书删改而成，既恨不博，且不免为第二手材料也。反之，《宋史》虽有繁猥，《元史》虽有疏芜等恶评，其实二者之纪传多本诸实录，即其各志，亦根据《宋会要》《经世大典》等书，以史料而论，似较胜于《史记》《汉书》，其作者努力求真，居然一合乎科学的现代史家也。吾非讨论诸史之优劣，不过谓吾人读史，须读真相的历史，方能有益，换言之，即凡褒贬式（历史为一种道德的科学，谁亦不能反对。当知议论褒贬，悉是虚文，根本要不得，读者请勿误会）及各种主观的史家作品为不可尽信。读之而不知审判，则吾人意志，最易受其摇动，非徒无益，而又害之。

读史能满足吾人之好奇心。好奇之心，与生俱来。人欲满足其好奇之心，其结果往往做出无数惊天动地之伟业。吾人之祖先，披荆斩棘，以尺寸之地，或钻燧取火，或架木为巢。然后吾人知有熟食及宫室之用，其始皆发于好奇之一念，不尽为生活所迫也。哥伦布之发现美洲，后人啧啧称羡（其实哥伦布未到美洲之前，已有无数蒙古人埋骨于此。吾另有"美洲第一新客的蒙古人"一文述之），其始亦因续《马哥孛罗(Marco polo)游记》，慕中国之奇，远航来华，偶然达美洲耳。即今日吾人得享种种利便，有飞机、火轮、汽车、水喉、电灯种种品物供吾人之用，其发明者大都起于好奇心耳。吾人好奇之心，蓬蓬勃勃，时时要求满足。观乎儿童对于不经见之事物，必问人不已，每听故事，不至结局，则不肯休，此好奇之征也。试问除历史外，尚有何种较好方法，能满足吾人之好奇心乎？吾人读史，无论何代，每论何事，吾人皆有参预之可能。吾人熟读而深思之，则过去时代之种种，恍惚现在眼前，一幕一幕，如观剧焉。见诸葛亮之木牛流马，则钦其技巧，见董卓之金坞，则嗤其蠢材，见樊哙之拔剑割肉，则为之神旺，见曹操之分香买履，则为之气短。汉代已有告密之箱，宋代已有镶牙之业。又吾人于穿衣戴帽之时，往往欲知古人之衣冠作何样子。"摅怀旧之蓄念，发思古之幽情"事至平常，既往人类之伟大理想，与夫智力上之具体表现，均能满足吾人好奇心也。对于过去时代，过去人物，有所怀疑者，请读历史，自能解决一切。

读史能令吾人看清楚时代远景，而格外明了现在。深于史者，并能分析现代生活当中，何者为永久的成分，何者为暂时的成分。善读史者，有如地师(即看风水先生)一般，每寻得一块好地，必将其来笼去脉，弄得清楚，断定地之好丑，必以其来源为根据。不独地师为然也。凡不读过去者，鲜能言现在，凡百事物，必有因果，苟昧其因，焉知其果？过去与现在实息息相关，社会进化之迹如流水焉，过去者为上流，现在者为中流，未来者为下流。苟塞其上流，则中流下流为死水矣。英国史家马文(Marvin)尝著一书曰《活的过去》(*The Living Past*)盖亦知社会之进化不息，所去过去、现在、将来成为一个不断之个体，如长江大河，日夜奔流，过去实未曾死去也。假使吾人将现在与过去比较，即知现在实胜于过去，不论在物质方面、精神方面或道德方面，皆今胜于昔。物质上之进步，自不待言。就精神方面或道德方面而论，亦有显著之进步。奴隶制度，已无复存。我国数千年传下之拜跪礼，亦已扫尽。昔日男子借以征服女子之权力(有形的与无形的)已渐消失。人类同情之心，日益发达。一般冬烘头脑之人，咨嗟叹息，认为世风日下，倡言复古，自甘野蛮。谭嗣同大声反之曰："古而可好，何必为今之人哉？"(《仁学》)此言十分痛快。"禹会诸侯于涂山，执玉帛者万国；至夏殷之际，仅有三千；彼七千者，竟何往矣？周武王大封同异姓，合前代诸侯，得千八百国；彼一千余国，又何往矣？其时强侵弱，众暴寡，刀痕箭疮，薰眼破胁，奔窜死亡无地者何可胜道？特无孔子作《春秋》，左丘明为传记，故不传于世耳！世儒不知，谓春秋为极乱之世，复何道，而春秋以前，皆若浑浑噩噩，荡荡平平，殊见可笑也！以太王之贤圣，为狄所侵，必至弃国与之而后已。天子不能征，方伯不能讨，则夏殷之季世，其抢攘淆乱为何如？尚得谓之荡平安辑哉？至于《春秋》一书，不过因赴告之文，书之以定褒贬，左氏乃得依经作传。其时不赴告而背理坏道，乱亡破灭者十倍于《左传》而无所考。即如汉阳诸姬，楚实尽之，诸姬是若干国，楚是何年月日如何殄灭他，亦寻不出证据来。学者读《春秋》经传，以为极乱，而不知其所书尚是十之一，千之百也。"（郑板桥《范县署中寄舍弟墨第三书》）由此观之，则古代相斫之剧，岂有人性者？清人之入关也，扬州十日，嘉定三屠，汉人之死者数十万，倘汉人怀复仇之心，无怜惜之意，则国民革命时，彼等已无礁类，而吾人仍设法保存之，并不予以凌辱，易代之际，如此仁厚，实为前代所无也。谓道德方面今劣昔优者，吾不知其是何居心。"罗马践踏非洲之名城，尽为瓦砾，卒为歌德的（Gothic）战士制其死命。罗马之灭迦太基（Garthage），已有其报（因歌德蛮人，起于迦太基故国）。罗马人之污点为灭迦太基，若报应不爽，则歌德约战士入该撒之宫时，须报以相当之手段。……罗马之亡也，在悲观者则视为人类之归宿，盈倾满溢，势所必然；惟乐观者则视为人类之进步。他视罗马外观之伟丽，乃个人欲念之增加。但以现在情形与罗马全盛时代相较，则知人在道德上及精神上皆有进步。……有以世风日下为言者，请以今日之情形与昔日罗马皇帝奏凯而旋，燃基督教徒之尸以代烛之情况作一比较可也。"（_Catherine：Letter to Caro_，from Rome）故欲了解许多进步的情况，则非研究产生许多情形之过去时代不可，非多读历史不可。

　　吾人读史，对于现存之文物制度，易具有一种正当了解。吾人今日之文物制度，既非从天上掉下来，则必有所由起。倘吾人不考究其沿革状况，则绝不能了解之。"一物不知，贤者所耻"所耻者，即不知物之沿革耳。故凡为社会之一员，而欲与社会上有联络者，必须读史。国家元首，故应读史，即平民百姓，亦应读史。史所以资治，亦所以立身。故宋神宗御制《通鉴》序有曰："朕惟君子多识前言往行以畜其德。故能刚健笃实，辉光日新，书亦曰：王人求多闻，时惟建事。《诗》《书》《春秋》皆所以明得失之迹，存王道之正，垂鉴戒于后世者也。……其（《通鉴》）所载朋君良臣，切磨治道，议论之精语，德行之善制，天人相与之际，休咎庶证之原，威福盛衰之本，规模利害之效，良将之方略，循吏之条数，断之以邪正，要之于治忽，辞令渊厚之体，箴谏深切之义，良谓备焉。……"此不独为帝王家所应知，亦为吾等平民所共之鉴戒也。吾等若无历史之修养，即无参预政治之能力矣。历史知识对于国事，自然甚有用处。国破家亡之惨，吾人不必亲受，读史自可领略一二。"国家兴亡，匹夫有责。"吾人欲逃出亡国之苦境，踏上兴国之进程，即必在历史上考求其盛衰之理，在史家立场上考虑（一）统治国家者有无错误，（二）外力之压迫如何可以对付或避免，或减少或延缓,(三)国家之本身有无不健全;且准备铲除一切腐败的征象,而树国家万年不拔之基。亦国民应有之义务也。

历史之修养,能予人以先见之明。史家观察过去,根据现在,而推测将来,往往是可靠者。希布(Von Sybel)谓知道事物之起源者,必能知道事物之归宿。亦即此义。孟子谓:"无敌国外患者,国恒亡。"孟子非预言家之流,何以知之,因其根据历史中之先例也。又如《国语》载内史过预言虢必亡,后其言果验。史上此例甚多,恕不胜举。欧战中有一佚事,尤可以为佐证。一次,一兵卒向其官长问曰:"大战结束之后,德皇将受如何待遇,其将受绞刑乎?"其长官决然答曰:"否,彼将被流于国外,免其再为害于世,如拿破仑者焉。"观此,此长官既非术士,何以能前知,则其历史修养深也。故虽未见之事,尚能判决无差。

历史永不复演(History never repeats),因构成前后史实之要素必不能绝对相同。二事对照,表面似同,其实内容已大异,故吾人处事,不能一律应付也。白云苍狗,世变无常,但吾人倘能竭心尽智以研究历史,便自能发现其中之变化定律。此种学问,表面虽属浮虚,但吾人能由此而推及种种方面,以之应世可,以之治生亦可。史律之为用,有如工师之绳墨,乃人生之指南针也。

读史令吾人油然生爱国之心。有人以为历史之目的乃要激起人民之爱国心,仿佛以之为鼓吹爱国主义之一种利器,但我以为如此说法,反不如谓历史之目的要使人民明了或澄清爱国主义之观念。史家本以广大为怀,公正为主,本无所谓恩怨之见,及民族国家种种界域,又何致借史为宣传品,不过爱国之心,人皆有之,而历史中不少爱国志士之好模范,值得吾人之崇拜与效法者,求之吾国,如郑子产、诸葛亮、狄仁杰、岳飞、张巡、王阳明、戚继光、袁崇焕、郑成功、黄梨洲、顾亭林、王船山、朱舜水及其相同性质的人物,此种人舍身救国,无丝毫自私自利之心,今吾人阅其传记者,靡不肃然起敬,心仪其人。其实照世界公认之爱国主义说,并非只管本国之利益,而不愿他国之损害,只说本国之长,而忘本国之短,亦不是专想攘夺他国之土地,以示其爱国之心。吾人虽不能直达大同之域,亦不愿存有"尊攘"之褊狭爱国心也。

历史之有系统研究,可以训练心灵,历史之修养,能培植并发展人生之记忆力,远察之目光,追求因果之本领。故培根曰:"历史,其目的在使人博闻强记,由往古以测来兹。"精于治史者,常有独立之思想,不易为人所欺。柳诒徵谓:"自命遗老者,每好颂清代功德,如'永不加赋''丁随地起'之类,而不悟捐纳厘金等弊政,皆由永不加赋而来。"如"永不加赋"等鬼话,只宜欺全无主张之人,若有历史修养者,必当场加以斥驳,因其富有经验,必不为游言所惑也。故吾劝一般头脑简单之人,宜多读历史以药之,方不致处事糊涂也。凡人多见多闻,自然心思发达。培根曾复述一个希腊史家之言云:"历史乃一部以实例教人之哲学。"既是以一部实例教人之哲学,非死板板之习题,乃赤裸裸之事实,如观风景,如听故事,有不引人入胜者乎?吾人何苦望而生畏。

历史之修养,将使吾人人生观扩大。凡一步不出乡井之人,其心胸必然狭隘,盖其所见所闻,不出一隅之外,"既不能考大地万物之理,又不能收今古诸圣之华,摘埴自喜,冥行自夸;问七星而不知,数万国而不识;学问止于《论语》,而以《南华》《汉书》为僻书;知识限于国土,而以球圆地绕为奇事;冰人游于海,火鸡守于山,所谓南人不信千人帐,北人不信万斛船。今中国之僻处穷乡者,盖犹未免哉!"(康有为《大同书》) 若此之人,最好离乡别井,远游四方,与他种人物交接,则与前回不相同矣。旅行经验,诚能扩大其人生观,但使其肯研究历史,则其所得之美满结果,又非旅行者所可望矣。人能跋涉长途,游历世界,自然欲一瞻各地之伟大风采,一生其崇敬之心,但其所崇敬之英雄,未必肯一一招待,甚或除见面之外,他未有得。但谈起过去时代的英雄则不然矣。读史之人,可能与古人晤对一室,坦率自由,无拘无碍,断不似现代之名人,大摆架子。读历史之人,不独可以与周公梦中谈话,而且可使孔子白书现形;既可以听华盛顿演说,又可以见米尔顿(Milton)吟诗;王羲之教你写字,曾国藩教你治家。一个深于历史之人,与若干著名史家如司马迁、班固、郑樵、章实斋、希罗多德、修昔滴斯、麦考莱(Macaulay)、朗克(Ranke)诸人交换意见之后,其眼界必大为开阔,对于世界人类亦有相当之了解。此绝非东奔西走之游历家所能获者。人情世故,读史方知,历遍五洲,所得无多也。"或曰:游历为高尚之教育,此言诚是,惟未游历之先,须具有高尚之教育,否则目无以视,耳无以听。"(*Catherine:Letter to Caro*)故吾谓未游历之先,亦当具有相当之历史修养,则当其游历到某一史迹之时,自能得到双重之利益,其一方面能理会并欣赏游历所供给之种种利益,一方面更能从本身经验,在脑中留下一条深刻之印象,扩大心胸,提高智识,否则走马看花,无从领略其滋味矣。

有历史修养者,对待他人,常持宽大之度量。历史中人物,不少为他人受屈或牺牲者;如韩信受胯下之辱,张良有进履之谦,春秋时徒人费无辜为主所答,背血未干,贼至,则反匿主而斗死。所谓士屈于不知己而伸于己者也。彼等行为,在后世或有可嗤之处,但彼等当时,实认为最有价值之信仰者。吾人读过历史之后,不禁尽忘功利之心。夫鲁德(Froude)谓:"研究历史之专务在于心理上有深刻之感情,而认识事实之多寡,尚其次焉。吾人现有深刻之感情,然后在选择高尚的及重要的事实,而与之表同情,反之,如卑鄙龌龊之事实,则加以仇视。至于吾人之命运,虽有时反常,使吾人处于不幸,但吾人总觉得此是人类生存上不可解的事情,吾人深信与创造世界命运的大人物做朋友,总可超迈流俗的鄙陋,而转吾人的心智于高尚至善之道。"

历史可以给吾人以良好之教训。学者以史作阴骘文读,有类腐儒之见解,但其中自有一自然法则,即个人或国家若犯任何罪恶,终归受惩创。观于史中,不乏其例:隋杨广夺嫡之谋,成于杨素,杀逆之迹,假于张衡,二人之于炀帝,有功之臣也。然素为炀帝所忌,至欲以毒酒杀之。衡竟赐死。衡曰:"我为人作何等事,而望久活!"此个人作恶自毙也。又自古以篡盗取国者,必受其报,然未有魏晋之巧者。操平定天下,爵至魏王,死未一年,而丕受汉禅。昭承三世之资,废立二主,爵至晋王,死未一年,而炎受魏禅。至于中间事迹,不无巧合之报矣。吾人观过去之利害,自不敢轻陷罪恶。历史以实例教人,不以空言教人,虽其不能直接给吾人以物质上之利益,但吾人所得之利益,诚不可以数计矣。夫鲁德有云:"历史确为下等思想与高尚情绪未有确立基础以前之一种最好的定性品,他在人类社会上施行公义及正理的努力,虽有时失败,但最后总归成功。他能建设新国家,推翻恶政府。他能使人民种种信仰自由升降。他能把大事业家的一生之特性及事业,其不朽者,无论美丑,皆表而出之。"他又云:"世间是非公论往往经过几百年后才能定局。在如此长期中,舆论虽有时变更,人民态度及信仰虽有时起伏。但道德之定律乃书于简策,千古不灭者。无论何种伪言伪行,做成残暴贪欲的手段,但最后总归破露,得意一时,遗臭万载。非所以破露者,并非与其有不共戴天之仇者,故意揭发,不过是非公论,自在人心,人心永远不死,则其罪恶终有破露之一日。总之公义及正理乃永久存在者,非义与奸诈虽一时存在,亦终有末日也。诸君不信,请看法国大革命及其他民族运动便可明白矣。"

由此观之。人类赖于史者至多且溥,吾人欲在社会上活动,安能不读史乎?自忖人微言轻,所语或未能动诸君之听,则请置吾之言勿道,道·威尔司(H. G. Well)之言可乎?威尔司云:"人生在世,应读历史。历史是无终结之戏剧,吾人之生活是其中之一部分:吾人不明了历史,便不明了自己。……自然一个人没有历史知识,亦可生存于世上,或竟在世上占甚重要之地位。但吾人不明了历史,充乎其极,便是举动忙乱,行为无意识的伶人,吾人明了历史,不特能指导吾人之选举权及群众运动,兼能使吾人之生活活动为有效,以促进或反对历史上所表现的潜着的巨力。用吾人的能力去约束命运。"

以上所述,作者不过将平日之感想拉杂书之,信笔所之,故不诠次。其中云云,往往有为前人所已道者,未敢尽云创见也。史之宜读,事已了然,在吾国尤为急务,今为此文,亦与诸君共勉而已。瑰文渊意,敢俟高明。

原文载于《社会研究》第 2 期,1936 年出版。

记王仲瞿夫妇

　　王公,字仲瞿,后改名良士,浙之秀水人。乾隆五十九年举人也。其为人也,中身。好游侠,驰马试剑,调矢射飞,娴习兵法,志在匡时,意气不可一世,自谓有十八篇论议,留以为后世生民之利,其自信如此。少从随园先生游,先生激赏之,以为胜庾子山也。仲瞿以好奇,尝从大剌麻章佳胡图克图者习掌中雷戏法,掌中雷者,神宝君说洞神下乘法,所谓役令之术,卑卑不足道,眩人所为耳,不意王君竟以此败。初,乾隆末,左都御史南汇吴白华总宪(省钦)仲瞿之座主也。与大学士和珅有连,颇能知机,窥和珅且败,不能决然舍去,不得已乃托于骏侦,值川楚匪起,则荐仲瞿知兵,且以能作掌心雷,落万夫胆,上怒,严旨斥之归里,而和珅伏诛后,新政肃然,比珅者皆诏狱缘坐,而御史以避官得免,惟仲瞿坐此获不白名,遂挫顿不振,中朝士夫颇多忌之者,礼部试同考官揣某卷似浙江王某,必不荐,考官揣某卷似浙江王某,必不中试,八试八黜,大挑虽二等,不获上。仲瞿既已绝望,益放纵于山显水涯之间矣。后与定庵为忘年交,甚相得,死后定庵助其葬,且为铭其墓云。仲瞿性豪逸,尝于除夕携眷属泛舟皋亭梅花下度岁,又尝建琵琶馆于吴门,延海内善弹者品其高下,以华亭俞秋园为吴下琵琶十一人之冠,盖苏远子之高足也。苏远子,康熙中人,生长于西域,遍访天方回部诸国,其馨始备,吴门得衣钵者,俞秋园一人而已。仲瞿在东园以斗酒牛膏琵琶三十二弦,侑酒于西楚霸王之墓,成诗二律备极悲愤,其一云:"秦人天下楚人弓,枉把头颅送马童,天意何曾私亦帝,大王失计恋江东。早摧函谷收图籍,何必鸿门杀沛公? 明纵咸阳三月火,让他娄敬说关中。"仲瞿又尝做西楚霸王墓碑,褒项抑刘,为项羽吐气,窦光鼐以为两千年来无此手笔,其文可知。

　　仲瞿与孙子潇,舒铁云并称三君,法梧门祭酒广推挹也。三君故旧交,品诣虽不同,而才艺实相埒,当时诗坛,推为鼎足,又三君皆善画,而仲瞿尤富独创之精神,奇气横逸,一如其文,所可贵也。舒铁云为仲瞿姨丈,嗜好亦颇相类云。

仲瞿嫡室朱樨香,早殁。继室金礼嬴云门女士,一号五云,又号昭阴阁内史,会稽山阴人。女士幼从祖母受儒经佛典,年十三手书仲瞿所作,织绵迴文,为纂修之始,以乾隆五十九年十一月四日归仲瞿。女士能属文,又能为画,喜佳山水,与夫同癖,吴越优胜之区,同舟并立,无微不至,其文皆言好山水也,其画又得江山之助为多。仲瞿尝赁一舟,贮书赍妻子,动辄逾年,二人出游,至山水佳处,则二人辄设纸色,为纪游之胜,而女士常为夫子提刀。仲瞿卜居吴中,而女士搁笔以助家计,求者踵至,而画益工,凡山水人物士女花草,悉能独运匠心,妙夺古人,尤精画佛,法相庄严,得者宝之,海舶以其所画维摩像及小大弟子十余幅。入日本,而倭国长旗将军以柳絮笺来乞画。尝与仲瞿并礼天竺,云门以手制观音圆通二十五像,为仲瞿祈佑,并呈诗曰:"神仙堕落为名士,名士慈悲念女身。"书法晋唐,兼工汉隶。诗多清灵凄婉之致,颇近老庄。后居西湖红柏山庄,女士乐而誓曰:"我之歌哭,殆在是矣。"以嘉庆十年九月养病杭州,皈心净土。趺坐二百五十余日,丁卯四月化去,年三十六,遗令以维摩经殉。仲瞿哀之云:"撒手悬崖我不如,居然龙女证明珠,净居会散维摩老,闲煞明朝香积厨。"舒铁云为志其墓石,仲瞿作墓铭。其遗作甚多,龚定盦尝叙其山水,称为奇妇,其人可知。仲瞿以哭佳偶,奔走就食于东诸侯间,侘傺以殁,卒年五十有八,葬于苏州虎丘山南,龚定盦为铭其墓。惜哉!平生著作甚富,有经解三卷,史论三卷,西夏书四册。洪范五事,官人书五类(未分卷),《历代神史》一百卷(仿班固《汉书》例),《居今稽古录》二十卷,《读竺赏华》三十卷,《繙帑集》一百卷,传家法一卷,《随园金石考》四卷,《烟霞万古楼文集》四十四卷、(计散体六卷,四六文六卷,本集十六卷,外集十六卷)又归农乐传奇九出,《玉钩洞天传奇》四十八出,《万花缘传奇》四十八出,《辽萧皇后十香传奇》十二出,《鱼龙爨传奇》四十八出,俱未刻,仅刻骈体文六卷,亦残阙矣,仲瞿殁之二十八载,始有故友钱泳书集其文以付梓。文人身前既饱受困厄。而身后稿本又难传如此。文人真可为而不可为也!孙子潇太史祭旧诗云:"奇气漫漫溢九州,惊人才笔被天收,红裙包里床头稿,掷向东瀛定不流。"仲瞿咏史词有"一幅红裙,包裹了十二万年青史"句,故重慨之也。

仲瞿之学,出入三乘,纵横百家,尤长于史,数千年事迹,累累心口间,文喜独创之奇。诗人性情之律,其骈体文在清代中为第一流,格虽不高,而句法多奇创,其隶事之富,又颇能独步一时也。论者以其文不循正轨,视为野狐禅,殊非定论。或又谓仲瞿之作,其如决汝汉淮泗而注之江,合金银铜铁为一炉者也。斯则尤近边际。总之,以文事而论,亦一代之奇才,自是桑悦徐渭一流人,无奈终身不偶,空负才华耳。

仲瞿有子名人树,小名善才,幼极颖秀,亦颇能诗云。

作者署名崇阳。原文载于《周行》第1期,1936年出版。

中国史学研究

目　次

自　序

　　余幼颛愚，不知马之几足；与弟妹辈麇集游戏，常见窘，不豫则发愤殴人；快然独坐可终日，好阅小说，想入非非，偶抒心得，人必满堂笑，笑余稚拙也。某表兄独大赏余，彼年已弱冠矣，举止温克，课余之暇，辄嬲余折纸作博具为戏，又教余吟诗，亲属中有嗤余者，即面热耳赤，为我辩护。一日闲谈习泳之法，余大言曰："凡学潜水者，日用盆盛水而潜首其中，日久自知水性矣。"余敢发此语，不过偶愤某说部中有是言，不妨引用，讵料此语一出而笑声随作。余方自悔，表兄大为不平，力排众议，曰："此法出于《镜花缘》者，余表弟固有根据也。"言已，揽余袖而入，出糖果共享，且啖且嗷，大骂诸人之卑识。其后类此者甚多，亦非吾脑所能尽记。余母每对人云："吾儿读书，亦复伶俐，但恨其浑浑然不懂世事耳。"

　　余年十岁，始正式入塾读书。塾师罗隰甫先生，性方严，治学折衷新旧，其徒数十人，年龄参差，俱畏敬先生，每日背诵功课，脱口错句，藤鞭即拊其腿。但吾师亦似知新教育者，尝对人云："学生平日之工夫进步与否，胥于其课艺见之，吾之赏罚，亦以此为断焉。"余在塾中非循规蹈矩者，故师时时瞋目叱为"白霍"，"白霍"为粤语，即飞扬跋扈之意。然余能强记，故背诵无讹，好阅杂书，文笔亦颇横肆。师见余无懈可击，反向余父称之，余从游三年，未蒙朴责，髀肉复生，不自今日矣。余继入学校，学外国语，甫二年，去之，入某中学，未及卒业，又顾而之他。寻奉父命，从某化学师游，习化学工业，凡二年，无所获，惟能迻译各种外国科学书籍而已，倘能继续研究，岂遂无成？但当时一则限于财力，不能大有措施；二则年少言轻，自无信仰力量。是以成败未卜，意兴已阑。身为商人之子，从事商业，为计非疏，吾遂潜心于计然之学，无人指导，即亦弗计，当时余读经济学及商业学之书颇繁，即亚丹·斯密之《原富》（严译），卷帙不少，亦曾点读数过，丹黄斓然者也。惟余自恃颇高，不肯虚心，称有所得，辄复弃去,故学问博而不纯,著书多而无当。余虽学商,而文学一道,又分余力,余自十三岁至二十岁间,实无一事足录也。行年二十一,读书不成,尤耻家食,会亲属有招余往南洋谋生者,方拟襆被从之,不料机缘巧凑,兜兜转转,重操旧业,遂令余重入少达多穷之路。

初,余见报载中山大学校研究院有招史学研究生消息,余居家无聊,不如一逞,纵然失利,是所甘心,而报名投考之人,非有学士头衔,须缴专门著作。余何人?于史学固门外汉,焉得有专门之著述,无已,其临渴掘井乎。乃将平日束于高阁之乙部书,罗列案上,日日读之,凡十日已尽百数十卷,于我国史学,颇能明其大本大原,于是斐然有作矣。

时当盛暑,汗下如(沈)。余屋颇敞,中列长案,余据其中央,吾姊素非则坐于下方,代余誊录。余弄翰飞素,剌剌不能自休,手挥目送,其乐且哉!既成一篇,则家姊代之誊正,吾姊做筹花格书,端庄而速率自逊于余,二人犹有童心,相与竞快,卒至余绞尽脑汁,而彼亦手腕欲脱。余父少学先生退食自公,则蹀躞余旁,俟一篇成,必攫取过目,间或为余点定数语,或哂笑之。吾妹娟娟,则往来照应,翩若惊鸿。工作既倦,则相与席地而坐,啖苦茗,作清谈。吾母(麦文瑜女士)卧病多年,闻吾辈之声,又欲参加,则此小小谈话会,不免由厅室而移至房内矣。如是七日,余遂撰成《中国史学研究》一书,八万言,即此编是也。急就之章,杂期不朽,然余平生行文之速,实以此时此篇为最。昔英国文豪约翰生(Samuel Johnson)以一星期之时间,著为小书一册(Rasselas),得资以葬其母,而余亦以七日之功,成此覆瓶之物,作进身之阶,彼尚出于孝思,而我直陷于利禄,相形之下,能无汗颜,即有可观,又何足道。不过余之得入中山大学校研究院肄业,实赖此书,盖无著述则不能投考,虽投考,而不因编纂此书,而多读乙部,亦必曳白。此编直为我文战之纪念品,且有我父母姊妹所共促成者,余又安忍弃之?

此书告成于四年前,以少作未敢发表,亲友频来借抄,恐其遗失,而又却之不恭,不得已厚颜付印,公之于众,有爱我者,恕其狂妄,加以针砭,使其不致误世,拜赐多矣。

此书之成,微父母姊妹之力不及此,敬以此书为诸人寿也。

民国二十六年三月一日,朱杰勤自序于国立中山大学文学院。

第一章　绪论

　　史之起源，史之兴也，其肇于文字之初乎！然此特就时间言之，由空间而论，则史之存在固无所谓始终，即远及洪荒，未有人迹，虽无史学之名，未尝无史之实。禽兽草木，山川丘泽，史之实也；憔悴生灭，荣枯变化，史之情也。天地之开辟不知其距今若干年，当时尚无人类，遑论传闻，即地质学专家亦未敢妄有推测，譬如鬼魅妖孽，妄言妄听而已。现代考古日精，考古家发掘古代遗物，由地层发现人骨之考证，据云人种之起源，亦已七十万五年，或以为尚不止此，然其说不一，而证据亦至浮薄，不足据以考史，且太古人类之生活，渺不可知，进化学者言曰：凡人类同立于大地上，则不能无优劣之分，其中拙弱不适于环境者，卒受天演淘汰，而优秀之人类，能适应环境乃能生存，虽穴居野处，与兽同群，然必其心灵高出于其他一切之动物，惟心灵渐进，见识日开，必不安于野蛮，始渐有改进生活之期望，因此而有所需于记忆力，则发明种种方法以辅之。结绳记事，是其一法，后感其不足于用，有智者出，发明书契以广之，而书契之史因之而起，介乎结绳与文字之间者厥为图画，记事者必托于绳，其不便可知，尚无绳或未及携之，则穷于术，进而为图画，则随在可以表其符号以便于记忆，或画于地，或画于石，一身之外，不假他求，既无提携积压之劳，举结绳诸缺点一扫而空。上述三者，以书契为最便，其他二者功用远不及之，太古以来，能代文字功用之法有三：始则结绳，继而图画，终而书契，史家往往以前后二者对举，图画之效用，遂为文字所掩，不能显著，征诸吾国，则有然也。《易》称上古结绳以治，后世易之以书契。书契作而史官兴，创制文字，大功告成，而后有史，未有史以前之时代，则称史前时代。太古之文字，大都以记事为主，亦以太古文字不多，凡抒情及说理，凭口说足矣，不必见诸文字，文物稍进，则异于是，古史所记，大都人类生活之事实，归纳言之，史之起源，直接由于文字之发生，而间接由于生活之需要，盖需要为创造之母也。特史学所以异于他学者，盖自然科学，由于人之智慧，而创于文化既进之后，而史则固有而非特创，特因人类而显其用耳。

附注：结绳之俗，文化未开之地，犹有行之者。云南片马土人，以木板深刻记事，谓之木刻，土人无文字，每一事，即横刻一痕，剖而为二，彼此各执，无论年月久暂，持木刻比对，誓不翻异。即古结绳合符之意也。刘献庭《广阳杂记》："滇南猡猡，俗无文书，官征其赋，先与官刻木为符，以一画当一日，数百十两钱分以长短为差，画讫中分之，官执其半，届期持而征之，符合不少迟欠也。此亦想见结绳之制矣。"

史之解释，史之意义，古今中外学者论之綦详矣，时有先后，义有精粗，并举为难矣，今不欲繁称博引，自矜一得，惟举一二著人耳目者，以解决此问题。

梁启超曰："史者，记述人类社会赓续活动之体相，校其总成绩，求得其因果关系，为现代一般人活动之资鉴者也。"

朗克（Ranke）曰："通史包罗万国相绵之事实，与时间交相影响，赓递蝉联，而共以构成一活动的全体者也。"

以上二子所述，皆以演化为言者，人类之动作，皆有特殊之蜕变，不有所废，其何以兴？新陈代谢，固不能免，新旧过渡之时，旧者固不能尽废，而此新者即旧者之所演化，此历史之真相，不可诬也。

史为理智之事业，事理之所从出也。万物纷纭，事理繁杂，演理为因，积事为果，因果相承，而史自出。历史之学，最重因果，二者缺一，未有能成史者。故史学之目的，在综合人类过去时代之复杂事实，于不断历程中求其因果关系，而为之解释，而以说明人类进化为务。

《大学》曰："凡天下之人莫不有知，而天下之物，莫不有理，惟于理有未穷，故其知有不尽也。"据此，则天下事理有推求之必要可知，然推理之工具，无过乎因果之规律，斯论理学之公共标准也。然世界之立，变态百出，则其因果之复杂隐渺，苍莽无垠，故其得真也綦难，其施于普遍现象，犹未可尽恃，况历史以人类心力所形成，而人心不同，各如其面，千变亿化，其数虽巧历不能知，生人之心，犹难测断，复何论死人之心理乎？然则因果一说殆不可用乎？曰：否，不然也。以穷源究委之法，为鉴往知来之资，则不能全置因果而不谈，惟必如养由基之矢，百发百中，则未敢负责耳，故全体的史事，首尾具备，即因证果，其效可睹，或遇片段的史迹，突如其来，不可以常理测，唯有求其关系，比较引证而已。

美人布利氏(Lord Bryce)曰："历史事情无一分离独立者,史书往往有分期分节的事实,吾人骤见之,以为历史该有段落,其实历史事实,前后蝉联,全无中断之理,是诚不能强为区分者。"各事实中,常有因果之关系,或众因而生一果,或一因而生众果,循环一贯,如锁链焉。故历史生生不已,绵绵无绝,而绝对无始无终者,史籍中之分期法,是不得已而采用之耳,故史学有所谓绵延律者(Law of Continuity)。凡习史学者,不可不知此公例也。

史有共通性。史所以表示人类之行为。人类之动作,往往有共同之轨辙。故历史事实之发生,常有不是局部的,而是普遍的,出于东方之事实,往往影响于西土,征之历史,不乏其例。如西方有一好望角,而我国有一闻喜县,其命名之意,同出一辙也。

历史永不复演自己(History never repeat)。因构成前后历史事实之要素,不能绝对相同,二事对照,表面似同,其实内容已大异矣。故吾人处事,不能一律看待,虽其变幻无常,但进化过程中,必有一变化定律,吾人细心考之,则自见矣。

史之范围,邈矣广矣,狭义而言,大都皆限于人类活动之一方面,由义之广者而言,则六合之内,皆其范围。地层化石、鸟兽草木之遗迹,皆史也。史之性质,天长地久,世界无尽,史亦无尽。于是史之年代,上扩下延,而视为永远未竟之物。庄子曰:"一尺之极,日取其半,万世不竭。"史学岂易言哉!

史之效用。吾人曷贵而研究史邪? 吾人研究史将何用邪? 吾知藏此问题而待揭发者实繁有徒。史之于社会,关系绝大。盖社会实乃历数千万年天然力、人为力,经无数演进而成,而历史为解释社会之学,与社会息息相关,人为社会一份子,皆有了解社会过去的程序之必要,故数典忘祖,见诮通人;饮水思源,正在我辈。

(一)完成人类之智识——人生世上,一刹那耳,前不见古人,后不见来者,世界事物,林林总总,如恒河沙数,但就其目睹者而论,不过数十年间事耳,以前种种,置于脑后,则其所得者仅为片段之知识,误人误己,病在不通。如盲人摸象,其仅得耳目尾鼻之一端,而自谓了然其全体,可笑孰甚。细察其弊,约有二端,一则为见解既凌乱无章,不能温故,何足知新,蔽于胶执,而无从创获;二则不究因果,不假寻释,徒逞臆见,而无解于会通之旨,其前提既谬,则演绎而归纳者又安可恃乎? 历史之效用,即对于过去的事物,作具体地说明,而充实吾人之智识。培根所谓:历史之目的,在使人博闻强记,由古以测来者是也。

(二)影响于人心——人生不出国门一步,局于一时代之中,而能中外周知,古今通博,咸赖历史。唯历史能打破此种时间空间之限制,故读史者可以惬见闻之宿念,发思古之幽情,开阔心胸,其利益实远出于游历之上也。

学者以史作阴骘文牍，有类腐儒之见解。道德史观最易混人耳目，盖史家先有报应之心存，难免不以褒贬为目的，其流弊在牺牲事实，任意抑扬，非徒无益，而又害之。虽然，人之罪恶，多起于狭隘无识，人诚能受历史之培养，熏陶既久，而高尚之观感自生，平生恶念，烟消云散矣。吾人善读史者，觇于过去人物善恶之别，较之觇现代者尤为明了，盖既无恩怨是非于其间，而又自处局外，则于利害两途，自能解决，必不致误入歧途，作犯上作乱之事，史之有裨于伦理，非鲜浅也。

人生之慰藉——吾人善读史者，其胸中其目中，必自有无限之观感，无限之感识，几若积数百千千万代中无数古人与之对话，所闻多新奇可喜之事，目光顿开，心源浚发，洗去俗尘万斛，每于愁苦抑郁之际，觇前人之事，则抚膺自慰，鉴前人之成功，豁然开朗。使意志薄弱之人，减少许多无意识之举动，人生社会，不如意事十常八九，苟不求应付之方法，则愁城苦海中，自有位置，吾人寄身于变化万端之社会，不可不知史也。

（三）文明之路——史为维系人生之一科学，所以助吾人了解事物者也。如不能切实用，则就其在人生关系方面论之，何异纸上空谈？吾人日常所见之事物，皆有过去的历史。其源流及变迁，非历史不能达其意，亦非历史不能会其通。吾人得有今日之文明，实经长久演化，且告世人不可泥古，抵死作古人之奴隶也。近世之倡进化论者，往往藉历史以为具体的说明，盖人类有高尚之理智，故在人类活动之中，则知利用前人之经验，免除前人之错误，于古人之成功者则继续努力，而古人之铸错者则改弦更张，作更进之企图，继长增高，如筑屋焉。又如行路，吾人因古人所之止处，继续进行，因袭不已，必达最终之地点，后者必超于前者，盖可断言，故凡百科学，后起为优，亦由此故耳。

（四）促进人类之大同——古今良史，最重史德。史德者何？著书者之心术也。史家以广大为怀，公正为主，本无所谓恩怨之见，及民族国家种种界域，然有一二末流之史家，抱其褊狭之爱国观念，自为爱国之主张是务，则利用史为宣传国家主义的工具，成见在胸，不能自化。一及祖国与敌国寇雠之关系，尤为怒发冲冠，任情丑诋，而史学之公理，在所不恤，往往酿成民族战争之惨祸，轩轾在我，是诚何心？谁为为之，至于此极！则一二感情用事之爱国派的史家不得辞其责。新史家盛倡人道主义，咸以人类全体为归，而不复囿于国界，一致达成共同的理想，力求使国际了解，无复前人之狭隘思想，运其缜密之头脑，客观之态度，以为史家之范围，至大至广，应对于人类文化之解释，全负责任，斯无愧乎新史学之客观性，春秋大一统之义，天地间固不容有国界之存在。或疑大同之世，难以实现，然宇宙之时间长流，人类之进步何限，又安知吾人不能企及此境，第患吾人之不努力而已。是则将来世界大同之日，正史学克奏肤功之时也。

由是观之,人类赖于史者至多且溥。鲁滨孙(Robinson)教授曰:"史之要职,是助吾人明了自身及同类,以至于人世的各种问题及现状。"又曰:"新历史必与人类日常需要相切合。"明乎此,乃可与论史矣。

总而言之,凡人不读史者,吾可直称之曰不通。盖其于人类社会之事物及状态,一无所知也。譬如饮茶吸烟,人所必需,然问其饮茶盛于何时,茶税起自何代,茶之功用,茶之种类;或烟被何人发现,及烟对于国民生计之影响,皆所不知,则实徒哺啜之流耳。谓之不通,犹恕辞焉。若此之人,己身之外,不知其他,而与人类绝缘者也。或以为不读史之人,颇有为达官富人者,不知彼特绝无仅有之幸运儿耳,石中之虫,何异于此。

且史学又为学问中最要之一门,今昔所同重者也。昔曹子建自谓词赋小道,而欲采庶官实录,辨时俗得失,成一家言。韩退之自谓记事提要纂言钩元,而正言其志,则欲求国家遗事,考贤人哲士,终始作唐一经。然则词章记诵,非古人所专重,而才识之士,必以史学为归也。(章实斋语)世有同志,盍与乎来! 谁谓古今人不相及也。

第二章　国史缘起

中国之有史,实始于黄帝之世。《易》大传曰:"上古结绳而治,后世圣人易之以书契。"后世圣人,谓黄帝也。《鹖冠子·王鈇篇》"士史苍颉作书",《吕氏春秋》"史皇作图"。高诱注史皇即苍颉。苍颉为黄帝之史,即史之开山祖也。许慎曰:"黄帝之史苍颉,知鸟兽蹄远之迹,知分理之可别异,初造书契。"今世所传六书,盖滥觞于此,而不必以记注为言,故其书不少概见。同时有沮诵者,亦同当文史之任。溯史之初义,本为百官之一职。非如今日之专门从事于史书者也。《曲礼》曰:"史载笔,士载言。"士亦史类,夏商复有左右史之别。《汉书·艺文志》称:"左史记言,右史记事。"《孔丛子·答问篇》:"古者人君外朝则有国史,内朝则有女史,举则左史书之,言则右史书之,以无讳示后世。"降及周室,政教渐繁,史遂有五,同莅春官,一曰太史,掌建邦之六典,以逆邦国之治,掌法以逆官府之治,掌则以逆都鄙之治;二曰小史,掌邦国之志,奠系世辨昭穆,佐太史;三曰内史,掌王之八枋之法,以诏王治,掌叙事之法,受纳访,以诏王听治,掌书王命,遂贰之;四曰外史,掌书外令,掌四方之志,掌三王五帝之书,掌达书名于四方;五曰御史,掌邦国都鄙,及万民之治令,掌赞书。是五者皆卿大夫之选,天子所命,以载笔于左右者也。尚有府史,则庶人在官供书役所,今之所谓书史是也,其品秩视五史为下,而守掌故则尽相同也,周代复有柱下史之设,职侍立于一殿柱之下,而所掌限于方书。苦县老聃,实为周守藏史,著书五千言,卓然为道家鼻祖。春秋战国时代,非特王朝有史,而列国诸侯及卿士大夫之家亦皆有史,求其位号。一同王者。故当时官斯职者,周则有若内史过,内史叔兴,内史叔服;鲁则有若太史克,虢则有内史嚚,晋则有内史苏、董狐、屠黍;卫则有史华、龙滑、礼孔;齐则有内南史,楚则有倚相,类皆明足以周万物之理,道足以适天下之用,智足以通难知之意，文足以发难显之情。历代史官之沿革可见于此。兹试论史之官职，史官之职，责在掌理文书，记载事职，然有时亦兼他业，其范围甚广，非若今日之史官，徒以史为事也。约举其所兼之业，约有数端：一曰祭祀，二曰卜筮，三曰医术，四曰天业，上述四种，惟史官能当之，除此数种职业之外，尚兼为国家之参赞，及贵族之顾问焉。盖古代民智未开，分业之事未广，凡遇长于学术者辄谓其学贯天人，而咸推以博学之名，而史官为一国学术之领袖，故凡百学术之事，辄令司之。如欧洲中世纪教徒之把持全国学术事业者焉。距古渐远，史之名称日繁，沿及周代，史书日多。孔颖达谓周世法，每国有史记，同名《春秋》。墨子又称《百国春秋》，其它名称，或名《梼杌》，周官外史之掌，三皇五帝之书，《春秋传》所谓三坟五典是也。魏国之史，有名竹书。上列各书，亡失殆尽，虽不以史名，而其名则史也。迨汉司马迁父子继为太史，其所撰百三十篇，号为《史记》，刘歆《七略》，不立史部，附《史记》于《春秋》，而名之曰太史公书，明其踵《春秋》而作也，班固因之，而作《汉书》。其后或以纪名，或以志名，及汉末刘芳作《小史》，三国末张温作《三史略》，谯周作《古史考》，乃以史称书，晋荀勖《中经簿》称变七略为四部，而史遂别立门户，后梁萧子显作《晋史草》，梁武帝命吴均作《通史》，陈许亨作《梁史》，则即以史名书矣。

第三章　国史流别

刘知幾《史通》曰："诸史之作,不恒厥体,推而为论,其流有六:一曰《尚书》家,二曰《春秋》家,三曰《左传》家,四曰《国语》家,五曰《史记》家,六曰《汉书》家。"

一曰《尚书》家,其先出于太古,至孔子观书周室,得虞夏商周四代之典,删为百篇,号曰尚书。晋王衍汉尚书,魏尚书,隋王劭《隋书》等属之。

二曰《春秋》家,其先出于三代,与《尚书》同时,至孔子遵鲁史而修之,效之者颇不乏人,而体式无一同者,惟《史记》本纪宗旨相似。

三曰《左传》家,其先出于左丘明,为孔子《春秋》作传,荀悦撮其书为编年体,依《左传》著《汉纪》,张璠、孙盛、干宝、徐度、裴子野、吴均、何之元、王劭等属之。

四曰《国语》家,其先出于左丘明,既为《春秋内传》,又稽其逸文,纂其别说,分周鲁齐晋郑楚吴越八国事,起自周穆王,终于鲁悼公,别为《春秋外传·国语》,合为二十一篇。有疑《国语》非自左氏者。胡应麟辩之云:"丘明作传之后,文或余于纪载也,字或余于编摩也,附经弗燕郢乎? 入传弗赘疣乎? 故别创篇名也。翼春秋为内传,称国语为外传,犹之子内篇外篇也,文内集外集也。内外传,或矛盾焉,两存之以备考也,或致疑焉,非也。"《战国策》,孔衍《春秋后语》,司马彪五洲春秋等属之。

五曰《史记》家,出于司马迁,实为纪传家之祖,而通古为体。梁武帝《通史》、北魏济阴王晖《业科录》,唐陇西李延寿《南北史》等属之。

六曰《汉书》家,出于班固《汉书》,东汉因之,《东观汉纪》,《三国志》以下诸史属之。

上述六家,可云备矣。历久而《尚书》等四家遂废,所可祖述者,惟左氏及《汉书》二家。盖《左传》以传《春秋》,而《史记》本纪本《左传》,《世家》本《国语》,《汉书》则承

《史记》而作,推而论之,其流惟二耳。

史体有二,亦本于刘氏:一曰编年,《春秋》开其先,而左氏传之。《春秋》系日月而为次,列时岁以相续,中国外夷,同年共世,莫不备载其事,形于目前,理尽一言,语无重出。《史记》纪以包举大端,传以委曲纳事,表以谱别年爵,志以总括遗漏,逮于天文、地理、国典、朝章,隐显必赅,洪织靡失,左氏因《春秋》而见义,略有引申。《汉书》仿《史记》而立言,而断代为体。其后汉献帝以固书文繁难省,乃令荀悦依左氏传体为《汉纪》三十卷,辞约事详,论辩多美。晋袁宏撰《后汉纪》三十卷,乃缀会谢承司马彪等书为之,其体例虽仿荀纪,然博采善择,以成一家,编年之史,肇于《春秋》,《春秋》既入经部,《竹书纪年》又非《汲冢》原书,其存于今者,当以《两汉纪》为最古。《两汉纪》卷帙虽少,而四百年政治之得失,人事之盛衰,无不具见于此。华峤《后汉书》亦以班史为归,其后历代史家,不能越二家之范围。

《隋书·经籍志》分史部为十三类:(一)正史(《史记》、《汉书》、《东观汉书》以下六十七部属之)。(二)古史(《竹书纪年》、《汉纪》、《后汉纪》以下三十四部属之)。(三)杂史(《汲冢书》、《战国策》、《楚汉春秋》,及钞旧史或怪诞者七十二部属之)。(四)霸史(《华阳国志》十六国诸侯割据者之史二十七部属之)。(五)起居注(《穆天子传》及历朝《起居注》等四十四部属之)。(六)旧事篇(《汉武故事》、《西京杂记》及诸旧事等二十五部属之)。(七)职官篇(《汉官解注》、《汉官仪》以下历代官制二十七部属之)。(八)仪注篇(《旧汉仪》以下历代仪注等五十九部属之)。(九)刑法篇(《律本》以下历代刑法等三十五部属之)。(十)杂传(《三辅决录》以下诸杂传二百十七部属之)。(十一)地理记(《山海经》、《水经》以下诸地理志一百三十九部属之)。(十二)谱系篇(世本以下诸谱系四十一部属之)。(十三)簿录篇(《别录》、《七略》以下诸目录三十部属之)。

上述十三类,各异其目,其实正史一类可举括之,其余皆正史之分枝别派耳。

自唐以来,史学二体,载笔之士多仿之。贞观中房乔与褚遂良奉诏撰《晋书》,魏徵、长孙无忌奉敕撰《隋书》。古者修书成于一家,至唐始用众手修书,晋隋二书即成于众手。自余则梁陈二书撰于姚思廉。《北齐书》撰于李百药。《周书》撰于令狐德棻,而李延寿,复本八书而撰《南北史》,论者谓其删烦补阙,过本书远甚云。石晋刘昫等撰《旧唐书》。宋欧阳修、宋祁撰之《新唐书》。薛居正奉敕撰梁唐晋汉周书(即《旧五代史》)欧阳永叔复私撰《五代史》,并行于世。元相脱脱等撰宋辽金三史。明初宋濂王祎等奉诏撰之《元史》,皆属传记体之官书。清张廷玉等奉敕撰之《明史》,亦属官书,编年之史,则以司马温公(光)《资治通鉴》为最,其书经十年始成,凡二百九十四卷,先采合事迹为长编,复参校异同为考异三十卷,又恐前书浩博,千绪万端,为读者利便起见,复撮录书中要语为目录三十卷。高似孙《纬略》载其与宋敏求书,称到洛八年始了。晋宋梁齐陈隋六代草卷,以四丈为一卷,计不减六七百卷,李巽岩(焘)亦称洛阳有《资治通鉴》盈两屋,且助其事者,皆一时鸿博之选,——如《史记》、《前汉书》属刘奉世,三国南北朝属刘道元,唐五代属范淳父,皆通儒硕学,非空谈性命之流。所采用诸籍,正史而外,杂史诸书,凡三百二十二种。故其书网罗宏富,体大思精,于列朝治乱兴衰,灿然若指诸掌,卓然为编年之杰构。同时刘恕为《通鉴外纪》,采周烈王以前之事,上迄包牺,各立编年之纪,补司马光之所未及。李焘有《续通鉴长编》五百二十卷,原本残缺,四库从《永乐大典》采补,仅佚徽钦两朝。巽岩不敢自居为续通鉴,故以所采北宋一祖八家之事迹,编年条载,仿司马公草本之名,谓之长编,每条之下,亦仿司马考异之例,参考诸说,定其真妄。考北宋遗闻者,当以此书为渊海矣。金履祥作《通鉴前编》,矫刘恕之失,引经据典,以讲学家而兼为史家,断自唐尧,止于春秋以前,又别为举要,以表纲领其中。朱熹又因司马《通鉴》,参以春秋大义。大书者为纲,分注者为目,纲如经,目如传,明陈桱撰《通鉴续编》,其书首述盘古至高辛氏一卷,以至于宋,至清徐乾学撰《资治通鉴后编》,折衷诸说,远出陈桱诸人等上。毕秋帆撰《续资治通鉴》,乃沿司马氏之例以成书者。

有出于二体而自成一家者,则有宋袁枢之《纪事本末》,其书因通鉴区别名目,以类排纂,每事各详起讫,自为标题,每编各编年月日,自为首尾,始于三家之分晋,讫于周世宗之征淮南,合纪传编年为一家,伟然巨构,朱子称为《国语》之流,然其例实出于《尚书》。窃尝谓纪传之法,书表纵横,往往合数篇之文,而一篇之义始全,合数人之传,而一人之事始尽。袁枢独表新意,力矫常格,文简于纪传,而事豁于编年,秩然有序,望之厘然,史家仿之,代不乏人,如宋章冲之《春秋左氏传事类始末》。明陈邦瞻之《宋史纪事本末》、《元史纪事本末》。清谷应泰之《明史纪事本末》,高士奇之《左传纪事本末》,是皆补正史之穷,踵事日增,遂成不可磨灭之一体。又如清马骕之《绎史》,录开辟至秦末之事,每事各立标题,仿袁枢《纪事本末》之意,盖毕生精力所萃,搜罗材料,最为宏博,甚利读者。上述数种,清《四库全书》列为纪事本末类。

分类之史,在目录家谓之政书,乃一代之朝章国典所系,迁作八书,固始称志,曰考,曰略,其实一也。据此可考知一代典制之源流沿革,使读者得其会通之旨,而知其损益。《隋书》史部以旧事职官、仪注、刑法、地理、谱系,分之数门,亦志之支流也。唐刘秩作《政典》,杜君卿(佑)广之而作《通典》,分食货、选举、职官、礼、乐、兵刑、州郡、边防八门。上起三代,下迄隋唐,包罗宏富,义例整严,读其书者,得观往辙而知来轨,非徒资记问可比,诚可谓一代之盛业矣。

　　其后宋郑樵作《通志》,自为一书,以拟通史,凡纪传一百四十五卷,谱四卷,略五十一卷,其二十四略精华所萃,鉴别最精。其氏族六书七音都邑草木昆虫五略,为旧史所无,自成一家义例,其赞推通史之创作,亦最为新史家所赞叹。而其中纪传及谱,殊无足观,皆抄袭旧史,稍为删润,以矜奇炫博,故泛滥及之,聊备一格,此事实非其所长。人各有能有不能,虽才识允洽如郑氏者,犹未免也。元马端临作《文献通考》,分二十四门,其十九门,乃仿《通典》之成规,而补其所未备,又五门,则因《通典》未有论述而采摭诸书以成之者。凡引正经正史及信而有征者谓之文,采臣僚奏疏诸儒议论谓之献,凡事之可疑,论而未当者,则附以己意权衡而整理之,比之《通典》,加以详赡,言创作之功,则马不敢望杜也。上述三书,总名《三通》,云间陈卧子所谓:"士不读《三通》,是为不通。"即指此也。清代又敕撰续三通,皇朝三通,并称九通,皆为学者应习之书。明王圻亦有《续通考》,然驳杂不伦,方斯下矣。此外若王溥、李攸、徐应麟等有《会要》之编,亦政书之流亚,止可参考,不能成诵,此种典籍,门目多端,兹不赘述。

第四章　历代正史评述

　　正史之名,见于隋志。史家推马班之作为正史,拟作纷出,则所谓正史者特纪传体,然编年出于《春秋》,实为史之正法,二者本不可轻废,后人或扬纪传而抑编年体,揆之情理,未得其平也,《四库全书提要》折衷而论之曰:"班马旧裁,历望继作,编年一体,或有或无,不能使时代相继,故姑置焉,无他义也。"平情而论,纪传体用兼赅。典章尽备,实合编年纪事分类诸史,而为一书,若《两汉纪》、《资治通鉴》、《通鉴纪事本末》及《通典》之类,其材料多由正史拆出,斯所以为长也。且纪传一体,拼于迁手,举世之人,所共贵仰,后之史家,递相祖述,犹大浸稽天而不能逃,大气笼人而不能辞,羽翼已成,不可改也。

　　正史配经,地位优崇,故正史之资格,亦悬例甚高:(一)史官所著;(二)史家奉敕命而著;(三)一家著述而由朝廷鉴核而认为正史者,一言以蔽之,亦不外官书而已。史官所著,又有一人称著,与众手修书之别,唐以前之史,大都为一家之书,或父述而子继之,或兄业而妹续之。其后正史往往成于众手,惟欧阳修《五代史记》及柯绍忞之《新元史》为例外耳。

　　凡正史成于一家者,操业较专,而成绩有可观。若众手共修者,非芜杂,即凡庸,而成绩反大逊之。郑樵尝比之道旁筑室,非无所见而云然也。

　　《四库全书总目》,述正史至宋而定者十有七:——司马迁《史记》,班固《汉书》,范晔《后汉书》,陈寿《三国志》,房乔《晋书》,沈约《宋书》,萧子显《南齐书》,姚思廉《梁书》、《陈书》,魏收《魏书》,李百药《北齐书》,令狐德棻《周书》,魏徵《隋书》,李延寿《南史》、《北史》,欧阳修、宋祁《新唐书》,欧阳修《新五代史》,明刊监版合托克托宋辽金三史,及宋濂《元史》为二十一史。清修《明史》,又增入刘昫《旧唐书》为二十三史,又立薛居正《旧五代史》为二十四史。民国后增柯凤荪(劭忞)《新元史》。计二十五史。民国初年清史馆未成,成《清史稿》若干卷,行于世,但以其有干国讳,当局下令禁之,故今日尚未有正式之清史出现,殊属一憾事也。

正史体例,权与司马迁,其本纪十二,表十,书八,世家三十,列传七十,本纪以序帝王,世家以纪侯国,十表以系时事,八书以详制度,列传以志人物,西汉以还,承学之士,奉为圭臬。刘知幾论之曰:"《史记》者,纪以包举大端,传者,委屈细事,表以谱列年爵,志以总括遗漏,逮于天文、地理、国朝典章,显隐必赅,洪纤靡失,此其所以为长也。"即班范称书,陈寿称志,李延寿称史,欧阳修称《史记》,名虽不同,体实惟一。司马迁称书者,班固曰志,蔡邕曰意,华峤曰典,张勃曰录,何法盛曰说,郑樵曰略,余史多称志,亦《史记》开其先例。世家之名,《晋书》改称载记,名虽有别,其实一也。班书以降卒沿其法,而以时代为断限,全书例目,亦多变革,或冠序纪,或附载记,或仅纪传而无表志,或因其时事而增易标目,总不能出司马氏之牢笼,郑樵曰:"使百代以下,史官不能易其法,学者不能舍其书,六经之后,惟有此作。"其推崇可谓至矣。

本纪之称,自古有之,《史记·大宛列传赞》屡称禹本纪。是汉以前,本有《禹本纪》一书,而迁所本耳。司马贞曰:"纪者记也,本其事而记之,故曰本纪。"又曰:"纪,理也,丝缕有纪,而帝王书移配者,言为后代纲纪也。"刘知幾曰:"纪之为体,犹春秋之经,系日月以成岁时,书君上以显国统,所以纲纪庶品,纲罗万物,篇目之大,莫过于此。"又曰:"纪以编年为主,惟叙天子一人,有大事可书,见之于年月,其书事委屈,付之列传,此其义也。"《史记》列项羽为本纪,后儒讥为自乱其例,何元朗辩之曰:"太史公为项羽作本纪,非尊之也,夫所谓纪者,即通历之纪年也,如不立项羽本纪,则秦灭之后,汉未得天下之先,数年之历当属之何人邪? 本纪之立,为通历,非为项羽也,此固然可备一说,盖楚汉之际,羽实长诸侯,政由羽出,纪纲之存,殆寄诸羽,即汉高祖亦蠖屈鼠拱而受其封,其后汉之有天下,是取之于羽,非取于秦,而此七年之间,常以羽为尊,列之于本纪,亦理势所当然。且《史记》乃踵《春秋》而作,一褒一贬,权自我操,非同断代之史,但知当王为贵,如班固之所为,此正史迁苦心孤诣,特创本纪以位项羽,又何可轻用是以为讥议也。其后陈寿《三国志》以统予魏,而与蜀吴并列,亦窃取项羽之谊而已。《史记》立吕妃纪而不著孝惠,后学多议其非,不知孝惠帝高后之时,正黎民休养生息之际,孝惠屡主,赖其母高后以出号令,故惠帝垂拱七年以内,行同傀儡,有其名而无其实,孝惠以母子关系之故,则亦任之,在吕后固居之不疑,而孝惠亦安之若素矣。孝惠既未有一日为帝之实,则安可立之本纪,而益彰其母之恶,虽乡党自好者不为而谓史迁为之乎? 孝惠始终未亲国政,史官常无纪载之明文,而史官亦不得移吕之实录以归其子,致玷良史之忠实行为也。即此一事,史迁实斟酌至善而定之,非贸然妄作也。《汉书》吕后、惠帝分作两本纪。揆之《史记》,似乎较合乎体例,然按之史法,究未为得。《后汉书》复因之而立皇后纪,赘而过当矣,《新唐书》立武后纪,以其易唐而周,斯政属之,亦太史公之遗意欤!"

世家之称,自古有之,《史记·卫世家》赞"予读世家言"云云,则迁之作世家,亦有所本,司马贞曰:"世家者,记诸侯本世也,言其下及子孙常有国。"刘知幾曰:"取诸开国承家,世代相续。"王安石曰:"公侯传国则曰世家。"此世家之义也。特史公之指,则尤多变通。盖特置世家,以载纪传之不能容者,故《史记》列孔子于世家,以孔子操历世教化之权,修明六艺,立道之极,世守其学,人各名家,君子之泽,有如孔子之长久不斩者乎!故虽一介布衣,亦得比于侯伯,居之不疑,推史公尊圣之心,乃有此举,《史记》列陈涉于世家者,以其首摧强秦,称王六月而死。出生入死,复六国之仇。其功烈何可斗量?尊陈涉于世家,所以著暴秦之恶也。二者皆非常之事,求之既往,绝无可拟。置二人于本纪,本属创例,事虽出乎恒蹊,而亦费煞苦心矣。后人亦以乱例讥之,犹未悉史公之微旨。至以汉兴诸侯,皆列世家,比于周之列国,以其类于封建,刘知幾独深识之。以为"汉制宗子王者,受制京邑,自同州郡,异姓侯者,从宦天朝,不类古诸侯得专制一国也,或传国唯止一身,或袭爵才经数世,不类古诸侯仍世无替也"。虽名班胙土,体异人君,班固改隶列传,甚为得体,然史公通才,讵达随时之谊?固将以类相从,使来者于古今沿革升降有研究之观念而已。(说本郭倬莹先生)班固修书东观,裁取刘圣公、公孙述别立载记,《晋书》据以名篇,以述诸国,实导源于世家。其后效法史公者莫如《五代史》、《宋史》,五代之十国,宋之九国,皆标为世家。梁通史,区异杨(吴)孟(蜀)定为吴蜀世家。折中有方,亦犹行史公之法也。

年表自古有之,史迁曰:"余读谍记,稽其历谱。"刘知幾曰:"盖谱之名,起于周代。表之所作,因谱象形,故桓君山有云:'太史三代世表,旁行斜上,并效周谱,此其证欤!'"又美之曰:"燕越万里,而径寸之内,犬牙可接,昭穆九代,而方尺之中,燕行有叙。"应劭云:"表者录其事而见之。"表为之体,年经事纬,纵者为轻,横者为纬。史公作三世表,以帝为轻,皇室宗支,皆属于纬。其表十二诸侯六国,经之以年月,纬之以侯国。表之所以补列传,纪传体之弊,在于年代不易了然,今有表以为参证,使读史者无东翻西阅之劳,省时省力,为利滋多,顾氏炎武曰:"史无年表,则列传不得不多,列传既多,则文繁而事反遗漏。"据此,则表之于史,重要性可知。且表之用,与纪传相为表里,凡王侯将相公卿,其功名著于当世者,有立传之价值,其他无功无过,屡进屡退，传之不可胜书，而姓名里爵，存殁盛衰之迹，不容抹煞一切，则以表载之。又其平生行事，为传中所未备者，亦于表载之，年经月纬，一目了然，作史体裁，莫大于是。郑樵称之曰："《史记》一书，功在十表，犹衣裳之有冠冕，木水之有本源。"不宁惟是，史迁十表，实为完备绝妙之统计表，卓然开习史者之捷径，近人林传甲曰："今历史新裁，尤以表图为重，实不能出史迁范围，观三代世表，则古今帝王统计也，十二国诸侯年表，六国年表，则强大各国之统计也。或年为经而人为纬，或年为经而地为纬，丝连线贯，开卷犁然。"班固因之而立八表，善守史公之法，惟古今人表之作，列强差等，兼及三代，实为自乱其例，殆班固好事，欲补史迁之缺佚，而备人之参考者欤？《后汉书》之《南北史》皆无表，使数百年用人行政节月无处考镜，其失甚巨。《新唐书》三表，宰相、方镇、宗室世系，三表皆有失，洪适谓宰相世系表，皆承用逐家谱牒，故多有谬误，且细备其事迹，中多不确，有类蛇足，删之为佳，方镇表亦殊疏忽，王鸣盛谓其但表其地，未表其人，亦一恨事。宗室世系，系别虽详，而岁年靡考。宰相世系表亦同此弊。新旧五代史皆无表；《宋史》二表，宰辅宗室疏漏殊不足观；《辽史》最简，立表最多，其数凡八（世表、皇子、公主、皇族、外戚、游幸、部属、族国）。赵翼谓其体例之善，端在立表，表多则传自少，凡皇亲国戚而不关重要者，则不必为之立传，惟列之于表，亦驾繁之一善法也。《金史》二表（宗室、交聘），交聘表实为外交表，其历数宋人之失，议其不知守险，不能自强，俾有国者知所儆惧，为意甚深。宗室表则书名而不书姓氏，使人难辨。《元史》六表（后妃、宗室、世系、诸王、公主、宰相），表虽多而芜秽漏略特甚。《明史》五表，诸王、功臣、外戚、宰辅、七卿，其中七卿一表，实为新创，盖于六部之外而增都察一部，故合为七。清儒认为史表重要，其用力亦深，历代史表之经其补正者，亦复不鲜，补残缀缺，其志可嘉，惟目光局于旧史所固有，无复创造之功，致为新史家所不满。时至今日，交通日繁，对于外交、军事、文化、大事，皆有立表之必要，而史家亦应同肩此任也。

书志之源，本于礼经，今所存之《逸周书》，中多礼家言。《尚书》言礼则有《顾命篇》，言刑则有《吕刑篇》，历群于《尧典》，《河渠》、《平准》，备于《禹贡》。史迁窃取其义，以书名篇。司马贞曰："书记五经六籍总名也。此之八书，纪国家大体，班氏谓之志，志亦记也。"刘知幾曰："夫刑法、礼乐、风土、山川，求诸文籍，出于三礼。及司马班著史，别裁出志，考其所记，多效礼经，原夫司马迁曰书，班固曰志，蔡邕曰意，华峤曰典，张勃曰录，何法盛曰说。名目虽异，体统不殊。此书志之名义也。"史公作八书（律书、历书、礼书、乐书、平准书、封禅书、天官书、河渠书）以系宪章。班固因之作十志：礼乐志则本礼书，乐书、律历志则本律书，历书、食货志则本平准书，郊祀志则本封禅书,天文志则本天官书,沟洫志则本河渠书,又增刑法、五行、地理、艺文,上述十志,似有宜刊削者。地理所以察地纪、山川溪谷、河海行潦,无不属于地理,诚以地理者,乃天文之对待名词也。沟洫志自应并合于地理志。五行一说,出自谶纬家,诬圣欺人,殊为妖妄,必不得已而存之,隶诸天文志可也。后之史家,虽极博雅,亦不能脱二氏之范围。《后汉书》改地理志为郡国,强为立异,其谊甚薄,又增礼仪、祭祀、百官、舆服。祭祀出于郊祀,而百官、舆服又礼之支流也。《三国志》无志,晋宋书略同,《后汉书》《宋书》增有符瑞志,《齐书》有祥瑞志,多载图谶之说,殊属不经。论者谓其徒滋荒诞,实为赘疣。梁陈书及《南史》无志,《魏书》改天文为天象,地理为地形,祥瑞为灵征,而增官氏、释老二志。魏世释老之教盛行,蔚为风气,魏收释老志,所以记一代之学术,殆契合班固之艺文志而取径自别者欤。齐周及《北史》皆无志,《隋书》本无志,今志乃于志宁、李淳风、韦安仁、李延寿修别梁陈齐周隋五代志,诏补编入于《隋书》,又改艺文志为经籍。东汉以后之艺文,借此考见源流,辨别真伪,颇为重要,《新唐书》增仪卫、选举、兵制三志;《旧五代史》志有减无增,《新五代史》别立司以释纪。司马贞曰:"列传者谓叙列人臣事迹,令可传于后世,故更列传。"盖得传者为叙事文而属于人物,列者排列比较之谓也。史公列传,各以其类从,如老庄申韩合传,明其异流而同源也。孟子荀卿列传,明其同是儒家也,又别立儒林、循吏、酷吏、刺客、游侠、佞幸、滑稽、日者、龟策、货殖诸名目。二人行事,首尾相随,则一传兼书,包括令尽,随事立文,皆有深意,后史亦多出入,如《汉书》少刺客、滑稽、日者、龟策,四传,而增西域传。《后汉书》于儒林、循吏、酷吏又增宦者、文苑、方术、独行、逸民、烈女等传,盖后世事变日繁,不得不新创名目以驭之也。《三国志》减而无增,《晋书》改天文、职方二考。寥寥数页,且为未成之书。《宋史》因袭前史,《辽史》增营卫、捺钵、兵卫、部族,诸志。金元诸史,一从旧例,惟无艺文志。宋则依旧例略变其法,历志增以图,以历生于数,数生算,乃有算法,几何三角诸法,今密于古,非图则分划不明。艺文志惟著明人著述,而前史著录者不载。其例始于宋孝王《关中风俗传》,刘知幾反复申明,于义为协,至宋始采用之。

列传为史迁创例,刘知幾《史通》曰:"夫纪传之兴,肇于史汉,盖纪者编年也,传列者事也,编年者历帝王之岁月,犹春秋之经,列事者录人臣之行状,犹春秋之传,春秋则传以解经。"史汉则传循吏为良吏,方术为艺术,又增孝友、忠义两传,而末附逆臣,不立目。《宋书》收佞幸为恩倖,而末附二凶。《齐书》改文苑为文学,良吏为良政,隐逸为高逸,孝友、忠义为孝义,恩倖为倖臣,而末附降敌之臣。《梁书》改孝义为孝行,又增止足,而末附逆臣。《陈书》及《南史》同,别目侯景为贼臣。《魏书》改孝行为孝感，忠义为节义，隐逸为逸士，宦者为阉宦，而以刘晋宋齐梁等俱入外国传，新增外戚传。北齐无增改，《周书》增附庸，《隋书》改忠义为诚节，孝行为孝义，余从旧例。《北史》略同前史，但增僭伪，《旧唐书》亦略同前史，《新唐书》增公主、藩镇、奸臣又改增逆臣、叛臣。《旧五代史》增世袭，《新五代史》增家人、义儿、伶官，分忠义为死节、死事，其历事各朝者为杂传，唐臣为唐六臣传，《宋史》增道学及周三臣传。《辽史》改良吏为能吏，全史无儒学，但改外戚为世戚，文苑为文艺。《元史》增释老，《明史》增阉党、流贼、土司。上述各史列传多有出入。盖由史家不欲袭旧而意在炫新，或因一朝政体之变更，风俗之沿革，间史官不得不广其类以归纳之也。

自秦灭先王之典，史之大谊，不绝如缕。虽秦记犹存，而要删盖寡。其他文献，消落湮沉，不有命世大儒，搜遗网漏，考其事迹，稽其成败盛衰之理，究天人之际，通古今之变，成一家之言，则前王盛业，将坠于地，邃古之事，若存若亡，修废起坠，赖何人哉！司马迁为汉太史，累承家学，毅然以修旧起废自任，于是论述其先人所次旧闻，绁石室金匮之书，采摭经传百家诸子异语，略推三代，录秦汉上述轩辕及于当世，网罗放失，整齐百家，其义浩博，不可记极，虽其自序谓述故事，整齐其世传，非所谓作，不敢比于《春秋》，而序历五百之运，远绍圣运，至于正《易传》，继《春秋》，本诗书礼乐之际，意亦不让，太史公既成此书，藏之名山，副在京师，至宣帝时，迁外孙杨恽祖述其书，遂以宣布，而十篇未成，有录而已，元成之间，博士褚少孙补之，作景帝武帝纪，三王世家，日者龟策传，辞多鄙倍，失其本意，其后刘向刘歆及诸好事者，若冯商、卫衡、扬雄、史岑、梁审、肆仁、晋冯、段肃、金丹、冯衍、韦融、萧奋、刘恂相次撰续，迄哀平间犹名《史记》，至建武中班彪接迁书太初以后，继采遗事，旁贯异闻，作后传六十五篇，永平中其子固为郎，典秘书，优游兰台，乃发石渠之藏，续所未详，乃起高祖，终于考平王莽之诛。十有二世，二百三十年，文直事核，上下一贯。为《汉书》纪表志传百篇，会有人讦其私改国史，即诏系狱，固弟超诣阙自陈，得解。即卒业，续二十余年乃成，惟八表及天文志尚未就，适固坐窦氏事卒于狱，书颇败乱，帝又命其妹昭就东观藏书阁经成之，其书与《史记》同为继志述事之作，亦互有异同优劣之分，后人评隙者如麻而起，或甲班而乙马，或劣固而优迁，或二者皆讥。文中子曰："史之失自迁固始，记繁而志寡。"王应麟云："谈之书，迁能终之，彪之史，固能修之，王充著书，既申班而屈马，张辅持论，又劣固而优迁。"或谓班书体密为优，或许史迁文朴可喜。郑樵议迁博雅不足，诋《汉书》专事剽窃。然抑扬任意，轩轾存心，未可遽据为定论也。惟章学诚谓迁书体圆而用神，多得《尚书》之遗，班氏体方用智，多得官礼之意，最为平允。总之，迁书有先觉之功，班书具后起之密。以体裁作风言，班皆不逮马也。陈眉公谓班之病,病在袭,《史记》之妙,妙在创,班之病,病在密,《史记》之妙,妙在疏,所言亦颇中肯。至若子云诋子长以好奇,班固讥迁论大道则先黄老而后六经,序游侠则退处士而进奸雄,述货殖则崇势利而羞贫贱。而傅玄议孟坚论国体则饰主阙而折忠臣,叙世教则贵取容而贱真节,述时务则谨辞章而略事实,文人相轻,各获其短,君子不欲多尚人,而况所论尚涉成见者乎。

谨按太史公论大道先黄老而后六经,则有故焉。迁父谈尝习道论于黄子,是其濡染家学,亦易其志,汉兴诸君如张良则受黄老之术于黄石公,陈平则少治黄老之术,曹参又受业于道家盖公,为政治以清静无为为本,继以孝文,躬修玄默,几致刑错,窦太后复尚黄老术,则黄老为汉代一家之学,太史公尊家学,崇本朝,安得不先黄老乎。且道家出于史官,历纪古今成败祸福存亡之道,则凡为史家,皆兼道旨,道大无名,一是皆以自然为归。老聃为守藏史,巍然道家鼻祖,然三代以上所谓道者,无过于此,史公身为史家,安得昧其源流。且史公又何尝薄儒家,其自叙曰:"先人有言,周公卒五百岁,有能绍明世,正《易传》,继《春秋》,本诗书礼乐之际,意在斯乎。"固以儒家自恃。黄震曰:"太史公列孔子于世家,赞其至圣。至老子则传之管晏之次,而穷其弊于申韩,岂不以申韩之学,又在管晏功利之下,而老子则申韩之发源欤。"班固谓迁论大道则先黄老而后六经,其或未之思也。其它货殖传乃为经济史及商业史之先河,游侠传又为社会史之创格。更不可轻议矣。

陈眉公曰:"《史记》起黄帝,迄东汉,若本纪,若世家,若传若表若书,上下三千余载,凡为五十二万六千五百言,何其博也。仅据左、国、世本、《战国策》、《楚汉春秋》,及汉事,踯躅七八种书中,以罗故实,何其约也。《晋书》,李淳风授以天文地理图籍,颜师古、孔颖达授以纪传。《新唐书》经曾公亮、宋祁、欧阳修、范镇、范祖禹、刘义叟而后始完。独《史记》勒成一家之言,出于太史公一人之手,何其勇而任也。宋四朝国史开院十七年,责以近限首尾三十年,所历史官不知其几矣,《史记》七年而述成,又何其敏而速也。太史公胆力、笔力、精力,空古今天地无两人。而儒与史家互相瑜瑕,苛责不少贷,太史公非大叫负屈则鼓掌大笑于地下而已,宁屑置辩哉。"(《史记定本序》)

自班固卒后,继《汉书》而作者,有刘珍等《东观汉纪》,司马彪《续汉书》,华峤《后汉书》,宋范蔚宗广集学徒,穷掘旧籍,删烦补缺,作《后汉书》,凡十纪,十志,八十列传,合为百篇,会蔚宗以罪被收,其十志亦未成而死,后人乃移司马彪志补入,其书又无年表,宋熊方乃补同姓侯王表、异姓诸侯表、百官表,别行。蔚宗自谓诸序论,笔势纵横,实天下之奇作,往往不减《过秦论》,常以之比拟孟坚,非但不愧之而已。其自负如此。翟公巽谓范蔚宗书,语近词冗,事多互见,而刘知幾讥其附赞卷末,篇目相离,断绝失次,又讥其阑入王乔、左慈、廮君、樊瑛诸事,诡越迂诞,朱紫不别,殊失其体,且其告成,往往借手旧闻,未遑改削,故其疏漏处颇多。顾炎武赵翼迭有纠正,然其类次齐整,用律深精,而文辞优美,犹为余事,残膏剩馥,沾溉靡穷,盖亦未易才也。

《三国志》初有数家,晋王沈《魏书》,韦昭《吴书》之属,至晋陈寿书,集三国史撰为国志。凡六十五卷,寿书行而诸家渐晦。《三国志》初为一家之私史,陈寿卒后,梁州大中正范某,表言国志明于得失,辞多劝戒,有益风化,愿垂采录,于是诏下河南尹就家写其书,遂入官书,《三国志》以魏为正统,故惟魏有纪,后人用讥为议。然晋承魏统,寿为晋臣,伪魏是伪晋也,故不得不然。知人论世,陈寿原可谅也。习凿齿《汉晋春秋》,始以蜀汉为正,习氏时值东晋,类蜀之偏安,故以正统予蜀。二氏持论,相差如此,非其识之有高下也,其时代环境之不同耳,《三国志》之书法,后人评骘者颇多。赵瓯北则讥其为魏回护,而谓其不敢侪蜀于吴,尚有故国之思。《晋书》称其与人立传,常有恩怨其间,然其笔墨简洁,叙事有法,雅近史公,言散文者多奉之为圭臬,无愧良史之才,张华尤善之。元嘉时,宋文帝嫌其略,命中书侍郎裴松之注之,松之乃鸠集传记,增广异闻,而成此注,过本书数倍,进表谓:"寿书诠次可观,然失于略,时有脱漏,臣务在周悉。凡寿所不载,而事宜存录者,罔不毕取,所引书至五十余种,皆注出书名,其大旨在搜辑三传,以补寿之阙也。"又所引多首尾完具,不似郦道元《水经注》,李善《文选注》,皆剪裁割裂之文。故考证之家,转相引据,反多于陈寿之书焉,文帝叹其不朽,非徒然也。刘知幾讥其喜聚异同,不加判定,恣其攻击,坐长烦芜,然其引据博洽,至今为考证之资,而当时著述赖以存者,为数不鲜,何可讥也。

其为晋史者,考隋唐二志正史部,有晋王隐、虞预、朱凤、宋谢灵运,齐臧荣绪,萧子云诸家《晋书》。宋何法盛《晋中兴书》,梁萧子显《晋史草》,及郑忠、沈约、庾铣诸书,尚有干宝之《晋纪》。唐太宗贞观十八年以何法盛等十八家制作虽多,其书未善,乃敕房乔、褚遂良、许敬宗加撰,以臧荣绪《晋书》为主,后又命李淳风、李义甫、李延寿等十三人,分掌著述,敬宗等四人,考正类例。西晋四帝,五十四年,东晋十一毕,一百二十年,又胡羯氐羌鲜卑割据中原,为五凉,四燕,三秦,二赵,夏,蜀,十六国,成帝纪十,志二十,列传七十,载记三十,例出于敬宗,天文,律,淳风专之。唐太宗复自撰晋宣武二帝纪,陆机、王羲之二传论,故总题御撰,而不列史官之名,刘知幾所称《新晋书》者是也,其书一出,言晋史者咸弃旧本而采用新编焉。其书素以丛冗见讥后世。盖作者多词人,好采琐事异闻,竞为绮丽,如《语林世说》,《搜神记》多所取材,惟曹干两记,孙檀二阳秋皆不取之。其中所载美事,遗略甚多,刘知幾亦评之云:"晋世杂书,若《语林世说》、《幽明录》、《搜神记》、《皇朝新编》,《晋史》多采以为书,夫以干邓之所粪除,王虞之所糠秕,特为逸史,用补前传,虽取悦于小人,终见讥于君子矣。"亦的论也,至其体例之失,钱大昕、袁枚、赵翼等议详矣。惟《晋书》实开众手修书之门,因人所长,而责以专任,为法颇善,赵翼称其纪传叙事皆爽洁清劲,而无剩义,惟文多骈体,有失体裁耳。

《四库全书提要》谓其所褒贬,略实行而长浮华,所采择,忽正典而取小说,特以十八家书尽亡,考晋史者,舍此无由,故历代存之不废云。

《宋史》元嘉中草创于何承天,裴松之未成。史佐孙冲之,南台侍御史苏宝生继有造述,大明六年,著作郎徐爰续成前作,至齐著作即沈约以何承天书为本,旁搜徐爰之说,制成新史,始自义熙肇号,终于升明之年,为纪十、志三十,而列传六十,合百卷,书成甚速,一年便就,盖多取爰书增删之也。沈书每于革易之际,多所忌讳,盖其历事宋齐梁三朝,其撰《宋书》,在宋齐易代之际,自不敢直笔,其书八志,得失参半,惟其中《符瑞志》最为贻讥通儒,且追述前代,失于断限,然揆之马班史裁,原未为大疵,且使学者生千载下,而能知其沿革,未始非博洽多闻之助焉。惟州郡于并省分析,多不详于年月,则亦失之疏略,无可为讳。至于礼志合郊祀祭祀朝舆会服总为一门,以省枝节。详乐志八音,众器及鼓吹饶歌诸乐章,以存义训,则皆胜于他史,同时裴子野删沈书为《宋略》二十卷,沈约见之,深叹不逮,由是论者重之。平心而论,裴略终不敌沈约之书,沈约不过雅怀推重耳。

《齐史》初有江淹檀超主撰《齐志》,沈约复著《齐纪》二十篇以应之,梁萧子显因之撰成《齐史》,诏付秘阁,其书起升明之年,尽永元之代,为纪志列传六十篇,今传五十九篇。盖唐传已佚,其叙传至宋代并其表佚之。文学传无叙,殆亦宋以后残缺。《州郡志》及《桂阳王传》中均有佚文,无从考证,盖自《南北史》行而八书皆微,人鲜肄习,流传既久,损失遂多。但其书颇尚直笔,犹有可取,赵翼称其类叙得法,比《宋书》较为简洁,惟曾南丰讥其为文喜自驰骋,支离破碎,其文益下。况天文但纪灾祥,州郡不载户口,祥瑞多载图识也哉,亦中其病。同时吴均撰《齐春秋》三十篇附之行世。

《梁史》初有沈约《笔撰录》,其书不存。何之元及刘璠本其所闻,撰《梁典》三十篇,未有纪传,姚察尝着手编纂,未竟其功。《陈史》初有顾野王、傅纬所撰文武二帝纪,后陆琼续撰诸篇皆未善。姚察就加删改,未告成功。至唐诏察子思廉撰成梁陈二史,于是因其父之遗稿而增益删订之,历时甚久,述为《梁书》五十六卷,《陈书》三十六卷。思廉家学渊源,用力辛勤,久而弥笃。曾巩接上序称姚察录梁陈之事,其书未就,属子思廉继其业,武德五年,思廉受诏为《陈书》,贞观三年,论撰于秘书内省,十年正月壬子始上，其编辑之功，堪媲前修矣，《陈书》虽因父稿而成，然姚察所撰仅二卷，余皆出思廉手，故列传体例秩然有序，不似《梁书》之参差。究之《梁书》立论平允，《陈书》编次得宜，虽间有体例失检处，然小疵不能掩其大醇也。赵翼称其行文则出自炉锤，直欲远追班马，侧重古文，一洗六朝芜冗之习，亦是的评。

元魏书以北齐魏收《后魏书》为主。其书上自道武，下终孝靖，纪传与志凡一百三十卷，当其初出，物议沸腾，所谓秽史，世传收受尔朱荣子金，遂减其恶，而增其善，又谓收谄于齐氏，苟于魏室，党于北朝，厚诬江左，且喜念旧恶，甲门盛德，与之有怨，莫不被以丑言，没其善事，迁怒所至，谤及高曾，至刘知幾谓收生绝允嗣，死受剖断，皆阴谴所致，则未免过其词。平心而论，收之不善，不如是之甚也。夫史家各有义例，著其巨端而遗其小节。收之于尔朱荣也，举兵则书之，弑君则书之，荣之恶亦未尝为之减也。自宣武猜忌，任嬖乱政，胡氏荒淫，败坏纲纪，朝廷无人，强梁益肆，强镇倡乱，尔朱荣乘之，高欢、宇文并起争雄，东西分裂，相继并亡。元氏执政，收皆不讳，则非党于北朝，而苟于魏室矣。至高澄斥君，季舒殴帝，将不为之讳，其他叛逆诸事，则隐而不书。盖收齐臣也，为国讳恶，著于春秋，以此责之，收有词矣，李延寿修《北史》，每以收书为据，其为收传论云，勒成魏籍，婉而有章，繁而不芜，志存实录，必有所见矣，魏收史才也，才敏学博，文章尔雅，其著《魏书》，凡四易稿，收之论断，抑扬诚有过当，轻薄之讥，未必无因，然其史笔，后世史家未有能及者。故虽经魏澹、卢彦卿、张太素、裴安时辈，迭相修改再撰，总未能废，千载而下，他家尽亡，而收史巍然独存，良有以也。

高齐史，隋有李德林草创未就。唐贞观初分修诸史，李百药受诏，因其父德林之书，续成以献，亦犹姚思廉之续姚察耳，其书号《北齐史》，凡五十卷，本纪八篇，列传四十二篇，篇后各系论赞，如《后汉书》之例，其后亡失渐多，故晁氏读书志称其残缺不完，今所行本，乃后人取《北史》以补之。列传中无论赞者十九卷，有赞无论者一卷，有论无赞者五卷。传文中补缀形迹，亦显然可指，然世无别本，不能不存之以备一朝之记载。《四库全书提要》谓其文章萎靡，节目丛脞，固由史才史学不及古人，要亦时为之也。

宇文周史，初周柳蚪，隋牛宏各有撰次，未能备善。唐贞观中令狐德棻请撰次，乃诏与陈文本、陈叔达、唐俭，共加修辑，定为《周书》五十卷，后颇残缺，多取《北史》补成之，与原书混淆莫辨，刘知幾谓其书文而不实，雅而无检，真迹甚寡，客气尤繁。盖宇文开国之初，事由苏绰，军国词令，皆准尚书，上下从风，莫敢失坠。仿古制言，黜笔从实，而陷于矫枉过正之失，乖乎随俗适时之谊。爰及牛宏，变本加厉，载笔者势必不能尽易其词,改从俗语,遂致踵谬沿伪,史裁尽失。

《隋书》先有王邵《隋志》,事以类从,非纪传体。贞观初,敕颜师古、孔颖达共撰《隋书》五十五卷,魏徵总其事,其序论皆徵自作,稍后令于志宁、李淳风、韦安仁、李延寿,同撰梁陈齐周隋五代史志三十卷,以《隋书》居末,故列入《隋书》之中,后五史各行,其志遂专称《隋志》,盖失其实矣。赵翼谓《隋书》最为简练,盖当时作史者,皆唐初名臣,且书成进御,故文墨严净云。

李延寿继其父大师未竟之志,因修各史之便,于南北各朝正史外,并参考杂史千余种以成南北史,本魏登国元年,尽隋义宁二年,本纪十二,列传八十八,谓之《北史》。本宋永初元年,尽陈祯明三年,本纪十,列传七十,谓之《南史》,合百八十篇,删烦补佚,文省事增,《南史》采四史旧本,补缺者少,削繁者多,未能如《北史》成为一家之言也。惟自《宋略》、《齐春秋》、《梁典》诸书尽亡,其备宋齐梁陈四史之参校者,惟此而已。《北史》则用力独深,叙事详密。《文献通考》载陈正敏之言曰:《南北史》粗得作者之体,故《唐书》本传亦称其删略秽词,过本书远甚,然好述妖异兆祥谣谶,特为繁猥。司马温公亦讥其于秽祥诙嘲小事,无所不载。盖自沈约《宋史》以下,修史多以文人,竞标藻采,务撼异同,词每涉乎俪体,事或取诸小说。《南北史》习染此风,循而未改,其书丽藻纷出,神怪代陈。盖有如上述所云云者。

唐史有吴竞之《唐史》,自创业迄开元凡一百一十卷,韦述因其本更加笔削,为列传一百十二卷。至德乾元以后,史官于休烈又增肃宗纪二卷,史官令狐垣等复随篇增辑,而不加卷帙,为唐书一百三十卷。唐末播迁,载籍散佚。至后晋刘昫、张昭远等奉诏因韦述旧史增损以成《唐书》二百卷。《四库全书提要》曰:今观所述,大抵长庆以前,本纪惟书大字,简而有体,列传叙述详明,赡而不秽,颇能存班范之旧法。长庆以后,本纪则诗话、诗序、婚状、狱词,悉悉具书,语多枝蔓,列传则多叙官资,曾无事实,或但载宠遇,不具首尾。所谓繁略不均者,诚如宋人所讥者矣。

宋嘉祐中欧阳修、宋祁等奉敕重撰新书,历十七年成《新唐书》二百二十五卷,自谓事增于前,文省于旧,然过求简洁,有时用字多奇涩,凡列传出于宋子京手者,多简而欠明,不及旧书远甚。新书虽主简括,然详赡非能及旧书者,究之二书,不分优劣,瑕瑜不掩,互有短长,故后世并称焉。纪昀云:史官纪录具载旧书,今必欲广所未备,势必搜及小说而至于猥杂。唐代辞章,体皆详赡,今必欲藏其文句,势必变为涩体而至于诘屈。至于吕夏卿私撰《兵志》,故初又别撰《纪志》,则同局且私心不满,教尝甫书而吴缜之纠谬即踵之而来,惟有唐诏令率多骈体,长篇本记,势难书载,新书一例刮除,事非得已,以此过相訾议,则非矣。

《五代史》，宋开宝中诏薛居正等同修。梁唐晋汉周仅年余而成书百五十卷，多本各朝实录，以范质《五代史通录》为稿本。欧阳修病薛史繁猥失实，复私撰《五代史》七十五卷，藏于家，公没后，朝廷取以刊布。自金章宗始削薛史，事用欧史，于是列欧史于正史，而薛史就湮，惟《永乐大典》多载其文，而篇第凌乱，至清开四库馆，命大臣就《永乐大典》中甄录排纂，其散佚者则采宋人之征引薛史者补之，复为完书，列于正史，问尝论之，薛史最重叙事，事迹始末详备，其诸志亦有裨于文献，欧史则笔法谨严，褒贬义例，亦师《春秋》，由迁固以来，未尝有也。惟其叙事疏略，司天职方二志，又为未成之书，后世列为正史。《四库全书提要》谓薛史如左氏之纪事，本来备具，而断制多疏，欧史如公谷发例，褒贬分明，而传文多谬，两家之并立，当如三传之具存，亦平情之论也。

宋辽金三史，元世祖时即命旧史修撰，以义例未定，故未成书。至顺帝时诏宋辽金各为一史，托克托遂据旧本以编纂，虽卷帙繁多，而成书绝速，不及三年，三史咸就。《宋史》本纪四十七卷，志一百六十二卷，列传世家二百五十五卷，宋开大旨在于表章道学，其余姑以备数，故疏舛芜蔓，仆数难穷，北宋事迹较详，南宋则略，理度二朝，罕所记载，史传几不具首尾，以史家法度而言，等之自郐无讥矣。柯灌骐以下，屡有修改，然才谢三长，亦终无以相胜。其后沈世撰《宋史就正编》，所攻驳皆切中其失，但亦卒不能悉举也。其书审订编次之失，前人各有指摘，如赵翼之《陔余丛考》及《廿二史札记》，袁枚《随笔》，钱大昕《考异》等书是也。

《辽史》百一六十卷，所据耶律俨、陈大任二家之书，见闻既隘，疏略殊多，又务急功近效，修史诸法，潦草塞责，又收功于一载之内，以二百余年事迹，卷帙曾不及宋史十分之一，其简略概可想见，惟因其简略，故无芜冗之弊，即此一事，实胜于《宋史》。清厉樊榭(鹗)因《辽史》太略，乃撰《辽史拾遗》二十四卷，以缝其阙，采摭群书至三百余种，自谓用力最勤，比于裴松之《三国志注》云。后之治《辽史》者，不能易其书也。

《金史》一百三十五卷，多依据刘祁、元好问诸人私家著述，故文笔雅洁，体例亦甚完善，且书法不讳，表志尤佳。元修三史，此为最善，金元一代，典制修明，文献亦备，史官复能举其职。又托克托进书表称纂修之命，见诸数遣之谋，延祐申举而未遑，天历推行而弗竟，是元人于此事，经营已久，好整以暇矣。虽其中间有抵牾处，经顾亭林、钱大昕、赵翼等摘出不少，然大体不失为佳史。

《元史》二百十卷，明洪武元年宋景濂等奉敕撰。二月开局，八月成书，而顺帝一朝，史犹未备，至明年二月重修，亦仅六月告成，潦草至此，实所罕有。遂钞胥移文，尚惧不给，岂有一朝之典故而疏略若是哉？盖元起朔漠，本无文字，开国以后，又无文臣载笔以记述先朝事迹,至元十年始诏翰林院采集累朝事迹,付国史院以备修纂。其后每易一朝,则国史据以修《实录》,大历以前,尚有虞集《经世大典》可据;顺帝以后,惟待调查。故其书因陋就简,不详不备。或以开国元勋而无传,或一人而两传三传,其刑法食货百官诸志,皆承案牍,无一剪裁。其时史馆中人,类多能文之士,何其制作若是之乖耶?洪武末年太祖尝命解缙修改,竟不成,故至今是书仍列于正史,清儒研究《元史》者甚众,迭有著述,以相发明,然未能集大成也,近人柯凤荪(劭忞)之《新元史》,参考群籍,用力半生,而成此杰作,材料丰富,为诸治《元史》家之冠,故得列为正史,与旧史并行。明史初有朱国桢之《明史稿》,庄廷鑨刻之,因兴大狱,罗织甚众,书尽搜焚,为清代著名文字狱之一。康熙十八年诏博学鸿词诸臣分纂明史,叶方霭、张玉书总裁其事。继汤斌、徐乾学、王鸿绪、陈廷敬、张英先后总裁,久而未成,特诏玉书任志表,廷敬任本纪,鸿绪任列传,五十三年鸿绪稿先成,又从事纂辑本纪志表,雍正元年表进之,乃命张廷玉即鸿绪稿再加订正,至乾隆九年成书,凡经六十余年,凡三百六十卷。其书大部分材料多据清初名人之私家著述;如潘力田之《国史考异》及《松陵文献》,万季野之《明史稿》,载南山之史类著作,史官特着手整理编辑而已。且康熙一朝,人才特盛,而清廷复不惜厚禄高官以羁縻之,故一时积学能文之士,如朱竹垞、毛西河、潘次耕、施愚山、汪尧峰、王昆绳、汤荆岘诸人咸在纂修之列,或间接参订,而大儒黄梨洲、顾亭林复为史馆顾问,且直接前朝,见闻较近,不求速达,故得从容编纂,称完善焉。然《明史》为官修之书,且当夷夏易代之际,载笔诸老,不无徇隐其间,庄氏史狱之冤,闻者不寒而栗,惩前毖后,诸史臣不敢直笔贬褒,以身徇祸,虽其体裁不无可议,但时人鉴于文字狱之迭兴,亦惟予《康熙字典》一例视之,安敢妄有论列。后生可畏,来者难诬,信史之修,其滋有待于异日也。

古无断代为史之例。司马迁出,会《诗》、《书》、《左传》、《国语》、《世本》、《战国策》、《楚汉春秋》之言,通黄帝、尧、舜至于秦汉之世,勒成一书,是曰《史记》。则古之通史集成于《史记》,特不居通史之名耳。断代之体,始于班固,所著《汉书》,惟留汉日。东汉以后,作者相仍,袭其体制,无所变更。刘知幾盛赞《汉书》之精密,而深诫通史之芜累。其《六家篇》曰:"寻《史记》疆宇辽阔,年月遐长,此撰录之烦者也。""况通史以降,芜累尤深,遂使学者宁习本书,而怠窥新录。且撰次无几,而残缺递多,可谓劳而无功,述者所宜深诫也。""如《汉书》者,究西都之首末,穷汉氏之废兴,包举一代,撰成一书,言皆精练,事甚赅密,故学者寻讨,易为其功。"

原夫刘氏之意,盖以时期较近,见闻尚接,故事迹原委,多得其真,代远则典籍难稽,贯串不易,且鉴于近出通史各编,仅粗为排比,难言义例,而文笔鲜有佳者,使学者宁习本书，怠窥新录，故特标举断限，示学者以作史功程，至于史之本质，则未遑深考，盖历史事迹演进无已，因果互生，前后相接，其沿革升降之故，非融会贯通，穷原竟委，以推求之，不易言也。

　　断代为史，则失其会通之旨，学者只囿片面之观察。且社会全体推嬗，万不能以易姓禅代为分期，至中国之史，变为帝王私人谱牒，即如班书地理，各志上溯夏商，盖欲通古今固不以汉为断也，故史汉二体，通塞昭然，刘氏特就学者利功省时计耳，未能明其大体也。梁武帝欲纠固之失，乃命吴均作《通史》，上自太初，下终齐室，书未成而卒，隋杨素又奏令陆从典续《史记》，讫于隋，书未成而免官，宋郑樵惜之，乃力诋班固断代之非，谓其失会通之旨，无相因之义，一帝数纪，一人数传，前王不列于后王，后事不接于前事，党同伐异，败俗伤风，清章学诚复助樵张目，而畅论通史之益，其《释通篇》有云："通史之修，其便有六：一曰免重复，事可互见，文无重出；二曰均类例，例由义起，自就隐括；三曰便铨配，同传同科，正有深意，相附而彰，义有独断；四曰平是非，事隔数代，犹可折衷，衡鉴至公，笔削平允；五曰去牴牾，详略去取，首尾交错；六曰详邻事，悉端终纪，不致中朝典故居全，而藩国载记乃参半也。其长者有二：一曰具剪裁，通合诸史，括其凡例，补其缺略，截其浮辞，平突填砌，乃就一绳墨；二曰立家法，辨正名物，自具体要，卓识名理，独见别裁。其弊有三：一曰无长短，纂辑之书，略以次比，本无增损，但易标题，使学者宁习本书，怠窥新录；二曰仍原题，不定新裁，去取失当；三曰忘题目，智人论世，一例难凭，择善而从，是在通变。"章氏之言，亦颇平允，但各代均有其特色，断代之史，当有存在之价值，且通史人才，实较治断代史者难得，故二者亦宜平均发展，尚有各种专史，所以补正史之未逮，容后论之。

第五章　论杂史

　　杂史之目,肇于《隋书·经籍志》而叙之曰:"自秦拨去古文,篇籍遗散,汉初得《战国策》,盖战国游士,记其策谋,其后陆贾作《楚汉春秋》以述诛锄秦项之事,又有《越绝书》,相承为子贡所作,后汉赵煜又为《吴越春秋》,其属词比事,皆不与《春秋》、《史记》、《汉书》相似,盖率尔而作,非史策之正也。灵献之世,天下大乱,史官失其常守,博达之士,愍其废绝,各记闻见,以备遗亡。是后群才景慕,作者甚众。又自后汉以来,学者多抄撮旧史,自为一书,或起自人皇,或断自近代,亦各其志,而体制不经,又有委巷之说,迕怪妄诞,真虚莫测,然大抵皆帝王之事,通人君子,必探博览而酌其要,故备而存之,谓之杂史。"

　　《四库全书》亦有杂史一类,其序曰:"盖载籍既繁,难于条析,义取平兼包众体,宏括殊名,凡所著录,则务示别裁,大抵取其事繁庙堂,语关军国,但其一事之始末,非一代之全编,或但述一时之见闻,只一家之私记,要期遗文旧事,足以存掌故资考证,备读史之参稽云尔。"案四部之名,始于《隋书·经籍志》,盖本荀勖《新薄》之分类法而略更之也。清代因之而定经史子集四部,目录家咸宗之。《隋志》史部分正史、古史、杂史、霸史、起居注、旧事、职官、仪注、刑法、杂传、地理、谱系、簿录,十三类。后史因之,略有增改。清代修《四库全书》又分为十五类:曰正史、曰编年、曰纪事本末、曰别史、曰杂史、曰诏令奏议、曰传记、曰史钞、曰载记、曰时令、曰地理、曰职官、曰政书、曰目录、曰史评。此种旧式分类法,本非绝对不可移易,盖此种分类表,本由编辑者之主观见解所支配,故不能尽人满意也。且时势之需求,亦不许其墨守,试并列二种分类法而考之自见,其互有异同之处,如古史则编年之属也,霸史则载记之属也,起居注旧事编则别史之属也,仪注篇刑法篇则政书之属也,杂传则传记之属也,正史杂史职官地理二者皆有其目,谱系不列于四库,以属于传记也,纪事本末,诏令奏议,史钞,时令,不列于隋志,其范围复有出入,如《国语》《隋书》列于经部春秋,而《四库》则入杂史,谓汉志国语载《春秋》后,然实无外传之名。考其时代,与《春秋》首尾皆不相应,其事亦多与《春秋》无关系,列之《春秋》,殊为不类。《汲冢》《周书》隋列杂史而《四库》则入别史,《越绝书》《吴越春秋》隋列杂史,而《四库》则入载记,《古今注》隋列杂史而《四库》列之子部,杂家,其他名目之纷更,尤不胜枚举,非故为立异,实因时势不同,不得不广设其类以归纳之。由简而繁,乃学术应有之现象,古有其类,而今无者,可与废除,如谱系。古无其类,而今有者,如纪事本末,倘有理由不妨存立,凡具体而微,无关紧要者,可立一大项目以统之,如旧事篇,起居注,又数量虽多,而其流不大,如诏令奏议,盖其包在纪传编年体中,且常与集部相重复,究其极亦史料之一而已。要之因时制宜,本无定说,依违取舍,是在学者而已。今叙史部,除正史,编年,纪事本末之体,高明广大,可仍其名,其他各类,如口鼻耳目各明一义,则统称之曰杂史。由博反约,要不背乎古谊,虽小违目录之学,然为利便论列计,不得不然也。

今区杂史之类为三:一别史,二政书,三目录,分述如左。

别史之目,创于陈振孙《书录解题》,盖以书之不完者与正史相类而品不及正史者概入此焉。清《四库全书》又从而叙之曰:"编年不列于正史,凡属编年,皆不类附,《史记》《汉书》以下,已列为正史矣。其歧出旁分者,《东观记》《东部事略》《大金国志》《契丹国志》之类,则先资草创,《逸周书》《路史》之类则互取证明。《古史续》《后汉书》之类,则检校异同。其书皆足相辅而其名则不可以并列,名曰别史,犹大宗之有别字云。"

今按《四库》所列杂史,亦先资草创之类也。传记亦互取证明之类也。载记亦检校异同之类也。而数者亦往往有相通之谊,别史一目可概其余,其有上古遗籍如《汲冢》《周书》《国语》《战国策》是也。其有当时官修之书,如《东观汉记》《贞观政要》《东观奏记》《大金吊伐志》等是也。有出于私家著述者,如《东都事略》《北狩见闻志》《襄阳守城录》《革除逸史》《弇山堂别集》《江表志》《金陀粹编》等是也。其有出于世人采辑者如《咸淳遗事》《太平治迹统类》《孔子编年》《列女传》《高士传》《古史》《路史》《续后汉书》《华阳国志》《十六国春秋》《江南野史》《九国志》是也。虽此种小说传记之俦,不可以为信史,然或一国之兴亡始末,或记数国之兴亡始末,体类稗官,而文多典雅,有其事可参证者,皆正史外所当泛滥而详究之,大雅君子,所不弃也。

《文献通考》曰："隋经籍志'古者朝廷之政,发施号令,百官奉之,藏于官府,各修其职,守而弗忘',《春秋》传曰:'吾视其政府'则其事也。汉时萧何定律令,张苍制章程,叔孙通定仪法,条流派别,制度渐广,《史记》八书,所以纪国家之体制,备行政之采览也,《汉书》以下皆谓之志,至《隋书》犹列有职官、仪注、刑法诸门,皆属政书。"盖史志者经国之大典也,其职志在考制度,审宪章,通今古,明其沿革,断代之书不克胜任,且各史非皆有志,有志之史,其篇目亦未必相同,偶不相同,遂同断绠,故史志之统一为不可少矣。有志之士起而图之,唐杜佑作《通典》,肇自上古,以至唐之天宝,凡历代因革之故,粲然可考,自谓所纂《通典》,实采群言,征于人事,施于有政。章学诚曰:"佑之为是书也,盖欲博采异同,归于实用,故其文虽简直而指实开通,体虽旁摭笃文而义则裁独见。"其批评可谓中肯。宋郑樵作《通志》,其二十略,自成一家,横绝今古,《四库》书列于别史类,以其不尽政书也。元马端临作《文献通考》,补《通典》之未备,上承《通典》,下迄南宋宁宗,考订精核,取材宏博,足为不刊之书,第无甚发明,斯为憾耳。三者皆为政书之大宗,后人继作,终莫能出其范围,宋王溥《唐会要》、《五代会要》,则采官录,以考当时之法度、典章。宋徐天麟之《西汉会要》、《东汉会要》则采录古籍,而加以整理。《宋会要》、《明会典》、《清会典》,则记一代典章之书。他如职官之类,则有《唐六典》、《翰林志》、《麟台故事》、《宋宰辅编年录》、《秘书志稿》、《太常绩考》、《国子监志》等,则天官之职也。邦计之类,则有《救荒活民书》、《钱通》、《捕蝗考》、《荒政丛书》、《康济录》等,则地官之职也。典礼之属,有《汉官旧仪》、《大唐开元礼政》和《五礼新仪》、《谥法大全》、《集礼》、《明集礼》、《类宫礼乐疏》、《明谥记汇编》、《大清通礼》、《皇朝礼器图》、《历代建元考》等,则春官之职也,军政之属,有《历代兵制》、《马政纪》、《八旗通志》等,则夏官之职也。刑法之属,有《唐律疏仪》、《大清律例》、《刑案汇览》等,则秋官之职也。考工之属,有《营造法式》、《造砖图说》、《水部备考》等,则冬官之职也。孔子曰:"殷因于夏礼,所损益,可知也,周因于殷礼,所损益,可知也。"此言相因也,有政书一类,然后理乱沿革乃可相因,独非学者之所宜究心乎?

目录之名,由来久矣,汉刘向受命校书天禄阁,条其篇目,为之撮要,以为《别录》,子歆绍业,《七略》以成,虽浮滥时形,冗烦不免。然书录之作,端肇于兹,班固因之而作《艺文志》,存六艺,诸子、诗赋、兵书、术数、方技、六略。而去其辑略,至魏郑默作《中经》,西晋荀勖因之而作《新薄》,分为甲乙丙丁四部(甲部记六艺及小学等书,乙部有古诸子家近世子家,丙部记旧事皇览杂事,丁部有诗赋图赞《汲冢书》)。

赡而不烦,疏而罔漏,然次序不无倒颠,如子不当先史,诗赋下忽有《汲冢书》,殊为不类,至于旨绪,无所发明,论者以为少之。永嘉之乱,典籍沦散,东晋李充为《四部书目》,所录甚少,而次序略更(甲部五经,乙部《史记》,丙部诸子,丁部诗赋)。后世宗之,其后如谢灵运《四部书目》,齐王亮、谢朓《四部书目》,梁任昉、殷钧《四部》,皆同于李氏,他如宋王俭之《七志》(经典、诸子、文翰、军书、阴阳、术艺、图谱),梁阮孝绪之《七录》(经典、记传、子兵、文集、技术、佛法、仙道)皆出于刘歆而稍变其例,而重以杂乱繁冗者也。爰及有唐四库之名,一成不变,后世时有因革,而例仍古昔,其后书籍日富,目录亦繁,区其流别,约有三类:一曰官书,如唐开元《四库书目》,宋《崇文总目》、《中兴馆阁书目》,明《永乐大典目录》、《文渊阁书目》,清《四库总目》等是也。二曰私籍,如宋晁公《武郡斋读书志》、尤袤遂《初堂书目》、陈振孙《直斋书录解题》,清《千顷堂书目》、《汲古阁藏书目》。三曰史志,如《隋书·经籍志》、《旧唐书·经籍志》、《唐书·艺文志》、《通志·艺文略》、《文献通考·经籍考》、《宋史·艺文志》,明《国史·经籍志》等类,三者惟史家目录,其体最专且古。《隋书·经籍志》序既以经籍之用,采原于史,而史部簿录类则云,古者史官既司典籍,盖有目录以为纪纲,征之古,周官五史皆掌书,而外史且达书名于四方,既有书名,则必有目录以载之,目录之学,将以辨章学术,考镜源流,非深明于道术之精粹,诸说之得失者,不可胜任也。盖吾国典籍,千门万户,苟不有目录为之阐发,使人由委溯源,以至于高明广大之域,则学者将有望洋兴叹之感,或冥索盲从,亦犹终身而不知而道也。

原文载《书林》第 1 卷第 2 期至第 8 期,1936 年出版。

战时历史教育问题

一　发端

日本疯狂的侵略和无限制的屠杀，激起我们全民族的抗战，将近八月了。我们的抗战，是为世界人类幸福而战，为自己民族的生存而战，我们准备着为正义而牺牲，焦土的抗战和持久的抗战，我们甘心而不辞。

在此焦土战与持久战期中，我们对于国家托命的教育，不能暂搁一边，无论在何种困苦艰难的境地，教育是不能中断的。不过战时教育是比平时教育特殊而现实的。平时的教育，不妨广树规模，博学详说，抱定其"百年树人"的大计，恪守"欲速则不达"的格言，学者埋头案头，十年读书，养成谋生的技能，发扬固有的文化，吸收外来的新知识，就算无负于教育，这种教育办法，在和平的时候，是不可须臾停止的，而在战时反属迂缓而不切实际的。在国难时，我们已感到一种沉重的苦痛，积蓄着无限的愤怒，要求抗战，在一切服从抗战的情形下，我们有开辟崭新的战时教育方法的必要。

所谓战时教育，实负有一种特殊的使命，目的在于训练受教育者富有爱国思想和救国技能，教学方针，以速成切用、知行合一为原则。关于战时教育方针，谈者不一其人，兹不多述，但提出我对于历史教育的管见而已。

历史教学虽为教育之一部分，但它对于公民的训练是最重要的。除了丧心病狂的人外，谁都有爱国的热诚，历史教人明确爱国主义的观念，和负起自己民族对于世界的任务。世界上无论什么文化的国家，对于历史教育，都是非常注重的。历史能令人明了民族本身的优秀，对外斗争的光荣史实，和自己文化高明广大的价值，培养民族的自尊心、自信心。从而由这种心理所激发一种沛然莫御的民族精神。

这种民族精神,就是一个民族奋斗的原动力,是民族自觉的武器,是争取民族完全解放,争取完全独立所必需的。法国史家米舍勒(Michele)竟称历史为民族的利器,虽然稍涉偏见,而且对历史学科的理解尚有问题,但应用于国防教育,是未可厚非的。

二 战时历史教育的重要和它的目标

谁都知道,历史是民族所托命的。凡侵略者吞并了其他民族之后,非但将被征服者的土地、人民、政事,以横暴而破坏的手段,极力变革,而且将他们的语言和历史抹煞,使他们日后不知本国的来源,国家的生长,和文化的优秀。然后侵略者借他们阴柔的、残酷的手段来奴化被征服者。被征服者昧于本来面目,易受敌人的同化。人们既与本身文化绝缘,则民族信心自然摇动,无形中蔚为一种媚外心理,于是"数典忘祖","谓他人为父"和种种无耻的行为,层见叠出,不独自身甘受屈辱,而作走狗,害同胞,亦无所顾忌了。所以清代史家龚定盦说:"灭人之国,必先去其史;隳人之枋,败人之纪纲,必先去其史;绝人之材,湮塞人之教,必先去其史;夷人之祖家,必先去其史。"(《古史钩沉论二》)强秦并吞六国后,即毁灭各国文字不与秦文合的,而采用秦的国书。所谓"书同文",就是毁灭他国之史,而代之以本国的历史,使人与之同化。又清人入关后,即将明人抵触清朝的著作(所谓禁书)尽量焚毁,同时屡兴文字狱,意在抹煞当时的真相,和压制我们的民族意识和反抗精神。我们的革命先进者,多数因读史而养成革命的头脑,因为亡国破家的痛苦,除身历其境外,惟有在历史上见得到。抗战的精神和策略,往往出于历史的提撕示和暗示。历史对于民族的重要性由此可见之一斑。我人今日惟有加紧战时历史教育来增加抗战的决心和力量。

历史教育在平时已占教育的重要部分,今日尤当特别地注重它。但是,我们知道,战时历史教育的目标,顾名思义,比平时的稍有不同,平时它只是领导学生作学术研究,如让学生了解社会一切事物的起源和演进,锻炼其应付及解决问题的能力,辅助其学好其他各科知识,陶冶其高尚思想及德行,培养其对于人类的同情心之类,其目的与责任是单纯的,现在,在抗战期中,民族运命存亡所关,我国数千年文化所系,除了平时历史教学目标之外,我们还要负起救亡的责任。我以为战时历史教育的目标,应有下列两大观念。

(一)宜激发民族复兴的思想。1.介绍我民族建国的经过,特别说明其奋斗的光荣史,使学生知道先民创业之不易,后辈自当竭力守土,共同奋斗,收复失地。2. 叙述中国固有文化之伟大及其对于世界之贡献,使学生坚定其民族自信心,增加其对外竞争的勇气,排除其媚外心理与"恐日病"。3. 痛论我们民族所受之外侮,种种之侵略,以激发我们的敌忾。4. 讴歌古今英雄的事迹,使学生闻风而起,"见贤思齐",养成舍生取义的精神,以应付长期艰苦的奋斗。

(二)宜分析国际情势,认清友敌,以谋应付。1. 研究东西各国建立之经过,和它们文化的演变,互相的交流,因为凡是国家的团结和分裂,兴起和毁灭,都是由于战争,我们比较研究,可资镜鉴。2. 考察列强的组织形态,内外各种矛盾,以及各法西斯主义国家构成的侵略阵线,和民主国家的和平壁垒的对峙,我们的外交方针和外交活动等。3. 指出世界各弱小民族的解放运动的成功要素,尤其是战后新兴的国家的。借他榜样,导吾先路。4. 指出各帝国主义者、法西斯集团破坏和平,侵略我国的计划,使我们熟悉敌人的狡猾和残暴,而筹抗敌之方,给打击者以打击。5. 提出外国史上全民族战争的战略和战术,来充实我们军事上的知识,增长我们参加此次解放民族战争的见识。

三　战时历史教材的选择

关于战时历史教材的选择,当然依着战时历史教育的目标为取舍标准。凡有利于民族复兴和抗战问题的史料,应当尽量搜罗。我们不要抹煞是非,也不必盛气凌人,如日本有天皇本位式的皇国思想,和万世一系的神国信念。凡关于天皇或皇室的记事,概视为"御用"史料,而大书特书,凡关于渎武而阵亡的武士,概视为军国国魂以表扬之,一般民众都有自大心和侵略性,甘为戎首,最终成为人类的仇敌。在他们那里,爱国主义就是一个最流行、最通用的一个字眼,是用来辩护战争,欺骗民族的一个口头禅。其实照世界公认的真正的爱国主义说起来,并不是只顾自己利益,不顾他国的损害,只说自己国家的事情都是好的,而说其他国家都是坏的,亦不是专想攘夺他人的土地,然后才算爱国,所以像日本人这样狭隘而庸俗的心理和态度,我们是无须乎有的。我们有五千余年的历史,有震惊世界的卓越文化,爱国之情本来是浓厚而显著的,我们可以在历史上找出无数爱国志士和许多可歌可泣的事迹,顺手拈来,稍加提炼,即可成为抗战史料。

(一)本国史方面:1. 发扬民族精神——如叙述明太祖之驱胡元;郑成功之反满清,太平天国的革命运动;辛亥革命运动之类。2. 激起我们的敌忾——如述叙鸦片战争;英法联军之役;甲申中法战争,甲午中日战争,二十一条之交涉;五卅运动;九一八事变;一二八之役;卢沟桥事件(从七月七到八一三)等项。3. 坚定抗战的决心——如记载宋末奋抗蒙鞑的张世杰,杀身成仁的文天祥;抗战到底的史可法;驱除满清的孙逸仙,及此次全面抗战的无数民族英雄。4. 阐明对外的胜利——我国民族英雄,多如牛毛,有立功异域,征服异国的:如汉之张骞班超;明之郑和、马欢。有挞伐外寇,扬我国威的:如明戚继光之破倭奴;郑成功之驱荷人;刘铭传之守台湾;冯子材之战交趾。有出使外国,不辱国体的:如汉苏武困身于匈奴;唐郭子仪之单骑见回纥;清曾纪泽之折冲新疆事件;林则徐之力禁鸦片。5. 利用古人的成绩——我国的历史,素有相研书之称。其中战争的材料,几乎占了大半。我国历代名将,固不乏人,即其策略著录于史上的,亦往往有采用的价值,例如《左传》,差不多是一部军事史,内里表现各种战法,不少为后人采用的。又如《史记》和《汉书》所述的李广,就是善于游击战法的一人,他好野战,好打散队,善以少击众,往往取得胜利。我们广东人也曾发动游击战争,力抗英人于三元里,毙敌无数。明代有不少防倭策略,名将戚继光也有不少独出心裁的战法,都可以用于今日全面抗战中。6. 显示民族的优秀——宣传我国固有的深厚的文化,证明我民族的先进,增加我们对于世界的责任心,来应付目前的危局。如叙述我国文化之传入欧洲及日本之经过(精神文化,如哲学美术之类;物质文明,如丝、纸、罗盘针、印刷术之类)。

(二)外国史方面:1. 征引外国的革命运动的成功的和失败的事迹,以坚定我们抗战再接再厉的决心,如美洲殖民地革命——反英运动;1857—1859年印度北部农民反对英国新地主的暴动;甘地的反英的非暴力不合作运动;朝鲜民族解放斗争史上有名的三一运动(1919年三月一日爆发);台湾和安南民族民族解放战争的经过;西班牙反法西斯斗争。2. 研究促进支那和平的运动,俾吾人得以运用强有力的方法来扫除和平的障碍,予侵略者以打击,如国际联盟成立之经过(1920)及其组织,军缩会议(1921年华盛顿会议;1927年日内瓦会议;1930年伦敦会议;1932年国际军缩大会)及最近在伦敦举行的国际的反侵略大会。3. 指出侵略国集团的野心和暴行——如德国废除凡尔赛条约,及进军莱茵区,武装干涉西班牙及最近德奥之携手。意大利之吞并亚比西利亚,德意日防共协定。日本之南进政策和大陆政策之扩大侵略事件。4. 特别注意我们的敌人——日寇的内部矛盾,如人民阵线之反战;台湾和朝鲜之酝酿革命;经济之日趋萧条;外交上被孤立,和其他关于日本的知识。我们要认清敌人,不得不研究日本。

四　我的诉求

战时历史教本之编纂和教授的方法,我以为须注意下列几点:(一)近代化——我们无论叙述中国或外国的事情,都要和当前问题和任务联系起来。虽然援古,也可证今。总之,凡不适合时代的不要;凡不能利用于抗战的也不要。(二)大众化——我们历史作家的皇皇巨著,都是用典雅的文言写的,在史学本身和内容,本来没有什么关系,但是会难倒普遍的读者。所以我主张现代史家应用白话来写作,必要时,才可采用浅近流利的文言文。宁可用房龙的方法,用故事式来描写,而不可采用死板板,堆满史实,绝无风神的《资治通鉴》的体裁。有时因地域和环境限制,我赞成采用某种方言和地方性质的史实入文,使它能深入民间。在国语未曾普及,新文字运动未曾推到的内地,白话文体不受大众欢迎的地方——据我的体验,如广东省各地识字的人,有十分之九,是不喜看新文体的——为普遍宣传抗战历史知识起见,我们不妨暂时采用显浅流利的文言,以期在短促时间内,广收其效。西化的句法和新名词亦以少用为佳。(三)简单化——我们须用最简单的文字,灌输抗战的知识,少说原则,多谈事实,摒除考证,注入国情。或用口头演述,或用戏剧表现,或用板报,或用漫画,但求明白单纯,尖锐深刻,才不致费时失事,难知难行。

我国历代史家都是经世家,所以顾亭林谓:"引古言今,亦吾儒经世之学。"抗战,正是史学家大显身手的时候。他们应打破沉寂的空气,来担负起战时的任务,用有效的方法来实行他们的战时历史教育,群策群力,搜罗抗战的史料,用各种形式(如诗歌、戏剧、小说、图画之类)表现给大众。凡是有关于抗战的行动及事项,都值得表现给大众。以保存文化自命的人们,尤应极力保存目前珍贵的史料,因为目击的事实如不抓住,后人发掘是飘渺难期的。热情的史家,不妨暂作战地记者,以本身的经历来写成信史——客观的、现实的报告——它能感动大众,一定远过于王壬秋的《湘军志》和波罗塔(Peralta)的《罗马英雄记》,而光荣的收获是可保证的。

我希望我们的历史家能够以最勇敢的精神,不断地努力,去参加抗战历史教育,唤醒民众,在统一战线下,给侵略者以致命的打击!

原文载于《黄花岗旬刊》第 1 卷第 5 期,1938 年出版。

关于人才问题

一

　　集中人才，共同奋斗，在吾人抗战途中，已成不易之理。现在政治，经济军事，外交各种机构不断发展壮大，尤需大量人才，相助为理。最高领袖，刻意求才，"团结精诚，共赴国难"，可见当道对于人才问题之十分重视也。我国以四万万五千五之人口，岂无出类拔萃之才，供当世之采撷。"十室之邑，必有忠信"，浮沉人海之中，怀才不遇之士，跃跃欲试，正思当局不能尽用其才，所谓不患无千里马，而患无伯乐耳。唐太宗语人云："君子用人如器，各取所长，古之致治者，岂借才于异代乎，正患己不能知，安可诬一世之人？"故吾等不必叹才难，但求巨眼识人而已。吾人自处，亦不患人之不己知，求为可知而已。

　　一国之盛衰，与人才相表里，此为颠扑不破之理。古语所谓："人存政举，人亡政熄"。又谓"得人者昌，失人者亡"。征诸史实，不乏其例。项羽才气无双，风头甚劲，但有一范增而不能用，卒致于亡。而酒色无赖之刘邦，因人成事，乃享大业。所以各国无不讲求用人之法，平日留心，一旦有事，随处皆可用之才矣。曾国藩谓"国家之强，乃得人而强"，即此理也。我国此次抗战，实国家民族存亡继续之交，为增强抗战力量起见，人才之调整所不容己者。吾人有才者必须自效，而甚望当局尽量容纳，知人善任也。育才储才，学校之事，范围广漠，不敢妄参末议，兹独论用才之法。

二

　　人才之生聚,非一朝一夕所可为力,半由教育,半由风气,然转移风气之任,非在上者不易也。曾国藩幕下,人才最盛,虽云善于招来,亦利禄使然耳。陆宣公赞云:"人皆含灵,惟其诱致,高祖宗大变,故其时多魁杰不霸之材,汉武好英风,故其时多瑰诡立名之士,是知人之才性,与时升降,好之则至,奖之则崇,抑之则衰,斥之则绝。"孟尝君多鸡鸣狗盗之徒,士所以不至。所以欲收人才之益,第一须先设教育人才机关,得天下英才而教育之,又须于群才中拔其优者,予以出路,使其为国家服务。但欲求才,自身必是一个人才,富有相当资望,乃可招致同类,否则真才必不受笼牢,而一般下驷之才,反得趋承恐后,得众人之诺诺,而无一士之谔谔,非特缓急无济,反足以塞闭贤路,浪费国财。唐太宗自豪云:"天下英雄入吾彀中。"彼是英主故需牢笼大部人才,但彼好用术而尽自私,亦不尽服豪杰之心也。吾国求才于近日,化私为公,名正言顺,将见沧海输诚,野无遗士矣。

　　才大之人,往往不甘寂寞,如孔雀自炫其文采也。当局亦不能善用,社会又从而排挤,孤愤之余,必至横决而不可收拾,危害大矣。"才士与才民出,则百不才督之缚之,以至于戮,戮之非刀非锯非水火,文亦戮之,名亦戮之,声音笑貌亦戮之,戮之权不告于君,不告于大夫,不宣于司市,君大夫亦不任受,其法亦不及要领,徒戮其心,戮其能忧心,能愤心,能思虑心,能作为心,能有廉耻心,能无渣滓心,又非一日而戮之,乃以渐,或三岁而戮之,十年而戮之,百年而戮之,才者自度将见戮,则蚤夜晚以求治,求治而不得,悖悍者则蚤夜号以求乱。夫悖且悍,且暗然明然以思世之一便已,才不可闻矣。"(龚定盦语)故人才犹水,水能载舟,亦能覆舟,人才能救国,亦能乱国。贤良之当局,于作育人才之外,勿忘处置人才,不可使聪明有用之才,为敌人所吸也。

　　全才难见,而才行相孚者,尤不数见也。人各有长,亦各有短,马工枚速,房谋杜断,异地而虚,必致两败,古人所以舍短取长也。人之有善,岂己有之,古人所以集思广益也。又才气横溢之人,必多飞扬跋扈之举,平时自可设法制裁,使其敛才就范,但当非常时期,需才助理之际,则不能不通融接纳,惟于广为延揽之中,名存崇实黜革之意。曹操即得冀州,招揽人才,不拘一格,有一技之长,虽不羁佻挞之士,亦复容之,盖深知磊落使气之人,必有所恃之长技,苟个人之小德出入,而无损于大局者,不妨引用,所谓天下之智力以道御用,无所不可也。我以为有才无行之人,在平时屏之唯恐不速，恐其害群也，在战时，则收之惟恐不力，恐其资敌也。魏徵持论，谓："天下未定，则尚取其才，不者其行，丧乱即平，则非才行兼备，不可用也。"折中有理，时至今日，用人惟师此法耳。

其有学问长才之人，类多负气，求其利口捷给，逢迎恐后，必不惯也。奉行故事，不思建国，有识之士，亦不耐此也。在上者有意督过之，亦不患无辞，然一旦有缓急，则多可恃。盖趋跄奔走，乞闻见长之工作，庸庸之流所优为之，而聪明才智之士，何独不能，必其胸有定见，能知大体，其着眼不在于利达也。

善用人者，但责其办事之效，不必向其办事之方，苟其终日坐办公室，作机械式之工作，而不能办一事而无差，又何贵乎此行之也。苟其应变多才，案无留牍，不碍公事，又何必令其八小时枯坐办公室也。以著作之选，而亲薄书之役，则谬矣，以钞青之才而任都讲之席，则乖矣。故用达其长，在个人则废精神于无补，有过无功，在国家人力上言，则浪费人才，大损元气。故上官对于下属之能力，应该确实考核，一一分配适当工作，使其在学习上求进步，亦栽培人才之一道。

三

考绩之典，乃分别及选拔人才之要务。但我国各机关考绩之典，素不划一，大都随主管人之意见进退而已。所以欲升官发财者，非讲求逢迎之术不可，主管人好俭，则盛穿大布之衣，主管人好谀，则故为恭顺之状。上司虽察察为公明，以忘利，但人类究属感情之动物，虽免喜怒为用。作福作威者更无论矣。滥赏之下，必有佞人，真才气短，志士灰心，而公事殆矣。胡林翼整顿吏治，首在"破除情面，著诚去伪"八字，可谓知本。

考绩旧法，不外拔擢以该其异能，黜罢以纠其失职，序进以谨其守常。但经观察后知，一机关中，有才力胜人，屈居下位，或有功无过，十年不迁，即失权于上司，又见笑于同事，此种人往往有之。亦有碌碌一无所长，但能探上司之喜怒，与同事无龃龉耳。此种人又往往登高位，令尚气执拗，自命不凡，青年有为之士为之气馁，其不学无术，将一伟人八行书以猎厚薪者，更属有进无退。如斯现象，在平时已然，即抗战以来，全力整顿吏治，亦未能尽扫此积习也。

用人不可论资格也。资格虽未经事之保证，但资格老之人，未必即为能办事之人，资格本与年俱老，虽有老成之典型。然而精神魄力已不及新进矣。且因阅历而审顾，因审顾而退葸，因退葸而弗玩，则不独浪费国财，抑且塞阻贤路，如是而欲勇任者知劝,玩变者知惩,中材绝侥幸之心,智勇更缚束之怨,岂不难乎?

四

龚定盦诗云:"我劝天公重抖擞,不拘一格降人才。"定盦爱才之意故可嘉,但未知有破格用才之执政以副虚期否?我书至此,沉洗以思,我国为政,非无良法,外国优良制度,一入吾国,则迁地勿良,奋斗多年,尚未达郅治之域,谓非用人不当,不可得也。余意未申,补述如下:一、在民众总动员声中,政府宜创新教育制度及机构,须培养新时代之人成才。二、执政者应刻意求贤,虚心自牧,开放所有政治机构,接纳真才,开诚布公,推心置腹,对于下级干部,应时时召见,亲身考核,不必尽信亲近之人也。如遇可用之才,立即明试以事,破格用人而不以为嫌,拜受善言而不以为迕。三、长官对于下属之能力应有深切之认识。用违其长,效率大减,则长官应负责任。即见真才,必当善任,疑而勿任,任则无疑,切不可投置闲散,使国家一有用之人,甚或效力外人,楚才晋用,则国家之隐忧也。四、考绩以选拔人才,但不可以喜怒为进退。威福自肆,致启奔竞之风。夫集中精力以媚一人,其于国事有不暇顾矣。故在上者,宜以礼自守,使下僚各知自重,有岸然处士之风,化除成见,无君子小人之别,能时时以民族存亡为念,彼时同是公仆,不必以兀傲面目向人,则人才不可胜用也。五、抗战程中,老弱无能之人,皆应淘汰,不必存姑息之念。而精明有为之士,亦应尽量录用,虽内举不避亲也。国家用人之际,不问其地位之高低,资格之深浅,但问其能否应付当前之问题,为国家效力耳。其足用者,虽不拘小节,不懂人情,亦宜优容之,其不足应事者,虽日坐办公室,不饮一勺水,与物无迕,与人无争,亦不足取。

以上所谈,卑无高论,不过胸横此见,欲吐为快,读者幸勿认为孤愤之书!

原文载于《黄花岗旬刊》第 2 卷第 3 期,1938 年出版。

武德之研究

中华民国陆海空军军人读训十条中第七条有"崇尚武德"之训。又见总裁在告军人手谕中,特别注意武德之锻炼。可知革命军人最重武德。有武德之修养,方然后能发挥民族之革命精神,完成抗战之大业。

总理以智仁勇三者为军人精神之要素。总裁复引申之,以"知信仁勇严"为武德。此五种武德蔚成一种军队中的"无形的纪律",而为军事哲学之至高无上的精义。当强敌压境、政府积极提倡国民教育之际,凡我军民,对于武德应有确切的认识,努力的保持,方能发挥最大的抗战力量,争取光荣的战果。兹将五种武德阐发于下,愿与同志共勉之。

智者,聪明,有定见之谓。凡遇事应用吾人天赋之良知,考之于吾人所得之学问,验之于吾人过去之经验,对于猝如其来之事物,有深切著明的认识,而立刻有应付的办法,此种办法,合乎义理,顺乎人情,洞合机宜,确乎不拔,所谓放诸四海而皆准者。古人所谓"聪明睿智,足以有临",即言智之修养充足,而能应变裕如。"猝然临之而不惊,无故加之而不怒"者也。

智之创造有三因,一由于天生;二由于学问;三由于经验。天生之智,非由人力。所谓"天纵之圣,无得而逾"。可以不论。至若由于学问者,则博学多闻,故日积月累中,智识渐加,胸中似有权衡以御万物。此种智力视天生之智为可恃矣。至若由经验而得者,则身体力行,见闻既多,亦自有应事之把握。所谓见一事,长一智。但一人之经验常苦短促,不若借鉴于他人,或如古人之言行,为应事之模范,所得更多。俾斯麦云:"愚人惟恃一己之经验,余则以他人之经验为我之经验。"借他人之经验为一己之经验,实为一种聪明办法,但此种办法,又非尚友古人(即多读书)不可。故学力仍为三种智的来源之首。

总理以为军人之智应有四种：（一）别是非；（二）明利害；（三）识时势；（四）知彼己。

夫军人为战争而设，而战争为国家民族生存而施。总理有云："以一国而为战争，万不得已之事也。兵凶战危，其战争而获如所期，则目的之达否，未可知也，不如所期，战败之余，动致危其国家之存在。夫以一国孤注而求胜，则必舍战争以外，别无可以求其生存发展之途者也。其利害为一国公共之利害，而非一部分人之利害，故国人乐于从事战争，进战不旋踵，伤废无怨言者也。"（《中国存亡问题》）故军人之天职，在捍卫国家，保护人民，能认识战争之本义、需要、要求乃至结果者莫如军人。军人对于战争可能与否之顾虑，较之一般政治家及但计及自身利害之货殖家尤为关切。盖牺牲一己之生命，或不甚难，惟因履行自身职务之关系，必须连累他人之牺牲生命，则良心所负之责任，甚为重大。所以军人须明战争之目的，方算能尽军人之天职。知战争所以卫国救民，则应捐躯效死以报国。苏洵所谓："贤者不悲其身之丧，而忧国之衰。"古来烈士愿死疆场，不愿死牖下，即此故也。知制造内争为非，则知抵抗外侮为是。知贪生怕死为辱，则知舍生取义为荣。盖是非之心，即人兽之别也。

军人之智在于明利害。古语所谓"明哲保身"，并非教人贪生怕死，临阵退缩，反之，乃教人权乎利害二者之间，取利远害而已。但所谓利者，非徒利己，亦必利国，利国即所以利己。退强寇，致太平，非独国家之福，民众亦均享其荣。夫杀敌受赏，国人钦崇，则利也，敌前潜逃，万众唾骂，则害也。苟昧于利害，或丧其身，或辱其亲，又焉得称为明哲哉，"军人之光荣，在乎尽其天职，而地位之高低，处境之难易，事务之常与非常，非所问焉。……在战争中，所要求于每个军人之最后者为光荣，虽即抱牺牲生命之决心，以尽其军人之天职耳"（塞克特：《一个军人的思想》）。明乎此，始可谓智，始可为军人。

军人须识时势方可谓智。孟子所谓："虽有智慧，不如乘势，虽有镃基，不如待时。"故凡举一事，得时乘势，则事半功倍。反之，必失败甚至灭亡。日寇昧于时势，去顺效逆，所谓"多行不义必自毙"。吾人待其众叛亲离的时候而反攻之，乘时与势，无不成功。但我国军，切不可坐待其亡，尚须伺机进攻，促其早日崩溃，既识时势，又造时势。尽量发挥革命军人之智，方可为英雄。总裁说："我们革命军人要立志改变环境，创造时代，来建立新国家，改造新世界，我们要完成这样艰巨伟大的事业最紧要的一点，就是要审时度势。就是先要认识我们现在所处的是一个什么时代？我们革命的形势，已到了一个什么阶段？如果连这个认识都没有，我们就不能顺应时势来完成革命事业！我们现在所处的时代,是一个什么时代呢？就是中国革命运动和日本侵略暴力直接决斗的时代,亦就是我们打倒日本军阀与日本帝国主义,完成国民革命的时代。因为日本军阀本为一贯的侵略政策,张牙舞爪,暴厉恣睢,要实行武力并吞中国,我们如不举国一致,万众一心来反抗侵略,那不仅我们革命要失败,而且国家民族亦要就此灭亡。所以我们这次抗战,是应事势之必需,是复兴民族,完成革命过程所必经的阶段。"(《认识抗战真谛与建立必胜基础》)总裁这一段话,正是"识时势"一语的解释。吾人可不必多赘。

第四点为知彼己。古人常云:"知彼知己,百战百胜。"是知凡为军人,对于敌情敌势必有翔实之检讨,而对于己方之实力亦宜与敌方者作一精密之比较,方不致临事仓皇,孟浪应战。知彼知己,即能用我之所长,攻敌人之所短。故曹刿与鲁君论战,先问其用何以战,即问此次战争,有何种把握,既检讨己方力量及士气之后,知民众之忠于其君,必能勇于作战。果一战而却齐师(详见《左传》)。此知己之验也,此种例证,中外战史,指不胜屈。戚继光曰:"为将者要先知士伍之情,认察敌人动静,即问病诊脉之医也。"孙子于两千年前,谓:"知彼知己,胜乃不殆。"知之者胜,不知者不胜。"故校之以计,而索其情,曰:主孰有道,将孰有能,天地孰得,法令孰行,兵众孰强,士卒孰练,赏罚孰明,吾以此知胜负。"今日敌寇之泥足深陷,乃对我国力认识不清,又不自量力,而扩大战区,战事逐渐转至对我有利之山岳地带。敌寇违背知彼知己之原则,我军有以促其早日崩溃也。

吾人要消灭敌寇必要明了他侵略中国之种种计划及方式,务必挫其所长,攻其所短(知彼)。而对于本身之优点,亦宜竭力保持、增进,引以自豪,使吾人加强抗敌之精神,而坚胜利之信念。孔子所谓"临事而惧,好谋而成",即教吾人以知彼知己之方,以收全胜之效果。至于对敌寇之战略及战术之检讨,则总裁之《抗倭战术之研究与改进部队之要务》一文(二十七年一月二十九日出席参谋会议训词)囊括无遗矣。

吾人攻击汉奸,辄谓其"不智"。即谓其不别是非(认贼作父);不明利害;(狡兔死,走狗烹,徒顾目前之娱,遂忘杀身之祸)不识时势(去顺效逆,所以促祸——《左传》)不知彼己(朝秦暮楚,误己误人)故汉奸者流,必无明哲,否亦利令智昏,才足济奸,失足之余,必受刑戮。其不智亦甚矣。意志薄弱之徒,易为物诱,胸无足见,岂足言智。故曰:"智者不惑。"(《论语》)无智慧者,不能"知仁""好勇"。凡仁与勇皆生于识。故三达德以"知"为先。余于此篇,亦先论智焉。

二、仁

古语云："仁者无敌。"可知仁为军人之灵魂，盖仁乃一种"不忍人之心"（即良心），扩而为正义，为国家民族而牺牲一己之精神。孔子所谓："有杀身以成仁。"总理亦谓："舍生以救国，志士之仁。"故"这个仁实在是军人道德的根本，为军人精神的泉源。我们革命军人的唯一的目的和最大的志愿，就是行仁，行仁的目标就在救国救民，以尽我军人的天职。"（引总裁言论）抵抗侵略，保卫民族，皆出于一己之良心，而尽国民之天职。其心哀，其志决，牺牲"小我"，义无反顾。故以至仁伐不仁，自能无敌于天下。孔子称管仲之功曰："微管仲，吾其披发左衽矣。如其仁！如其仁！"管仲之得为仁者，以其能攘夷狄也。吾人今日之攘倭，亦何多让焉。人能抱求仁之念，必了然于死生。郑珍曰："士君子临事，惟知有理，不知有身，理苟存，身不存可也，理苟不存，身存何益？"吕坤曰："大丈夫看得生死最轻，所以不肯死者，将以求死所也。死得其所，则善用死矣。成仁取义，死之所也。"明代义士方孝孺亦云："君子之于世，视生死贵贱如手足之俯仰，不足以动其意，而一以义裁之。"人能行其心之所安，则何忧何惧。孔子曰："仁者不忧。"死且不惧，此外又安能摇动其意志哉。我亲爱之袍泽，大义所在，则当为国而死！

三、勇

义所当为，良心驱使，热血沸腾，冒万难以求一逞，此种不屈不挠之精神，所谓勇也。然非仁者不能力行。故孔子曰："力行近乎仁。"又曰："仁者必有勇。"夫勇有大小之别，刚愎之分。抚剑疾视，暴虎冯河，有害于身，无益于国，此小勇也。鞠躬尽瘁，死而后已，浩然之气，百折不回，此大勇也。前者为一时情感之冲动，易于衰竭；后者为良知所推进，几于永恒。二者有"行险""居易"之分，有"鸿毛""泰山"之别，不可不察也。《墨子》曰："战虽有阵，以勇为本。""忠臣谋国，百折不回，勇士赴敌，视死如归。斯乃常胜之理，万古不变。"（曾国藩语）吾愿多数士以大勇为归。

四、信

至诚无欺，则谓之信。《中庸》曰："诚者物之终始，不诚无物。"吾人对人对事，断不能以虚伪出之。总裁在《行的道理》一书中说："我们行事,只要以至诚去力行,就必能笃行实行,这样的行才能事事精益求精,实事求是,且必始终如一,贯彻到底。"又说:"知之出乎诚者必智,行者出于诚者必勇。"孔子曰:"民无信不立。"言治国不可以信为根本。故商鞅徙木示信,晋文公(重耳)伐原示信,皆以信为行政行军之具,而收其效者。曾国藩云:"自古驭外国,或称恩信,或称威信,总不出一信字。非必显违条约,轻弃前诺,为失信也。即纤忽之事,嚬笑之间,亦须有真意载之以出,心中待他只有七分,不必假装十分,既已通和讲好,凡事公平照拂,不使远人吃亏,此恩信也。至于令人畏敬,全在自立自强,不在装模作样。临难有不屈挠之节,临财有不沾染之廉,此威信也。"此虽为外交问题而发,但殊可应用于其他问题,其理固不磨者。孔子曰:"言忠信,行笃敬,虽蛮貊之邦行矣。"西人常称忠实为最良之政策。确为真理。

凡事有以自信,方能得人信仰,令人景从,善将兵者,兵虽百万,指挥如一人,倡忠义之理,每身先之以诚,同甘苦,共患难而已。反之,将帅非人,怀奸卖国,谄上傲下,其神情之飞越,是以摇惑军心,其言语之浮滑,足以淆乱是非。虽有精兵,易于解体。上下不亲,而国危矣。故信为立业之本,尤为革命的原动力。

五、严

军人人格之要素尚有一严字。严就是纪律化。即以严密的理智来规范吾人之一切思想、言论及行动,而促进事业上的效率。曾国藩云:"行军当以严为主,临阵纪律不严,则无以作勇敌之气,平日营规不严,则无以儆扰乱之风。"又曰:"驭军驭吏皆莫先于严。"又曰:"为将之道,亦以法立令行,整齐严肃为先。"在军事方面,如无纪律,即成为乌合之众,人数虽多,不堪一击。有纪律之军队,则上下相孚,战无不胜。《易》曰:"师出以律,否藏凶。"言治众而不用法,无不凶也。至于军纪严肃,士气坚强,则赏罚必明,号令必行。故曰:亏令者死,益令者死,不行令者死,不从令者死,惟令是观。令者将之大柄也。孔明挥泪而斩马谡,穰苴立表而诛宠臣,吕蒙杀取笠之人,魏绛戮乱行之仆。以杀立威,军中要务。姜太公云:"杀一人而三军震者,杀之。"胡林翼所谓非霹雳手段,不能显菩萨心肠。害马既去,伏龙不惊。乌合之众,上下不亲,非明赏罚,尊命令,则孙吴不能为将。德国元帅塞克特谓:"命令与服从为军队之要素,两者均非易事。命令愈聪颖愈理解,则服从者愈认识,愈信仰。两者更互受其益。人类天性,必赖强迫,始能集众人于一目的。故军纪实为军队不可分离之主要成分。军纪之状况与程度,实为军队能率之真正标准。愈出于自动之军纪则愈优良，惟军纪已养成习惯，且深入本性者，乃能于危难期间，显其功效。"普鲁士军人之传统，号为欧洲之模范，以纪律严明，队伍齐整见称。腓特烈大帝之时代可称为军纪史中之重要时代，后世史家称其战争之成功，实为纪律之效。据云："普鲁士军队人数之小，差与其敌军成为一个反比例。然其受训练，受指挥，皆足叹服。……所可注意者，腓特烈只有一个人，而其仇敌则人数甚多。在敌人营内，发生嫉妒，纷争及散漫情绪，不一而足，而腓特烈方面，则有毅力，团结及强有力的独裁。军队少则以兵略补之。……虽众寡相殊，然指挥如一。要支持一二仗是不难，在必要时，连战一个月亦可以。"又云："普鲁士兵士之训练，严厉异常。军官所受之节制如刻苦之僧侣，不问其出身如何高贵，职务如何崇高，其食具皆为白蜡制成，不准用更好者。即使伯爵及元帅，如果他之行李中有一柄银匙，则受重刑罚。"故普鲁士军队之纪律为当时各国所仰慕。南宋的岳家军队，"撼山易，撼岳家军难，"此一段，均足为治军者效法也。

　　御下宜严，但必克己复礼，方能令众服从。总裁云："严要从我们高级将领自身做起，要克己修省，自律谨严，一切要求，自己能够严格做到。才能够要求部下彻底做到，才能够严格的训练部属，指挥部下。"故要军队服从纪律，必使其先知服从纪律之必要。此种精神教育正在长官身上，长官常常向部下说明有规定纪律及服从纪律之必要，并躬行实践以证明之。使彼等因认识而自愿服从，因深信而自动遵守。欢忻鼓舞，协力同心，以求达到其所认定之目标。因严格自省而产生自重，由心中发生之战友情谊，将个人意志及幸福隶于全体思想之下，抱牺牲精神为祖国服务，赴汤蹈火，亦所不辞。以此种军队从事战争未有不成功者。

　　以上所述之五种武德皆为古今武人所应具者。谨录委员长之言，以为结论："我们做了一个武人，必须'机智'、'信义'、'仁爱'、'勇敢'、'严重'五者并备，才算一个真正的武人，如果只知道一点打枪放炮等技术而没有武德，这只是野蛮，不能算懂武艺。这种人就是要祸国殃民的假武人。我们带了军帽，穿了军服，做了一个武人，单是知道用武术能够作战，绝对不够，一定要更具备武德，尽到保国为民的天职。这样才能成一个真正的武人，也就是真正的完人。"（《救国必须实施文武合一之教育》）训词深切著明，吾等军人知所先务矣。

　　（却酬）

原文载于《迎头赶》第 4 期，1941 年出版。

五四运动与民族主义

一、五四运动之历史背景

我国自鸦片战争败绩,与英订立南京条约后,于是不平等条约,纷至沓来,满清政府,既昧于国际的形势,在外交上应付失宜,又国防废弛,将相无才,战端一开,无法收拾,割地赔款,层见叠出,甚至中法之役,我军在镇南关谅山大获全胜,反割安南以求和,满清政府之糊涂,由此可见一斑,终成国际上的笑柄。1894 年至 95 年之中日战争,中国失去朝鲜,并割辽东半岛、台湾及澎湖于日本,赔款二万万两,开沙市、重庆、苏州、杭州为通商口岸,日本得开设工厂于中国境内。自此以后,满清之腐败无能已完全暴露,更引起帝国主义势力侵入,列强强迫中国签订各种条约,租借土地,将中国划分为不同国家的势力范围,瓜分的论调,于是乎起,日俄战争的结果,我国中立,开国际法上未有之奇闻,益受外人之轻视。美国的资本主义之后起者,其势力伸至远东时,而中国已被他国势力分占,但不甘寂寞,乃于 1899 年发表宣言,主张中国门户开放,冀于自由竞争中获得部分之权益,正如总理所云:中国为"远东病夫",久已传播人口,恰如天之创造斯土,专用以餍欧人之欲壑者然。美之于世界政策,虽世传保守主义,然于此问题,亦似乎不无干涉,盖实因有特别之关系,较其他尤有注意者在。一自菲律宾归入美之治权后,则美已为中国之近邻。利害相关,不容坐视。盖中国为销美货之巨市场。美之欲推工商于世界,则中国当居第一位。(中国问题之真解决)由上观之,列强无不以中国为竞争利益地,中国虽名为独立国,实际上已变为半殖民地矣。

中国一向闭关自守,一旦为外力侵入当然发生空前强烈的变化。一面由于资本主义的刺激,中国西化的工商业略有萌芽,一面则有帝国主义势力之束缚,中国的资本主义不能向上发展。在政治上，因亡国的威胁，一般改革家如康有为、梁启超之流，提倡维新变法运动，冀将中国引入资本主义之途径上，但因当时封建势力根深蒂固，结果归于失败。又外人势力的膨胀，其傲慢与偏见，引起国人之普遍仇外的心理，国内兴起大规模的反帝运动，于是有1900年之义和团之役，但"扶清灭洋"的运动，虽甚悲壮，但卒为八国联军之大炮所摧毁，少林拳敌不过来复枪，清廷遂由倔强而复为忍垢，中国主权遂多一番的剥削。中国这头睡狮，又加上一条铁链矣。

"上则因循苟且，粉饰虚张，下则蒙昧无知，鲜能远虑。堂堂华国，不齿于列强，济济衣冠，被轻于异族，……蚕食鲸吞，已见效于接踵，瓜分豆剖，实堪虑于目前。"（《兴中会宣言》）于是有心人大声疾呼矣。时我革命先烈及国内志士，奋起从事革命运动，以谋推翻专制无能的满清。在总理领导之下，历时数十载，奔走呼号，四处起义，屡仆屡起，矢志不渝，卒于辛亥年八月十八日（阳历十月十日）武昌倡义于先、各省继之于后，而中华民国遂告成立。"此役所得之结果，一为荡涤二百六十余年之耻辱，使国内诸民族一切平等，无复轧轹凌制之象。二为铲除四千余年君主专制之迹，使民主政治于以开始。自经此役，中国民族独立之性质与能力屹然于世界者，不可动摇，自经此役，中国民主政治已为国人所公认，此后复辟帝制诸幻想，皆为得罪于国人而不能存在，此其结果之伟大，洵足于中国历史上大书特书，而百世皆蒙其利者也。"（《总理革命历史》）辛亥革命只有形式的成功，改专制政体为共和政体，但满清旧官僚之势力犹在，军人统治，各省分立，"政治无清明之望，国家无巩固之时"，"有民国之名，无民国之实"，一切措施，毫无进步，此总理所叹为革命尚未成功，而引为咎者也。

1914年第一次世界大战爆发，资本主义国家互相火并，其加于中国之压迫稍见松懈，中国民族工业始有机会抬头。而国内统治者袁世凯企图帝业，不惜与日本勾结，求其借款，二十一条件均一口承认，日本在华势力逐日膨胀，不可收拾，以前德国在华之权益，完全为日本所占有。欧战结束，因华盛顿会议而揭穿的卖国贼的内幕，致使国内爆发了有名的五四运动。

二、五四运动之经过

初，民国七年欧战告终，开和会于巴黎，各国派全权代表赴会，中国亦以战胜国之地位，派陆征祥、王正廷、顾维钧、施肇基、魏宸祖五人出席，并提出收回租借地，撤销领事裁判权，改订关税等各项。时协约国及华代表方与德国缔结条约，规定日本继续享有德国在山东之权利,中国代表据理力争,并提出胶州应归还中国之理由。而日本代表竟根据民国四年袁世凯签字之条约,及民国六年驻日代表章宗祥同意之照会,谓中国确已允许日本享有德国在山东之权利。同时英法诸国又各以与日本订立之密约中曾作同样之协许,不能主持正义。

消息传来,举国愤怒,一致认为主办对日各条约的曹汝霖(外交次长)、陆宗舆(造币厂总裁)及章宗祥(驻日公使)三人为媚日卖国贼。北平中学以各学校学生聚集三千余人于五月四日作有秩序之示威运动,赴总统府要求惩办卖国贼及拒绝对德和约的签字,因为军警所阻,遂至京城赵家楼,捣毁曹汝霖住宅,痛殴章宗祥,俟军警赶至弹压,始渐渐散去,时北京政府非特不从民意,且大捕学生下狱,禁止自由行动,学生再接再厉,于五月二十日宣布总罢课,各省学生争先响应,风声所播,各界同情。上海商界首先罢市响应,杭州、南京、武汉、天津、九江、山东、安徽继之,工界亦罢工,各省各团体亦公举代表入京请愿,要求政府释放所捕学生,罢免曹章陆三卖国贼,并查禁日货,电阻出席巴黎和会代表在对德和约上签字,当时政府知民气之不可侮,乃依其请。而我国代表于六月二十八日在和会上拒绝签字于和约,声明除第一百五十六至一百五十八关于山东问题之条外,余均赞成,对德奥恢复邦交。此举予倭以沉重之打击。

三、五四运动与民族自决

五四运动,继辛亥革命之余晖,为我民族解放史上另辟崭新光荣的一页。

辛亥以前满洲以一民族宰制于上,而列强之帝国主义,复从而包围之。故当时民族主义之运动,其作用在脱离满洲之宰制政策,与列强之瓜分政策。辛亥以后,满洲之宰制政策,已为国民运动所摧毁,而列强之帝国主义则包围如故。瓜分之说,变为共管。易言之,武力的掠夺,变为经济的压迫而已。其结果足使中国民族失其独立与自由则一也。国内之军阀既与帝国主义相勾结,而资产阶级亦眈眈然欲起而分其馋余,故中国民族政治上、经济上皆日即于憔悴。国民党人因不得不继续努力以求中国民族解放,其所恃为后盾者,实为多数之民众。若智识阶级,若农夫,若工人,若商人是已。盖民族主义对于任何阶级,其意义皆不外免除帝国主义之侵略,其在实业界,苟无民族主义,则列强之经济的压迫,致自国生产永无发展之可能。其在劳动界,苟无民族主义,则依附帝国主义而生存之军阀及国内外之资本家,足以蚀其生命而有余,故民族解放之斗争,对多数之民众,其目的不外反帝国主义而已。

(《中国国民党第一次全国代表大会宣言》)

辛亥革命以后,中国政府不幸为专制余孽之军阀所占据,化大朝廷为无数小朝廷,中国旧日之帝国主义不免死灰复燃,此种反革命的思想,对内牺牲民众利益,对外出卖国家利益,以保一己之地位,如袁世凯之称帝,张勋之复辟,冯国璋、徐世昌之毁法,及曹锟、吴佩孚之窃位,十数年来,连绵不绝,传统思想,腐败如一,而无不以北京为发源之所,原军阀所敢显然与国民为敌者,则不惜以金钱收买人心,借外款以供其战费,反革命之恶势力所以存在,实由帝国主义卵翼使然。"原革命之目的,在实现民有、民治、民享之国家,以独立自由于大地之上。此与帝国主义如水火之不相容。故帝国主义遂与军阀相勾结,以为反动,军阀既有帝国主义为之后援,乃悍然蔑视国民,破坏民国,而无所忌惮。"(《北伐宣言》)所以总理揭橥民族主义推翻满清,满清之后,复有军阀,因而有北伐之举,军阀虽易澄清,但纵容军阀作恶之帝国主义者,实未能根绝,军阀之发生亦无已时,大武人,小武人,大者王,小者霸,陈陈相因,而国内遂无宁日。正如总理所说:"中国现在祸乱的根本,就是在军阀和那援助军阀的帝国。我们这次来解决中国问题,第一点就要打破军阀,第二点就要打破援助军阀的帝国。打破了这两东西,中国才可以和平统一","才可以长治久安"(《国民会议为解决中国内乱之法》)。帝国主义者当然想延长中国的内乱,因他们既可将军火来换中国的金钱,必要时,又可借口保护侨民之类来实行局部的占领。中国能统一则易强,强则又要废除不平等条约。一般帝国主义者在满清时辛辛苦苦获得的权益,当然不愿意放弃,欧战后,俄国自动废除中俄一切不平等条约,德奥亦放弃在华的特别权利,有几个帝国主义的国家,为面子的问题,便主张把从前束缚中国的不平等条约放松一点,所以有华盛顿会议,但他们一面会议,主张放松条约,一面又说中国常常内乱,不能随便实行,口头上的主张究竟是无用的。民国八年山东问题在巴黎和会谈判失败的原因之一,就是日本与英法诸国有青岛让与日本之条约。假如我们不去力争,恐怕军阀政府早已答应关于山东问题的条件了。

五四运动可称为反抗帝国主义运动,即亦民族解放运动之伟大表现。严格地说,日本帝国主义吞并的政策具体表现于二十一条,意欲沦我国为其保护国。近百年来被压迫的中华民族,痛切省悟,起而作民族生存的呼吁,在总理民族主义的指导下,誓死反对军阀损害民族利益;从反侵略意义上言,由学生及于全民普遍地认识到生死存亡的关头,不能有妥协之余地,而自动作正当之防卫,一方面发起罢学罢市及罢工,千万人为一心,这是最普遍的抗争的表现。另一方面则抗争手段与目的,是不计利害,慷慨悲壮,一往无前的,对于当前的反抗运动,且有一种感性认识,由感性认识而发展到理性认识,即由感情用事而变为沉着的、持久的、传统的反帝国主义的斗争,全民族合起来,为一个观念(民族解放之观念)所贯通,以加速的步骤向敌对的阵营迈进,反对内战,反对帝国主义的支配,依革命的方法,实行革命的主义,使军阀知民意之不可侮,而向"民主"大作让步。民族解放的斗争,本质上是被压迫民族要求脱离历史束缚的全民族民主要求,换言之,就是政治上的一种民主要求,向侵略者争取民族平等的要求。所以民族问题是民主问题之一步,争取民主,必要打倒帝国主义,废除不平等条约,灭绝大小军阀作恶之根源,军阀失援,无法与民众为敌,我们然后能集合全民力量,造成完善而进步的民主机构,方能争取外部民主的成立——即中华民族的独立自主,故第一次全国代表大会宣言云:"吾人欲证实民族主义,实为健全之反帝国主义,则当努力于赞助国内各种平民之组织,以发扬国民之能力,盖惟国民党与民众深切结合之后,中国民之真正自由与独立,始有可望也。"故五四运动,民众自动起来,注意外交,力抗帝国主义者无理压迫,而争取中华民族之解放,督促政府,使其顾全民众之利益,为民权主义而奋斗,以后我国民权运动的进展,革命势力的扩大,无不以五四运动为出发点。

帝国主义惟能乘吾国之民未觉悟以求逞,军阀亦惟能乘吾国民未觉悟以得志于一时率之,未有不为国民觉悟所屈伏者,故五四运动时,卖国政府卒屈服于爱国民气之下,悉照学生及工商界之要求,而拒签和约。

五四运动,乃承继过去数十年来反帝运动的传统,而发展到目前对日的抗战,在敌人初"蚕食"而变为"鲸吞",而我们的抵抗力则由潜伏而变为显豁,由微而著,并非偶然。总理有云:"凡武力与帝国主义结合者无不败,反之,与国民结合以速国民革命之进行者无不胜。"此可坚定全民抗战的最后胜利之信念矣。

原文载于《迎头赶》第 5 期,1941 年。

史诠

　　史，在中国古代本为一执笔而公正记事的人，同时往往是政府的图书管理员，因为古时的智识阶级，就是统治阶级，而史也就是百官之一。希腊神话中，史神(Clio)为九个学艺之神(Muses)之一，他或坐或立，手披一卷稿纸，旁有一箱书籍。颇合于我国史官的职务。案周官礼记，有大史，小史，内史，外史，左史右史之名。大史掌国之六典，小史掌邦国之志，内史掌书王命，外史掌书，使乎四方，左史记言，右史记事。孔丛子问答篇："古者人君外朝则有国史，内朝则有女史，举则左史书之，言则右史书之，以无讳示后世。"我怀疑古代以神道设教，凡事要经过"人谋鬼谋"（易经），人谋，即议于众以定得失；鬼谋，即寄卜筮以考吉凶。而且"国家大事，在祀与戎"（左传）。司祝为祭祀之中心人物，国家大事均有参加，可谓盛极一时，文官尽为司祝担任，而古代文官只有一种史官。唐刘子元说："寻自古太史之兼职，虽以著述为宗，而兼掌历象日月阴阳管数。"（史通）我们试观史官的兼职，就可知道他们是司祝一流了。司祝的权力既大，王者难免多少受他们的挟持，即言语举动也受他们的限制，"左史记言，右史记事"，不啻为对国王采取的一种特殊的监视行动。但一到春秋时代，司祝或史官的权力一落千丈，统治者在"卜以决疑，不疑何卜"的借口下，悍然拒绝重用司祝。之后更将不便于己之史册毁灭，许多史家退处一隅，不敢遇事直书，以此保存他们的禄位。书法不隐的只有一个董狐，孔子就赞美他为"良史"。而史官以后只有受王家的俸禄，承王者之命来著书，这种书，因为出于史官的手，我们就简单的称它为史了。

　　考 History 一字，乃溯源于希腊文 Historia，即探讨而得的知识。凡一种知识经过一番探讨工夫，往往是相当正确的。所以正确实为历史的要案，愈近真相就愈有价值。孔子谓"言必信"，何况记载下来给后人看的呢？我国古代史家多以"信史"自豪,雅典史家修昔的底斯(Thucydides)在他名著《雅典人及柏罗坡泥细安战史》(*Histoty of the Athenian and Peloponnestan War*)中说:"凡欲得发生事件之真相者,必宜饰吾史为有用矣。"罗马文豪西赛禄(Ciero)也以为"历史的定律,就是叙述虚事而不敢,大书真事而不畏"。少普林尼(Pliny the younger)亦以为史家于绝对保持真相,而大书有价值之事外,无他事矣。数百年后,英儒培根(Bacon)在其大学之道一书"Advancement of Learning"中谓"史家之职在表现事实以俟公断"。德国史家朗克(Leopold von Ranke)也以为"历史之用在于判断过去,而指示将来,故须将事实真相写出"。他提倡科学性的史学,主张历史之范围只在记述发生之事,不失分寸已足,遂为德国史学界开辟一新途径。德国史学家知搜罗事实之功实大胜于修饰文章之力。鼎鼎大名的"德国史汇"(Menumenta Germaniae Historica)由此产生。朗克氏的主张偏重于史料之客观研究,而放弃一切史观和文字的修饰,未免过于枯燥和狭窄,因为搜集材料,考订事实,乃史家之第一步工作,至于表现事实,就不能不涉及艺术,所以史学之外,尚须史才。孔子谓:"言之无文,行之不远。"即谓好的材料须要借好的文字来传播。传曰:"文以足言",也就是说,事实之表现得力常常借文字来补助。例如左传虽有浮夸之称,但其繁究胜于公羊穀梁二书之简。泰西古代史家之治史,多偏重艺术方面,如公元三世纪阿忒尼阿斯(Athenaeus)之书名《学人之议》(*Deipnosophistoe ,or Feaat of the Learned*)乃以学人对白的形式,收集许多作家之名言,亦为史料之一种。以后,如希罗多德(Herodotus)素有"历史之父"之美名,亦文体活泼,叙事动人,但他所用材料,欠缺逻辑,而且纪年常有错误。严格言之,实难称为历史,但其书一出,至今不朽,而其他同时作品已散佚不传。可以见当时史学的风尚。李维(Livy)之罗马史亦偏重于艺术方面,每为英雄写照,刺刺不能自休,而于考据事实,不大措意。正与克朗所提倡者相反。一则偏重于事实,一则用力于文章。于是有出而折衷二者之意见者。斐司爵士(Sir Gharles Firth)于1904年任牛津史学教授时,乃谓:"艺术与科学两种性质,历史都不可偏废。故历史家有两层工作,一则发现真相,一则表现事实,因二种工作性质不同,而史家必须具有各种长处。考据材料和发现真相是科学方法,既得之后,而第二项工作开始,即怎样将事实叙述出来。就要用文学手段,可知事实之外,另有一番作用。"清代史学家章学诚亦谓:"夫史所载者事也,事必藉文而传。故良史莫不工文。"考据与词章并重,中外二史学的意见相同。

历史之中,尚有道德教训问题,即褒贬问题。所谓:"一字所嘉,有同华衮之赠;一言所黜,无异萧斧之诛。"(唐孔颖达《春秋正义序》)这种载道垂训的规律,由孔子一直传到现在。孔子自述作春秋之意，则谓："我欲记之空言，不如见诸行事之深切著明。"后世史家多欲借史来垂教万世，于是叙述事实之外，加以批判，或者说出一种道理来，所谓论赞。"春秋左氏传，每曰发论，假君子以称之，二传云公羊子，穀梁子，史记云太史公，既而班固曰赞，荀悦曰论，东观曰序，谢承曰注，陈寿曰评，王隐曰议，何法盛曰述，扬雄曰撰，刘昞曰奏。袁宏，裴子野自显姓名，皇甫谧葛洪列其所号。史官所撰，通称史臣，其名万殊，其义一揆，必取便于时者，则总归论赞焉。"（刘子元《史通》）这都是日后史论的前身。西洋古代史家也有这种倾向。修昔的底斯的雅典及柏罗尼细安人战史，除不厌求详地叙述事实外，常常探究事实的动机，凭自己的见解，将事件的起因写出来，历史之中，包含哲理。尚有二位亦以哲学来写历史的伟大史家。一为波里比阿（Polybius）专述罗马兴起的故事，一为塔西陀（Tacitus），著有一本罗马纪年（Roman Annals）。二人所写的书都包含一种自以为是的道理，带有一种教训意味。

这种教训性质的历史的宗旨，具体表现于司马光《进〈资治通鉴〉表》里："臣常不自揆，欲删削冗长，举撮机要，专取关国家兴衰，系民生休戚，善可为法，恶可为戒者。"他的用意当然是很好的，因果律和道德观念，也无可厚非。以历史来示范，正如修昔的底斯所谓"历史乃以实例教人的哲学"。但历史本身既不会重演，一切人类行为又受环境支配，则历史上之实例能否作我们的模范，颇有讨论余地。历史事实当然可以加以认识，且由事实可以推出许多理论。但我们固然，不能知道一切事实，而史家所举的，亦不过限于其本人所知，只能说是全体事实之一部。假如我们根据"只见一斑"的事实来推论，也难自认为满意。所以有的学者认为史家应该据事直书，不必横生议论。"读萧曹之行事，岂不知其忠良，见莽卓之所为，岂不知其凶逆。"（郑樵《〈通志〉总序》）卢骚也曾说过："最坏的史家，就是强年青人读他的意见。给他们事实吧！让他们自己去判断。"（Emile or Education）。我以为史家应该鼓励读者去独立判断。史家所知较多，当然有资格去判断，供他人参考。倘若史家成见太深，往往有意无意地用事实来迁就他的意见，就难免上述之议了。左丘明借君子的口吻来预断事实，往往不验，只获得"其失也诬"的评语。司马迁就不肯如此。在帝王本纪中，他只用生动而传神的笔，写下史实，很少赞扬或责难，而是留待聪明的读者来思索人与人或人与自然的各种关系。法儒沙畹（Edonard Chavannes）将他的史记译成法文，而且对于史迁备极赞扬，说："在他的手上，历史不再是道德的论文，它成为代表一种关于某一民族的高贵的书。"

有的以为历史亦有哲学存在。而不知由研究历史而产生一种哲理，乃哲学家由史书搜集各种意见或对于人类行为加以判断，而宣布历史上人类动作之因果，如黑格尔之历史哲学是其一例。这种著作，与其谓为历史，不如谓为哲学。意大利之史学家克罗徹(Benedtte Croce)的《著史术的历史和理论》一书(*Theory and History of historiography*)称这种史家为"历史家的哲学家"。他又将各种历史分类，而称真正的历史为活的历史(Living history)，而谓真正的历史就是时代史。他的意思似乎认为真正的史家，凡写一个时代的史须具有所写的时代的精神。具有时代精神的史家应与该时代人的精神相通。当然不知因果怎样的。爱默生(R. W. Emerson)以画匠的话来譬喻著史，也和克罗徹之论略同。他说："一个画匠告诉我，一个人要画一棵树，就应该设身像一棵树。画一个小孩，就要熟视小孩的动作，致到他的感情入于小孩的感情[在美学上谓之(感情移入)]。然后能够随意挥洒。"(《论史》)他种历史形式，如有教训意味的，有宣传的作用，取悦于人的，克罗徹均称为实用史(Practical history)，因为作者具有一种实用目的，而借事实贯彻其目的。史料之书则称为语文史，历史小说则称为美文史。

虽然，因果之见，教训之语，不可入史，略如上论。但史家对于事实不能无意见，否则难以取材了。例如曹操谓刘备："天下英雄惟使君与操耳"又曰："刘备吾俦也。"这些语就是历史事实，但究竟是否曹操由衷之言，则成为一种意见，而史家所应判断。一经采用后，读者不免受其无形的影响。所以历史事实和解释是很难分开的。

原文载于《读书通讯》第 138 期，1947 年出版。

评朱伯康著《中国经济史纲》

经济史之研究,本为一种新兴之学。即在经济学发达之英国,此项研究进行亦缓。其于 1883 年(社会改革家与经济学者陶比 Arnold Toynbee 之死年)及 1924(经济理论家马塞尔 Alfred Margnall 之死年)间,经济史之研究始有显著之地位,研究者亦渐多。但其可表述者(即 Jamen Edwin Thorold Rogers,1823－1890;Arshcacon William Cmnninfham,1849－1919;Sir William James Ashley,1860－1926 三人)不过数人而已。早期之经济学者,因持论之便,虽稍涉及经济史之范围,如亚丹·斯密之《原富》中,有一章论殖民地及各国致富之由。又马尔萨斯人口论中亦将历史与统计打成一片。但研究经济而与历史息息相通者,则方法尚未成熟而比较晚出,亦因史家注重经济事变及其影响,如格林所著之《英国民族小史》(*Green: Short History of the English People*)亦七十余年间事耳。

至于中国经济史之科学的研究,在今日尚为草创时期。其史料之繁琐与问题之复杂,除门外汉外,学者均悉其困难,同时作开拓工作者亦日众,而各大学亦有中国经济史一门。中国经济史之研究,已渐趋重要。但时至今日,仍无一本由古及今、深入浅出之中国经济史,大可证明此项研究之不易。多数学者仍注重于史料考证工作而未遑及之也。今抗战结束后,乃有朱伯康及祝慈寿合著之《中国经济史》问世,诚为学界之庆。兹将笔者读此书后之意见表而出之,以与作者及读者商榷。

据著者序言,此书本为其在中央大学经济系担任中国经济史一科之讲稿,而由经济系同学祝慈寿君整理抄录,而联名出版者,并列为国立中央大学经济学会著书之一种,而由商务印书馆发行。全书凡 239 页,而概括三千年之经济史实,极钩元撮要之能事。"至于史观方面之见解,则详于本书导论中"。今务其大者,先言作者论史观与历史阶段。

史观一节,注重治史者对历史之看法。吾人旧称史识,亦即以作者之见而解释历史,"虽有偏见,聊胜于无"。吾亦赞同此说,盖作者对史实之判断,虽能持较为客观之态度,然作者必有定见(或主观),然后开始搜集材料,而此项材料不免迁就其见解,最后所下判断,亦必以材料为依归。故其作品终有多少主见在内?其能以理制情,以诚求真者,实忧忧其难!故信史之成立与否,仍视乎作者之修养。

作者畅论唯心论与唯物论之不同,认为二者对于历史之解释不可偏废。"如果两者不可调和,吾人宁愿采用二元论,以代替单方机械之公式。"关于二者之异同优劣,非一两语所能尽,吾亦不便多言。然而经济史之任务,在考求历代商业范围之扩张,资源发展之努力及人民生活之荣枯;而以上各项均受政治制度及政治目标所决定,而政治措施亦须服从公意,群众心理与行动互为影响,而国民经济之荣枯系焉。所以著史者应因时制宜,不拘一格,对于唯心论及唯物论不能划分得太清楚,即以本书而论,内容均为历史事件对于社会之影响,故亦难断作者究竟采取何种史观。其实一家之作,尤宜独出心源,不必以某种史观自圊也。本书第一及第二节对于史观及历史发展阶段,分析翔实,足见作者历史哲学之修养。

第三节言历史之种类,由成文的历史引申而为(一)做成的历史;(二)反映的历史;(三)历史主义的历史。分析甚详。亦有可取。第二类反映的历史,复分为实利的、批评的及观念的三种。意大利史家克罗彻(Benodotto Croco)之《著史术之理论及其历史》(*Theory and History of Historiography*)一书,则以实用的历史包括上述三类,颇符作者意见。

作者又云:"经济史研究之对象为人类之经济生活,然此语似嫌空泛,究何所指,不甚确定。实际上,吾人可自另一方面言,经济史所研究者,亦为经济学所研究之对象,不外消费、生产、交换、分配诸事。各时代之情形不同,经济学并不研究各时代之经济,此为经济史研究者之任务。盖经济史之研究对象,即为各时代人类在一定时间上所表现之经济生活之事实。"(导论第四节)此段文字不大清晰,而意尚可晓。盖谓经济史所研究者,亦为经济史所研究之对象,不外消费、生产、交换、分配诸事。但各时代之情形不同,而经济学并不研究各时代之经济,惟经济史研究之耳。作者自下一经济史之定义,谓"盖经济史之研究对象,即为各时代人类在一定时间上所表现之经济生活之事实"。此一定义已较前人所下者为详尽。吾今亦对于经济学及经济史各下一定义:"经济学乃研究一时的人类与财富之关系及其现象。而经济史乃研究历代的人类与财富之关系及其因果。"苦思多日,始能厘定,谨以就正高明。

此节继又列举各学者之经济史发展之阶段说。被举者有李士特、喜尔铿勃兰、舒慕叶、菲力甫继兹、彪舍及桑巴达六君。李士特分五个阶段,其第二为畜牧时代,第三为农耕时代。吾以为二者可并合为一阶段。查西洋史,发现新石器时代已有家畜之豢养,同时以农业维持生活矣。且新石器时代之别于旧者,则新石器时代之人已知耕稼,且利用家畜以代人力。故上述二阶段可合并而称为农牧时代。其他各家所定之阶段亦无大特色。惟桑巴达之说尚有可取。尤宜择善而从,不必列举。

第五节述西洋经济史发展之型,将西洋经济史各阶段作一简括之叙述,无可厚非,但此书既名史纲,自以简要为事,而此节竟占八页之多。如谓欲资比较研究,则作者可于记载中国经济之史的发展时,随时列举比较,作者本已知此,如第三章西周时代论封建制度内容之分析一节(由54至60页),亦引西洋之封建制度与我国者比较。又论及唐代之庄园制度亦然(第155页),如此,则史学切当而有力,且不致有前后重复之感。

作者论及中国经济之发展及其阶段之划分(第六节)。无论分期与立论,均极精彩,将我国数千年经济发展之利病及我国社会何以尚未踏入资本主义的阶段之原因,扼要叙述,甚有远见,尤为全书之灵魂,以后各章,亦不过循此而补充例证而已。

第一编上古经济一篇,因限于材料,或因材料之尚未考证及剪裁之故,遂见芜杂,立论因亦不大清晰。作者虽自知尽信书不如无书,但亦不免引用传说及野史。如羲和占日,常仪占月,后稷占岁,大挠作甲子,逮首作算术之说。以科学知识断之,殊难置信。盖人类因需要而发明,而发明亦有先后之次序。如初民为求生存,则发明水利方法,以治河及灌溉。太古之时,常有水患,土为水淹,水退之后,则须重定土地之经界,以免争执,于是有测量学之发明,(故 Goemetry 几何学一字亦即测地学,Geo 为地义,而 Metry 之义乃测量也)而数学渐起。又知若干面积之土地需水若干以灌溉,而若干土地可产生若干谷,而数学问题渐入于人生日用矣。又水之涨退上应乎星宿,而天文历算遂成专门之业矣。上古初民必无姓名可考,而谓"南正重、火正黎二人相传为中国天文历算之发明者"(在同一段中,既言羲和占日,常仪占月,后稷占岁,大挠作甲子,容成造历,则不必提及此二人)。实未可信,削之为佳。但作者谓天文历算与农业有密切关系,可谓一语中的,至谓"僧侣之所以有知识,以其有闲,能脱离生产劳动"(第52页)。此语源自亚里斯多德之《玄学》一书,亦有可取。但吾仍欲加以补充。盖太古时代,出家之人,须多少有些科学知识,(古代科学与迷信打成一片)且能设法为民众战胜自然灾害者,方能为民众信服而被推为僧侣。起初亦劳心劳力与自然斗争,及因远征弱小民族胜利之后,有俘虏以为奴隶,并代其劳动,而僧侣方成为有闲阶级,劳心而不劳力。养尊处优,亦非幸致。

第三章论西周时代及第四章论春秋战国时代之经济,均能穷原竟委,将封建制之特色及其沿革表现无遗。史料之选择,论断之精通,亦观前章为胜。

第四章第四节"货币制度之演进",独著各种币制之名称及沿革。而不一论自然经济(物物交换)与货币经济社会之不同,似欠周到。因自然经济大有碍于社会之进步。以物换物吾人既不知此物之质量,遂不知双方之亏盈。自有货币而人与人之关系大为清晰,且可以享有经济上之自由。以前劳动者除由雇主供给食宿外,毫无积储,其事业发展遂受限制。实行货币后,劳动者可以自由使用,可以自由选择工作、报酬及地点,进而可以获得政治上之自由,因为有暇从事政治生活。虽自然经济及货币经济之时代甚难划分清楚。但经济史家亦应尽力而为,以明社会经济之进步。近人研究中国经济史者类多忽略此点。

第五章论秦汉时代,第六章论汉末魏晋时代及第七章论南朝与北朝经济各章均能说明由经济所致之治乱因果,吾无闲言。

第八章论隋唐经济,因材料较多,有左右逢源之妙。但作者以唐代庄园制度与英国采邑制相比较,则吾以为二者性质并不符合。自盎格罗萨克森(Anglo-Sacon)时,英国分为无数采邑,其实封建性之村落耳,以 1086 年计之,英伦有此采邑九千余。采邑之地分为(一)庄园(Demensne),属于地主,占全采地三分之一;(二)佃地(Villeinage),属于佃户,由佃户纳租于地主或以劳役代租,此地占全采地三分之二。合而言之,每采地式之村落,有五分之三为荒地(即共有的不耕之地),五分之一为牧场,又五分之一为可耕地。采邑俨然如一邦,自有一行政单位。其佃户有自由人亦有不自由人,其生产与消费均有独立性,订宪法、守习惯,并不如唐代之庄园及奴隶任主人买卖。且采邑设有法庭,由佃户组织而成,作邑主之陪审官以断邑事,但邑主(或其管家)担任法庭上之记录为多,而不当判事。有时邑主并因事而受谴责及处罚。古史案中不少此类记载。而唐代庄园主人不过土豪劣绅,肆作威福,有家法而无与家共守之法规,自不能比采邑制度之庄严。英伦之采邑为全国性,且有划一之规定,而唐代庄园制则否。所谓"离之则两美,合之则两伤",关于采邑制最完备之书,吾介绍英伦 1906 年出版之《采邑制及其资料》一书,Nathonial J. 。

原文载于《思想与时代》第 50 期,1948 年出版。

关于在广东地区展开东南亚研究的问题

一　东南亚研究的重要

东南亚(旧称南洋)的范围主要包括越南、柬埔寨、老挝、缅甸、泰国、马来亚、新加坡、印度尼西亚、菲律宾、婆罗洲和帝汶。面积共 470 多万平方公里,人口近 2 亿。东南亚土地既广,人口又多,社会制度不一,国际关系相当复杂。大可作为长期研究的对象。从地理上来说,越南、缅甸、老挝等国均与我国为邻,水陆相通,唇齿相依,利害相关,不能不引起我国研究者的重视。从历史来说,东南亚与我国自周秦以来,即在政治、经济、文化方面有着一定的联系。现在东南亚的华侨约有一千二百万,占全世界华侨总数的 90％。仅以新加坡一地而言,华侨人口占当地人口的 80％。他们经济力量雄厚,而且深入社会各阶层。他们与当地人民团结互助,保卫和平,并为社会创造财富。所以东南亚社会发展情况和华侨问题,是一个重要的研究项目。从国际事务上来说,我国和印度共同提倡的和平共处五项原则,在东南亚地区的影响力越来越大。1955 年在印度尼西亚万隆举行的亚非会议上提出的五项原则得到一切爱好和平的国家和人民的赞扬和支持,对于维持和平有很大作用。中国本着"万隆精神",从各方面展开了广泛的国际接触,推进和改善同许多国家,特别是亚非国家的关系,曾经做了不少工作,这几年来已经获得了很大的成绩。例如,柬埔寨王国的和平中立的立场,得到我国政府的充分支持。我们也坚决地支持印度尼西亚人民为收回西伊里安,为争取和维护自己的民族权利所作的正义斗争。又东南亚国家在国际生活中起着越来越重要的作用,全世界的人民都关心东南亚的问题,希望了解东南亚的情况,因此,有必要展开对东南亚的研究以满足这种要求,并加强我们和东南亚人民的和平友好关系。东南亚研究作为一种专门学科来说,还可以补充自然科学和社会科学、文学艺术和哲学各部门的知识，从而促进世界文化的发展。

二　在广东地区展开东南亚研究的优越条件

第一，广东地区与东南亚各国在历史上、地理上关系较为密切。广东省是我国与东南亚各国人员往来和经济文化交流的枢纽。这几年来，我国也不断争取和东南亚各国建立友好关系。因此，不仅与我国已建立邦交的国家如越南、柬埔寨、老挝、印度尼西亚和缅甸等的政府人员和社会人士频频访问我国，我们亦主动争取与其他国家接触的机会。周恩来总理曾经表示："中国人民非常希望同那些邻近我们、并且同我们有历史联系的国家，象泰国、菲律宾、马来亚、新加坡等，恢复一度中断的接触，我们早就表示这种愿望，并且为此作出了努力。"（"关于目前国际形势，我国外交政策和解放台湾问题"）可以想见，随着国际形势的发展，我国与东南亚各国政府及人民之间的接触必将越来越多，而广东地区将成为双方往还的必经之地。如果能够在广东地区展开对东南亚各国的政治，经济、文化等各项问题的研究，对于促进我国与东南亚各国人民的友好关系和加强经济文化交流，一定会有很大的作用。

第二，东南亚华侨达千余万人。其中以广东人居多。他们对于祖国同东南亚各国的文化交往和友好合作，曾经作出巨大的贡献，并且热情支持祖国的社会主义建设。如何团结他们来揭露帝国主义对华侨和东南亚人民的离间阴谋，如何团结他们来参加世界和平运动和帮助祖国的建设，也是当前的重要任务之一。在广东地区展开对东南亚的研究，也有助于我们研究华侨问题，使我们能更正确地了解华侨情况，对于贯彻执行华侨政策会有一定的作用。而在对东南亚的研究工作中，广大华侨群众，将是一个不小的研究力量。

第三，广东省学术界对东南亚的研究过去已有相当的基础。唐宋以来，我国学者关于东南亚的著作，很多是在广东写出来的。作为东南亚史地名著之一的《海语》，是明代广东南海县人黄衷所作。清代粤人谢清高口述，杨炳南笔录的《海录》，也是研究东南亚必读之书。梁廷枏（广东顺德人）以《夷氛纪闻》一书得名，他的《粤道贡国说》六卷，对于中国与东南亚国家的关系有翔实的记载。清代大学者魏源所编撰的《海国图志》，其中有许多卷是叙述东南亚各国的，此书现在尚不失为研究东南亚史地的基本参考书。清末香山县林谦（若谷）曾编过一本《国地异名录》，对于南洋各国各地的方位距离以及名称的沿革，均考证群籍，列为表格，也是研究东南亚史地较早较佳的工具书。张煌南的《海国公余辑录》也可算是东南亚研究参考资料汇编之一种。其他各家著作尚多,不胜列举。可见东南亚研究在广东省是有历史传统的。解放前,广州岭南大学附设的西南社会经济研究所曾经展开对南洋及华侨问题的研究,出版了一些专书和华侨问题专刊,对于东南亚研究有一定的帮助。

广东省的学者对于东南亚研究特别具有兴趣的原因,据我观察,一由于国际形势的影响,研究国际关系不能不涉及南洋,因为南洋是沟通中西的要道。二由于广东省与东南亚各国海陆相通,交际频繁,贸易日广,华侨海客,见闻较为繁多,可以取材的也较多。而且近数十年来,华侨对祖国的贡献日益显著、受人重视。现在,我国对于东南亚问题的研究,具有各种有利的条件,可以说是"人地相宜",应该结合广东地区的具体情况,大力展开此项研究。

三 我国研究东南亚问题的历史情况和几个具体问题

解放前,我国虽然曾建立过研究东南亚的机构,但都是未能令人满意的。1927年上海暨南大学设立南洋文化事业部,聘刘士木先生为主任,编印《南洋研究期刊》,出版南洋丛书约有 30 册,也培养出一些南洋研究人材。不过当时南洋研究尚属起步阶段,所出的书大都编译资本主义国家,特别是日本的作品为多,其中有价值的著作,如李长傅先生的《南洋华侨史》,还是寥寥无几。不少从事研究和翻译的人,其立场、观点和方法都是资产阶级的,往往不加批判地介绍为殖民主义辩护的、有毒的文章,成为帝国主义者的传声筒。1940 年,国外热心于南洋研究的华侨在新加坡成立中国南洋学会,发起人有许云樵、姚楠、张礼千和韩槐准等,已故的文学家郁达夫亦在其列。国内研究南洋的学者亦遥为支援,出版有南洋学报等,从未中断。迄今已有 17 年历史。这个学报以史地考证为多,内容比较专门,学术水平也相当高,可供参考,早已引起各国有关的学术团体的注意。此外,尚有一个在抗战时期成立的,性质反动的研究南洋的机构,即 1942 年国民党侨务委员会和教育部在重庆合办的南洋研究所。它完全被反动派所支配,在学术研究的幌子下,企图在海外推行大汉族主义的政策。初时虽有几位研究南洋的专家,但终被排挤出去,4 年之后,因毫无成绩而解散。

综合来说,国民党统治时期,不知提倡学术,忽视南洋研究的重要性,对暨南大学的南洋文化部毫不支持,因而停办。后国民党反动派设立南洋研究所,打算利用它来扩张国民党在海外的反动势力,鼓吹大汉族主义,但由于性质反动,制度腐朽,根本谈不上什么科学研究。

解放后,我国文化事业的进展一日千里,党和政府对于东南亚研究非常重视。周恩来总理曾经不止一次提到东南亚研究的重要性。中国科学院原拟于 1957 年度设立亚洲研究所,由于一时人材分散各地,未便集中,始暂缓开办;但亚洲研究的重要性并未被忽略。中央侨务委员会对于华侨问题及东南亚研究也表示关怀,大力支持厦门大学设立南洋研究所。高等教育部有见及此,早于 1952 年即规定各综合大学历史系设立亚洲各国史一科,并强调须重视这科的开设。教育部对师范大学、师范学院亦有同样的要求。高等教育部去年指定在中山大学设立亚洲史研究室。中国科学院广州分院亦计划展开东南亚经济问题的研究。所有这些,都表明了党政当局东南亚的研究的重视。

或者有人会认为南方已有厦门大学的南洋研究所,广东地区就不必开展关于东南亚的研究工作了。对于这个问题,我个人认为应从全面来考虑。第一,研究东南亚的人材决不能集中在一个地方。广东省人口约三千八百万,多于福建省(人口约一千二百万人)两倍以上。华侨人数二省略约相当。在广东省的各级机关干部中,也有不少研究东南亚的人材,如果本省开展研究东南亚的工作,就可以罗致这批专家,而与福建的南洋研究所分工合作,互相支持,更好地贯彻百家争鸣的科学研究方针了。

现在,摆在我们面前的首先是研究人员的来源问题。在过去,对南洋的研究,一般人认为是一种冷门的学问,现在也是社会科学中最薄弱的一门。据初步调查,全国研究东南亚而有讲师以上水平的尚不过百人,而且分散在各地。比较有成就的专家更属少数,还有一部分人尚留在国外(例如新加坡的中国南洋学会及华侨创办的南洋大学的南洋研究所就拥有一些专家),所以组织研究力量确实是一个重要的问题。但根据我的了解,研究力量的问题是可以解决的:第一,自 1952 年起,各综合大学和师范学院已相继开设亚洲各国史一科作为历史系的基础课程,其中东南亚各国史占很大部分。各校历史系毕业生对于东南亚史也有初步的了解,我们可以从中选择优秀的毕业生作为研究东南亚的初级干部,即以广东一省而论,每年历史系毕业生有二三百人,我们每年挑选几名就够了。此外,还可以招收研究生入所培养,这样就可以不断补充研究干部的队伍了。第二,东南亚研究在现阶段,必须做些提倡风气及全面普及的工作。展开研究工作初期,应从资料工作入手,因此,要先配备一批对东方语文及西方语文方面的人材,这都可由从国华侨及各大学的东语系和西语系中选聘,在专家指导下进行翻译工作。例如把东南亚各国的第一手资料翻译出来,把苏联和人民民主国家关于东南亚的优良作品翻译出来,进一步把资产阶级的东方学者可供我们借鉴的作品,主要是史地考证的论文和实地调查的材料翻译出来,以供参考,使我们了解世界各国关于东南亚研究的成就,并在他们已取得的成就上逐步提高。我们还可组织人力来整理我国古代关于东南亚各国的文献材料,加以充分利用。这样过若干年后,我们的成绩就可以赶上他们了。据我估计,资料的翻译和整理工作,亦需三四年时间,在这段时间里,从事这项工作的人,在进行工作过程中,就把自己培养成研究人员了。到那个时候,这批研究的新生力量,拥有充分的材料,在专家指导下,自然能够发挥力量,再过一两年,他们就可以独立进行研究工作了。我们还可以利用广东有关的学术研究机构和专家,帮助他们一面培养研究人材,一面就他们已经占有的资料进行研究工作。

研究方向应慎重确定,有计划进行研究。我们要研究东南亚各国人民民族解放斗争的理论和实践,探讨东南亚人民历史和文化发展的复杂问题,弄清东南亚各国历史发展过程的规律性,并设法加强我国人民与东南亚各国人民的文化经济联系。因此,必须重视各国的经济研究、各国政治现状的研究,特别要重视帝国主义国家现阶段的殖民政策问题、东南亚人民民族解放斗争和殖民制度在东南亚瓦解问题。对于东南亚各种类型的国家,要根据具体情况进行研究。在研究范围内,我们应该略古详今。

我们要向苏联东方学者学习并和他们加强联系。苏联的东方学已有悠久的历史。十月革命前,俄罗斯圣彼得堡是欧洲东方学重心之一,国际东方学会多次在俄国举行。西洋东方学者研究东南亚的作品,如夏德(德国人)及柔克义(美国人)共同译注的赵汝适《诸蕃志》就是在圣彼得堡出版的。俄国的先进学者曾谴责沙皇的侵略政策,对东方被压迫民族表示深切的同情,并不断地赞扬他们的传统文化。苏联东方学者承继了俄罗斯东方学的优秀传统,并遵循列宁关于东方学问题的理论和苏维埃的国家政策,发展了苏维埃东方学。他们非常重视亚洲研究,对于中亚各国、中国、印度、朝鲜、日本都作了有学术价值的研究,近几年来,对于东南亚各国的研究也不断加强,最近还派人去越南研究越南文史。东方学研究所已计划编写东方各国民族解放运动史,以及马来亚、印度尼西亚、泰国、缅甸等现代史。古柏尔的《印度尼西亚》,正是以马克思列宁主义观点深入研究的结果。关于东南亚研究,他们屡次表示要和我国合作,特别希望我国展开研究工作,还认为研究东南亚古代史,在中国有很好的条件,因为中国的文献材料最多。我们除向苏联东方学者学习外,应与他们密切联系。

我们展开研究,必须和资产阶级学术思想作坚决斗争,坚持工人阶级的立场和马列主义观点。资本主义国家为推行它的殖民政策,直接或间接创立许多研究东南亚的机构来协助进行侵略,例如,19世纪初叶英国成立皇家亚洲学会,1846年成立哈克卢特学会,研究亚非地理,印行多种丛书;法国于1898年在越南河内成立越南考古学会,1900年改为远东博古院,展开考古学、人类学、地理学、史学及语言的研究,出版了近六十种的院刊和专书;荷兰以前在吧达维亚(雅加达)也设立了所谓皇家吧城学会;美国有太平洋学会,并由政府及资本家资助各大学设立研究东南亚的机构;日本在第二次世界大战前研究东南亚的机构也有数十处之多。这些研究东南亚的机构,都是维护资产阶级利益和推行殖民政策而设的。他们对于东南亚各国人民及其文化,极尽诋毁之能事,颠倒是非,混淆黑白。他们利用种种阴谋来垄断研究资料,甚至掠夺当地的文物。有些文化特务还替其本国政府测探别国的资源,勘察侵略的路线。我们要对这些东南亚人民的敌人百倍警惕,随时随地要揭发他们的阴谋,驳斥他们的谬论,使我们的东南亚研究在马克思列宁主义思想的指导下循着正确的道路发展。即一方面发扬东南亚各国的民族精神和固有的优秀文化,另一方面也为我们的社会主义建设事业服务。

原文载于《理论与实践》第3期,1958年出版。

我国历代关于东南亚史地重要著作述评

一

　　东南亚地区,严格地说,应包括越南、老挝、柬埔寨、缅甸、泰国、马来亚、新加坡、印度尼西亚、菲律宾、北婆罗洲、文莱、沙捞越等地,即中南半岛(越、缅、泰)及马来细亚(马来半岛、马来群岛)整个地区。但也有人进一步把印度、巴基斯坦和锡兰归入这个范围,因为它们都在亚洲的东南部。

　　东南亚我国古代称为南海。汉代刘熙《释名》卷二释洲国条说:"南海在海南也,宜言海南,欲四海同名,故言南海。"今日西人所编的世界地图上有南中国海(South China Sea)一名,亦即南海,而东南亚地区即在南海附近。唐义净的《南海寄归内法传》,以南海一词泛指东南亚各国(包括印度)。

　　明代把东南亚说成东西洋。张燮说:"文莱(Brunei),即婆罗国,东洋尽处,西洋所自起也。"(《东西洋考》卷五,《东洋列国考·文莱条》)即以文莱为界,东为东洋,西为西洋。郑和下西洋经过的南洋各国主要在文莱以西。至清代陈伦炯撰《海国闻见录》,始标南洋及东南洋之名,即以日本为东洋,以吕宋、文莱等地为东南洋,以暹罗、柔佛等地为南洋,以印度为小西洋,欧洲为大西洋。清代中叶才普遍采用南洋的名字。

　　从事东南亚史地研究以我国为最早,研究资料比较多。我国古书如《尚书·大传》《墨子·节用篇》及《淮南子·修务篇》都提到"交趾"的名字。秦始皇曾经发兵经略越南,置象郡。可见中国与东南亚一些国家早于公元前二百多年就有了政治和经济关系。汉代我国与东南亚各国的来往更为密切。班固(32—92)所撰的《汉书》卷二十八《地理志·粤地条》,描写南中国与南洋的交通说:"自日南障塞、徐闻、合浦船行可五月有都元国,又船行可四月有邑卢没国,又船行可二十余日有谌离国,步行可十余日有夫甘都卢国。自夫甘都卢国船行可二月余有黄支国,民俗略与珠崖相类。其州广大户口多,多异物,自武帝(公元前140—87)以来皆献见。有译长,属黄门,与应募者俱入海,市明珠、璧流离,奇石异物,齐黄金杂缯而往。所至皆禀食为耦,蛮夷贾船转致之,亦利交易剽杀人,又苦逢风波溺死。不者,数年来还。大珠至围二寸以下。平帝元始中,王莽辅政,欲耀威德,厚遗黄支王,今遣使献生犀牛。自黄支船行可八月到皮宗,船行可二月到日南象林界云。黄支之南有已程不国,汉之译使自此还矣。”

上述记载中有几个比较陌生的外国地名,当代有些南洋史地学家认为日南则在越南南部,都元国位于暹罗南部,邑卢没国或在暹罗境内,谌离似为缅甸的顿逊(典那沙冷),夫甘都卢或为蒲甘,黄支为印度的建志补罗,皮宗在马来半岛的西南,已程不国即是锡兰。虽未能完全肯定这些古地名的位置,但中外地理学家绝大多数同意黄支即印度南部的建志补罗(Kanipura,今之Conjeveram)。如果由中国南部远航到印度的路线大致确定,那么,中途所经历的各国必为东南亚各古国了。必须指出,我国古代史家的记载是有根据的,因为《汉书》的作者班固与黄门译长交换过意见,并且参考过政府当时保存的有关档案材料。

相比之下,西方学者关注东南亚就晚得多了。直到希腊地理学家托雷密(Claudius Ptolemaeus)约于公元170年所著的《地理》(*Geographike Hyphegesis*)八卷,才模糊地涉及东南亚。在他的地图上,黄金半岛(Chryse Cheronesos)就是马来半岛,不过,托氏的地图并不是出于他本人的独创,而是依据罗斯人玛立挪斯(Marinus von Tyruos)大约在公元112年所绘的地图,加以缩小和歪曲而成的。玛氏的地图又是参考一个印度人著的游记绘成的。因此,西人关于东南亚的记载,乃根据东方人的材料,而且辗转抄袭,其可靠程度远不及国人经过调查研究得来的材料(参看赫尔曼[Albert Herrmann]的论文《托勒迈沃斯地图上的亚细亚东南部》,1931年《研究与进步》月刊,朱菩光译)。

印度关于古代东南亚史地的材料亦不及我国完备,其古代历史文献资料往往杂以宗教神话,碑碣上的文字也是如此,对于研究东南亚地区的初期史的帮助不大。所以世界东南亚史地学家都非常重视中文材料。

二

我国关于东南亚史地作品的介绍文章,如向达的《汉唐间西域及海南诸国古地理书叙录》(已收入《唐代长安与西域文明》一书,1957 年三联书店出版);王庸的《宋明间关于亚洲南方沿海诸国地理之要籍》(《史学与地学》,1926 年);苏乾英的《中国南海关系史料述要》(《学林》,1941 年)及许道龄的《南洋书目选录》(《禹贡》,1937年),都对于东南亚史地研究有参考作用。

散见于我国古书中的东南亚材料,东鳞西爪,各有长短,又缺乏系统,想把它逐一介绍,是很繁琐而且不必要的。目前已经有人做辑佚的工作了。历代正史的地理志和外国传都有涉及东南亚各国的情况及其与中国的关系,这些资料是史学家经过整理写出的,虽然大部分是第二手的材料,可是在第一手的材料已经散亡之后,我们仍可以把它作为第一手材料来看,比方说,《汉书·地理志》里提及东南亚几个国家的地名,我们没有其他更古的材料以为考证,就只能把它作为第一手的资料来研究了。由于正史为人所共知,研究东南亚的人是必定要查阅的,我就不必一一介绍。类书如《册府元龟》、《太平御览》、《艺文类聚》等,内有不少关于东南亚的资料,虽然使人有零碎的感觉,但也有很大的参考价值,因它属于百科全书性质,而不是专书,故不列举。各代实录、会要及通典、通考之类也有不少有关的材料,特别是《宋会要辑稿》中 197 册《蕃夷》,有交趾、占城、蒲端、阇婆、真里富、佛泥等条,可补史传之不足。因为不是专书,也不赘述于此。

现在我按照时代顺序来介绍一下有关东南亚的著作,其中包括游记、杂史及地志之类。

三国至唐代

从三国至唐代时期(220—907)——这一时期可以说是东南亚研究的萌芽时期,以旅行家的游记为主。魏、蜀、吴三国鼎立的时候,吴孙权据有江东,积极向南方发展,欲与东南亚诸国建立政治和经济关系,还遣吕岱平定交州及九真。黄武六年(227),吕岱又命中郎康泰及宣化从事朱应到海南诸国宣传政治和文化,所至之地有扶南、林邑等国,并与一些国家建立关系,互通使节。康泰撰有《吴时外国传》(《吴时外国志》)及《扶南土俗传》(《扶南记》),均已散失,佚文散见于《水经注》、《艺文类聚》、《太平御览》等书。有人见两书内容有一部分是重复的,认为既有外国传,则《扶南》应该包括在内,二书实为一书,由于辗转传抄,遂把原书割裂为二。我怀疑原书可能就是《外国传》,"吴时"二字大约为后人抄写的时候所加。康泰为吴时人,不会把书名特别标出"吴时"二字。《外国传》可能是书的总名,而《扶南记》或《扶南土俗传》是全书中的篇目之一。

朱应亦撰有《扶南异物志》,今佚,《隋书·经籍志》及《唐书·艺文志》均有著录,与上书同为最古的南海文献。

康泰及朱应访问海南诸国,历经许多国家,故所记不限于扶南,亦有爪哇(诸薄Javaka,—Java)及摩鹿伽群岛(马五洲)。北宋李昉编的《太平御览》(787卷)四夷部、南蛮、马五州条有:"康泰《扶南土俗》曰:诸薄之东,有马五州(Moluccas),出鸡舌香(丁香)。"从这些记录中我们可以看出公元三世纪间中国与南海各国的关系以及这些国家的经济和文化情况。《梁书》中关于海南诸国传的文字主要根据康泰和朱应的作品。

吴时丹阳太守万震撰《南州异物志》记载南州风物,计有扶南、林邑、金邻、典孙、加营等十多条,为《太平御览》所引。

刘宋时竺枝亦曾亲到扶南,撰有《扶南记》,惜今已佚。近闻有人拟将康泰、朱应及万震的著作编辑出版,实一项保存古代文献的极有意义的工作。

康泰和朱应撰述的目的是要把东南亚各国的状况告诉国人,并供当局参考。而他们的出使亦不过为着建立本国与其他国家的政治经济的联系而已。

两晋南北朝时代,长江黄河间的广大区域,虽然遭受战争的破坏,但中国与南洋及西域的交通依然无碍。据《隋书·经籍志》载,当时记载域外地理的著作有一百三十九种之多,其中有《交州以南外国传》《游行外国传》《历国传》《外国传》《诸蕃风俗记》等书,今虽失传,但亦可反映出当时中国与南海各国关系的密切,说明我国人民对南海各国有一定的认识。

由东晋到唐朝,我国高僧到印度游历,有从新疆南北路,蹦葱岭至中央亚细亚入印度的;也有从四川西部通云南、缅甸而达南印度的;也有去时由陆路,回时取道南海的。

晋法显于公元399年由长安出发到印度,411年又由锡兰乘商人海舶东归,中途留滞耶婆提(爪哇)五个月,后在青州(今在山东省东北境内)登陆。他历经的三十四个国家,具载于他所撰的《法显传》(又称为《佛国记》),《法显传》总计有九千五百多字,是古代记录中亚、印度、南海的历史、地理、风俗、宗教的第一部书,也是研究东南亚者必读之书。关于这本书的考证,可参看日人足立喜六著、何健民译的《法显传考证》及岑仲勉著《佛游天竺记考释》,均商务印书馆出版。

唐代高僧的著述,有玄奘译、辩机撰的《大唐西域记》十二卷,义净撰的《大唐西域求法高僧传》二卷及《南海寄归内法传》四卷。玄奘足迹虽未遍及南海,但《西域记》卷十三摩呾吒条后有南海六国。义净于公元 671 年由番禺出发到印度,经二十五年,历三十余国,途中在佛逝(在今印度尼西亚)停留了六年之久,因此他对于南海各国风俗习惯相当熟悉。义净之书不仅可以被当作有关古代印度及东南亚各国的风土志,而且是一本有关于佛教在东南亚的传播情况的很好的参考书。

唐代记载中国与东南亚各国的交通路程的著作有贾耽《皇华四达记》二十卷,不传,其略附于《唐书·地理志》卷末,谓从边州入四夷境,凡通译于鸿胪者毕纪之,其入四夷之路与关戍走集最要者七,六曰安南通天竺道,七曰广州通海夷道。附考其方域道里之数,可供研究我国与东南亚交通者参考(清代吴承志撰有《唐贾耽记边州入四夷道里考实》五卷,可以参看)。

总之,两晋至唐关于东南亚各国的作品同具一种特点,即都是旅行家耳闻目睹、信笔直书的游记,不是研究性的作品,而是研究东南亚史地的原始资料。这些资料不仅向我们提供研究东南亚史地的素材,而且填补了我国以及印度和东南亚各国这一时期历史的空白。例如,法显、玄奘及义净的书,都有外国译本,经常被研究东南亚的人所引用,早已在世界学术界占有重要的地位了。

宋元时期

宋元时期——从公元 960 年到 1404 年,可以说是东南亚研究承先启后的成长时期,出现的有关作品更为庞大,内容更为丰富和全面,方法也更加周密,较系统,叙述更为正确。兹就几种有代表性的著作加以评述。

宋代三百多年中,中国对外贸易以东南亚各国为主要对象,并以广州和福建为重要贸易港。我国与东南亚各国的交往和贸易的频繁,加深我国对东南亚各国的认识。因此,宋代关于东南亚的著作中,各项记载都比前代确切和丰富,涉及的范围亦比较广。现以《岭外代答》及《诸蕃志》为例。

《岭外代答》,周去非撰。去非字直夫,永嘉人,1172—1178 年间任桂林通判时记有笔记,自岭外归后,固有问外事者,倦于酬应,乃参考范石湖的《桂海虞衡志》,并将旧日笔记整理,写成二百九十四条以代答,全书记载华南、西南以及东南亚各国的情况,尤详于风俗土产。元马端临的《文献通考》作十卷,明《永乐大典》作二十卷。今本从《永乐大典》辑出,仍为十卷,所载条数与周去非原序所称相符,料无遗佚。其卷二《海外诸蕃》条及卷三《航海外夷》条,皆关于东南亚的重要参考资料。今有知不足斋丛书本,笔记小说大观本及丛书集成本。

《诸蕃志》，赵汝适撰。赵汝适曾任福建路提举市舶之职，因职务需要和为有关方面提供参考，于是经常向来自南洋及西域各国的商人和使者征询其国的基本情况，特别关注物产。此书虽有一小部分根据《岭外代答》，但补充了不少新材料，范围（包括东南亚、印度、西南亚、非洲及地中海）比《岭外代答》为广，解释比较详细，上卷记诸国，下卷记物产，体例比较谨严，内容比较丰富。由于他是通过调查研究，在相当丰富的资料基础上运用自己的见解进行写作的，应该说此书是一本专门研究东南亚的杰出著作。

《诸蕃志》是从《永乐大典》辑出。旧刻本有二，一为函海本，刊刻不止一次，以乾隆初刊本为佳。一为学津讨源本，虽晚出，但可校正前本之失。德国人夏德（Frederich Firth）及美国人柔克义（W. W. Rockhill）曾将《诸蕃志》译成英文，并加注释，改题为"Chau Ju—kua, His Work on the Chinese and Arab Trade in the Twelfth and Thirteenth Centuries, entitled Chu—fan—chi,"冯承钧曾参考此书，加以己见，成《诸蕃志校注》（1956 年由中华书局修订重排出版）一书，为研究《诸蕃志》者必读之作。

元代关于东南亚的代表作品有二，一为《真腊风土记》，一为《岛夷志略》，前者是专史，后者是通史，都是有关东南亚史的不朽著作。

《真腊风土记》一卷，周达观撰。"达观，温州人。真腊本南海中小国，为扶南之属。其后渐以强盛。自《隋书》始见于外国传。唐宋二史并皆纪录，而朝贡不常至。故所载风土方物往往疏略不备。元成宗元贞元年乙未（1295），遣使诏谕其国，达观随行。至大德元年丁酉（1297）乃归，首尾三年，谙悉其俗，因记所闻为此书，凡四十则，文义颇为赅赡。"（《四库全书提要》）按《真腊风土记》不仅记载真腊（今之柬埔寨）的风土，而且关于真腊当时的区域、民族、政治、经济、文化、社会、人物、语言文字和风俗习惯各方面无不备载，对于中柬二国人民的友好关系亦有适当的叙述。此书可以说是十三世纪真腊国志，直至今日仍是研究柬埔寨历史的唯一古籍。

《真腊风土记》的版本，有百川学海本，古今说海本、说郛本、古今逸史本、历代小史本、图书集成本，以古今逸史本为最完备。法人伯希和曾撰《真腊风土记笺注》，由冯承钧译出，收入《史地丛考续编》（商务印书馆 1933 年版）。

《岛夷志略》一卷，汪大渊撰。大渊字焕章，南昌人，年青时曾二次浮海远游，历经数十国，远至印度洋北岸一带，费时数年，然后把他所见所闻，写成一书，初名《岛夷志》（见《岛夷志》后序）。元至正九年（1349），泉州路达鲁花赤偰玉以泉州（泉州在唐天宝初为清源郡）地志《清源前志》散失，后志止于淳祐，中隔百又余年，乃嘱吴鉴修《清源续志》,又以泉州为通海港口,市舶司所在,而贾船所聚之所,有记录海外通商各国之必要。汪大渊亲至海外,因采《岛夷附志略》一书附于《续志》之后。随后汪大渊以《志略》作为专书印行于南昌郡,现在流传的《岛夷志略》有《四库全书》原天一阁抄本、丁氏竹书堂抄本、彭氏知圣道斋抄本及顺德龙氏知服斋丛书刊本。

此书成于 1349 年,凡一百则,志国九十又九。其特点在于记载各地的物产及贸易颇为翔实,同时又注意到中国与其他各国的经济和文化的关系。《四库全书提要》称它:"所记罗卫罗斛针路诸国大半为史所不载,又于诸国山川险要方域疆里一一记述,即载于史者亦不及所言之详,录之亦足资考证也。"

考证《岛夷志略》的作品约有三种:(1)沈曾植的《岛夷志略广证》(神州光国社古学丛刊,1931 年),(2)日本藤田丰八的《岛夷志略校注》(1915 年雪堂丛刻本),(3)苏继庼的《岛夷志略考释》(中华书局)。还有美国柔克义的《岛夷志略选译》(1915 年通报英文本)。

沈曾植的特长在西北史地方面,至于东南亚史地不过涉猎而已。又不懂外文,故其考证《岛夷志略》一书,只能参稽中国古书,比对同异,证明今地,多采对音,无其他辅助工具足以寻求有力的旁证,因此所考的地名,亦多勉强附会之处,但成书较早,有大辂椎轮、承先启后之功。藤田丰八之书的考证,颇有可采之处,但失考极多,错误之处亦不少。柔克义是一个外交家,所谓"中国通"之流,并不是东南亚史地专家,他的文章没有什么贡献。苏继庼研究东南亚史地数十年,凡有关于东南亚史地的中外主要作品无不披览,晚年退休后,治学益勤。他考释《岛夷志略》一书也费了许多年时间,终日仆仆于各大图书馆中,钩元提要,条分缕析,他的考证论文,有沈曾植之大胆独断而无其空疏;有藤田丰八之细心而去其拘泥,故应以其书为冠首。

元代关于东南亚的著述决不止上述二种,不过上述二种对东南亚史地研究的贡献比较大。其他次要的作品如《至元征缅录》(作者佚名,宋山阁丛书本),乃当时朝廷档案文件之类,难免有失实之处,故不博引。

明清时代

明清两代大约六百年时间,无论在经济上还是文化上的发展却大大超过前一个历史阶段的水平,这主要是由于社会生产力的发展,我们在这里不必详论。明代社会生产力发展,商品生产发达,对外贸易频繁,为商业资本的发展提供了有利条件,统治者加强了中国与东南亚各国的经济和文化的关系,郑和七下西洋的壮举就是一个例子。社会发展的需要,不少关于东南亚的作品涌现。郑和下西洋的随员中已有三人分别写出了洋洋万言的著作。

《瀛涯胜览》,马欢撰。马欢于永乐十一年(1413)以通译员身份随郑和第三次下西洋,历涉诸邦,有闻必录,编成《瀛涯胜览》一书,记述东南亚、南印度、西南亚二十个国家的地理、历史、政治、经济及社会情况。

此书有原本及改订本两种版本。张升改订之本,有宝颜堂秘笈本、续说郛本、广百川学海本、天下名山胜概记本、图书集成本。由于张升删改原文太多,致使原文失去本来面目,不能满足学者的要求。马欢原本亦有四种版本:一为记录汇编本、一为国朝典故本、一为胜朝遗事本、一为三宝征彝本。最后一种版本首见于《天一阁书目》,后见于《抱经堂楼藏书志》,但难得见。可得而见者,仅前三本而已。其中又以记录汇编本为最详(详情可参考冯承钧撰《瀛涯胜览校注序》)。冯承钧又参考各种版本及西人有关的著作,撰成《瀛涯胜览校注》一书(1935 年商务印书馆初版,1955年中华书局重印)。

《星槎胜览》二卷,费信撰。费信字公晓,吴郡昆山人,年十四,代兄服兵役,不废学习,年二十二,永乐至宣德年间,选往西洋,四次从郑和历访诸国,前后二十余年,遍览风土人物,搜集材料,撰成一书,名曰《星槎胜览》,分为前后二集,"前集者,亲监目识之所至也,后集者,采辑传译之所实也"。前集所亲历者二十二国,包括东南亚、印度、西南亚各地。每记一国之后,附以一诗,虽风格不高,亦颇流利可诵,费信的文学造诣,似乎还未能达到这样的水平,疑是后人如陆子渊、周复俊等加以修改。

《星槎胜览》的版本大约可分为两类,一为原本,凡二卷,辞多芜鄙,有国朝典故本、有罗以智授传抄明抄本、有上虞罗氏影印天一阁本,中山大学藏有根据天一阁本的铅字排印本。另一种为改订本,分为四卷,就原本加以增删。改订本今可考者共有八本,即古今说海本、历史小史本、纪录汇编本、百名家书本、格致丛书本、学海类编本、借月山房汇抄本(泽古斋丛抄本同)、逊敏堂丛书本。冯承钧曾以罗以智校本为底本,用国朝典故本及天一阁本对校,期复旧观,并以上述八本中的纪录汇编中的文字附于每条后,且将各国地名一一考证,标出今名,成《星槎胜览校注》一书(1938 年商务印书馆版),极便参考。

《西洋番国志》,巩珍撰。巩珍南京人,为郑和下西洋的随员。十七岁参军,后被提拔为幕客,宣德年间,随舟师入海,前后三年,事竣撰成此书。自序称:"凡所记各国之事迹,或目及耳闻,或在处询访,汉言番语,悉凭通事转译而得,记录无遗。中有往古流俗,希诧变态,诡怪异端而可疑,或传译舛讹而未的者,莫能详究。其注意措辞,直俗之语,不别更饰,惟依原记录者序集成编,存传于后。尚觊将来出使之晓达者,增损而正之。"此书基本上是作者自己调查研究的结果。可惜作者不懂外国语言,不能不借助于翻译。他还参考了档案材料,特别是使团的记录,又搜罗一些书本上的材料如《岛夷志略》、《真腊风土记》之类来丰富本书的内容,加以文字上的修饰。所以钱曾的《读书敏求记》评它"议事详核,行文赡雅。"彭之瑞(字掌仍,一字揖五,号芸楣)的《知圣道斋读书跋》评此书说:"作者随三保太监下西洋,记所亲见;乃卒伍中解文者,叙次了了,胜于元汪焕章《岛夷志略》。《明史·外国传》多采之。"

又此书在钱牧斋的《绛云楼书目》及钱曾的《述古堂藏书目》均有著录,且注明是抄本。四库全书收入地理类的也是抄本。彭元瑞所藏亦然。解放后,天津周叔弢先生把其所珍藏的《西洋番国志》(彭氏知圣道斋抄本)捐献给了北京图书馆。向达先生据以校注,1961 年由中华书局出版。新加坡陈育崧先生又取得全书照片一份,斥资印行。此书一百年来,仅有抄本,赖周、向、陈三先生的流播而大显于世。

《四库全书提要》认为此书所记与《明史·外国传》大概相同,疑《明史》采用此书。可见此书对史学亦有一定的贡献。

《瀛涯胜览》、《星槎胜览》及《西洋番国志》三书各有短长,未容偏废。费信之书采摭汪大渊的《岛夷志略》极多,而本人记事亦颇简略,不及马欢的《瀛涯胜览》之叙事详赅。但《瀛涯胜览》仅叙二十个国家,《西洋番国志》亦然。而《星槎胜览》所记国家有四十四个之多,可以补充其他二书之未备。《西洋番国志》比《瀛涯胜览》发表得迟(马欢书成于永乐而巩珍书成于宣德年间),而两书内容文字大同小异,因此有些人怀疑巩珍是抄袭了马欢的书。不过我认为二人的材料可能同出一源,即当时的记录,二书内容有许多地方相符,本无足怪。所以两书可以互相补充和匡正。又《西洋番国志》载有永乐敕书三道,为他书所无,这都是郑和下西洋的重要参考资料,我们应该重视。

《西洋朝贡录》,黄省曾撰。书成于 1520 年,自称:"乃摭拾译人之言,若《星槎》、《瀛涯》、《针位》诸编,一约之典要,文之法言,征之父老,稽之宝训,始自占城,而终于天方,得'朝贡'之国甚著者凡二十有三,别为三卷。"黄氏并未亲历其境,只综合费、马诸人之书及一些零碎材料,编纂而成。又以文笔自负,于记载每国之后,辄附以"论",徒夸大国之风,极少心得之处,其参考价值自然不大。不过研究者仍可采用此书为上述三书的佐证。此书有借月山房汇抄本、指海本、粤雅堂丛书本、别下斋丛书本、笔记小说大观本。

《海语》,黄衷撰。黄衷字子和,南海人,曾任南京户部兵部侍郎,著作颇为丰富,唯《海语》一书传世。《海语》成于嘉靖十五年(1536),凡三卷,版本有宝颜堂秘笈本,学津讨原本、纷欣阁丛书本、岭南遗书本,以后者为最善。所谓海语,即谈海国之事。他自叙其撰述经过说:"余自屏居简出,山翁海客时复过从,有谈海国之事者则记之。积渐成帙,颇汇次焉。"可见黄衷本人并未亲历南洋诸国,记载的航海贾客的见闻都是间接得来的。不过此书仍有一些特点,第一,它所记载之国为暹罗及满剌加,叙事比以前各书详细,例如满剌加一章,叙述到 1511 年佛郎机(指葡萄牙人)侵占满剌加事,距离成书时候不过二十五年而已。第二,此书作者稍有历史观点,从不抄袭,固执旧说,注意社会的变迁。例如说:"客谈多二国之事,然显有异于前志者,岂亦沿革习气与时推移耶!"伍崇曜跋也指出:"是书则杂识所闻,词皆己出,一洗宋明人说部诸书互相沿袭之陋。"至于文词雅洁,早有定评。

《东西洋考》,张燮撰。张燮(1574—1640),字绍和,福建龙溪人,出自"书香门第",有才子之称,著述有十四种之多,现存的仅有《东西洋考》、《漳州新府志》及《梁简文帝御制集》(辑)三种,以《东西洋考》为最著名。本书的出现,使我国关于东南亚的研究又有了新的进展。

《东西洋考》十二卷,是张燮受郡司萧基及司饷王起宗的聘请,采用方志体例编成,并补郡志所未备。从开局编纂起至全书告成止,仅四月。由于张氏博学能文,且有编方志的丰富经验(他曾经参加《漳州新府志》及《闽中记》的编写),所以能够在很短时间内撰成一本较有研究性的书。现在我把他的著书方法和特点标列出来。

一、过去关于东南亚史地的书,有些是个人的旅行记之类,有些是利用间接的材料编纂成书,虽然都有作者的目的,甚至也有本书体例的说明,但都没有《东西洋考》一书体例完备,我们从书中的八条凡例就可以看出来,作者的计划性比较强。二、地名的考证,不独采取对音,而且参考当地语言、地界、方向、远近以及风俗物产来确定它的沿革名称,但仍以当前通用名称为主。这种方法是比较全面的。固然张氏所考的有些未必确切(例如以大坭为渤坭),但已经纠正了前人不少误解。古今地名沿革的考证本来是一件不容易的事情,并且也不能以今日的地理知识水平来要求三百多年前的学者。张氏能够综合和分析前人之说,并提出自己的见解,颇有实事求是的科学研究精神。三、打破厚古薄今的旧习惯,在写作方面略古详今。作者鉴于"诸国前代之事,史籍倍详,而明兴以来为略,即国初之事,掌故粗备,而嘉隆以后为尤略。每见近代作者叙次外夷,于近事无可缕述,辄用'此后朝贡不绝'一语搪塞",引以为憾。作者认为替外国作传应该叙述到最近。因此他参考了档案和邸报,访问故老和海客贾人,搜集有关的情况,收入著作中,这样做法就比较全面,而且符合大众的要求。四、本书一方面采用国别史的体裁，分别叙述海外各国；另一方面，又于每国之后，附载山川方物，如地方志体。最后又附载"交易"一栏，以供对外贸易的参考，对中国与外国的经济交流大有裨益。这是本书独创的体例。五、本书主要是记载东南亚与中国建立政治和经济关系的国家，因此不列东亚各国如琉球和朝鲜之类，这样就使东南亚各国的地位更为突出。本书把东亚的日本及西欧的荷兰列入外纪，就因为这两个国家曾经多次破坏我国国防及我国与东南亚各国的贸易。日本倭寇为患中国将近三百年，从洪武二年(1369)以朝贡贸易为名，行抢掠屠杀之实，首先侵犯山东渤海州县，继而进掠大江南北，沿海人民饱受其害。明嘉靖中，当局认为倭患起于市舶，为了防倭，乃罢市舶，并施行海禁。荷兰人("红毛番")从十七世纪开始亦不断侵扰福建沿海，借口通商，进行侵略。当时看来，倭寇和荷兰侵略者都是我国人民的敌人，为着加强敌情观念，作者把日本及"红毛番"列为外纪，以别于内纪中与我国建立友好关系的东南亚各国。从此可以看出作者具有一定程度的爱国思想。六、本书特辟饷税考和税珰考，以示史家的褒贬。作者从减轻人民负担的观点出发，大力揭露和抨击宦官的贪污和残酷以及他们同敌人勾结的罪状，这些都是符合当时情况的。作者虽然站在封建阶级的立场，但是具有明辨是非的正义感。七、本书又特辟舟师考，著录了东、西两洋的针路，既可以作为古代航海的指南，又可以为研究东南亚海上交通者提供参考。这些针路由作者加以文字上的整理和地名的考证，相当于今天的航海通书。因为许多南洋地名，由闽南方音翻译过来，作者是福建龙溪人，比较容易担任这种翻译和考订工作，但也是相当麻烦的，据作者称："舶人旧有海航针经，皆俚俗未易辨说，余为稍译而文之，其有故实可书者，为铺饰之。渠原载针路，每国名自为障子，不胜破碎，且参错不相连。余为熔成一片，沿途直叙，中有迂路入某港者，则书从此分途，轧入某国，其后又从正路提头直叙向前，其再值迂路亦如之。庶几尺幅具有全海，稍便披阅。"考航海针经著录于明代典籍的，虽有《郑开阳杂著》《筹海图编》《日本一鉴》等记录了太仓使往日本针路，福建使往日本针路。邓钟的《安南图志》记录了福建往安南针路。但《东西洋考》的针路，特别详于往东南亚各国的针路，而且载有全程，实为可贵。近人张礼千于 1947 年撰有《东西洋考之针路》一书(新加坡南洋书局出版)，可供参考。八、《东西洋考》中有《艺文考》及《逸事考》，前者是档案文件，后者是零碎资料即列国考，网罗不尽，弃之可惜，于是附录于后，以供读者参考和补充。这样就保存了不少有关的参考资料。我认为作者可能受一些旧方志体例，特别是受黎崱撰的《安南志略》一书体例的启发。《安南志略》一书亦另辟专栏收入当代及前代的书表奏章、诗文及杂记之类，是艺文考及逸事考的先声。张燮博览群书，《安南志略》当亦在参考之列。又《东西洋考》的列国考记述社会经济的基本情况为多，而叙述文学及艺术较少，今得这两考来补充不够的地方，就可以窥见有关国家的全面情况了。

总之，《东西洋考》的作者从事实出发，详细地占有材料，从大量事实中形成见解，表现出实事求是的态度。16世纪后，西方殖民者侵入东方，作者在书中到处流露出反殖民主义思想，比如说："古称旁海人畏龟龙，龟龙高四尺，四足，身负鳞甲，露长牙，遇人则啮，无不立死。山有黑虎，虎差小，或变人形，白昼入市，觉者擒杀之。今合佛郎机(葡萄牙人)足称三害云。"(卷四《麻六甲》条)同时他对于葡萄牙殖民者在吕宋压迫和屠杀华侨的暴行，亦谴责不遗余力，充满正义感。

《东西洋考》是一本研究东南亚史地的专书。其价值远出《西洋朝贡典录》及《海语》之上。此书版本有万历刻本、惜阴轩丛书本、国学基本丛书本、丛书集成本。

明末关于东南亚史地的书，尚有茅瑞征的《皇明象胥录》八卷，其中第三至第五卷记载东南亚、印度及锡兰，第三卷专记安南，特别详于明代中国与安南的交涉，可供参考，而关于其他各国没有提供新的情况。安南传有会典及实录为依据，而其他各国列传仅从正史及杂记中取材，所以参考价值不大。现在的通行版本有按明崇祯刻本影印的北平图书馆善本丛书本。

郑晓的《皇明四夷考》较《皇明象胥录》早出一些，茅瑞征曾引以为根据。《四夷考》写作方法比较谨严，惟编至嘉靖朝而止，有国学文库本(据万历年刊吾学编排印)。

明代晚期关于东南亚的著作记述安南特别详细。因为安南不仅是我们的邻国，而且与我国政治关系非常密切，而马来半岛、马来群岛、东印度群岛及菲律宾群岛各国，自郑和七下西洋后，特别是西方殖民者侵入后，与我国关系已经若断若续了。

这一时期出版的东南亚国别史、专史也有许多种。李文凤的《越峤书》三十卷(北京大学抄本)为明代研究越南史最有系统的著作。有些著作是站在封建统治者的立场，宣传大国主义思想，反映中越两国封建统治阶级矛盾的，可供批判参考的有：张心撰的《驭交记》十卷(粤雅堂丛书)，黄福的《奉使安南水程日记》(纪录汇编本)，及不著撰人姓名的《安南弃守始末》(陶凤楼校印本)。越南学者用中文写成、在中国出版的越南史资料有：不著撰人名字的《越史略》三卷(守山阁丛书本)及黎澄撰的《南翁梦录》(纪录汇编本)。黎澄是越南人，入仕明朝，任正议大夫、工部左侍郎等职，其书记载越南陈氏王朝的掌故，成于正统三年(1458)，与元朝黎崱的《安南志略》

相辉映。他们的书丰富了我国研究越南的史料宝库。

缅甸史研究方面,钱古训撰的《百夷传》(南京图书馆影印明抄本),是他于洪武年间奉使缅甸,完成任务后所作。此书兼述中缅边境的少数民族(特别是傣族),有裨于考证。此外还有张法撰的《使缅录》及包允捷的《缅略》二书。

明代关于东南亚的研究在原有基础上提高了一大步,著作的数量有所增加,而质量上也有很大的提高,主要的原因在于国内经济的发展促进商品的大量生产和海外市场的需求增多,因而统治者在明初就设法扩大对外贸易,甚至与民争利,企图由官方独占海外贸易;郑和七下西洋,加强中国与东南亚各国的经济和政治的关系,对于中国与东南亚之间的贸易亦发生了一些影响。在这样的形势下,国内人民不得不对东南亚情况十分关注,对关于东南亚史地著作要求亦更为迫切,从永乐到宣德年间出现的著作最多。又永乐五年(1407)设立四夷馆,隶属翰林院,教授各外国语,初设八馆,内有缅甸馆,1579 年又增设暹罗馆,专门训练翻译人材,为对外交涉及研究东南亚史地提供了有利条件。又由于我国和东南亚各国人民来往密切,我国航海家对东南亚的海道航行已经有很大把握,单看郑和所用的航海图(收入茅元仪辑《武备志》),就可知我国航海家对于印度洋的熟悉程度。可是宣德以后,由于防倭及反对葡萄牙和荷兰殖民者的侵略,政府严禁"下海通番",我国对外贸易受挫。虽然封建统治者的法令不能彻底阻止人民的出洋,不过冒险出洋的人绝大多数是劳动人民,他们由于生活压迫和社会条件的限制,不能够或没有兴趣来研究东南亚各国情况,而于万历二十一年(1593)、万历三十一年(1603)及崇祯十二年(1639)西班牙殖民者在吕宋大肆屠杀华侨后,国人出洋锐减,明末清初关于南洋的著作顿显贫乏。

明朝政府有关机构本来也保存了相当多的下西洋的档案,但执政者认为无用,不愿保存。相传郑和七下西洋的档案在兵部职方,成化中,有旨咨访下西洋故事,刘忠宪公大厦为郎中,取而焚之(参看顾起元撰《客座赘语·宝船》)。官方关于与东南亚各国交涉的档案材料,除有些转入实录外,早已荡然无存,这是不可补偿的损失。

同时由于防倭及明朝出兵支援朝鲜反抗日本的侵略,许多经世的学者就把注意力从东南亚转到日本和朝鲜,以适应当时斗争的需要,一时研究日本的著作特别多,而关于东南亚的著作相对减少。此又是明代末期东南亚研究发展迟缓的另一原因。

《海国闻见录》,陈伦炯撰。清代关于东南亚各国史地的著作以陈伦炯的《海国闻见录》为第一本书。陈伦炯字资斋,福建同安人。他的父亲到过外洋,留心地理,伦炯得父亲的指授,访问了一些出洋贾客,并对勘了有关的图籍,1730年写成《海国闻见录》一书,末附地图。以日本为东洋;以吕宋、文莱为东南洋;以暹罗柔佛等地为南洋,以印度为小西洋;以欧洲为大西洋。与明人以南海为东西洋的界说不同。此书的特点是:第一,注重航海方面如方向、水程、港口之类;第二,补充了一些关于明末清初东南亚各国的情况报告;第三,由于当时西方殖民势力已经侵入东南亚,因此附带介绍欧洲各国。此书的版本有乾隆原刻本,同治戊辰粤东三元堂刻本,艺海珠尘本。

《海录》,谢清高撰。谢清高的《海录》也是18世纪中国人关于欧亚,特别是东南亚各国之书。谢清高是嘉应州之金盘堡人,十八岁随英吉利或葡萄牙舶出洋,在外十四年,三十一岁而瞽,生于乾隆乙酉(1765),死时五十七岁。谢清高没有写作能力,双目失明后,自言恨不得一人记其所知,传之于后。同乡杨炳南在澳门与他相见,并记录他口述的见闻,成书一卷,名曰《海录》。现在的通行本有杨氏序文,具述笔授经过。但李兆洛《养一斋文集》卷二载《海国纪闻序》提及吴石华曾记录谢清高口述的材料,为《海录》一书。究竟笔受者为杨炳南抑或吴石华,冯承钧不能决定。我认为现在流行的《海录》笔受者应是杨炳南。吴石华(兰修)为嘉庆道光年间的广东著名学者,曾任广州学海堂堂长,著述有九种之多,未闻有《海录》一书。伍棠曜与他为同时人,对他亦颇了解,但伍氏刻的海山仙馆丛书,收入《海录》,仍载杨炳南的序,并署杨炳南(秋衡)为编者。又《嘉应州人物志》的吴兰修传,未有提及笔授《海录》事,而杨炳南传则记此事。可见广东人只知有杨炳南笔受之本,而不知有吴石华笔受之本。可能吴石华自有记录本,没有发表,只寄一份给李兆洛参考,因而误传。

《海录》内容可分三类,首大陆沿岸诸地,自越南达印度西北岸诸地为一类;次南海诸岛,自柔佛迄妙哩士诸岛为一类;次欧美非三洲及东北海诸岛别为一类。按其所述,似于南洋诸地情况认识较详,印度沿岸次之,欧洲诸国又次之(谢清高足迹所及,仅止于英吉利及葡萄牙,其余各国得自传闻)。

本书述及昆甸的罗芳伯及戴燕的吴元盛事,为他书所无,可以作为研究南洋华侨史的重要参考资料。

此书的版本,有海外番夷录本、海山仙馆丛书本、1938年冯承钧校注本(1955年中华书局重版)。

《海客日谭》,王芝撰。王芝的《海客日谭》属于游记之类。著者别号子石子,据称十八岁即到云南胜越参军,同治十年(1871)十月辞职入缅,由新街(八莫)坐缅船,循伊拉轘底(伊洛瓦底江)至蒲甘跋散(勃生),抵漾贡(仰光),周游缅甸全境,十二月渡海到锡兰、印度,转英吉利国都伦敦,历游欧洲瑞典、法郎西、意大理诸国,复出红海,经过南洋群岛,至次年五月由广东琼州浮海抵上海,又由上海到北京。作者未离滕越出发前已有写书的准备。预定书名《渔瀛胪志》,打算把海国逐一陈述。及游毕书成,改名为《海说》,序作于同治十一年九月九日,后由其友王含校刊此书,又改名为《海客日谭》出版。全书六卷,卷一至卷三之一部均记缅事,于滇缅间的水道考证极为精详。卷三之一部与卷四均记游历欧洲诸国事。卷五记地中海、红海、印度洋、南洋及七洲洋沿岸诸国事。卷六分载从香港、上海抵达都门之作。

此书叙述缅甸的风俗习惯比较翔实,特别提到新街地方有一唐人街,显示出中缅两国人民来往极为密切。又指出英国吞并了缅甸白古后,派特务分子驻在新街,窥探我国边境,多次派人潜入云南,企图侵略我国领土,又于卷五星架坡的记事中,又指出英国殖民政府奴役马来亚人民及嫉妒和剥削华侨的阴谋活动。可见作者对于东南亚政治形势颇为留心。

因为此书的重点在东南亚,可以列为东南亚史地研究的优秀作品之一。

鸦片战争之后,我国有些开明的封建知识分子吸收了经验教训,知道欧人的东来,是"古今一大变局",不能再闭关自守,只有讲求富强自立之道,才是识时务的俊杰,于是开始留心国际形势,形诸笔墨,就出现了两本新编的世界地理书籍,一为徐继畲的《瀛环志略》,一为魏源的《海国图志》。

《瀛环志略》始作于道光廿三年(1843),刻成于道光廿八年(1848),开我国谈世界地理之端。全书凡十卷,其第一卷之一部及第二卷叙述东南亚各国的地理及其历史。凡例有说:"南洋诸岛国,苇航闽粤,五印度近连两藏,汉以后明以前皆弱小番邦,'朝贡'时通,今则胥变为欧罗巴诸国埔头,此古今一大变局,故于此两地,言之较详。至诸岛国自两汉时即通中国,历代史籍,不无纪载,然地名国号,展转淆讹,方向远近,亦言人人殊,莫可究诘,转不如近时闽粤人游南洋者所记录为可据。此书于南洋诸岛国皆依据近人杂书而略附其沿革于后。……"按此书关于东南亚的记载,以我国文献为主要参考书,又补充一些从西文翻译出来的有关材料,吸收一些先进的经验,亦能加以批判。作者在鸦片战争后,目睹西方殖民者侵入东南亚的情况,认为对中国不利,痛切地指出:"自泰西据南洋诸岛,城池坚壮,楼阁华好,市廛繁富,舟楫精良,与前此番族之荒陋气象固殊,而中土之多事,亦遂萌芽于此。"对于西方殖民者横行霸道,得寸进尺,表示警惕和愤慨。

此书的体例是新创的,取材广博,所引用的书如邵星岩(大纬)的《薄海番域录》、黄毅轩的《吕宋纪略》、王大海的《海岛逸志》等,都是罕见之书,值得我们珍视。

《海国图志》和《瀛环志略》一样,也是以世界地理和历史的综合方法编成的。《海国图志》原刻六十卷,道光二十七年(1847)刻于扬州,咸丰二年(1852)重补成百卷,同年刻于高邮州。卷五至卷十五介绍东南亚各国。作者鉴于《明史·外国传》的琐碎谬误,试图加以纠正,又因当时西方殖民主义势力已经深入东南亚各国,认为"志南洋所以志西洋"。其最终目的仍是研究国际形势,反对殖民主义继续侵入亚洲。因此《海国图志》不愧为一本有时代意义的经世有用之书。关于东南亚各国的记载,除引用了一些正史中有关的材料外,也引用了一些前人的专著如《东西洋考》《海录》《海国闻见录》之类。由于此书的补订本出版比《瀛环志略》晚些,所以也引用了《瀛环志略》中的一些文字,并且参考了几种从外文翻译出来的材料,如《外国史略》、《地理备考》,但未能把引用的材料加以综合分析,加以论断,因此它的系统性不及《瀛环志略》,但此书主要是介绍一般情况。他研究东南亚的目的是提醒国人警惕西方殖民者以东南亚为侵略基地进犯中国,并且书中以英国殖民主义为19世纪亚洲人民的敌人,希望国人从敌情观念出发来进行研究。他说:"(英人)洞悉中国情形虚实,而中国反无一人瞭敌情伪,无一事师彼长技,喟矣哉!"作者研究东南亚是从当时的实际需要出发,对我们有一定的启发意义。因此,我把它列为研究东南亚的重要参考书之一。

法国殖民者侵入我邻国越南,引起我国学者的密切注意,一时关于越南史地的著作有好几种,其中以盛庆绂辑的《越南地舆图说》为最佳。作者于光绪初年曾与越南使者往还两月之久,讲论越南风土形势险要,又因法国侵略越南,发愤参考众说,辑成六卷之书,于光绪九年(1833)出版。一卷至四卷,包括越南全境,卷五,附录越南世系,卷六附录越南道里。除地图外,有极为详细的文字说明,间引史事,是一本研究越南地理沿革的参考书,直至今日还不失其参考价值。此书流传不广,用者不多,因此更有介绍的必要。

关于缅甸方面的专书,鸦片战争后,有彭崧毓(于蕃)撰的《缅述》(问影楼舆地丛书本),出版于1848年,叙述十九世纪中期以前的缅甸情况,内容较为全面,可供参考。清代关于中缅边界的著作有许多种,其中最著名的有姚文栋的《云南初勘缅界记》;薛福成的《滇缅边界图考》等。黄懋材的《西輶日记》四卷,记载缅甸当时的情况并回溯英国第一次侵略缅甸战争的经过,可供研究缅甸近代史的参考。黄氏还著有《印度劄记》上下二册。唐代以后,对我国人到印度的情况而有相当详细的记录的,黄氏是近代第一人。黄氏还撰有《西徼水道》一卷,考查澜沧江、潞江、龙川江、槟榔江、禹贡黑水及恒河等水道,都身历其地,进行调查研究工作,虽然所考证的未必尽确,但在一些地方也纠正了《海国图志》及西人地图上的错误,有裨于研究印缅沿革地理。黄懋材的著作收入《得一斋杂著四种》,光绪十二年(1886)出版。

清代研究东南亚史地的书籍,择其影响较大者评述如上,但实际上还有许多典籍可供研究参考,限于篇幅,有些且不是东南亚史地学的主流,故不多述。例如康熙时陆次云所撰的《八紘译史》、《八紘荒史》及《译史纪余》三书乃作者参考二十一史,明代《咸宾录》、通考、通志、通典及各种类书以及西方传教士的记录中有关东南亚及其国家的材料辑成,虽然有整理史料的劳绩,但独创性少,因不入专书之列。又清初顾炎武的《天下郡国利病书》,顾祖禹的《读史方舆纪要》,齐召南的《水道提纲》诸书,内有一部分关于东南亚诸国史地的材料,因其以中国为中心来谈邻国的史地,故亦不列入东南亚史地专书范围。清人所编《明史》亦有东南亚各国传,亦因上述理由而不列举。王锡祺辑的《小方壶斋舆地丛抄》十二帙,集清代舆地译著之大成,其中也有不少关于东南亚史地的专书及论文。清学部编译书局也曾编译过一些关于东南亚各国的书籍,如《缅甸志及列国志》、《暹罗国志》等。我们可以说,东南亚研究的主流至清代更加深广。

原文载于《学术研究》第 1 期,1963 出版。

岑仲勉先生对西域史地的研究
——岑著《汉书西域传地里考释》校后记

岑仲勉先生(1885—1961),广东省顺德县桂洲乡人,幼承家训,习经史训诂之学,受乾(隆)嘉(庆)考证学派的影响颇深,对于高邮王念孙父子之学尤为服膺,及长入两广方言学堂及北京税务专门学校学习,初步奠定他的外语、社会科学及自然科学的基础。毕业后,除担任过短期的行政机关的工作外,数十年来都是从事教学和科学研究工作,即使在担任行政工作中,仍然不废著述。当代史学大师陈垣(援庵)先生掌辅仁大学时,知岑先生的史地学造诣甚深,请他替《辅仁学志》撰稿,这个学报先后发表了他的《汉书西域传康居校释》《奄蔡校释》及《再说钦察》等篇,即《汉书西域传地里考释》的一小部分。岑先生又陆续在中山大学、金陵大学等校学报发表有关中外史地考证的文章多篇,引起史地学界的重视,又因陈垣先生的介绍,岑先生入历史语言研究所任研究员,益致力于隋唐及中外交通史研究,虽在抗战期间,流离颠沛,岑先生锲而不舍,著述日富,他的《突厥集史》《西突厥史料补阙及考证》及《唐史余瀋》(均由中华书局出版)都是在这个时期成稿的。岑先生在历史语言研究所时,曾向当局建议,要培养一两位年青学者来从事突厥语言及历史的研究,以免此种专门学问在中国无人嗣响。当时,该所被反动势力把持,对先生的提议置之不理,使岑先生独为其难,无人继美,实在是一件很可惜的事情。岑先生在研究所十多年,淡泊明志,守正不阿,终于受到以傅斯年为首的学阀集团排挤,1948年转入中山大学任教,至1961年逝世。

解放后,党和政府贯彻知识分子政策及"百花齐放、百家争鸣"方计,给予岑先生以很大的鼓励和支持,岑先生亦心情舒畅,干劲冲天,以教育英才为乐,先后在中山大学历史系讲授蒙古史及隋唐史二科,诲人不倦,为全校师生所爱戴。岑先生讲学之余,锐意著述,配合教学写成《隋唐史》一书,又著有《黄河变迁史》一巨著,为水利工作提供重要的参考材料和意见。此外,整理和修改旧作,其中发表的也有十多种,在国内史学界中岑先生算是著述最多的一个。他已发表和未发表的著作将近一千万言。

岑先生的学术成就是多方面的,我们从他已经发表的作品就可以看出来。不过他的绝学,恐怕还在中外交通史,即在西域南海史地考证方面,其次才是隋唐史。其实隋唐史的研究也不能不涉及中外交通史。他的比较庞大的著作如《突厥集史》《中外史地考证》及《汉书西域传地里考释》等都是研究西域史地的作品。

岑先生之研究西域,一方面抱着经世致用的目的,另一方面,是要批判继承祖国的文化遗产。

我国学者对西域作系统研究始于 18 世纪,乾隆时,大学士傅垣主编《钦定皇舆西域图志》以供统治新疆参考。此书是集体写作,以褚廷璋出力为多,于山川道里沿革物产,无不备载,疏源开流,贪多务得,虽有炫博之讥、不实之处,然亦有开拓之功。其次徐松(星伯)的《汉书西域传补注》及《西域水道记》都是以实地调查研究的结果结合书本上的知识写成,为进行西域研究的主要参考书。又其次李光廷(恢垣)的《汉西域图考》,虽然是一本通论性质的书,但已能吸收较新的著书体例,附以具有经纬线的全球地图及西域地图,此书成于鸦片战争之后,帝国主义对我国边疆不断干扰之时,李氏之书,援古证今,目的在提醒国人。上述各书,岑先生的《汉书西域传地里考释》是经常引用的。

《汉书·西域传》所举诸国,在地理上有属于天山北路的,有属于天山南路的,有属于葱岭的,亦有属于葱岭以外的。汉代天山南北二路诸国在今我国新疆境内。《汉书·西域传》还涉及中亚和西亚的一些国家。

19 世纪末期,英俄帝国主义在中亚地区互相争夺地盘。一方面帝俄以咸海区及西伯利亚为前哨逐渐向中亚推进,1865 年占领塔什干(Tashkent),两年后克服部卡拉(Bukhara),并吞撒马尔罕(Samarkand),1873 年灭基发(Khiva),1870 年平浩罕(Kokand),俄帝国主义势力伸入兴都库什(Hindu Kush)诸国。另一方面,英帝国主义于 1849 年占领印度傍遮普后,进一步侵略喀什米尔,并强迫阿富汗成为保护国,骎骎然向我国新疆和西藏进行侵略。帝国主义从自己利益出发,派遣一些教会、学术团体及资产阶级学者来调查研究我国边疆的历史和现状,如英国皇家亚洲学会、皇家地理学会,俄国地理学会都曾承担研究中亚的任务。他们还派遣一些中亚考察团或组织所谓探险队,渗入我国内地,在不平等条约的保护下,刺探我国情报,掠夺我国文物,回国后写成调查报告或专书,以供殖民者参考。19世纪末期,西人研究中亚的风气因此盛极一时。

我国有识之士,发愤图强。讲求经世致用的史地学家,如魏源、龚自珍、何秋涛、张穆、李恢垣、洪钧、沈曾植等,较多关注边疆问题和国防问题,通过研究对策,都结合当时的国际形势对西北史地状况进行研究。岑仲勉先生似乎亦受此种学术风气的影响。

其次,广州为近代中外交通的枢纽,接受西方文化的影响亦最早,得风气之先,从注意洋务而转致力于中外交通研究的大有人在,魏源的《海国图志》亦曾在广州搜集材料。研究中外交通的著名学者如顺德李文田、梁廷枏、番禺李光廷等都是生于19世纪末的广东人。岑先生早年即治中外史地,可能受到这几位前辈的影响。

岑先生早年留心"洋务",中外文字都有深厚的基础,又爱治史地之学,研究中外交通史或西域南海史地,正能充分利用自己的特长。学术兴趣和特长相结合,自然在科学研究中取得了显著的成绩。

《汉书西域传地里考释》一书是岑先生穷年累月、苦心孤诣的科学研究成果。此书于1930年已经勒成初稿,后来逐渐有所补充;抗战期间在重庆岑先生进行了整理、充实和提高,完成第二次稿,抗战胜利后,在广州作最后的修改,1956年又重新覆核材料,稍有补充,1957年终于全部完成。费时二十余年。全书约一百多万字。

此书为考释《汉书·西域传》而作,特别注意地名的考证与道里的覆核。地名的考证,即把西域传所标举的地名先行还原,然后穷原竟委,考其异称,并在可能范围内找出其相当今日的地名,再从地名考其地区的盛衰。道里的覆核,即对西域各国的方向距离问题重新估计。西域传的里可为考地的根据。西域传的计里,一为各国去长安之数,一为各国去都护之数。如果计里准确,就可以定各国的地理位置。不过西域传所称的道里,并不完全准确,或从边界起算,或从都城起算,有可以直道而行的,也有必须绕道而行的,计算起来就有出入。由于古代缺乏可靠的测量仪器,只有用估计方法,而西域道里的估计主要依靠使者的传言,言人人殊。同一书中已有不尽合之处,有出于误算的,有出于传写错误的,难以为据。徐松的《汉书西域传补注》对于各国道里已有所修正,而岑先生更从而订正之,对汉书原文合理者予以保留,不合理者又指出其错误之处而加以审正,力求疏证明通,对读西域传的人,有很大的启发作用。

岑先生所用对音的方法来考证地名,是清代以来学者考订外域古代地名的惯用方法,李文田、沈曾植等都好用对音,往往有可喜的发现。由于他们不识外国文字,运用起来自然有些局限。萍乡文廷式虽不以史地考证著名,但他很强调外语对于考据学的作用。他曾经说过:"他日中国文士能通西国语言,其考据必有出人意表者。"(《纯常子枝语》卷十二)。20世纪初期,我国研究西域南海史地的专家如王国维、冯承钧、张星烺诸人,不仅精通一种以上外语,而且能够利用外国学者的研究成果,进行比较研究,故他们的成绩又比前人进了一步。

岑先生常说,研究史地最好多识外国语文。他能够运用英、法、日文的材料,并对照东西史地学家有关的主要著作,进行批判的研究。岑先生对于一些西域古文字如突厥语、吐火罗语之类,亦能间接通过各种工具书籍,找出其所欲知的语源和语意。这些知识对于西域史地研究亦不可少。其次,岑先生在我国古语言音韵之学方面,亦有相当的造诣,这也是寻求古地名对音的不可少的知识。

我们知道,根据对音来考订外域古地名,并不是唯一妥善的方法,因为数千年的古音演变未易确定,而且所谓对音,应用起来,可以非常灵活。如p和m可以通转;l和k也可以通转;t和d同属齿音,亦可以通转。甚至一个地名有四个音节,其中只有两个音节约略相符,就可以进行对比。因此有些学者认为专靠对音容易陷入穿凿附会。所以除对音外,应该注意地理位置及历史条件等,以为印证,力求全面地来看问题。不过在历代国境变化无常,而史料又极端贫乏的情况下,自不能不乞灵于地名对音。这是可以理解的。研究西域史地的学者,如伯希和、藤田丰八、白鸟库吉等都具有广博的历史知识,但亦广泛应用对音以求地名。

岑先生有时亦不完全依靠对音,也注重历史内容,例如他过去主张Dahae族为大夏,后又推翻自己旧的主张,说:"后经过细心体察,乃知音虽近,而历史内容不相称,且别有一种极重要民族与之比傅也。"(《大夏考释》)

岑先生在本书内经过缜密考证的地名,即国与都的名称以及所在地交通路线,多有独到之处,岑先生已在书内标明,并表示准备与海内学者商榷。书中虽间有从作者主观出发,未能切合实际之处,但亦可以对研究者提供材料和线索,以便对此问题作进一步的研究。由于西域地理考证中,有许多问题,目前尚无定论,亦不应过早作出结论,限于篇幅,笔者于此不欲详论。

古语说:"世人之著作,不能无病。"岑先生此书,在方法上仍有可供商榷的地方。

岑先生的考证方法是相当谨严的。力求第一手材料,引用的材料必先加以考证,然后在丰富的材料基础上进行分析研究,得出结论。但其中为了力求证据充分,有时引用过滥。例如引顺德方言,说明"玄都悬度同音"的问题。其实二者之音亦不尽同,似不必引今日华南一县的方言来证汉代西域地名的称谓。

本书为考释西域的地里而作,首先应该解决汉里与今里比较问题。读者很想知道的历代陆程长度的比对,但岑先生书中没有明确的表示,只说:"汉里今里无大出入。"这大概根据桑原骘藏的"汉唐里数颇为接近"的一说(《张骞西征考》)。但岑先生在另一处又说:"可知魏以后计里最短,汉较长,而今之计里最长也。里短故数多,里长则数少,此一定之理也。"(龟兹考释)这就使读者产生疑问,汉里、魏里和今里究竟有多少出入,是否汉里短而今里长? 岑先生精于数学,本来不难列表比对说明,本书缺此,可谓美中不足。

岑先生以南人远谈西北绝域史地,光凭书本上的知识,而且能获得显著的成就,其学识之深,自不待言。不过岑先生对于近二十年来外国人关于西域研究的新成果似未能充分利用,即有关研究的西方著名学报如法国的《亚洲学报》,英国的《中亚学会会刊》等亦未能广泛参考,可能是晚年精力不济之故。

以上所提的三点意见,属于枝节问题,无损于此书本身的价值。

岑先生是我的同乡和同事,相识四十多年了。岑先生学问渊博,我不敢望其涯。今蒙某出版机构委托我校订《汉书西域传地里考释》一书,我的能力是不能胜任的,但同时又感觉到义不容辞,终于在同志们的坚持下,我把这项工作接下来了。

全书校订的程序可述如下。①加以标点符号,以便读者阅读。②文字上有语法的错误及隐晦艰涩的地方就加以适当的修改。③有全段用文言写作而中间忽然插入几句语体文的,我就把语体文改为文言,以求统一文体,信达可诵。④所译专门名词不确或前后不符的,都一一厘正。⑤标列书名过于苟简的,加以补正。⑥书中引用文献,在可能范围内,找出原文校对,以免遗误。⑦书中各种提法,有不符合实际,特别是不符合党的政策精神的,就加以修正。⑧此外,力求保存原稿的面目及作者本人的意见,凡涉及地名的考证的,编者有时虽不以为然,但亦不敢更动作者的原文,因为学术在于百家争鸣,不妨保存下来,聊备一说。

原文载于《史学史资料》第 5 期,1979 年出版。

许云樵与东南亚研究

现代研究东南亚的中外学者，无不知有许云樵先生，也很少没有读过他的著作的。我也在他的影响和鼓励下，开始踏入东南亚史地研究的门槛。抗日战争期间，我在昆明一所高等学校教书，由于友人介绍，他就和我通讯，交换学术上的意见。他博大精深的学识和谦虚谨慎的态度，我是佩服的。可是我当时正埋头学习历史哲学和国际关系史，还没有打算专门研究东南亚。1940年，许云樵和他的同事姚楠、张礼千等在新加坡发起并成立中国南洋学会。他还主编这个学会的会刊《南洋学报》。他邀请我参加南洋学会。我就加入了，成为第一批的基本会员了。我对于东南亚研究，本来是一个门外汉，加入南洋学会，实属"附庸风雅"，"滥竽充数"。许先生常常替《南洋学报》约我写稿，情词恳挚，却之不恭。我只得临时选题目，翻书本，后来写了几篇文章陆续寄给他发表，其中也包括一些译文。1946年，许先生受聘于南洋书局，主编《南洋杂志》。这本刊物图文并茂，质量很高，其中关于抗日的文章和图片，充满了爱国主义精神，大受国内外读者的重视。惜在1948年许先生辞去编务后，该刊就停办了。我在这个刊物也发表过几篇文章。

许先生对东南亚研究的最大贡献是在他主编《南洋学报》的时期。我认为一个学会的主要活动，表现在它的刊物上，如果没有自己的刊物，就没有作用和地位，甚至没有前途和生命。中国南洋学会的成立，是划时代的创举，遐迩知闻，它的贡献是与它的《南洋学报》分不开的。《南洋学报》自1940年创刊，每年刊行二辑，许先生编到1957年第十三卷二十六期。除撰写论文外，他还要组织和审阅稿件，甚至还要参与校对工作。这个学报能够源源问世，许先生不知付出多少劳动。我们参考和引用《南洋学报》的时候，饮水思源，绝不会忘记许先生孜孜不倦培植起来的这株学苑奇葩。

为什么说中国南洋学会的成立是空前的创举呢？因为在旧中国,无论官方或民间都没有创办过这样的学会,更别提发行学报至数十期之多了。以东南亚史地研究为主的《南洋学报》,它的学术水平确是超过过去的同类专门刊物。由于这个刊物是爱国华侨办的刊物,有一定的社会影响,国内不少著名学者不仅加入学会,而且积极为《南洋学报》撰稿。例如方国瑜、苏继顾、饶宗颐、郑德坤、常任侠、李长傅等都有一篇以上的论文在这里发表。西方学者也常有投稿。

许先生和我通讯之初,我对于东南亚研究是一窍不通的。及至他约我写稿,我才不得不涉猎一些有关东南亚史地的载籍,勉强从事。我由不懂到懂或懂得一点,是与许先生的诱掖有关的。我踏上东南亚研究的道路,许先生是我的带路人。

我求知欲太强,研究范围很广,对于东南亚研究不能全力以赴。已故的著名东南亚史地学家陈序经教授曾大声对众人说:"朱杰勤不是研究东南亚史而是研究印度史的。"我不禁哑然失笑,其实印度史研究和东南亚史研究一样都不是我的专长。我的专业确不是东南亚史。我虽然不是专门研究东南亚,但许先生把我若干有关的文章发表在《南洋学报》、《南洋杂志》和《星洲日报》等报刊后,就有人认为我的专业是东南亚研究了。不久我又认识了姚楠、张礼千、韩槐凖和陈育崧诸位专家,大获益友之助。1942 年,前教育部和侨务委员会合办南洋研究所于重庆,我受聘为该所研究员兼史地研究室主任,得与姚楠、张礼千二先生共事。越二年,我转入云南呈贡国立东方语言专科学校担任印度史和泰缅史教授。后来我在云南大学、中山大学和暨南大学所担任的教学和科研工作,总与东南亚研究有些关系。但我目前的造诣,与许先生对我的估计和期望相差甚远。

许云樵先生 1950 年生,江苏吴县人,本名钰,父母早逝,赖外祖母抚育成人,年轻时曾在大学读书,中途因家贫辍学。他好学能文,对史地学饶有兴趣。年二十六,只身到马来亚谋生,历任柔佛宽柔中学、新加坡静芳女子师范学校、北大年中华中学等校教职。又任《星洲日报》、《南洋商报》、南洋书局编辑,南洋大学史地系副教授兼南洋研究室主任,新加坡义安学院教授。1961 年创办东南亚研究所自任所长。五十年来,他致力于东南亚史地研究,百折不挠,成书二十多种,各有独到之处,均传世。

古语说:"学者如牛毛,成者如麟角。"这就是说,学无止境,攀登科学高峰是不容易的。研究南洋史地的人为数不少,但卓然有成就的却极少数。许先生可谓凤毛麟角了。他的东南亚研究的卓越成就和他享有的崇高声誉,并非一蹴而就的。

龚自珍诗云:"虽然大器晚年成,卓荦全凭弱冠争。"就是指一个学者虽然大器晚年,但二十岁左右在学术上必须有出人头地的表现。许先生二十多岁,就翻译了暹人朗苇吉怀根著的《暹罗王郑昭传》并加注释,在商务印书馆出版。可见当时许先生已精通暹文和暹罗史地了。后来他在国内著名刊物如《东方杂志》及《教育杂志》等发表的几篇关于暹罗的历史和现状的文章,实事求是,言之有物,有说服力,大受读者欢迎。

许先生以《北大年史》为得意之作。北大年在暹罗南部、马来半岛北岸,很早就和中国发生关系,也是古代华人往来和定居的一个大埠。作者侨居北大年多年,立志编写一部北大年史,并纠正中国载籍把北大年(古称大泥)与渤泥牵合之弊。他费了八九年时间,进行调查访问,阅读一百多种中外文参考书籍,搜集和考证有关史料,写成十多万字的专书,其中《华侨史略》一章,尤有特色,大有参考价值。

其次是他的《南洋史》上卷。《南洋史》虽然是许氏用于南洋大学的讲义,但却是一部总结南洋史地知识的专著,在体裁上和内容上都有独到之处。可惜许先生晚年得病,未能续成此书,引为憾事。至于他在《南洋学报》发表的几篇史地考证文章,都是持之有故,言之成理,成一家之言的。

"问渠哪得清如许,为有源头活水来。"现在让我一谈许先生的学术渊源、治学精神和方法。许先生研究东南亚史的目的和要求,他自己没有说清楚,不过从他的言论综合来看,也可以略知一二。他认为历史就是一个国家的精神武装,国家如欲图存,就必须有它的真正历史,将人民保卫祖国的英勇斗争和发展社会生产、创造精神文明和物质文明的光荣传统记载下来,来激发人民的爱国思想和民族自尊心。可是东南亚一些国家和地区没有国人所写的历史,有的只是神话、传说和歌谣之类(如《马来纪年》)。西方殖民者占领并统治这些国家和地区后,为着利益,越俎代庖,杜撰出一些当地的历史,往往歪曲历史真相。许先生研究东南亚各国历史,就是试图公正地恢复历史真相和解决历史问题。

许先生认为研究东南亚史,除重视考古发掘的文物资料和调查研究得来的口头资料外,主要还是依靠书本上的资料。研究东南亚各国古代史,自当以中国古籍为主要参考书。他强调要博览群书,包括中外各国有关的档案和图书。在丰富资料的基础上,加以综合分析和考证,然后得出科学的结论。许先生在其《北大年史》的序言中,自述其甘苦有得的体会说:"顾其史料散在中外载籍百数十种内,哀辑既需时日,考证尤费工夫。只字不解,则遍翻群书,一名有疑,竟商讨多日,事再倍而功不及半,稿数易而心犹未释。且余著作,怪癖成性;不欲写则心无挂牵,既属稿即如荷重负,未竟其事,不能休焉。然个中亦有乐趣,考得一端,如获珍异,完成一章,若置一业,是以寝馈书城,不觉其苦。"从上文看来,可知考证功夫的困难和许先生治学谨严的态度。许先生的汉文基础十分好,行文流畅。他能用英文写作,又通日本、暹罗及马来各种文字,不患无所取材。

许先生节衣缩食,购藏中外图书三万本。他并不是为藏书而藏书,而是用于研究。其藏书以东南亚文献为多。他选择有关南洋的书,作出评价,题为《南洋文献叙录长编》,刊登于南洋大学南洋研究室编的《南洋研究》第一卷,为研究东南亚者指出读书途径。后许先生因经济困难,欲出售全部藏书。新加坡许木荣先生以新加坡币十五万元将这批书全部承购过来,并建立图书馆珍藏这批珍贵书籍,供东南亚研究者参考。许木荣先生热心文化事业的义举是值得我们钦佩的。

龚自珍诗云:"从来才大人,面目不专一。"许先生不仅精于东南亚史地学,对于文学亦有湛深的造诣,有《希夷室诗文集》问世。他对于医学和药物学亦有研究,并有著作出版。他可谓一专多能的大才了。他还是一个自学成材的好榜样。

我与许云樵先生神交已四十多年,笺札常通而无缘晤对。他常把他得意之作寄来,请我提意见。我虽从命,知无不言,但在信上不容易全部表达我的意见,恐怕对他也没有什么帮助。我本来保存了他的一部分信件,但在十年浩劫中丧失殆尽。去年接到许先生来信:"弟极不幸,本年九月中突患中风,九月十六日为人送入陈笃生医院,人事不省,四肢不动。当时医生不拟收留,幸有一医生主张用药打通另一脑血管以代栓塞,居然成功。弟得留此残生,留院至十一月二十七日出院,幽居在家。因贱体已失平衡,持轻便铁架,始得行动,出租汽车均拒载。因此,只得幽居在家,不得越雷池一步。文人至此下场!所幸年已七十有六,不算短命矣。"此为他给我的最后一书,语意凄楚,读之黯然神伤,爱莫能助,徒呼负负!不久噩耗传来,惊悉许先生于 1981 年 11 月 17 日因病逝世,享年 76 岁。我国东南亚研究的巨子又弱一个。遥望星洲,不胜哀感。这不仅是私人的不幸,也是我国史学界的重大损失。痛定之余,谨撰此文,以示哀悼。对于许先生可贵言行,愧未能显扬于万一。许先生往矣,著作长存。对于东南亚研究,我们要继许先生之后,努力负起承先启后,发扬光大的责任,共同把这门学科推向新的阶段。

原载于《广东华侨历史学会通讯》1982 年第 2 期,1—3 页、5 页;《南洋学报》1983 年第 38(1—2)期,第 31—75 页;广州暨南大学历史系《华侨史论文集》(三),1983 年版,第 301—307 页。

终身治学不辍　遂成一家之言
——怀念著名东南亚史学家许云樵先生

　　研究东南亚的中外学者,无不知许云樵先生。1940 年,许云樵和他的同事姚楠、张礼千在新加坡发起并成立中国南洋学会,主编会刊《南洋学报》。他邀我参加学会,我便成了第一批会员。对于东南亚研究,我本是门外汉,加入南洋学会,实属"滥竽充数"。许先生常替《南洋学报》约我写稿,情词恳挚,却之不恭。我只得临时选题目,翻书本,后来写了几篇文章陆续寄给他发表,其中包括一些译文。

　　许先生对东南亚研究的最大贡献是主编《南洋学报》,中国南洋学会遐迩知闻,是和《南洋学报》分不开的。《南洋学报》自 1940 年创刊,每年刊行二辑,许先生编到 1957 年第十三卷二十六期。他除撰写论文外,还要组织和审阅稿件,甚至参与校对工作。这个学报能够源源问世,许先生不知付出多少劳动。在旧中国,无论官方或民间都没有创办过这样的学会,更没有发行学报至数十期之多。《南洋学会》以东南亚史地研究为主,其学术水平超过当时的同类专门刊物。由于该刊是爱国华侨办的,有一定社会影响,国内不少著名学者不仅加入学会,而且积极为《南洋学报》撰稿。如方国瑜、苏继庼、饶宗颐、郑德坤、常任侠、李长傅等都有一篇以上的论文发表。西方学者也常有投稿。

　　我踏上东南亚研究的道路,许先生是我的带路人。1942 年,教育部和侨务委员会合办南洋研究所于重庆,我受聘为该所研究员兼史地研究室主任,得与姚楠、张礼千二先生共事,越二年,我转入云南呈贡国立东方语言专科学校担任印度和泰缅史教授。其后我在云南大学、中山大学和暨南大学担任教学和科研工作,总与东南亚研究有关系。但我目前的造诣,与许先生对我的估计和期望相差甚远。

许先生 1905 年生,江苏吴县人,本名珏,父母早逝,赖外祖母抚育成人,曾在大学读书,因家贫辍学。他好学能文,对史地饶有兴趣。年二十六,只身到马来亚谋生,历任柔佛宽柔中学、新加坡静芳女子师范学校等校教职。又任《星洲日报》、《南洋商报》、南洋书局编辑、南洋大学史地系副教授兼南洋研究室主任、新加坡义安学院教授。1961 年创办东南亚研究所并任所长。50 年来,他致力于东南亚史地研究,百折不挠,成书二十余种,各有独到之处,均传世。

龚自珍诗云:"虽然大器晚年成,卓荦全凭弱冠争。"许先生 20 多岁就翻译暹人朗苇吉怀根著的《暹罗王郑昭传》并加注释出版。可见许先生当时已精通暹文和暹罗史地了。许先生以《北大年史》为得意之作。北大年在暹罗南部,很早就和中国发生联系,也是古代华人往来和定居的一个大埠。作者侨居北大年多年,立志编写一部北大年史,并纠正中国载籍把北大年(古称大泥)与浡泥牵合之误。他费时八九年调查访问,阅读了一百多种中外文参考书籍,搜集和考证有关史料,写成十多万字的书,其中《华侨史略》一章,尤有特色,其次是他的《南洋史》上卷。《南洋史》是一部总结南洋史地知识的专著,在体裁上和内容上言之成理,成一家之言。

"问渠那得清如许,为有源头活水来。"许先生认为历史是一个国家的精神武装,国家如欲图存,就必须有它的真正历史,来激发人民的爱国思想和民族自尊心。东南亚一些国家和地区没有国人写的历史,有的只是神话、传说和歌谣之类(如《马来纪年》)。西方殖民者占领并统治这些国家和地区后,为殖民主义利益,越俎代庖,杜撰出一些当地的历史,往往歪曲有加。许先生研究东南亚各国历史,意在公正地恢复历史真相,解决历史问题。

许先生认为,研究东南亚史,除重视考古发现和调查得来的口头资料外,主要还是依靠书本材料。研究东南亚各国古代史,当以中国古籍为主要参考书。他强调博览群书,包括中外有关的档案和图书,在丰富资料的基础上,加以综合分析和考证,然后得出科学的结论。许先生在《北大年史》序言中,述其甘苦有得的体会说:"只字不解,则遍翻群书,一名有疑,竟商讨多日,事再倍而功不及半,稿数易而心犹未释。……然个中亦有乐趣,考得一端,如获珍异,完成一章,若置一业,是以寝馈书城,不觉其苦。"可知考证功夫之艰难和许先生治学谨严的态度。

许先生的汉文基础十分好,行文流畅。他能用英文写作,又通日本、暹罗及马来各种文字,不患无所取材。许先生节衣缩食,购藏中外图三万本用于研究,其中尤以东南亚文献为多。他选择有关南洋的书,作出评价,题为《南洋文献叙录长编》,刊于南洋大学南洋研究室编的《南洋研究》第一卷,为研究东南亚者指出读书途径。

龚自珍诗云："从来才大人,面目不专一。"许先生不仅精于东南亚史地学,对文学亦有深湛的造诣,有《希夷室文集》行世。他对医学和药物学亦有研究,并有著作出版。

我与许云樵先生神交已四十余年,信札常通而无缘晤对。许先生不幸于 1981 年 11 月 17 日因病逝世,享年 76 岁。东南亚研究之巨子又损一个,遥望星洲,不胜哀感。痛定之余,谨撰此文,对许先生可贵言行,愧未能显扬于万一。许先生往矣,其著作长存。

原文载于《华声报》1983 年 11 月 20 日。

怎样研究中外关系史

中外关系史过去有人称为中外交通史、中外通交史或中外交涉史等。这可能是在 20 世纪初受了日本方面的影响,其实都是很不恰当的。中外交通史使人容易认为只限于交通方面,不够全面。中外交涉史也会使人认为侧重政治外交方面,也不恰当。交涉二字在宋代是习惯用语,即关系的意思。宋人有两句诗:"春虽与病无交涉,雨莫将花便扫除。"交涉即关系。不过我们现代的人多数不懂这个词义,因此不能用于今天。所以最好用中外关系史这个名词。因为国与国之间有两种关系,即友好关系和敌对关系。这两种关系就概括了和平或战争的整个历史时期。

过去研究中外关系史的著名学者如冯承钧、张星烺、向达等先生惯用中西交通史这个名词。例如张星烺编著的《中西交通史料汇编》(朱杰勤校订,中华书局版)一书,就把中国与中亚、西亚、东南亚、南亚和非洲各国关系的资料搜罗进去,而不局限于欧洲。方豪著的《中西交通史》一书的范围和张氏之书一样。他们这种做法不是没有道理的。因为从中国出发到西方,由陆地去,就要经过中亚和西亚;由海路去,也要经过东南亚和南亚各国,把这些国家纳入中西交通的范围内,是无可厚非的。四十年前,我企图研究中西关系史,有一次我和我的老师朱希祖先生(中国著名史学家,已故)谈到的我的设想,与张星烺先生的做法不谋而合。朱希祖先生当面指出:中西关系史一般以西方或欧洲为研究对象,今你研究的对象,除欧洲外还有亚洲和非洲,就应该采用中外关系史这一名词。中西关系史可以作为中外关系史的一部分。寥寥数语,使我顿开茅塞。现代科学分类,日益精密,中外关系史作为一个学科的专有名词确有较强的概括性和科学性。

在新的历史阶段和国内外形势的迅速发展中,中外关系史的研究显得越来越重要。1978 年,我提出《关于大力发展中外关系史研究的建议》(见中国社会科学院规划办公室编《情况和建议》第 25 期),1979 年,我在中国历史学规划会议上,又提出《关于大力发展中国对外关系史研究的问题》,目的在引起国人对这门科学的重视,当时被列为大会材料之五。今意犹未尽,稍作补充。

一个国家建立,必有其他一些国家同时存在,也就是说必然会同其他国家发生关系。中国也是这样的。研究中国同外国关系的发生和发展,就是中外关系史的任务。国与国之间一旦发生关系,互相往来,进行经济和文化交流,就必然互相影响,但有时也会发生战争和边界问题。总之,不是和平,就是战争,不是交好,就是交恶。这些历史事实的发生,都关系到本国人民的利益和国家命运。我们不能不认真对待。研究中外关系史,总结历史的经验教训,对我们的外事工作大有帮助。

一个名副其实的史学家,就应该博通古今中外的历史,这样,才能"究天人之际,通古今之变,成一家之言"。司马迁著《史记》的目的,就是网罗天下放佚旧闻,考之行事,稽其成败兴衰之理,供后人借鉴。他所谓天下,并不限于华夏或中国,而认为与中国有关系的其他国家亦应进行研究,不仅要博通古今,而且要沟通中外。《史记》中的《大宛传》就叙述了汉代时中亚、西亚各国以及伊朗的情况;《乌孙传》及《匈奴传》等是关于中西交通的。《史记》一书是以中国为主体的世界史,同时又是中外关系史的雏形。这是司马迁在史学上的独创。研究中国史的人应该具备一些中外关系史的知识,例如,佛教在中国古代社会上有相当大的影响,在近人编写的中国通史中也占很多篇幅,谈到佛教在中国的传播,就不能不涉及中印关系,特别是中印文化交流了。反之,研究外国史的人,也有必要懂些中外关系史的知识,例如研究西方国家怎样由封建主义社会过渡到资本主义社会,就不能不谈西方殖民主义者的东来,对东方印度和中国的侵略,原始资本积累等等。这些课题都离不开中外关系史。我们研究外国的人,应该从中国立场出发,如果研究的对象和我国没有任何关系,达不到"洋为中用"的目的,就不一定投入很大的人力去研究它了。我们认为研究中外关系史目的之一,就是要探讨中国在世界历史上的地位和作用问题,而这个问题,又是我国研究中国史和研究外国史的人共同关心的。

也许有人会问:目前我国史学界研究中国史的队伍最为庞大,研究外国史次之,而研究中外关系史的人寥寥无几,又是什么缘故呢?我们认为,数十年来,高等院校历史系都是以中国史和外国史为基础课程,造就人材亦多,对中国来说,研究中国史有压倒一切的重要性。研究中国史的人自然最多。外国史作为一门学科来研究,19 世纪末期才开始,以魏源的《海国图志》和王韬的《普法战纪》为代表。以后虽不断发展,但为时代所限,至今稍为落后。中外关系史作为一门有体系的学科来研究,20世纪初期才开始。人材不多,成果亦少。高校文科也很少能够开出此项课程。因为中外关系史要求高,难度大。学者既需要懂中国史,也需要懂外国史,又需要掌握关系史的专业知识;还需要掌握古汉语,利用古代文献,又要精通一门以上外语,能够运用外文资料。中外关系史又是一门政治性很强的学科,学者必须不断提高理论水平和业务水平。一些史学工作者在对此学科的重要性认识不足、信心不强时,往往望而却步、知难而退。所以有人称中外关系史为冷门。"风物长宜放眼量",由于该科的重要性以及政府和群众的日益重视,形势迫人。这门科学将由冷门变为热门,亦意中事。

中国在什么时候才和其他国家发生关系,实难稽考。不过,如所周知,自有奴隶社会,就有国家产生和国际关系的建立。我们认为中外关系的发生可以回溯到公元前一千年左右。周代已经有许多时服时叛的具有国家雏形的游牧民族如西戎北狄之类。中国最古的史籍如《尚书》,称这些游牧民族为国。国与国之间当然会有贸易往来,也有冲突和战争。例如春秋时代,秦穆公归并了许多西北部游牧民族,并把翟(狄)人部落赶到漠北,以后史书称他们为匈奴。秦始皇时代,却退匈奴,迫其西迁。汉武帝又穷追猛打,匈奴就逐步渗入中亚、西亚和欧洲。为什么西人把中国称为"支那"呢?据史地学家考证,"支那"就是"秦"的对音。因为匈奴被迫西迁时,把秦的威名到处传播,使西方人认为秦是中国的国号,甚至汉朝取代秦朝的一段时期,西方人还是把汉人称为秦人。支那一名就是这样来的。注释《资治通鉴》的宋代学者胡三省也是持这种看法。至于有人考证"支那"是楚的对音,恐怕不对。因为中国西北部的游牧民族走入西方,主要通过今天所谓的丝绸之路,而不是楚(春秋时包括今天两湖、江浙和河南的一部分)。从西北而来的游牧民族不会舍近图远,不走陆路而走江河湖海之区。所以多数学者主张"支那"即秦。

中外关系史,自古以来都被认为是一种经世之学,是学者为适应时代的需要而进行研究的。汉代匈奴横行,侵犯边塞,掳掠人畜,并阻塞了我国丝绸的对外贸易的道路。汉朝政府不得不对匈奴发动自卫反击战争。司马迁为适应对外斗争的需要而写出了《大宛传》《乌孙传》和《匈奴传》。班固《汉书》的《西域传》也是配合汉朝对西域作战而作的。唐代佛教昌盛一时,中印交往颇为密切,玄奘法师就奉命撰述《大唐西域记》。宋代与朝鲜友好,使节往来不辍,于是徐兢有《宣和奉使高丽图经》之作。由于宋、元、明中国人民与东南亚人民来往频繁,经济和文化交流亦盛,于是宋代赵汝适《诸蕃志》、元代汪大渊《岛夷志略》、明代张燮《东西洋考》相继出现,郑和七下西洋后,马欢的《瀛涯胜览》、费信的《星槎胜览》、巩珍的《西洋番国志》及黄省曾的

《西洋朝贡典录》等有关中外关系的著作纷纷涌现。又16世纪后期，中国防倭和援朝抗日期间，有关日本和朝鲜的著作又纷纷出现。清代关于中俄关系的著作为什么这样多？因为17世纪俄罗斯不断侵犯我黑龙江流域，引起朝野人士的密切注意，于是何秋涛的《朔方备乘》等书出现，同时西北史地研究的风气渐盛，目的也在对付俄罗斯。19世纪，英帝国主义侵略我国沿海，于是又有魏源《海国图志》的问世。这都是当时知识分子从爱国主义思想出发的报国表现。

　　研究中外关系史可以深入了解中华民族的伟大，激发民族自豪感和爱国主义思想。中国是世界文明古国之一，中华民族是勤劳勇敢智慧的伟大民族。我们有许多发明创造对世界文化有很大贡献。可惜我们有些科技上的成就被忽视了。印度学者谟克尔吉（Mookerji）写过一部《印度航业史》（*A History of Indian Shipping*），其中引用了一些谬论说："在五世纪前，中国人没有到过马来群岛，六世纪前，中国人没有航海到达印度、波斯和阿拉伯。"英国友好人士李约瑟的《中国科学技术史》也说："中国的远洋航行，一直到公元三世纪以后才开始，并且到十三世纪才得充分发展。"（中译本第一卷第二分册第388页）。这些提法是不符合历史事实的。《汉书·地理志》指出：公元1世纪初，汉武帝统治时期，已有船从广东雷州半岛徐闻、合浦出海，经过东南亚各国，到达印度和锡兰了（请参看拙著《汉代中国与东南亚南亚海上交通路线试探》一文，见《海交史研究》第三期）。有人根据史料中的"蛮夷贾船转致之"这一句话，认为从中国开往东南亚和南亚的船，不是中国船而是东南亚地区的船。这是一种误会。因为当时北方或中原的人都称南方民族为蛮夷，西汉初雄踞两广的南越王赵陀上书汉朝也自称为"蛮夷大长"（即蛮夷最高首领）。可见这些出海的船还是华南地区制造的。公元1世纪前后，中国文化科技水平，远非东南亚各国所及。岂有中国人不会自造船舶，反而依靠东南亚各国船舶之理。据《南州异物志》说：[海船]"大者长二十余丈（一丈约今2.4米），高出水面二丈，望之如阁道，载六七百人，物出万斛（每斛十斗）。"这是关于汉代南方海船的记载。另外，中国海船到达一个港口后，有时会雇用当地的小船转运商品、搭客上岸，或者将商品从港口转运到其他市镇。"转致"就是转运的意思。这种船舶转运的方式在东南亚各国也是通行的，但不能因此排除中国船舶远航到东南亚和南亚的事实。

　　中西交通以陆路为最早。从中国向西，可以由玉门关出发，经过中亚和西亚各国到达伊朗，又由伊朗转到罗马帝国。这样漫长的路后人称为"丝绸之路"。丝绸之路究竟是什么时候开辟的呢？有人认为是公元前106年，我们认为在张骞通西域之前，丝绸之路就已出现了。最近杨建新和卢苇编著的《丝绸之路》（甘肃人民出版社出版）根据历史事实，说明张骞通西域前，丝绸之路已经出现。根据常识判断，路是人走出来的。东方的人不避艰苦,通过草原大漠,只要方向正确,就可以走到西方。西方的人采取相反的方向也可以走到东方。春秋战国时代,不少游牧民族往来于东西两方。游牧民族能走这条路,商队也会走的,丝绸之路早就存在不足为奇。

通往西方的海陆二路开辟后,中国人民和外国人民更广泛地进行友好往来、经济交流和文化交流。在交流中,我们毫无保留地把自己的文化成果贡献给了全世界。除丝绸之外,还有钢铁和冶铁技术、养蚕技术、陶瓷和制瓷技术,掘井法和制漆法以及农业技术等,这些都是有益于人民生活的。另外,我国造纸术、印刷术、罗盘针和火药四大发明,对于欧洲封建主义的崩溃和资本主义的发生起了一定的促进作用。马克思在《经济学手稿》中提到火药、指南针和印刷术时说:"这是预告资产阶级社会到来的三大发明。火药把骑士阶层炸得粉碎,指南针打开了世界市场并建立了殖民地,而印刷术则变成新教的工具,总的来说,变成科学复兴的手段,变成对精神发展创造必要前提的最强大的杠杆。"(《马克思恩格斯全集》第47卷第427页)马克思对我国三大发明作出如此高度的评价,更加激起我们对祖国对人民的高度热爱和崇敬。

不仅如此,西方奴隶制度的崩溃,中国也间接起了一些作用。5世纪罗马帝国的覆灭,主要是奴隶起义和市民暴动的结果。但许多欧洲"蛮族"(包括哥特、法兰克、撒克逊等),特别是匈奴的入侵,也产生了很大的作用。这些匈奴,被汉朝打败后,被迫西迁,他们沿途把中亚一些游牧民族和西方"蛮族",像波浪一样推入罗马帝国进行破坏;更有西方史上赫赫有名的匈奴王阿铁勒(Attila)带兵攻入意大利,到处焚劫,锐不可当。在内外夹攻下,罗马帝国及其奴隶制度终于垮台了。从上面事实看来,欧洲从奴隶社会过渡到封建社会,又从封建社会过渡到资本主义社会,中国都起了一定的促进作用。

18世纪,中国文化传入欧洲,又是中外文化交流中一件大事,其影响是深远的。限于篇幅,不能具述。请参看《十八世纪中国与欧洲文化的接触》(利奇温著、朱杰勤译,商务印书馆出版)一书。

通过中外关系史的研究,我们看到过去中国人民对世界人类的伟大贡献,并以此自豪。今天我们对四化建设更应充满信心。一方面,从爱国主义出发,尽快地把祖国建设成一个富强康乐的社会主义国家;另一方面,从国际主义出发,还要进一步为全人类作出更多更大的贡献。

原文载于《文史知识》第5期,1984年出版。

记著名东南亚史专家陈育崧
——兼评介《椰阴馆文存》

一 追悼和回忆

噩耗传来,惊悉老友陈育崧先生于 1984 年 4 月 1 日 21 时因病逝世,享年积闰 83 岁。哲人其萎,闻者生哀。我家在广州,迢迢相隔,未能前往执绋,表示哀悼。惟有遥对星洲,默哀致意。

1940 年,新加坡中国南洋学会成立,我与陈育崧先生同为第一批基本会员,所不同的是,陈先生对于东南亚史地和华侨史已有深入的研究并已有著述传世(以 1934 年四月在《东方杂志》发表的《明海寇林阿凤考》为最著),而我的研究方向在于世界史,对于东南亚史地研究不过稍为接触而已。赖陈先生和许云樵、张礼千、姚楠、韩槐准诸先生不弃,时加诱掖,鼓励我为《南洋学报》及其他有关刊物撰稿。彼此时通缄札,交换学术上的意见。陈先生亦时有来信。不幸在"文化大革命"中,我的书稿和朋友给我的信件都被一扫而空。这是无可补偿的的损失。我屡想执笔为文来纪念陈先生,由于参考资料缺乏,迟迟不敢下笔。幸而南洋学会会长魏维贤博士远道寄赠陈育崧著的《椰阴馆文存》三卷,此书基本上包括陈先生的所有学术著作。许甦吾和柯木林先生亦分别寄给我一些报纸资料,使我有所凭藉,谨向三位先生致谢。

我与陈育崧先生订交了 40 多年,但会面只有一次。1965 年,我正在暨南大学工作。陈老和他夫人漫游印度回来,路过广州,驾临敝舍,我们相见甚欢。我在家设宴接待,以凤城(顺德)名菜相饷,陈先生夫妇赞不绝口。宴罢我在客厅和陈先生就东南亚史研究交换意见,并请他观看我的藏书。我拥有的东南亚研究的载籍不多,比之视椰阴馆收藏的丰富和珍贵,如小巫见大巫了。1964年,陈先生将椰阴馆藏书移赠新加坡国家图书馆,曾将其中善本的图录见示,其中明万历漳州版的《东西洋考》及乾隆甲子年版的《海国见闻录》都是最早出版的罕见本,惜我无缘接触。

我们这次会见是最初一次,也是最后一次了。陈先生亦撰文记其事。"一九六五我有北国之行,在羊城承朱杰勤教授引导参观在石牌之暨南大学,朱教授主该校东南亚研究所。我们花了整整大半天畅谈南洋研究和华侨史,交换意见,使我聆悉了中国现阶段东南亚研究的惊人成绩,许多从前或现在的人不易经见的宝贵资料,我很幸运的窥见一二。"(载《来远培材,声教南暨——暨南校史第一页》一文,收入《椰阴馆文存》第二卷)。陈先生与暨南大学有些渊源。何炳松任暨大校长时,曾聘他任南洋研究馆委员和特约编辑。又1948年暨大在星洲招生考试时,陈先生给予大力支持和鼓励。他对于暨南大学的建校工作曾经作出不少贡献,暨南大学正准备编写校史,陈先生应该有一席位。

二 陈育崧的学术生涯

陈育崧先生名慎,原籍福建省海澄县,1905年生于槟城。幼承庭训,读孔孟之书,又进英校习外语,既而转学于英华书院,主要是攻读英文,他的中英文基础建立于童年,继而转读于华侨中学。先生年十八回国,初负笈于集美中学,旋考入厦门大学商科,1926年毕业。又赴星洲,在陈嘉庚公司任职。由于素负声望,未几被当地政府招考,督学叻、屿、甲三洲,前后且十年。"七七事变"后,陈先生鼓励青年参加抗战运动,与当权派意见不合,自动辞职,出办南洋书局,从事出版事业,以编印华人适用的教材为主。关于南洋书局的创办经过,陈先生作了说明:"本局创立于一九三五年,资本不过三千元,租新加坡小坡大马路三五九号营业,规模粗具,深为各界爱护,营业日益发达。一九三六年设立编译所,从事编纂南洋教科用书暨一般读物,同年迁至大坡大马路一四七号营业。一九三八年、一九三九年先后开设分局于槟城、吉隆坡两地。一九四〇年又增设仰光、马六甲、吧城、吉礁各分局。计总分局共设七处,资本由三千元增至十万元。"(《十五年来之南洋书局》)

日本侵占马来亚时期,南洋书局损失极为严重。日本侵略军投降后,南洋书局恢复营业,大量供应各华校课本。南洋书局在社长陈育崧的主持和计划下,将注意力投向儿童和青少年教育,编辑发行《南洋儿童文库》及《马来亚少年报》,广泛供给青少年以有益的精神食粮,收到良好的社会效果。为提倡和推动南洋研究,还成立南洋编译所,请一些知名学者,将南洋珍本文献校注出版。陈育崧本人执笔的也有两种。此外还出版了《南洋杂志》,我亦有投稿。陈育崧还在上海设南洋编译分所,当时著名学者如顾颉刚、吕思勉、何炳松、胡先骕、夏丏尊及李长傅等均被陈先生礼聘为顾问或特约编辑。国内东南亚研究不能不受影响。陈先生除致力出版事业以开民智外,还极力支持华侨教育的发展,对经费困难的华文学校不惜解囊相助,乐育英才。

陈育崧先生的事业成就是多方面的。但他的卓越成就和主要贡献还是在于东南亚史和华侨史研究。据他自己说:"在厦大从江山毛夷庚老人受与明史,于是肆力于中南关系之探讨。"这可能是指明清易代之际,具有民族思想的移民大量涌入东南亚来逃避新朝的统治,成为南洋华人社会的前驱者。陈先生研究中南关系的动机,大约在此。其次,陈先生世居东南亚,对东南亚情况很熟悉,他既了解现在,就自然希望更认识过去,"摅怀旧之蓄念,发思古之幽情"。陈先生于是在业余,就手不释卷,笔不停挥,从事南洋史料和华侨史料的收集整理和编写工作。著述谨严,往往有独到之处。唐代伟大的文学家柳宗元说过:"欲报国恩,唯有文章。"这是陈先生在爱国主义思想指引下,孜孜不倦地从事南洋史地和华侨史的研究,力图"以史报国"的表现。

三　陈育崧的史学方法

陈先生的研究方向,如所周知,是东南亚史和华侨史,特别是新、马华人史。他的研究项目和成果具载於《椰阴馆文存》三卷。他博闻强记,长于词章,文字简朴而流利。他的英文作品写得非常漂亮,无一字虚没。他曾将荷兰学者 Dr. Joannes Theodous Vermeulen 的"The Chinese in Batavia and the Troubles of 1740"(红溪惨案本末)一文,洋洋数万言,译为文中,正确流畅,足见功力之深。陈先生当时曾将此文的抽印本寄赠,供我参考。我认为大有参考价值,把它传播开来,国内学者知有此文,就辗转引用了。此外陈先生还能利用掌握的日文和巫文资料来进行研究,成就日大。

《椰阴馆文存》关于教育方面的文章共有十一篇,可见陈先生对于教育很有研究。他曾经担任政府督学员,对于当地华文教育很关心,亦有研究。这十多篇论文体现了马华教育的发轫、发展和转变的经过。据我看来,它就是新马史中华人教育的一部分,也是东南亚史或华人史的一部分。我们史学工作者应该给予应有的重视。

陈先生绝大部份遗作是关于东南亚史和海外华人史的。他对于历史研究不仅有深厚的兴趣,而且有科学的见解。他说:"研究历史,应从整个历史发展出发,虽然就一时一地的事迹着眼,也必须从整个历史经纬来衡量,历史不能切断的,集中一点,照顾全面。"(《人民运动的最高潮》)

这种提法,我认为非常中肯。凡研究历史,必须从历史科学的观点出发,历史发展是有规律可循的。历史发展的过程,有它的过去、现在和将来,不识过去,就不能知道现在,推测将来。历史潮流好像一条河水,有上游、中游和下游。过去是上游,现在是中游,将来是下游,如果堵塞了上游,则中游和下游便成为死水。所以历史不能割断,正如河水不能割断一样。古诗有一句话"抽刀断水水更流"说的就是这个道理。陈先生也说:"因为历史是前人经验的总结,是斗争经验的总结,了解昨天、前天,然后能了解今天、明天,从而了解整个历史发展规律,掌握传统。"也就是说,历史事物不是孤立的,它不仅与过去有渊源关系,而且与当时其他社会因素也有千丝万缕的关系。研究一件历史事实,必须从纵的和横的方面来研究,要全面来研究。他提出两点,一是历史是前人经验的总结,二是必须了解历史发展规律。这两点就说明历史研究的伟大意义和作用。要言不烦,难能可贵。

陈先生认为历史研究和写作对于培养爱国主义,建设精神文明有很大作用。他说:"虽然物质建设是建国成就的最大表现,但精神建设要靠文物的保存和积累来确定信史,坚定人民的爱国信心,延续先人荜路蓝缕的脚步前进。他们流汗流血,留下来宝贵的踪迹,应该重视;先人的遗爱,应该永保勿堕。"(《关于冱墓的研究》一文。谨案:四十年代新加坡发现了一些清代墓群,墓碑上大号冱字。这是天地会人特制的清字。据说是表示"清朝无主,大明复半"的意思)

陈先生又在另一篇文章中强调人们应该学习祖国历史,接受爱国主义教育,从而用这种知识来指导自己的社会实践和建国运动。他说:"希望能够进一步广大发掘资料,正确分析资料,作出正确的评价,引起人民对祖国历史的学习兴趣,要求人民学习祖国历史知识,并且从中受到爱国主义和历史真理的教育。指导一个伟大的建国运动。如果没有正确理论,没有历史知识,没有对于实际运动的深刻了解,要取得胜利是不可能的。人类创造全部知识,从哪里取得呢?很显然是从学习历史累积起来的。因此正确吸取祖国丰富的历史遗产,是建国运动一条不可缺少的重要途径。"(《建国至上,学术至上——我对于蒲罗中问题的看法》)

陈先生是新加坡人,他所谓建国运动是新加坡共和国的建设和发展。他说:"东南亚各国,尤其是新加坡共和国,新邦肇建,确立信史,巩固国基,是政府的神圣任务,每一个历史学者,在这个鲜明的旗帜下,应该全力以赴,以史报国。"(《东南亚古代史论丛序》)

关于历史研究和创作,陈先生主张在个人努力的基础上,发挥集体力量,破除本位主义,不固执个人成见,新老学者结合起来,共同推动学术研究。他说:"应从多方面发现问题的症结,认真组织力量进行研究。一个课题,个人创作,不如集体创作,一篇报告,不希望一下子便写得十全十美,能多写多作,才能在这些工作的基础上,最后产生出好成绩来。材料是积累起来的,经验也是积累起来的,学术素养,是积寸累尺,细针密缕的事功,粗枝大叶的作风是要不得的。

各个研究单位和各方面的学术工作者,要保持密切的联系,学术讨论会应经常举行,工作者要自己不停地努力,把自己的科学水平提高,不断地提出成果,欢迎批评。要和老一辈的学人接近请益,要树立优良学风,不搞宗派,不固执本位成见。"(《社会科学研究集刊代序》)。

上面的话,说明了治学中集体和个人的关系,新老学者及研究单位团结合作的关系以及由博返约和由约返博的相互关系,立论精粹,是陈先生甘苦有得的经验之谈,可供后来学者的借鉴。

陈先生认为每一个学术问题,如果没有一致的结论,就应该展开讨论,折衷至当,求其真理所在。这点我是十分赞成的。古语说:"疑思问。"又说:"有弗思,思之弗得弗措也;有弗问,问之弗明弗措也;有弗辩,辩之弗明,弗措也。"这就是说,有问题要解决的,就要考虑,或者问人,以至于辩论,不彻底解决就不罢休。百家争鸣,是我国优良的学术传统风气。海外东南亚研究者此风甚盛,参加学术讨论的人多数能够从追求真理的观点出发,平心静气,实事求是地参加讨论,在力抒己见的同时,亦不没人之善。陈先生对于学术研究有所发明,从来不沾沾自喜。他偶有新作,往往寄来和我交换意见,惜我对于东南亚研究涉猎不深,提不出有益的意见,有负其盛意。陈育崧先生和许云樵先生是老朋友、老同事而且又是国际著名的东南亚问题的研究专家。他们在有关学术问题,如"蒲罗"、"淡马锡"的地点考证上和《西洋番国志》的评价上,都有过争论。在中国发生"文化大革命"期间及其前后,海外学术信息至为闭塞。听说关于蒲罗问题的论战,首先发生于中国著名学者饶宗颐先生和许云樵先生之间,不久陈育崧先生亦参加。他们的有关言论,我都没有机会看到,其中是非曲直,我不敢置一词,只要它不是意气之争而是真理之争,我认为是值得重视的。蒲罗这个名词，许多人没有听过。一经许先生提出，新加坡古名蒲罗，就会有许多人翻古书，作考证工作，尽管由于证据不足，未能确定蒲罗就是古新加坡，但已经引起学术界的注意，未必无后起之秀来解决这个历史问题，这亦不失为一件好事。陈育崧先生几篇史地考证文字都有助于东南亚史地研究的发展。从陈育崧的《许云樵教授淡马锡释名商榷》一文来看，陈先生是许先生的诤友。

四 陈育崧对东南亚研究的贡献

陈先生对于东南亚研究的贡献是多方面的：第一，他不仅把自己呕心沥血的研究成果公之于众，他还把切实可行的研究方法提供给世人参考。例如他说："学术研究工作是一个认识过程，积累资料，是不可缺乏第一步，大量占用资料（真实可靠的资料），才能使研究工作建立在坚实的基础之上。中国学者用考证和校勘的方法，对资料进行鉴别，去伪存真，辨其精粗美恶。这种考证工作的作用，必须充分重视。"（《我对蒲罗中问题的看法》）。

他认为研究的第一步就是要大量搜集占有资料，不厌求详。然后在丰富的资料基础上，加以综合，分析批判，去粗取精，去伪存真，利用可靠的资料如实地反映历史情况，从而得出科学的结论。研究东南亚史的学者需要掌握多种工具，如中国语文、东南亚语文、欧洲语文、日文和印度文及阿拉伯文等等。其中汉文资料，对东南亚古代史研究有压倒一切的重要性，因为在东南亚各国未有成文历史之前，中国已有关于东南亚的记录了。东南亚各国的本国资料当然也十分重要。其他如英、法、荷、日、葡、西诸国也有大量关于东南亚资料，真是"取之不尽，用之不竭"。研究东南亚史确实不容易。陈先生于此卓有成就，实际上是为后学导其先路。

第二，陈先生很重视田野考古工作和发掘出来的文物资料。他说："历史资料应从多方面去搜索，金石遗物是原始资料，因为它是散布在废墟里，或深藏地下，所以田野考古，发掘史料是十分重要的。祖国的历史研究，刚在萌芽，国家基本建设工程中出土的材料，至今未见；残存在地面上的些微史迹，日就湮没。我们应该把考古计划结合着经济建设高潮，做好历史工作，确立我国信史高潮为是。"（《关于泹墓的研究》）

陈先生是一位坐而言，起而行的实干家。1969 年他与陈荆和教授合作，发起并编纂一部《新加坡华文碑铭集录》，在南洋大学东南亚研究所研究人员李业霖等的协助下，在新加坡范围内进行发掘和搜集碑铭的工作，经过整理，由香港中文大学出版。与此书同一范畴的,有德国朋友傅吾康教授所著的《华人遗留在东南亚之金石木刻汇编》共收图片约二千幅,已出了第一册,第二册准备付印。还有法国著名东南亚研究专家苏尔梦女士和隆巴尔先生合著的《椰城华族庙宇志》(1977年版),亦搜罗很多碑铭文字,对于研究雅加达华人社团有很大参考价值。上列三种书所载的都是第一手的华人史的参考资料。陈先生在《新加坡华人碑铭集录绪言》指出:"研究华侨史诸问题,尤其是华侨社会史问题,华侨社会性质等问题,不仅仅是抄写古书或狭义的考据工作所能做出答案的,大量地发掘史料,辨释史料,是每一个历史学家所应该掌握的条件。为着适应和配合这种要求,整理历史上一切有价值的东西加以分析说明是必要的。"此书目的也在于此:它一方面指出以出土的文物资料来配合引证文献材料的必要性;另一方面,提供第一手资料给我们参考,对于推动华侨史研究有一定的作用。

第三,陈先生《椰阴馆文存》所收的论文数十篇,主要论述新加坡华人及其社团问题,从古至今,内容有独到之处。它的学术水平似乎超过比较早出的温雄飞和李长傅二先生的华侨史。"有如积薪,后来居上",正可见温、李二先生开拓之功和陈先生精益求精之效。陈先生许多论文中,我认为有两篇值得推崇。第一是《施大娘仔俾那智考》。他根据台湾大学收藏的《历代宝卷》(是琉球王朝历代外交文书和文稿所集成,全书二百余册)写成,说明旧港宣慰使施进卿家乡与郑和之关系及明代华侨对东南亚同化所起的作用。这些历史问题,国内外学者从未接触过。陈先生以前寄给我的原稿及抽印本共两份都是英文的,我希望有人把它译为汉文,以广流传。第二篇是《新加坡华文碑铭集录绪言》,也是陈先生精心结构之作。它对于华人社会的结构与形态,有实践的体会和独特而精辟的论述,对华侨史研究很有帮助。其他文章各有特点,不具论了。

不过,正如曹植(子建)所说:"世人之著述不能无病。"陈先生的著述亦不无可以商榷之处。例如《新加坡开埠元勋曹亚珠考》一文,陈先生经过一番调查研究,证明曹亚志是曹亚珠之误,搞清楚这个问题,本来是一件好事。可是根据记载,一八一九年,英国殖民者莱佛士乘舰到新加坡,未敢登陆,木匠曹亚珠自告奋勇作为先锋,率众乘小艇登陆,把英国国旗插在十字路上,莱佛士见旗才敢登陆,跟着占领了新加坡。如所周知,莱佛士到新加坡的目的是将其占为殖民地,在马来族看来,这是一种侵略行为,而曹亚珠不过为他人火中取栗而已。在英人侵略新加坡前,中国人和马来人和平共处,利害相关。华马二民族对英人的入侵应该具有共同的态度。曹亚珠的行为,损害马来族的利益,也不利华马民族的友好关系。英国人固然可以称他为开埠元勋。但从民族感情和利益出发,这种行为恐怕不容易被当地人民和华人所接受的。我们认为如果把《新加坡开埠元勋曹亚珠事迹考》改为《曹亚珠事迹考》较为妥当。不过总的来说,这是智者千虑之一失,小疵不能掩其大醇吧。

第四,陈先生孜孜不倦,除著述等身外,对于东南亚研究亦积极提倡,不遗余力。例如1964年,他把椰阴馆藏书移赠新加坡国家图书馆,并以设立"东南亚资料馆"为约,公开借阅,置员指导,俾广大读者得以参考和利用。这批藏书包括中、西、日、马各种文字,陈先生曾以书目见示,中多善本。他嗜书如命,终日搜寻,而能把参考的方便让给别人,捐私为公,与人为善,值得我们钦佩和学习。

南洋学会是华人创办的第一个研究东南亚的民间学术团体,国内外早已知名。刊行的《南洋学报》约四十卷亦蜚声国际,陈先生除为学报撰写了许多很有价值的论文外,以年高德劭被推举为副会长及会长之职,对提倡和推动东南亚研究起了巨大作用。此外,他还担任英国皇家亚洲学会分会理事,香港东南亚研究所顾问,及国立东南亚研究院信托委员各职,对于东南亚研究的发展亦有不同程度的影响。

我拜读了陈育崧先生遗作后,忽然想起唐代诗人刘禹锡(梦得)的两句诗:"世上空惊故人少,集中惟有祭文多。"真是有不胜今昔之感。在短短三年间,三位志同道合的老友——许云樵、方国瑜和陈育崧相继逝世了。这三位都是南洋学会的佼佼者,东南亚研究专家,著作等身,影响深远的人物,对学术界来说,这是无可补偿的损失。如何把东南亚研究传统和他们的学术遗产继承起来,而发扬光大,正是我们后死者之责。

原文载于《南洋学报》第 39 卷第 1—2 合期,1984 年出版。

关于中国历史研究的粗浅体会

一、中国具有最古和最丰富的史籍

历史是记载人类活动和社会发展的科学。原始社会只有考古资料的遗留而没有成文的历史;殷商的甲骨文也只是一种史料,并非史书。中国成文的史籍以《尚书》为最古。据说孔子观书于周室,得虞、夏、商、周四代的典故,加以删订而成书,此书始于虞唐,终于秦穆公时代,因为它是记载上古的事,就称为《尚(上)书》。另外,《春秋》也是最古的史书之一。周代列国都有国史,如楚之梼杌,晋之乘,其余各国都称为《春秋》。墨子《明鬼篇》说:有周之《春秋》,燕之《春秋》,宋之《春秋》,齐之《春秋》。《墨子》佚文又说:吾见百国《春秋》。所以名为《春秋》,不过以春包夏,以秋包冬,总而言之,即包括一年四季的大事,逐年记事而成。孔子删订《春秋》,主要根据鲁《春秋》及其他各国《春秋》的材料,自惠公以上的记载无所修改,所谓"述而不作"。隐公以下记载,孔子参考各国史,取其精华,用自己的观点来编成。因为包括了孔子个人的主观见解,后代有些人称孔子为《春秋》的作者。司马迁所谓:"孔子惧,作《春秋》"。又说:"笔则笔,削则削,游、夏不能赞一词"。孔子也自称:"知我者其为《春秋》乎,罪我者其为《春秋》乎!"如果孔子照抄鲁史原文,一字不改,自己没有丝毫的主张,又何必替它担责任呢? 严格来说,《春秋》不过是一本大事记,没有议论,也无文采。说它是一部史籍,有些勉强。虽然其中有些微旨,但如果没有左丘明的《左传》,即《春秋左氏传》,来补充事实,加以说明,恐怕不能流传后世。我们要读《春秋》,就先读《左传》,进一步参考公羊、穀梁二传,就可以明了《春秋》所包含的历史事迹。如果再阅读左丘明的另一作品——《国语》,便可以得到全面了解春秋历史了。

《尚书》和《春秋》这两部史书,距今已有两千余年,可以说是世界上最古的史籍。

中国史籍不仅古而且多。每一朝都有官撰的正史,正史之外,还有杂史。这些伟大的文化遗产,我们是必须将其批判继承,发扬光大的。

二、为什么要学习历史

第一,一个中国人,只有通过学习历史,才能认识到中华民族是勤劳勇敢智慧的民族,才能因此激发和培养我们的民族自豪感和爱国主义思想。学习我们民族的历史,就是要把我们民族的优秀传统永远保持、继续发扬。清代学者龚自珍说:"灭人之国,必先去其史,隳人之枋(柄),败人之纲纪,必先去其史,绝人之材,湮塞人之教,必先去其史,夷人之祖宗,必先去其史。"(《古史钩沉论二》)他把历史和民族国家的关系说得很透辟。16 世纪以来,西方殖民主义者东来,把别人国家占领后,就采取愚民政策,设法禁止当地人民撰写或学习自己民族的历史,甚至千方百计地歪曲、窜改、伪造被征服民族的历史,力图逐渐打压他们的民族自豪感和国家观念,使他们屈服。

第二,《共产党宣言》指出,人类历史,自古及今,除原始社会外,都是阶级斗争史。马克思认为,阶级斗争必然导致无产阶级专政,由社会主义社会过渡到共产主义社会。马克思、恩格斯的这一科学结论就是从研究历史得来的。今天我们要进步,就必须适应社会发展规律,顺乎历史潮流,否则就会趋向反动。而社会发展规律有一般性和特殊性之分,因此,我们不能不学习包括中国历史在内的世界史。作为一个史学家,就要力图博通中外古今,全面掌握整个人类社会的历史规律。对我们来说,中国史学习尤为重要。革命实践证明,只有了解中国历史和现状,才能够把马克思主义的原则和中国具体情况结合起来,从而改造社会,振兴中华。

第三,"历史的经验值得注意"。人生在世数十年,时间是短促的,个人的社会经验是很少的,而且到有一定经验的时候,已是精力不济的年龄了。我们在社会上的活动范围很小,接触的人也不多,吸收他人的经验也很有限。如果要广泛吸收种种社会经验作为对人对事的参考,就只有以马列主义为指导,批判地向古人学习。古人已死,"萧条异代不同时",我们怎样向他们学习呢? 这不要紧,我们科学地学习历史便是。历史是人类各时代经验的记录,只要我们善于鉴别、比较和吸收,历史肯定对我们大有裨益。

三、怎样研究中国史

第一，学习历史唯物主义，打好理论基础。我们学习历史，必须力求掌握马克思主义的基本原则，并运用到历史学科研究上去，实事求是地解决历史问题。我们要用阶级观点来研究历史，就不能不读《共产党宣言》，而且要读到"心知其意"。马克思、恩格斯有关历史的著作很多，而且不容易懂。我们如果没有时间通读，就可以结合本人的专业找有关部分精读。比如研究中国史，可读马克思、恩格斯全集中有关中国的论文；研究印度史，就读他们论印度的著作。

人民是历史发展的动力，历史是人民创造的，历史应该以人民为主体。研究历史必须具有人民观念，站在人民的立场，为人民服务，以人民利益为前提。对于历史事件和历史人物的评价也是如此，凡符合人民利益的我们就肯定，不符合人民利益的我们就否定，一切以人民的利益作为评价历史事件和历史人物的标准。

第二，社会事物的发展过程是动态的，自有它的过去、现在和将来。不认识过去，就不能知道现在和将来。历史潮流好像一条河水，有上游、中游和下游，不能割断。所以，我们学习历史，必须从头开始，即从古到今，顺时代次序来学习。经典史家如恩格斯就是如此。恩格斯的《德国古代的历史语言》和《家庭、私有制和国家的起源》就是从古到今研究历史的结果。陶渊明说："得知千载上，正赖古人书。"这就是说，我们不读《春秋》《尚书》《左传》和《史记》，就不知道三代和春秋战国时期的历史。十年浩劫期间，破除"四旧"，古文物包括线装书亦在扫除之列，这完全是反动的愚民政策。他们妄图割断历史，以虚无主义态度来对待祖国伟大的文化遗产，其实破坏了社会主义的文化建设。

中国史籍丰富无比。宋代人说过："一部十七史从何说起。"宋人只知道有十七史，我们现在又有二十四史或二十五史。还有难以悉数的杂史。难怪一些人望而却步。我认为可以看具体情况精选来读。例如先读《尚书》、《左传》及《史记》三种书，因为写得最好。跟着可读司马光的《资治通鉴》及毕沅主编的《续资治通鉴》。《明史》卷数多，《清史稿》质量差，泛读便是。我们只用两三年工夫就可以读完这几部书，大致能够掌握历史的基本线索。如果要进行断代史研究，必须以正史为主，杂史和当代文献资料为辅，正史的注补表谱考证书籍亦应该参考。我推荐东君编的《二十四史注补表谱考证书籍简目》（见中华书局编印的《古籍整理出版情况简报》1966年第二至第五号）。这部介绍史籍的史部目录类书，是学习历史的入门之书。1933

年，我在中山大学当研究生时，专攻秦汉史，我的导师朱希祖先生命我点读《史记》《汉书》《后汉书》和《三国志》，并要求做札记；继而要求我通读汉代人著作，并参考后人注释和考证四史的书以及讨论汉代的专著和论文。三年毕业后，我基本掌握了秦汉二代史实，而且有著述问世。我认为导师的这个方法还是切实可行的。

其次，学历史不能不看些地理沿革方面的书。《四库全书》将地理沿革类书籍归入史部。地理沿革亦即今之历史地理。我们读史，不能不知道历代疆域和地名的沿革。一个历史事件的发生，有它的时间，地点和条件，如果我们只知道某些事件，不知道在什么时候，什么地方发生，更不知道那个地方在今日何处，我们的观念一定非常模糊。古语说"左图右史"，乃是经验之谈。

第三，我们研究中国史，应该同时读些比较好的世界通史，中国是世界的一部分。我们要知道中国在世界历史上的地位和作用，就不能不贯通中外历史，找出我国同外国的关系。作为一个史学工作者，不懂外国史或懂得太少是说不过去的。近年来欧美国家、日本等研究中国史的人越来越多，出版的专著和论文也很多；我们也应该提倡研究世界史，或中外关系史，这样才能开阔我们的眼界，提高我们的学术水平。

第四，我们希望研究中国史的人也能懂得一门外语。这对研究中国近代史的人来说，更有必要。因为中国近代史的主要内容就是我国被侵略和反侵略的过程。这当然与外国有关。外国关于中国近代史的参考资料很多。如果不懂外文，就不能利用这些资料。研究中国古代史也最好掌握一门以上的外语。近百年来，中国古代文物流失海外的难以数计。西方学者利用这些材料来研究中国史，用外文著书立说。如果我们不懂外文，就不能直接利用了。其次，外国人治学的观点和方法和我们有所不同，对于历史问题的看法和提法也常常有很大差异，他们的著作在某种程度上，对我们来说还是有参考价值的，甚至是值得我们借鉴的。过去国内研究中国古史的大师，如王国维、陈寅恪和郭沫若等都是精通几种外语的。

第五，关于历史的写法，即历史编纂法，在今日已成为一门学科。史家在丰富的资料的基础上，进行史实的考订，用正确的观点和方法恢复历史的本来面目，冲破种种禁区，做到书法不隐，争取使其书成为"信史"。这是著史的基本要求。可是把历史真相活生生地展现出来，作者除需要具有科学方法外，还需要有艺术手段。只有这样，他的书才有说服力和吸引力，才能使读者从中不仅得到正确的历史知识，而且得到美的享受，手不释卷，念念不忘。而这样的书，对当代和后世一定会发生良好的影响。

孔子说:"言之无文,行而不远。"这就是说,没有文采,不足动人,干巴巴的文章是不能传之久远的。清代史学家章学诚说:"夫史所载者事也,事必藉文而立,故良史莫不工文。"试看《左传》和《史记》这两部不朽的作品,就可以体会到文笔在历史学中的重要性。前人说:史学、史识、史才三者缺一不可。我们要向左丘明和司马迁学习,学习他们用生动而传神的笔,写下史实,而又在叙述史实之中,寓褒贬之意,给读者以深刻的印象和有益的启发。

以上各点是我个人学习历史的一些体会和不成熟的意见。错误之处,请读者指正。

原文载于《历史教学》第 3 期,1985 年出版。

《中国古代史学史概要》序

　　历史学的萌芽以我国为最早,约在公元前 21 世纪已有史官的设立和历史的记载。孔子编述的《尚书》和《春秋》就是取材于官府所藏的档案和各国的史料。《尚书》上起《尧典》,下讫《秦誓》,包括虞、夏、商、周的重要历史文献。《春秋》是我国第一部编年体的历史书,上起隐公元年(前 722),下讫哀公十四年(前 481),凡 242 年之事。孔子撰述《春秋》,不仅依据鲁国的史书,而且又与左丘明查看各国的载籍,进行查核的工作。后世有人因孔子自称"述而不作",就认为孔子没有作《春秋》,而是整理鲁国的《春秋》而已。可是孟子就指明孔子作《春秋》(《孟子》第十四章),司马迁又说"笔则笔,削则削,游夏不能赞一词"。可见孔子确是下过一番补充修改工作。孔子也自称:"知我者其为《春秋》乎,罪我者其为《春秋》乎!"如果孔子把鲁史原文照搬,没有自己的见解,又何必替此书负责呢?

　　世界各国流传至今的成文历史书中,自以为《尚书》和《春秋》为最古。孔子生于公元前 552 年,而被称为"历史鼻祖"的希腊历史家希罗多德,生于公元前 484 年,是孔子的后辈。作为史学家的孔子,位于世界史学家的前列。

　　史学史的内容包括史学评论和史学家的生平。早在周代,孟轲(公元前 372——公元前 289)对《尚书》就提出评论说:"尽信书,则不如无书。吾于《武成》取二三策而已矣。仁人无敌于天下,以至仁伐不仁,如何其血之流杵也?"(《孟子》第四十九章)《武成》述武王伐纣之事。后世注疏家亦附和说:"言纣众虽多,皆无有敌我之心,故自攻于后以北走。自攻其后,必杀人不多,流血漂春杵,甚之言也。"(《尚书注疏》卷十)这恐怕是最早的史学评论了。司马迁在《史记》中把孔子列入世家,为之立传,又在《自序》中表扬孔子作《春秋》的目的和作用。我们可以说,中国史学家传最早出于太史公之手。

综上以观，我国史学，源远流长。历史书籍，浩如烟海。清代乾隆《四库全书》收入的史部诸书，已有一万九千余卷，而《尚书》《春秋》这两种史书及其有关的著述被编入经部的有两千多卷。其余未被收入《四库》的史籍亦难以悉数。近二百年来，我国出版的史籍数目成倍地增长。我国既有悠久的史学传统，又有丰富无比的史学书籍，值得我们自豪，而且为我们编写史学史的人，提供了许多有利的条件。可是在漫长的封建时期，中国史学史这门学科并没有形成体系，从事史学的人，以编纂历史为多，注释和考证历史次之，史事评论又次之。至于探讨史学思想和方法之书实是寥寥可数。唐刘知幾《史通》十卷主要阐述史籍源流及其得失，即史学方法和史学评论。清代章学诚(实斋)著《文史通义》一书，才兼谈史学理论，他本人自称为"史意"。近代张尔田(孟劬)的《史微》，阐明实斋"六经皆史"之谊，是其嗣响。由于时代限制，刘、章二氏的书，从内容来看，只侧重今之中国史学史体系的某些方面。不过《章氏遗书》似乎更进一步，不仅谈到史学思想和方法，而且对史学传统和史家生平及其成就均有所论述。虽然未能把各时代史学发展进行综合论述、批判总结，但亦能承先启后，有开拓之功。

窃以为中国古代史学史在20世纪初期才逐渐成为一门系统的学科。吾师朱希祖先生少时留学日本，曾从章太炎先生游，传其史学，民国初年，在北京大学讲授《史学概论》，有讲义行世。以较新的方法来研究和编写中国古代史学史者，似以朱氏为最早。其后中国史学史著作陆续出版，金毓黻的《中国史学史》，虽然在理论上没有很多特出之处，但方法谨严，体例完整，材料丰富，论断平实，涉及范围亦广，允为一时之冠。近四十年来，中国史学史专著已出版或尚待出版的不下十种。其中也有力图以马克思主义为指导进行编写的，殊为可喜。今天批判继承我国伟大文化遗产的呼声甚高，运用新的观点和方法进行中国古代史学史的研究和编写，殆不容已。希望这类著作越来越多，"有如积薪，后来居上"。

1961年，我曾在暨南大学历史系讲授中国史学史，由于当时缺乏适当教材，不便于学习，在同学热烈要求下，我编了一部中国古代史学史讲义。这门课程规定一学期讲授完毕，我的讲义也不得不在半年内写成，急就之章，卑无高论。这本讲稿20年后才能在河南人民出版社出版。我本治中外关系史，工作又多，教了一学期中国史学史后，就不复教。至80年代初，重开中国史学史课程，由高国抗同志讲授。高同志通过努力钻研和教学实践，撰成《中国古代史学史概要》，约三十余万言，将由广东高等教育出版社出版。高同志携其书稿请我写一序言。我奉读之后，略陈鄙见。

此书在体例上基本上按朝代划分,把该朝代的史学家及其著作一一评述后,指出该时代的史学成就和特点。作者在该书的综合、分析和论断方面往往有其独到之处。例如,有文字的创造,才有成文历史的出现,这是最简单的道理。从 30 年代开始,有些史学史专著已经把商代甲骨文的形成作为史学发生的前提了。但此书作者根据近现代的考古发现,认为文字的发生可以上溯到商代以前,而且起源于图画,并与图腾崇拜有关。换言之,文字的发生是人类争取生存环境和改善生活而进行劳动生产的结果。这样提法比较全面,对于初学史学史的人,自有扩大眼界、开拓心胸的作用。

作者谈到史官的产生,强调最早的史官是由巫或祝担任,即巫史合一或祝史合一,而巫祝又是氏族中受人推戴的优秀分子。事实上确是如此。因为巫祝虽然有消极的一面,如神道设教,但也有积极的一面,如他利用数学、天文、气象和文学知识来测量土地,指导农业生产。"国家大事,在祀与戎。"不管祭祀还是打仗都需要巫师进行占卜,所以巫师的权力很大,仅次于王。史官既由巫师兼任,地位亦高,曾出现反对君主的独行独断的现象,因而发生过滥杀史官的事情。但到了春秋时代,巫祝或史官的权力一落千丈。统治者在"卜以决疑,不疑何卜"的借口下,悍然拒绝重用巫师,以后便将不利于己的史册销毁。许多史家退处一隅,不敢遇事直书,以此保全他们的禄位。随着社会进化,民智日开,神权和神道设教事业也自然衰落。秦代"以吏为师"的专制措施,对史官和史籍都有很大打击。至汉代,史官地位继续下降,汉武帝时置太史公,司著作,至宣帝时改为太史令,行文书而已(《汉旧仪补遗》)。唐代史馆以贵臣监修,史官由其支配,史官难以发挥作用。刘知幾三为史臣,郁怏孤愤,只能私撰《史通》以现志。清初修明史,执笔者如姜宸英等为翰林院纂修,仅七品俸,待遇较低。

高国抗同志之书对古代巫史合一和后来巫史分立的原因及时代,史官的势力和地位凌替的经过,以及史馆制度的变革、众手修史与私家著述的利病等问题已有接触而未及畅论,如果日后有学者对上述问题作深入有系统的研究,对于中国古代史学史的编写可能会有很大帮助。当然,我们也希望高国抗同志日后能够全面彻底地解决这些问题。

左丘明的《左传》是继《春秋》而起的最伟大的史籍。没有《左传》,《春秋》就不能流传至今。我们想知道春秋时代的史事,不能不求之于《左传》。《左传》影响之巨,非其他古代史籍可及。刘知幾童年读《左传》,即窃叹曰:"若使书皆如此,吾不复怠矣",从此以史学为终身职业。古来良史莫不工文,但总不及左氏行文的流畅易懂。

高国抗同志此书,特辟专章论《左传》,很有必要。作者论述《左传》的史学思想、史学方法及其超越前人之处,都是持之有故,言之成理的。但在考证小节上,似还有可议之处。例如左丘明的生卒年月不可考,我们只知他与孔子是同时的人。而作者根据《论语》中"左丘明耻之,丘亦耻之"这句话,就说:孔子自谦为晚辈,又说左丘明的年龄似比孔子大。这两句话只能说明孔子和左丘明二人意见相同,而不足以说明二人的年龄的大小和辈数高低。证据不足显然就没有说服力。又左丘明好作议论,议论中夹杂了一些预言,对历史事件和人物的变化往往加以推测,有偶然应验,亦有估计错误的。作为一个"通古今之变"的史学家,根据过去,把握现在,推测将来,事本寻常。但事物是不断变化的,主观的预言往往不能符合客观的实际,《左传》中的预言有的应验有得没有应验,例如,从"君子知秦之不复东征也",预言秦国日后之不振,结果恰恰相反,秦穆公以后至孝公及始皇而并吞六国,统一四海。这是以一时成败论事,缺乏远见的结果,而不是出于占卜。其中应验者,也不一定是他人追补上去,因为其他人既不列名为作者,又何必弄虚作假呢?考证之学必须谨严,力避繁琐。古人说:"多闻缺疑。"这些小节细故,缺疑便可,不必强为之解释。

此书两汉史学一章体例颇为完善,作者首先论述一代的历史背景,文教政策,巩固中央集权的封建统治思想(其中包活董仲舒的天人感应学说),以显史学和政治的关系,使读者对两汉史学的性质及其情况有一简括的概念。关于司马迁和班固的优劣,论者如麻,迄今没有一致的看法,或尊班抑马,或尊马抑班。郑樵认为班固昧于会通之旨,说:"迁之于固,犹龙之于猪。"实在抑扬过分。通史与断代史分为两体,各有特点,各人条件不同,不能要求人人都写通史。班固断代为史,无可厚非。平心而论,司马迁《史记》在史学思想和史学方法上有许多独创之处,才华横溢,议论精辟,文笔动人,远非班固可及。此书作者评论马班之言公允,"不隐恶,不虚美",我认为可以接受。

此书论述列代史学各章,材料丰富,立论亦较为平实。惟论明代史学一章内容稍嫌单薄,标准亦似乎过高。例如作者说:在明代出版的史书中,竟难以找到一部有自己独创特点的、能独辟蹊径的作品。明人著述不少,我们不容易尽览,恐怕不宜急下此断语。我国史体,如通史、断代史、编年史、通鉴体和纪事本末体等,在宋代已经完备了。在史学编纂上独创一种新的体系,谈何容易!清修明史,大张旗鼓,旷日持久,群彦如林,结果在史裁上没有突破前人,而在史断上也未独创出精辟的见地。有清一代,只有《明史》尚算长编巨著,除此之外,也找不到一部可以称为史学名著的作品,何必独责明代诸人。《元史》号称难治,因为蒙古势力,远及欧亚,研究元史的人要懂得一点西域和欧洲语以及波斯文、阿拉伯文,特别是中外关系史的知识,而明代修史人的不足正在此。《元史》仓猝成书,有芜杂缺略之失,但未尝没有优点。赵翼在《廿二史札记》卷二十九已详论之,兹不赘述。日后魏源《元史新编》、屠寄《蒙兀儿史记》及柯劭忞《新元史》等,虽有整齐史料之功,文字修饰之力,也参考了一些西方资料,但卒不能夺取《元史》在史学上的地位。

其他史籍如何乔远的《名山藏》,张岱的《石匮书》、李贽的《续藏书》和谈迁的《国榷》等,均有一得之专长,中肯之议论,应在史学史中给予相当地位。又明代历史笔记最多,是一代史学的特点。陶宗仪《辍耕录》三十卷,有稗掌故,现在已成为很重要的参考书。又沈德符的《万历野获编》,工于纪事,长于文笔,允为此类的杰作。上列各书,如果我们能平心静气,实事求是,认真阅读,就可能有所体会,发现它的特点了。

明人著作多而流传较少,亦有一些原因。第一,正如本书作者所说,因触犯清廷的忌讳而受到焚毁。第二,由于晚明发生农民起义和外族入侵,战火蔓延,书稿遭劫,湮灭失传。第三,清朝的人对于明人的著述,往往轻视而加以丑诋。清代汉学盛行的时候,以纪昀为首的考证学派无不诋毁明人,说他们空说理学,学无根柢。随意贬低明人的学术成就,使明人著述得不到应有的重视。近人竟有随声附和说"明人重八股,空虚浅鄙,八股外一无所知",又说"明人学问的空疏,历史已有定论"。明代立国 276 年,如果全部知识分子除八股外一无所知,何以立国?而我国学术传统,岂不是中断了将近三百年吗?可见,上述论述不足以服人!

此书作者力图用马克思主义来指导编写工作。例如根据各时代的社会经济形态来探索和披露史学的发展;注意到经济基础和作为意识形态的史学的相互关系;运用《共产党宣言》中"历史是阶级斗争史"的原则,对史事、史家和史籍进行科学的评价和总结;揭露王朝统治者以史学作为统治工具,谴责封建主义专制政策和各种反动措施,表扬爱国的进步史学家。这些都是此书的优点。在此书中,史学发展的线索是相当清楚的。至于史学发展的基本规律的探讨和发现,还需继续努力。

作为一部中国史学史,在今天看来,应该包括中华民族各族人民的史学成就,换言之,除汉族外,我国少数民族的史学遗产都应该在中国史学史中占相当的地位。过去由于条件限制,未能实现研究少数民族史学史的愿望。今天由于党的民族政策在各民族自治区正确执行,各方面已呈现出欣欣向荣的景象,文化事业不断发展,各种学校和研究机关已纷纷组织人力从事整理和翻译各有关民族的文献的工作,其中当然包括历史著作。《元朝秘史》一书,迄今已有三四种翻译和注释本出版。

满文、藏文、蒙文和维吾尔文的史籍亦有多种译为汉文,可以为编纂中国史学史提供参考,有志者不妨一试。这是我个人不成熟的建议。

中国史学史对学习历史有指导意义和作用,学习历史不能不学习史学史,正如学习文学不能不学习文学史一样。在高等学校中文系里,文学史作为必修课,教学时间有一年到两年,可是各校历史系,有些还未能开设史学史,有些仅将其作为一学期的选修课。可见史学史这门学科还未得到应有的重视。今后应该大力宣传其重要性,争取社会各方面的大力支持,成立有关的研究机构和学术团体,并积极培养有关教学和科研人才,多出一些史学史的专书和刊物;,还需创造条件,进行中外史学的比较研究,通古今中外之变,不仅促进中外文化交流而已。大开风气,别开生面,承先启后之责,将落在我们史学工作者身上。这是我私人恳切的希望。

20世纪30年代,我学习中国史,一度涉猎中国史学史,但没有恒心,浅尝即止。四十年代始,我从事"东南西北之学",即世界史和中外关系史,头绪万端,未及悉理,更无暇涉及中国史学史了。今年逾七十,体力日衰,恐不能任重致远。高国抗君谬以我为识途老马,请我一序其书,而出版社亦加以敦促。我不得杜门泚笔,为疏述其书的大旨并附以鄙见,以就正于作者和读者。

原文载于《暨南学报》(哲社版)第3期,1985年出版。

纪念梁方仲教授

梁方仲教授是我国著名经济史学家,享有国际声誉。他的大作《一条鞭法》,早在 20 世纪 40 年代的美国就有英文译本,获得好评。他在岭南大学及中山大学任教 20 年,育才无数,在教学上和科研上均有突出的贡献。他的品德和成就,都值得我们学习。今天,在中山大学举行纪念梁先生的学术讨论会,是有重大意义的。我在年轻时候已在报刊上读过梁方仲先生不少文章,印象颇为深刻,但是还没有机会向他请教。1933 年,我在中山大学文史研究所当研究生时,认识了梁方仲之弟梁嘉彬先生,略知方仲先生的家世。1952 年,我由昆明调回中大历史系任教,才有机会和梁先生共事。虽所学不同,但经常交换意见。我从梁先生处学到不少东西,对他有更深的了解。他虽出身于名门望族,又出过洋,但生活极为俭朴,对自己要求十分严格,对同志宽厚。以读书、交友、著述、讲学为乐事。明辨是非,和而不同。自信心强,但从不自负。对人肯提意见,且讲究方式方法,忠告而善导之。所以我们都把他当益友和诤友而乐与之亲近。

梁方仲先生治学,通古今之变,成一家之言。他的代表作,我认为是《中国历代户口、田地、田赋统计》一书。古语说:"有人此有土,有土此有财,有财此有用。"经济学史的任务是研究历代的人类与财富的关系及其因果。梁先生此书研究人口、田地(土地制度)和赋税。这几种因素互相关系、互为因果。人是最活跃的生产力因素。开辟土地和开发资源都靠人。土地就是财产,官府为了管理人口和土地,于是设立户籍法和土地制度。有了土地,才有生产、消费、交换、分配等。总之,梁先生这部巨著是梁先生以他许多专题研究的成果为基础而写成的,指出经济史中的主要问题,即国计民生和人与财富的关系。这部大书为广大读者提供大量很有实用价值的知识和数据,确是必传之作。

梁先生不仅是一位独树一帜的中国经济史学家，而且是一位诗人。他对诗学极有兴趣，而且造诣亦高。他的诗稿有一二百首，以律诗和绝句为多，极少流连风景及应酬唱和之作，好用典故，但不流于雕琢。他叙事以诗，自视为小技，不愿公开发表。就诗的素质而论，自是高手。史学家能诗者不多，梁先生之诗，可取之处极多，我希望有人把他的诗整理出版或附在文集之后作为纪念。

梁先生对于马克思主义经济学认真研究，他曾将马克思《资本论》中论原始积累的秘密的一章作了读书札记，从而搞清西方由封建社会过渡到资本主义社会这一问题，又以马克思主义原理为指导，探求中国资本主义萌芽问题。他主张以钻研经典著作，吸收其精华作为指导思想，反对时下对于马克思主义著作不求甚解、生吞活剥的贴标签的教条主义。

1988 年 12 月 5 日

原文载于《纪念梁方仲教授学术讨论会论文集》，中山大学，1988 年。

抚今忆昔话社联

　　光阴送我,我送光阴,我是一个不知老之将至的人,转瞬已白发盈头,年近80了。我参加的广东省社会科学学会联合会也已有30年历史。新中国社会科学的发展有一日千里之势,有关社会科学的学会如雨后春笋。解放前,广东民间学术团体寥寥无几。解放后,党和政府执行"双百"方针,提倡解放思想,促进学术民主,对民间学术团体加以支持和赞助。由于学会逐年增加,就有加强领导的必要,广东省社会科学学会联合会遂告成立,使各学会在该会统一指导下,互相交流,互相照应,因而更有利于团结合作,共同促进社会主义四化建设。

　　广东省社会科学学会联合会成立以来,做了大量工作。第一,创办了《学术研究》并以之作为社会科学家争鸣的园地,得到有关学者专家的支持,稿源畅盛,佳作如林,国内外反响良好,这个刊物迄今已出版近百期了。这是值得称道的。第二,马克思主义思想体系是马克思本人通过批判、吸收前人的学术成果和经验教训,在哲学和政治经济学等社会科学领域内,推陈出新,而形成的。他提出封建主义必然让步于资本主义,而资本主义又必然让步于社会主义的科学论断。马克思主义思想实质上是科学社会主义思想,即力图实现社会主义制度的指导思想。我国是社会主义国家,当然以马克思主义来指导我们进行社会主义建设。广东社联成立之初,即强调学习马列主义理论的重要性,特别重视毛泽东思想的研究和宣传,这样做法,对于提高干部的理论水平和实践能力是大有好处的,也是值得称道的。第三,我们要坚持马克思列宁主义同中国实际相结合的原则来建设有中国特色的新中国。这是中央领导同志多次强调的。党的十一届三中全会以来,提出以经济建设为中心,坚持四项基本原则的指导思想;实行改革开放后,全国贯彻执行这个指导思想,取得巨大成就。本省社联对社会科学界,特别对所属的学会,不遗余力倡导贯彻执行国家的指导思想。首先,社联的总体规划和有关学会的研究计划的倾向性和针对性是基本一致的。其次,从社联主办的《学术研究》所收论文的内容和性质可以看出来。值得注意的是,这些论文很注意结合广东地区的政治、经济、社会、文化等各方面的重大问题来谈,并提出建设性的意见,以广东人研究广东问题,进行调查研究工作较为方便,人地相宜,事半功倍,这种做法颇有可取之处。

最后,我有一点建议。这几年有极少数人,鼠目寸光,不懂历史,恣意否定我国数千年伟大的民族传统和光辉的文化遗产,大倡欧洲中心论和全盘西化论。所以,我希望社会科学界的同志们认真剖析和批判这种观点,积极宣传祖国的优秀文化。

原文载于《学术研究》,1990 年第 1 期。

中国海外交通史研究会会长朱杰勤教授贺信

泉州海外交通史研究会筹备处：

　　据悉泉州海外交通史研究会于本月举行成立大会,不胜忻庆。我因身体有病,工作太忙,未能躬逢盛会,尚祈原谅!

　　敬祝大会顺利召开,圆满结束! 代表同志们身体健康,收获丰硕!

　　我提出几点意见,以表献曝之忱。

　　一、希望泉州海交史研究会的同志们组织人力,就地取材,首先把有关泉州的海外交通

　　史问题搞清楚,进一步由近及远,举一反三,把研究范围推广到福建全省和全国。这样做法,我们这个研究会既有地方性,也有全国性。我们的研究是涉外的,因此它自然带有国际性了。泉州是古今中外著名的大港口,我们不怕没有文章可做。

　　二、华侨史是海外交通史中的一个重要部门。海外华人是中国与外国经济交流和文化交流的纽带或桥梁,而泉州又是中外著名的侨区。因此,泉州——福建华侨史的研究应该作为我们重点研究的项目之一。目前各省市正在进行编写的地方志和海港史,都有"华侨志",可见华侨史已经受到了普遍的重视。

　　三、我相信泉州海外交通史研究会在组织领导、研究方向、研究计划、发展会务及与其他兄弟学会合作方面一定具有很多特点和有益的经验。希望能够加以总结,向外推广,以便其他地方参考和效法。中国海外交通史研究会与泉州海外交通史研究会性质相同,目标一致,关系密切。希望这两会今后加强团结和合作,对中外关系史研究作出更多的贡献。

　　上述几点不成熟的意见,请同志们批评指正。

　　此致

敬礼

朱杰勤

一九八六年七月十七日

原文载于《海交史研究》副刊第 1 期,1986 年。

中国海交会秘书处:

去年十二月三十日及今年一月二日来示均悉。答复如下:

1.入会申请人名单(25 人)我完全同意。但其中常绍恩应作常绍温。暨大和中大还有几位同志要参加,待填表后奉上。

2.你们要我审阅张毅的文章,我已看完把我的意见及原文挂号寄上,未知收到否?

3.泉州举行的华侨史讨论会,在你们大力支持下,开得很好,影响亦大。今年五六月间,广东省侨联等拟在广州召开广东省华侨史讨论会;第三季度,中央侨联拟在广州召开全国华侨史研究会成立大会,这都是与我们海交会有关的,请你们做好准备。还有五月间在厦门大学召开中国中外关系史研究会成立大会。到时,我会去参加的。如时间许可,我会到泉州拜访你们。

4.《海交史研究》这个刊物办得不错,但经费很成问题,是否可以考虑出一种"华侨史专号"或多刊些有关华侨的文章,借此向侨联和华侨或归侨请求经济上的支持。这是我个人的愿望和建议,未知可行否?

5.今年,要参加的学术会议还是很多,没有时间为宁波会议提供论文和赴会,我认为拖到 1982 年召开对我们更有利。因此,我认为不必催促他们,也不一定作为主办单位。我们人力和经费都有困难的。

6.我们要开始筹划并积蓄力量,准备召开海外史研究会的代表大会或年会。这当然可以放在 1982 年或 1983 年,但要求准备得十分充分。

7.田汝康先生热心会务,你们可以请他为刊物写文章并在海外宣传。我和他久未通讯,请你们把他的详细地址示知。

8.我今年下半年要在校开设东南亚华侨史,正在备课。行政工作、社会工作和学术活动等比以前加多,但身体不如前了,我写字手还发抖呢。会务一切有劳诸位。

今年福建师大又约我去"讲学",我还未决定去否。春节将临,敬祝你们及馆内同志春节愉快!身体健康!事业顺利!

(第一次印成的会员名册请寄一本来。)

敬礼

朱杰勤

(注:信纸首页页眉空白处标有中国海交会秘书处收文时间81.1.20.)

中国海外交通史研究会

秘书处负责同志:

三月十九日来信收悉。各项谨复如下:

一、同意我会申请加入中国史学会为团体会员。

二、同意我会团体会员由联络人与本会联系的办法,亦同意各单位个人会员成立小组,由小组长与本会联系办法。

三、这次申请入会的人共八名,我完全表示同意。

四、今年五月间,我要去厦门参加中国中外关系史学会,拟到泉州和你们协商会务,具体时间另行通知。匆匆即致

敬礼

朱杰勤
一九八一年四月

中国海外交通史研究会

秘书处负责同志:

我谨向你们汇报下列事项:

1.一九八一年会员通讯录已收到了(包括会费收据和入会通知书)。

2.《海交史研究》第三期七本亦已拜领,《动态》第八期亦已到了。

3.我会参与发起的《宁波港海外交通史学术讨论会》的召开,是大好事。我目前无暇撰写论文,将来能否出席此会,要看情况才能决定。但最好发动我会理事参加并争取会员多写质量高的文章。

4.最近教育部批准暨南大学成立华侨研究所,由我负责。有经费大办刊物。除

过去出版《东南亚史论文集》外,还编了《华侨史论文集》第一、二集,大约十月底可以出版。这些刊物,除发表本所的研究成果外,还欢迎外稿。希望你们大力支持,共同协作。

5.中国海外交通史研究会明年召开会议,未知经费社会科学院有拨下来否?

6.中国古代外销陶瓷研究会在广东召开,未知海交博物馆派谁参加?

7.我们以华侨史为研究重点。博物馆同志如有关于这方面的著作(论文和资料)请惠寄给我们发表。我这学期正在讲授东南亚华侨史课程。同时又兼历史系及华侨研究所的行政工作。自上月在京参加高校学位评选工作会议回来后,身体又差,暂时抽不出时间为《海交史研究》写文章了。匆匆。余俟后谈。

此致

敬礼

朱杰勤

81/9/2

对《浅论汉唐时期海外贸易的几个问题》的意见

此文持之有故,言之成理,史料能够支持议论,可以发表。

但有一点似乎有待商榷。

第六页第一段,说"吴政权曾建造过能容三千人的大船",过于夸大,不可信。

跟着又说,"晋受二千余人"。以容量来说,又落后于三国时代了。

直至明代郑和下西洋的大船,经过多人深入研究,证明不过载数百人。明代造船厂(如龙江造船厂)所造最大的船亦不过如此。

如果三国时代已能造载三千人的船,不仅空前,而且绝后,我国造船术岂不是一代不如一代,这是说不过去的。

我认为如引用上述材料,应带些怀疑态度或按语。

朱杰勤

朱杰勤与周慕良、塔娜之间的通信

慕良同志：

六月二十五日来信收悉。《海交史研究》第五期和"扬州会议论文"亦均先后收到。谢谢。

扬州会议开得很好，代表们对海交史研究会认识加深，表扬倍至。这与您和庄炳章同志的不辞劳苦、共同推动是分不开的。我会及会刊在海外也有影响，有些外国学者到广州见我，往往谈到《海交史研究》这个刊物。我们应进一步扩大海交史会的作用。

1.海交史会代表大会召开，是和科学史学会合并举行的。代表名额若干，召开的具体日期、通知书的发出，都要意见一致，共同行动。不过，我们要考虑经费问题、规格问题、住宿问题。要留有余地。并要提早通知，以便代表安排自己的工作。

2.海洋出版社提出《海交史研究》可以由他们出版，我基本赞成。可是印刷费和稿费都由该社负担，编辑由我会及海交馆负责，就不必加上省社科院的名义了。第一，编一个刊物，三个单位出头似乎多些；第二，在组稿和编稿上，省社会科学院实际无什么工作可做。虽地方性重，但《海交史研究》是一个全国性刊物，是否可以仅用海交史会和海交史馆名义？

3.我同意把稿费提高到千字 2—10 元。

4.《海交史研究动态》同意铅印。

5.有些代表要求在各大海港，由我们牵头召开学术讨论会。我认为会议不能多开，我们人力和财力都有限。让我会年会开后再行研究吧。

匆匆。余俟后谈。

此候

著礼！

朱杰勤

一九八三年七月四日

慕良同志：

三月二十二日来信今天收到。您百忙中还写信给我，我十分高兴。谢谢。

《光明日报》的报道我已经看过，《文汇报》尚未及看。我料其他报刊也会陆续登出的。关于本会代表会情况，还可以寄给《中国东南亚研究会通讯》（郑州大学历史学系郑可来主编），及《中外关系史学会通讯》（北京历史所中外关系史研究室）发表。

大会论文成集刊出，海洋出版社肯担任出版自然很好。稿件分别由海交史会及自然史所分任编审也好。关于编选原则的三种办法，还要研究。我认为（1）它既然是论文集或专书性质，就不必像报刊文章要加提要。写提要要花时间和空位，概括不好，反而不妙。（2）摘要刊登（1500字左右），亦有同样麻烦。我们替作者搞，没有必要，而作者又不一定愿意去干。（3）不发表的文章只录作者和篇名亦不好。因为这样分全发表、择录和不登而标出姓名三类。显然是分优、中、劣三等，第二、三类文章的作者会不高兴的。他们会认为不登倒无所谓，一登出就会觉得没有光彩。因此，我认为凡入选的文章就全文发表，不加提要。不入选的就不收入，不录摘要，也不标出作者和篇名。最近三联书店出版的中国世界现代史研究会的世界现代史论文集就是采取这个办法。它在前言中只说"提交这次会议的论文××篇，我们本着双百方针的精神，从中选择××篇，汇编成集"，此外不多加说明，可以参考。

选集的书名，是否可用《中外文化交流研究》？请大家斟酌。

文集选定后，请写《出版说明》，用理事会名义。目录交我一看。

既然已有同志组成编审班子，我亦不必先提什么意见了。

匆匆即复，余俟后叙。

此候

大安

朱杰勤

一九八四年三月二十七日

慕良同志：

六月二十八日来信收悉。您不辞辛苦，风尘仆仆，在京期间与有关方面联系，解决了一些问题，为海交史研究会干了一件好事，我认为不虚此行。

1.关于论文选。论文集字数太多,出版社根据他们的计划,不肯全部承印。自无足怪。他们能答应出版社会科学部分文章已经算照顾我们了。社会科学与自然科学论文分开编选,我们早已同意,毋庸再议。但自然史所提出分开出版的意见。有两点我还不明白,第一,究竟由哪一个出版社承担,抑或自费印刷? 第二,是否用海交会及科技史所的名义共同署名出版? 如果没有出版社承担,就要自费了,经费又如何解决? 希望明确。我同意陈高华、吴泰同志的意见,论文集如海洋社出不成,就放入《海交史研究》出版。最好加上"专号"之名。

2.长岛会议。同意我会与中外关系史研究会联合召开。这样,经费负担可以轻一些,会议内容更为充实些。七月间如召开理事会,除在京同志参加外,希望韩振华同志参加。山东方面也应有代表人来参加。泉州方面必须派(1—2)人参加。

最近我较忙,不多及。如有新的情况,请随时示知。请代我向龙炳章同志致意。

此复顺候

著安

朱杰勤

一九八四年七月五日

慕良同志:

今天接到来信。惊悉吴泰同志病逝,不胜悲痛! 我未能参加追悼会,于心不安,已写信给林甘泉、陈高华同志托他们向其家属致以亲切的慰问。

吴泰同志对人热情,治学勤奋,既是学者,又肖于方,对中外关系史有重要的贡献,对海交会会务一向大力支持。他的逝世,不仅(是)我国史学界的损失,而且又是历史所和海交会的巨大损失。

我请他们把吴泰同志的病殁经过及身后问题见告,并建议发动同志写些悼念文章或报道稿,在历史所、海交会和东南亚研究会等刊物上发表。同时整理他的遗稿出版。

匆匆即复,顺候

著安

朱杰勤

一九八五年三月二十五日

慕良同志：

您好！

稿费已收，单据附回。《海交史研究》十本亦已拜领。谢谢。

1.近月印刷费和纸价都涨了，海交会经费如此之少，每年要承担两期学报和《动态》的印刷费是很困难的。为节省一些费用起见，是否可以采取：(1)降低稿费；(2)或者仿效外国学会学报的方法，不设稿酬，而以抽印本若干份给予作者。请您们研究决定。

2.目前很多国内学会收取会费，我们研究会不妨也收会费，作为我会供给会员各种刊物的代价，否则将来入会的人越来越多，我会的经济负担就越来越重。这点亦请您们考虑。

3.海交会今年的经费何时才能拨下？有无消息？

4.前寄上拙作《中外关系史论文集》一册。收到后请复一音。我想请你们编辑部写一篇三四百字的简介，题为"学术动态"或"出版消息"登在"海交史动态"上。同时可介绍拙译的《中外关系史译丛》，此书最近由北京海洋出版社出版，样书只给五本，不够分配，待我在市上买到后，再奉上。此书的出版社的内容提要说："本书共收入十六篇译文，包括中外关系史中有关政治、经济、文化、交通、宗教、人员往来等方面的学术著作。内容丰富，材料珍贵。可为从事中外关系史研究的人员及外事工作者提供有益的帮助，并可供交通史、文化史、华侨史、宗教史研究人员及各大院校有关部门阅读参考。"

《中外关系史论文集》上亦有"出版说明"均可参看。这件事拜托你们了。

5.现附上申请入会共两份，请查收。

专此即候

研安

朱杰勤

一九八五年五月二十七日

我最近患动脉炎，右小腿行数步便开始痛，行动不便。安海港史讨论会请我与会。我本想顺便到泉州一行。见见你们，现在恐怕不能出席了。又及。

杰勤

慕良同志：

来信收悉，谨复如下：

为着长岛会议的筹备工作和本会论文集的出版事情，您几次奔走南北，太辛苦了。

1. 这次会议的安排经过多方面协商决定，我无意见。关于泉州会议的论文

选集，我会既然没有能力负担出版费用。我同意您的办法，但与海交有关的自然科学论文，也可以选收。

2. 在长岛会议期间，可以乘便召开一次海交会理事会。金秋鹏同志任副秘书这一问题，可以一并讨论。

3. 我即写信约韩振华同志一定参加。

4. 我工作太忙，身体又不好，近患右腿动脉炎，行一百步左右便痛。所以去年北京等地请我去开会约有十次之多，我都没有去参加。这次长岛会议，由于职责所在及各方面的催促，我不能不参加。因长途旅行，需人照料，我带一人陪同前来。此人名丘进，中外关系史博士研究生，海交史会会员。他可以作大会工作人员。一切费用可以由他本人负担。他没有请柬，请与有关方面打一招呼，以便报到。

5. 广州没有飞机直达烟台。我初步设想先到南京参加郑和纪念会，后再由南京乘车船到烟台，但未知南京有无车船到烟台？

又如果我们由广州出发，到烟台，采取什么路线最为方便？请即答复。

此候

大安

朱杰勤

一九八五年六月十四日

郭慕良同志：

来信收悉。我七月底要到新疆参加会议，顺告。

寄来的一批同志入会申请的名单，我同意他们入会。《海交史研究》多本已拜领了。

兹送上四位同志的入会申请书，请审核处理。

明年第一季度的海交史研究会代表大会，我一定前去参加。我请求带两名中外关系史研究生来。作为"列席"代表，一切费用由他们自己承担。只求大会安排我住宿的地方便行。他们还可以为大会做些杂务。未知可行否？

恐怕有些出版社或报刊社会会要求参加的。

送上"出版消息"一份,是否可以摘要在《动态》发展。此候

著安

朱杰勤

1986.4.8

慕良同志:

七月十四日来信收悉。我前几天寄上一函,谅已收到了。我月底就要到新疆主持中亚文化研究会代表大会。先复您信。

1.关于海交史研究会代表会拟在元宵期间召开,对我来说,问题不大,但必须考虑:(1)春节学校放假,停止办公。办理出差手续比较麻烦。(2)有些人希望在家过旧历年,全家团聚,出外开会,未必适宜。请您们考虑。(3)有些学术讨论会要求代表的住宿费用向原单位报销。但规模小,经费很不充足的小单位或学会(如最近在郑州召开的世界古代史讨论会)才这样干。但我最近参加的历史学规划会议和南亚学会代表会就由大会包起来了。八月二十日我们东南亚学会在广州召开,也是由大会承担住宿费的。现在海交史研究会、省社科院和科技史学会共同承担大会经费,恐怕代表有意见。不过这个会既然由三个单位发起,还是由这三个单位协商决定便是。代表人数可以控制在80人左右。

2.关于海交史研究活动编辑单位,鉴于海交会与省社科院的关系,我同意它与会。但也不好征求海洋出版社的意见。

3.海交史研究会办得日有进展,这与博物馆、秘书处,特别是您的努力分不开,将来也一定借重您。至于秘书长一职,明年代表会再行决定。关于您的孩子的工作问题,是否可向庞炳章同志提出要求解决?请勿萌退志。

匆匆裁复,即候

大安

朱杰勤

一九八六年七月二十二日

慕良同志:

八月一日来信收悉,十分高兴。

在王连茂同志的努力下,市政府拨了一大笔款项给海外交研究会作为经费补助,以后每年还有更多的补助。这一大好消息,凡属同仁都应该额手称庆,同时更要

加一把劲,把我们会办好,以期无负党政领导对我们的支持的盛意。

《海交史研究》的编委会应该变动一下,我同意陈高华、韩振华等同志的意见,即要纳入学术有影响和在工作中起实际作用的。我亦提不出具体名单,初步设想,似应有下列人选:傅家麟,陈碧笙、韩振华、庄为玑、虞愚、田汝康、姚枏、章巽、陈高华、王连茂、金秋鹏、郭慕良(实际工作者),杨志玖,谢方。黄盛璋等。此外,科技交流史应有二至三人,福建师大占一人(次序按笔画)。

名单以二十名左右为宜。实际工作者可多加些。

我准备退出主编,另推人任。

我提出的人选,不够全面,也不一定妥当。请你们考虑、讨论、修改补充,作为初步意见,征求有关同志意见,再作决定。希望大家实事求是,不必客气。

专复即候

著安。

朱杰勤

一九八六年八月十一日

王连茂同志大作《闽台关系族谱资料选编》已拜领,请代向他致谢并致候。

慕良同志:

您好!

我刚由乌鲁木齐回来,收到扬州会议上分到的皮夹,样式大方美观。我很高兴。但未知价钱多少,请见告,以便汇上。

在新疆召开的中亚文化研究会代表会及科学讨论会上,我就明年召开的海交史研究会年会问题,和陈高华同志交换意见。(1)明年之会,他争取参加,如因故不去,吴泰同志一定去。(2)扩大理事会成员,大约六十名。其中包括理事长、副理事长及名誉理事,秘书处不妨酝酿一下。(3)请秘书处先准备一份"会议汇报",开幕时陈述除几年来的工作和成绩外(包括对外交流)还要提一提财政的情况。(4)您一向对于会务热情支持,做了很多工作,会员们都很了解,将来更要借重您。希望您再接再厉。(5)铅印的"海交史动态",编印都很好,有目共睹。(6)明年大会用钱较多,如经费上确有困难,不妨打报告给社科院要求临时专款补助。此事已与陈高华同志商量。

我这几天还要筹备在广州市召开的东南亚学会年会工作,忙得很,暂时谈到这里。

　　此候

　　大安

朱杰勤

1986.8.16

慕良同志：

　　来函敬悉。

　　关于论文集的篇幅字数，我同意您的意见，30—35万字。如果出版社不答应，剩下来的各文，可择优选载于《海外史研究》，不必尽量登载。

　　目前字数尚未确定，只有暂定30—35万字一部来选定篇数。究竟选哪些为宜，就请你们和陈高华、吴泰同志及科技史所的编辑组商定。最后还请你们(包括省科院委托的陈达光同志)参考各方面的意见落实下来。然后把篇名告诉我便是。我的意见，论文集最好用理事会名义出版。

　　拙作一篇本来是发言稿，可以不发表，以节省篇幅。如果你们要发表，就请你们代我修改一下，并代写提要，因我最近很忙，所以委托你们代劳，千万不要客气。

　　申请加入海交史会的人越来越多，为简化批准手续起见，我同意由正副会长及正副秘书长来处理。重大会务亦然。以便节省手续和时间。

　　据我所知，中国社科院对学会今年的经费补助，多有所减削。我会六千元不算少。既然批下来就不必力争了。如有重大开支，不妨另外专项提出申请。

　　暨南大学华侨研究所希望和海外史研究会交换刊物。希望同意。

　　请代向老庄同志致意。

　　此复即候

　　大安

　　《文汇报》发表了我们会议的报道在何月何日？

朱杰勤

亲爱的塔娜：

　　我们许久没有通讯了，记挂得很，目前接到你的来信，知道你的近况，我十分高兴。

　　我知道你会出国进修，但不知你的去处，我问过颜保教授的研究生，也问过你的老师陈玉龙教授,他们都没有给我具体的答复。所以我没有给你写信。最近在国内学术刊物中,看到你的作品,知道你还是继续中越关系的研究,而且有不少提高。

你在澳洲国立大学亚洲历史系读书,我认为是恰当的。你以一年的时间读有关的英文书、写心得,这对你英语水平的提高和参考资料的搜集以及博士论文的写作都有好处,你尽力而为便是。你天资高,有毅力,又有事业心,身体好,一定成功。我对你有信心。

勤工俭学,许多革命老前辈都做过,干些散工补贴生活,许多留学生也是如此。你教孩子学中文更有意义,可以说是文化交流吧,特别是他们天真活泼和"稚拙美",会感染到你,使你永远葆持一片童心和青春活力。我也很欢喜接近孩子,可惜我不能混入幼儿园和小学当老师。

你描写堪培拉景物宜人,杂树丛生,花红草绿,令人神往。你是描写自然界的能手,把一草一木,写得栩栩如生。你可以从事文艺创作的,现在你既研究越南,暂不必兼顾了。

你要我代你复制胡志明《革命之路》一书。我向各方面打听,广州没有收藏,无以应命。我继续留意找寻便是,如找到,即照办。

你一向关心我的生活和康健,对我也比较了解,正如唐人诗说:"海内存知己。"我承认这是对我晚年莫大的安慰。你打算写一篇关于我的文章,我很感动。国内关于我的生平的文章已有十多篇,但没有一篇使我满意的。因为作者对我不大了解,写得太呆板了。如果由你执笔,一定"不同凡响"。不过这件事等待你回国后再谈吧。他日你有机会到广州,请来我家作客,食宿不成问题。

你来信说,你的好友安雅思女士,在你写信给我前几天已给我写信,但直至今天,我还没有收到,而你间接寄来的信却早就收到了,不知何故,真遗憾。据说,她要托我做一件事,如我力所能及,我愿意效劳。请你代我向她致意和致谢。祝你

事业成功!

朱杰勤

1988.10.30

朱杰勤先生致王贵忱先生的五封信

（一）

王贵忱先生：

您好！

大作《龚自珍初刻本诗集〈破戒草〉》①一文已拜读。此文对龚氏诗集版本,考证甚详,亦有确证。龚自珍题某书说:"小小源流,动成掌故。"此语可以移赠。谨珍藏以供参考。

此文可以加上版本插图,在专门刊物发表,以广其传。先生如有其他大作发表,自以先睹为快。

耑此鸣谢,顺候著安。

朱杰勤

一九八六年五月十三日

(1)您是否在广州市地方志编纂委员会工作?

(2)请您告诉我市地方志委员会的详细地址。

（二）

贵忱先生史席:

前奉惠书,因事迟复为慊。

寄来《三孔币汇编》②。后记一文,亦已拜读。大作考证精翔,博引诸家,折衷至

---

① 刊于《广州日报》1986 年 5 月 7 日。

② 刊于《陕西金融》1985 年第 11 期。

当,佩服佩服。《三孔币汇编》一书,我未看过,无从献议。惟《后记》有二句:"李学勤先生去年途经广州,获闻三孔币赵铸说高见",我读之不得其解。可能有误刊之处。如果根据文法,则获闻三孔币赵铸说是李学勤(他也是我的朋友),可是"高见"二字又无着落。如果是指你本人,就似乎应该作"使我获闻其关于三孔币赵铸说之高见"。如果在句后加上"而有以自信",或"心目为开"等字样,意思就更为完满了。顺口雌黄,未必有当。

　　《屈大均资料集》[①]尚未收到。谨复即候著安。

朱杰勤手启
86 /10 /11

（三）

贵忱先生史席:

　　蒙向我征稿,现寄上《简朝亮编朱九江先生集正误》一文请审阅,修改。如合用就请发表,校对工作可由我本人负担。此文无底稿,收到后请复一音。

　　拙作《龚定盦研究》并请提意见,我只存一本,用后请送回。

　　岁晚,工作越来越紧,无暇外出。我本人还藏有清人书法真迹,如需用,亦可考虑。

　　匆匆即候大安。

朱杰勤手启
一九八六年十二月二十日

　　住家地址:暨大苏州苑十七栋 301 号。电话:774511 转 707 朱。通讯地址:华侨研究所。

（四）

贵忱兄史席:

　　我们很久没有通信和见面了。以前听说您有退出市方志办要职之意,未知您现在何处任职[②]?您学识渊博,著作如林,擅长文笔,无施不可。未知有何研究方向和写作计划?最近有何大作发表,弟均欲知之。

　　我患足疾已有多年,屡医无效,行百余步就双腿沉痛,稍事休息才能继续前行,

---

　　① 当时王贵忱先生正主持编撰《屈大均全集》,原拟将相关资料汇编成《屈大均资料集》,后因故未果。

　　② 王贵忱先生于1983年从广东省博物馆调至广州市,参与广州市地方志编纂委员会的成立工作,后任该委员会副主任兼办公室主任,1987年离开,重回省博物馆担任副馆长。

甚以为苦。近来深居简出,闭户授徒,并谢绝国内外会议的邀请。我想出广州拜访您,亦以行动不便而未果。抱歉之至。

我想请您代我了解一下:(1)广东省中山图书馆的负责人为谁?省图书馆内有无招待所?附近有无旅店可供住宿?(2)市图书馆的中外文学术性的书多不多?省博物馆现在的负责人是谁,有无招待所?我想出来住几天,探朋友和找资料。您如果不方便就算了。

陈柏坚同志近来好吗?他的广州对外贸易史已搞好了吗?

匆匆草此,馀容后叙。即候著安。

朱杰勤手启
一九八九年十一月十八日

再启者:

以前我们谈过,共同写些关于龚自珍研究的作品,因大家事忙,迄无成议。我建议:我们可以搜集已发表或未发表的关于龚自珍的文章,加上您的几篇大作和我未发表的《龚自珍师友记》(约三万字)①,编成一部《龚自珍研究资料》。但应先找出版社承印才可动手。

(五)

贵忱先生史席:

承赠大作(《可居题跋》②),拜读后,觉诸文意义深远,古趣盎然。龚自珍说:"小小源流,动成掌故。"大作即其类也。但手民错排之处,往往有之。以关于张樵野一则言之:

(1)39页第22行:"未罹对薄楡图辱",薄字应作簿字,所谓对簿公庭也。罹字似有误,请查字书。

(2)第40页,第22行:"梦觚梭而不见",梭字应作棱字。

第23行:"其后戌氛方炽",戌字应作戎字。

(3)第41页第5行:"笔渐元晏",渐字应作惭字。

以上错字,勘误表未及改正。我偶有所见,特提出请您参考。

———————————

① 该文不知何时所写,后未发表,当年王贵忱先生也未见原件。

② 此为第一集,1989年10月可居室自印本。《可居题跋》为王贵忱先生自选自印的铅印线装本文集,目前已出至第五集。

附上张南山关于龚自珍的诗一首,请查收。

前议我们合编龚自珍研究论文集及自珍诗文集新本事①,请早日与出版社联系。俟有成议,就可进行。

陈垣先生给我的信,请暂缓发表。俟我将我的诗和跋复制后一并发表,否则此信的内容难以索解。

耑此即候著安。

朱杰勤手启

1990 /2 /8

龚定盦中翰(自珍)招同诸词人集龙树寺

老树百年柯叶改,天龙一指春长在。(前明龙爪槐无存,寺僧补种一株。)

酒人醉眼半模糊,一片蒹葭绿成海。

登楼四望连郊垌,烟中隐隐西山青。

京华朋旧善选胜,此地压倒陶然亭。

(录自《听松庐诗略》卷下,张维屏撰,陈澧编)

---

① 王贵忱先生一直有重编《龚定盦全集》的愿望,并一度开始编纂工作。当时朱先生在听到王先生的计划后,欣然应允参与其事。